인간은 왜 춤을 추는가

이 저서는 2010년 정부(교육부)의 재원으로 한국연구재단의 지원을 받아 수행된 연구임(NRF-2010-812-G00026).
This work was supported by the National Research Foundation of Korea Grant funded by the korean Government(NRF-2010-812-G00026).

이화학술총서

인간은 왜 춤을 추는가

MEANING of DANCE

POWER of DANCE

신상미 지음

인류의 춤 문화 코드 읽기

이화여자대학교출판부

차례

서문

이 책에서는 인류학적인 관점에서 춤의 의미와 춤의 힘에 대해 논의한다. 구체적으로 인류의 삶 속에서 생성된 춤이 어떤 색깔로 코드화되고, 이렇게 암호화된 춤의 텍스트[1]가 어떻게 해체되고 조직되어 표출되는지를 우리 주위에서 볼 수 있는 예술춤, 민속춤, 대중춤을 대상으로 읽어내면서 춤의 의미(meaning of dance)와 춤이 가지는 힘(power of dance)에 대해 논의하고자 한다. 이는 거의 반세기를 춤추고 읽고 연구하면서 춤의 암호 만들기와 암호 풀기의 매력에 빠지게 된 필자의 경험에서 비롯된 것이자, 암호화된 춤의 텍스트가 이를 접하는 사람들의 문화 배경에 따라 너무나도 다양한 색깔로 보이거나 읽히고 있다는 판단에서 시작되었다. 또한 현재 몸담고 있는 교육 현장에서 춤의 코드를 풀어내고 다시 조직하면서 춤과 문화와의 관계 맺기 등 춤의 창작과 분석 능력 그리고 춤으로 문화 읽기의 중요성을 강조해온 필자의 무용관과 교육관, 또한 창의력과 신선한 문화 콘텐츠의 개발 등에 관한 시대적 요구가 매우 높아지고 있다는 판단에서 비롯되었다.

이 책은 이러한 필자의 시각과 관점 그리고 춤의 문화적 맥락 및 시대

---

1 암호화된 춤의 텍스트란 춤 문화 코드의 다양한 조합이라 할 수 있으며, 춤 속에 규칙적이거나 불규칙적인 형태의 암호로 저장된 상징과 이미지로 대변할 수 있다.

의 요청을 고려하여 무용가나 무용학자뿐만 아니라 일반 독자로 하여금 각자의 시각에서 세계의 춤 텍스트에 코드화되어 있는 상징과 이미지를 읽어가면서 인류의 삶에 영향을 주고 있는 춤의 의미와 춤의 힘에 대해 이해하고 새롭고 독창적인 창조의 밑그림을 그릴 수 있는 가능성을 여는 데 도움을 주고자 한다.

춤은 우리의 삶이 그대로 녹아 있는 문화이자 예술이다. 그리고 춤은 다양한 문화와의 관계 맺기를 통해서 항상 변화하고 새롭게 창조되고 있다. 최근 들어 이러한 춤 문화에 대한 관심은 다양한 민족의 독특성과 정체성을 이해하고 그들과의 의사소통을 유도하는 중요한 계기를 만들고 있다. 실제 세계 각 지역에서는 민족적 전통의 세계화와 전통의 해체, 문화 통합 및 새로운 문화 창조 등의 변화가 일어나고 있으며, 이를 통해 컬처노믹스(Culturenomics)[2]의 시대를 열고 있다. 또한 컴퓨터 미디어를 이용한 초고속 통신망과 디지털 영상은 세계를 하나로 만들면서 다문화를 쉽게 접할 수 있는 기회를 부여하고 있으며, 이와 더불어 자연스럽게 발생된 다문화 현상을 이해하기 위한 다양한 교육도 함께 병행해가고 있다.

이미 알고 있듯이 춤은 창세부터 현대에 이르기까지 인류의 삶과 생각 그리고 정신을 몸의 움직임을 통해 비언어적으로 소통하는 유일무이한 문화이자 예술 중의 예술이며, 인간을 생명체로 존재케 하는 근원이자 본질로서 현대를 살아가는 우리에게 실로 중요한 문화적 가치와 의미를 지니고 있다. 뿐만 아니라 인간의 정서 함양과 더불어 삶의 질서 및 사회에 적응하는 방법을 배울 수 있는 교육의 도구이기도 하다. 춤인류학자 조

---

2 컬처노믹스(culturenomics)란 문화(culture)와 경제(economics)의 합성어로 1990년대 덴마크 코펜하겐대학교의 피터 듀런드(Peter Duelund) 교수에 의해 처음 사용되었다. 이 용어는 문화를 알아야 경제적 고부가가치를 창출할 수 있다는 의미로 해석되고 있으며, 문화 마케팅을 넘어 문화를 소재로 부를 만드는 새로운 마케팅 기법이다. 이 연구에서는 동서양의 춤 텍스트의 창조 가능성을 짚어보고 그것을 통해서 새로운 문화 콘텐츠의 개발 가능성을 제시하고자 한다.

안 킬리노호모쿠(Joanne Kealiinohomoku)가 말했듯 춤은 문화를 총체적이고 상대적으로 바라볼 수 있는 매체이며, 이러한 춤의 연구는 더 이상 이론에 기반한(theory-based) 연구만으로 혹은 춤 그 자체, 즉 실제에 기반한(practice-based) 연구만으로는 충분치 않다. 춤의 연구에는 이론에 기반한 실제(theory-based practice) 혹은 실제에 기반한 이론(practice-based theory)의 틀이 필요하다. 앞서 언급한 킬리노호모쿠와 필자의 시각은 제인 데스몬드(Jane C. Desmond)의 견해, 즉 춤의 문화 연구에는 춤의 의미(meaning of dance)와 함께 춤이 가지는 힘(power of dance)을 파악하는 이론적 패러다임이 필요하다는 주장과 일맥상통한다. 이는 춤에 함축되어 있는 문화적 암호들을 풀지 않고서는 춤의 진정한 의미와 춤이 가지는 힘을 이해할 수 없음을 의미한다.

따라서 문화 연구에 기반한 본 저술을 읽는 독자들은 우리의 주위에서 가깝게 접하고 볼 수 있는 춤을 좀 더 가치중립적인 입장에서 상대적으로 보면서 춤의 매력에 빠질 수 있는 기회를 갖게 될 것이다. 그리고 유서 깊은 전통과 아름답고 색다른 문화 텍스트를 갖고 있는 다양한 춤을 폭넓은 시각으로 즐길 수 있게 될 것이다. 또한 최근 많은 사람의 관심으로 부각되고 있는 움직이는 몸과 춤 그리고 문화의 흐름을 이해하고 춤의 의미와 춤이 가지는 힘을 인식하는 동시에, 춤의 정교한 문화 텍스트의 새로운 창조에 대한 밑그림을 그리고 논의하는 문화 간 자유로운 소통을 유도할 수 있을 것이다. 이는 세계 속의 춤 문화를 순수하고 열린 시각으로 바라봄으로써 풍요로운 삶을 영위하고 신비롭고 낯선 문화를 친근하게 접하는 짜릿한 경험을 유도하며, 춤을 소재로 부를 창출할 수 있는 컬처노믹스의 시대를 여는 데에도 기여할 것이다. 그리고 교육 현장에서는 이 책에서 제시한 다양한 암호를 조직하고 해체하는 작업을 통해 춤과 문화의 관계 맺기를 시도하고 새로운 창작과 연구의 패러다임을 제시할 수 있을 것이다.

이러한 과정을 통해, 그동안 서양식 미학으로 보아왔던 춤의 틀과 관점들이 은연중에 동서양이 공유할 수 있는 폭넓은 문화적 안목으로 새롭게 변화되고 있다는 것을 알아차리게 될 것이다. 그리고 이 책에서 발견한 춤 속에 담긴 암호와 또 다른 새로운 암호들을 찾아가면서, 같은 것 안에 서로 다른 암호를 조합하거나 서로 다른 것 안에 같은 암호를 조합하면서 문화 코드[3], 예술 코드, 춤 코드, 움직임 코드, 몸 코드를 읽고 세계를 이해하면서, 글로벌 텍스트의 창조 가능성을 확보하게 될 것이다.

이를 위해서 제1장 '춤과 인간'에서는 인류학적 관점에서 인간의 춤과 문화 그리고 사회 및 이들 간의 상호 관계를 핵심적인 의제로 삼아, 인간의 춤과 삶이 어떤 방식으로 관계를 맺으며 창조되었는지 알아보고 최초의 인간의 춤과 삶의 모습을 보여주는 신화와 장대한 역사 속에서 그려진 춤과 문화를 연구했다. 제1장 제1절 '인간의 춤과 자연의 춤'에서는 춤의 인류학에서 가장 핵심적인 대상이 되는 인간의 춤에 대해 살펴보기 위해 신화로 본 춤과 사회적, 역사적 맥락에서의 춤에 대해 알아보았다. 구체적으로는 첫째, '동서양 신화로 본 춤과 삶'에서는 신화에 나타나는 춤에 대해 살펴보았다. 신화는 인류가 탄생되기 이전의 신들에 관해 이야기하고 있지만 인간이 만들어낸 것이라는 사실에 대해서는 누구나 동의한다. 이러한 신화는 인간의 생각과 삶의 방식, 즉 문화를 반영해왔기 때문에 현재까지도 우리의 삶에 큰 영향을 끼친다. 따라서 그동안의 춤 연구에서 간과되었던 신화 속에 등장하는 춤, 특히 한국, 일본, 중국, 인도 등의 춤과 그리스 신화에 등장하는 춤을 살펴보았다. 이를 통해서 신화에 담긴 춤의 모습은 세상이 창조되고 인간이 만들어지는 과정에서 일어난 몸짓의 역사로서, 태초의 인간의 생사화복을 주관하며 엑스터시에 이르는 제

3 문화 코드는 한 문화에서 상징하는 암호로서 그 의미를 파악하고 그 문화를 이해할 수 있는 척도이다. 특정 시기에 특정 공간에서 통용되는 의사소통의 도구, 즉 코드를 이해하는 것은 당대의 언어(의미)를 이해하는 것이라고 할 수 있다.

사장의 몸짓에 그 기원이 있음을 보이고자 했다. 즉, 인간은 신화를 통해 자신들의 삶을 춤으로 표현했고, 태초의 사회와 문화를 꽃피웠다. 둘째, '동서양 역사로 본 춤과 사회'에서는 중세 이후 포스트 시대에 이르기까지 동서양의 춤에서 읽을 수 있는 다양한 춤에 대해 살펴보았다. 역사에는 실제 존재했던 인간의 삶과 문화가 어떻게 변화했고, 어떤 특징을 갖고 있었는지를 밝히는 중요한 단서가 보관되어 있다. 따라서 끝없는 문화의 변동 속에서 인간의 몸과 마음 그리고 정신의 일체된 표현으로서 삶을 풍요롭게 한 춤에 대해 살펴보았다. 요약하자면, 제1장에서는 인간의 춤과 자연의 춤의 차이 및 신화와 역사를 바탕으로 인간의 춤과 삶이 문화와의 관계 속에서 어떻게 전개되어왔는지에 대해 총체적으로 접근했다.

다음으로 제2장 '인류학과 춤 문화 코드'에서는 필자가 춤을 어떻게 보려고 했는지, 그리고 그 방법론은 무엇인지를 제시했다. 구체적으로 제1절에서는 인류학자들이 어떤 관점을 가지고 연구를 했는지, 어떤 방법으로 그 춤을 해석했는지 살펴보았다. 제2절에서는 춤 인류학의 가장 핵심적인 주제를 인간, 사회, 문화로 보고 사회 속에서 인간의 삶만큼이나 역동적으로 변화해온 춤 문화에 대한 다양한 연구 사례를 살펴보았다. 이를 통해서 미국과 유럽 전통의 춤인류학적 연구는 춤에 대한 이전의 연구 경향을 뛰어넘어 다양한 학문적 배경을 도입하고 있으며, 특히 1980년대 이후는 미국의 기능주의적 경향과 유럽의 형태주의적 구조주의의 경향이 통합되면서 사회학, 인류학, 민족학, 문화학의 경계를 넘나드는 이른바 통섭의 학문 체계가 보편화되는 추세임을 논의했다. 또한 최근 활동적인 연구와 새로운 주제로 관심을 불러일으키고 있는 춤인류학자들이 세계의 곳곳에서 그들의 새로운 시각과 이론을 토대로 활동적인 연구를 펼쳐가고 있음을 제시했다. 제3절에서는 인류학적 관점에서 문화 코드의 다양한 조합이나 춤 속에 규칙적이거나 불규칙적인 형태의 암호로 저장된 상징과 이미지라 할 수 있는 춤의 문화 코드를 읽기 위해 춤의 외형적 구조인 텍스트(text)와 함께 춤의 전후 맥락을 살펴보는 콘텍스트(context)에 저장된 가시적이거나 비가시적인 형태의 암호, 즉 예술 코드를 비롯해서 춤 코드, 움직임 코드, 몸 코드의 분류 체계를 제시했다. 특히 춤의 의미와 힘에 대한 필자의 견해를 끌어내기 위해 인류학적으로 읽기, 미학적으로 읽기, 기호학적으로 읽기, 도상학적으로 읽기, 안무학적으로 읽기 등 다양한 학문 분야와의 학제 간 연구를 유도할 수 있는 모형을 제시했다.

제3장 '인류의 춤 문화 코드 읽기'에서는 춤 문화 코드 읽기를 위한 다양한 개념들을 탐구해보았고, 실제 세계인류무형문화재를 비롯해서 중요무형문화재와 민족춤, 예술춤, 대중춤 등 인류의 춤을 대상으로 문화 코드를 읽어보았다. 구체적으로는 신화와 제의, 사상과 종교, 민속과 놀이, 전통과 문화유산, 정치와 사회, 젠더와 성, 예술과 상징, 시뮬라크르와 소비 등으로 펼쳐지는 문화의 요소에 내재되어 있는 예술 코드, 춤 코드, 움직임 코드, 몸 코드 등을 읽어보았다. 여기에 포함된 문화 코드는 연극, 미술, 디자인, 음악, 음식, 영화, 영상 매체, 다도 등 다양한 예술 분야에서 끌어낼 수 있는 코드 등 문화 속에 들어 있는 코드들이 서로 얽히고설켜 만들어내는 예술 코드, 즉 춤 문화의 표현주의적 유형을 분석했다. 그리고 춤의 유형으로 구체화되어 우리의 곁에 언제나 같이하고 있는 춤 코드 등 현대에 이루어지는 모든 춤을 분석했다. 여기에는 다양한 장르의 예술춤을 비롯해서 거리춤, 힙합, 흑인 문화에서 비롯된 재즈, 비디오 댄스, 광고 속의 춤, 뮤지컬 댄스, 스포츠 댄스 등등 대중춤 그리고 민족춤의 코드 읽기가 포함되었다. 또한 몸-마음-정신 등 삼위일체를 이루는 몸의 움직임을 대상으로 그 안에 조직되어 있는 세부적인 움직임 코드를 읽음으로써 움직임에 내재되어 있는 기본적인 요소들, 즉 움직이는 몸, 감정 표현, 몸이 만들어내는 형태, 공간에 그리는 움직임의 흔적 등 움직임의 네 가지 카테고리를 읽어보았고, 인간이 몸을 통해 뿜어내는 제스처

와 포스처를 통해서 비언어적으로 소통하는 몸 코드를 읽어보았다.

제4장 '춤의 의미와 힘'에서는 제3장에서 읽은 춤 문화 코드 읽기의 결과를 바탕으로 제1절에서는 춤이 사회 속의 문화로서 어떤 의미를 갖고 있는지를 논의했다. 춤의 의미는 본능 표출과 카타르시스의 경험 그리고 민족과 사회 문화의 표현이라는 측면에서 논의했다. 그리고 제2절의 춤의 힘에 대해서는 즉시적 현장성과 다중적 감각성 등 춤의 의사 전달 경로의 독특성과 다양성 그리고 문화적 상징성과 사회적 소통성 등 사회 문화적 맥락의 중요성에 대해 논의했다. 제3절에서는 춤의 의미와 힘에 대한 논의를 뒷받침하기 위해 인간은 왜 춤을 추는가에 대한 견해를 피력해보았다.

종합적으로 이 책은 크게 두 가지 측면에서 춤 문화를 다루고 있다.

첫째, 인류학적 관점에서 인류의 문화로서 춤을 다루고 있다. 이를 통해서 우리가 살아가고 있는 이 세상에 역사를 그려가며 꽃피운 문화와 그 안에서 창조된 인간의 춤, 그리고 춤과 한 사회와의 창조적 관계 맺기 등을 통해서 인문적 통찰을 이끌고 있다.

둘째, 인간이 춤을 왜 추는지, 그 춤은 어떤 의미와 파워를 가지고 있는지, 사회 속에서 왜 춤으로 소통하는지를 다루고 있다. 즉, 춤에서 가장 핵심적인 매체가 되는 인간의 몸과 움직임으로 사회를 어떻게 풍자하고 있는지, 한 사회의 민족적 정체성을 어떻게 표출하고 있는지, 그것은 세계 속에서 어떤 의미와 힘을 가지고 소통을 하고 있는지를 다루고 있다. 그러므로 이 책을 읽는 독자는 다음과 같은 측면에서 춤과 문화 그리고 인간과 사회를 이해하게 될 것이다.

1) 인간이 왜 춤을 추는지 이해할 수 있다.
2) 동서양의 춤으로부터 서로 다른 인간의 춤과 문화를 읽을 수 있다. 이를 통해 다양한 학문과 문화 예술의 통섭 방법을 터득할 수 있다.
3) 서로 다른 민족 예술의 특징과 문화적 뿌리를 이해하는 안목을 가

질 수 있다.

4) 춤을 사회적, 문화적, 예술적 시각에서 볼 수 있는 능력을 기른다. 그리고 이를 사랑하고 즐기면서 한 사회의 독특한 춤을 이해할 수 있다.
5) 타 예술과 춤과의 관계를 구체적으로 연결하고 총체 예술로서의 춤을 이해할 수 있다.
6) 동서양의 춤을 이야기하면서 인간의 개성과 사회의 특성을 이해할 수 있다.
7) 글로벌 텍스트의 창조를 이끌 수 있는 창의력을 향상시킬 수 있다.
8) 타 분야에 종사하는 사람들과 창조적인 일을 함께 할 수 있는 기회를 가질 수 있다.
9) 한국 문화의 세계화에 필요한 객관적이고 창조적인 시각을 가질 수 있다.

이와 같이 문화 연구에 기반해 춤 문화 코드를 읽고 춤의 의미와 춤의 힘에 대해 논의한 이 책을 읽는 독자들은 우리의 주위에서 가깝게 접할 수 있고 볼 수 있는 춤을 위계적으로 보는 것이 아니라 좀 더 가치중립적인 입장에서 상대적으로 볼 수 있는 시각을 갖게 될 것이다. 그리고 춤 문화 코드를 읽고 풀고 다시 조직하면서 춤의 매력에 빠질 수 있는 기회를 갖게 될 것이다. 또한 역사 깊은 전통과 아름답고 색다른 문화 텍스트를 갖고 있는 다양한 춤을 폭넓은 시각으로 즐길 수 있게 될 것이다. 결과적으로 이 책은 독자에게 춤 문화 코드 읽기를 통한 인간과 사회의 폭넓은 이해와 컬처노믹스 시대의 소통을 위한 글로벌 문화텍스트의 창조 가능성을 제공하게 될 것이다.

2013년 12월 신상미

MEANING of DANCE

제1장

춤과 인간

POWER of DANCE

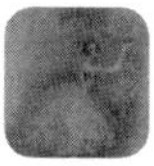

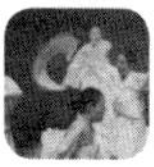

1. 인간의 춤과 자연의 춤

인간의 춤이 이 세상에 존재하는 모든 움직임을 의미하지는 않는다. 때때로 인간은 자연 현상 속에서 인식할 수 있는 움직임이나 동물의 움직임을 보고 "마치 춤추는 것 같이 보인다."라고 말한다. 이것은 자연 현상이나 동물이 실제로 춤을 춘다는 것이 아니라, 그것이 인간의 춤추는 공간을 차지하고 시간을 취하면서 움직이기 때문에 마치 춤추는 것과 같이 느껴진다는 것을 의미한다. 예를 들면, "꽃잎이 춤추는 것 같다.", "새가 춤추는 듯 날아간다."와 같은 말은 꽃이나 새가 실제로 춤을 춘다는 것이 아니라 인간의 춤을 은유한 것이다. 또한 하품이나 재채기와 같이 본능적인 움직임을 보고 춤춘다고 말하지 않는다. "저 사람은 이야기할 때 마치 춤추는 것 같아."와 같은 말도 그 사람이 실제로 춤을 춘다는 것이 아니라 일상적인 몸짓을 춤에 비유한 것이다. 춤의 인류학에서는 바로 이러한 개념을 전제로 하여 연구의 대상을 인간이 추는 춤으로 한정한다. 즉 '춤이란 그 자체가 목적으로 행해지는 일정한 유형의 움직임'[1]이

1 A. P. 로이스, 『춤의 인류학』, 김매자 역, 미리내, 1993, p.16.

1. 자연의 춤

라는 쿠르트 작스(Curt Sachs)의 정의처럼 춤을 본능적이거나 반사적인 것이 아니라 후천적으로 습득된 특성을 지닌 것으로 한정한다는 말이다.

이러한 인간의 춤은 사회 안에서 의사소통을 하며 발전해간다. 아리스토텔레스가 말했듯이 '인간은 사회적 동물'이기 때문에, 사회는 인간이 서로 소통을 하면서 인간답게 살기 위한 필요조건이다. 이것은 인간이 국가 혹은 공동체 속에서 비로소 인간이 된다는 것을 의미한다. 예를 들면, 동물의 춤은 본능적으로 느끼는 배고픔, 두려움, 아픔, 위협 등과 같은 생물학적인 범주를 벗어나지 못한다. 그들은 인간이 습득한 사람과 사람 간의 의사소통과 같은 사회적 활동을 위해 춤을 출 수 없다. 즉, 동물은 사회적 조건 속에서 춤을 추는 것이 아니라 본능적인 반응의 일환으로 춤을 추는 것이다. 결국 인간의 춤과 동물이 추는 춤의 차이는 사회적 의사소통이라는 조건을 전제하는가 그렇지 않은가에 따라 결정되며, 인간의 춤은 생물학적이거나 생리적인 현상이 아니라 사회적 현상인 것이다. 따라서 인간의 춤은 자신의 삶이 실현되고 있는 사회의 성격과 구조 그리고 가치관에 따라 그 의미가 결정된다.

그렇다면 인간은 왜 춤을 추는가? 인간이 추는 춤은 언제 어디서나 똑같은 특성을 갖는가? 우선 춤은 그 목적이 무엇인가에 따라, 사회적 조건에 따라, 문화의 유형에 따라 추는 이유가 달라진다. 신화인가, 궁중인가,

2. 피터 브뤼겔(1525~1569)의 비엔나의 키르메스 축제

극장인가, 거리인가, TV인가, 클럽인가? 춤의 환경에 따라 춤의 색깔, 춤의 언어 구조는 달라질 것이다. 다시 말하면, 신화 속에서의 춤은 상상 속의 거울처럼 인간의 생사화복을 주관하는 제사장과 부족의 춤의 모습을 비춰줄 것이고, 궁중에서의 춤은 그 시대에 유행했던 철학적 사유나 통치 이념을 보여주는 춤이 될 것이다. 극장춤의 경우에는 심미적이고 상징적인 춤이 될 것이며 오락적인 춤의 조건을 맞추게 될 것이다. 민속춤의 경우에는 공동체의 화합과 안녕을 기원하거나 기쁨과 슬픔을 표현하는 특성을 보일 것이다. 대중이 추는 춤은 흥겹고 따라 하기 쉬우며 우리의 감각을 직접적으로 자극하는 특성을 갖게 될 것이다. 또한 춤의 위계를 짓는 사회에서의 춤과 그렇지 않은 사회에서의 춤은 그 용법에서 크게 차이가 있을 것이고, 춤을 추는 사람과 춤을 보는 사람의 관계에 따라서도 춤의 모습은 차이가 있을 것이다. 이처럼 인간의 춤은 사회 속에서 인간이 영위하는 삶만큼이나 다양하고 역동적으로 창조되어왔으며 또 새롭게 변화해가고 있다.

2. 인간의 춤과 삶

동서양을 불문하고 신화는 인류가 탄생하기 이전 신들의 이야기를 다루고 있지만 이것이 사람들에 의해 만들어진 것이라는 점에 대해서는 누구나 동의한다. 그래서 신화는 인간의 생각과 삶의 방식이라 할 수 있는 문화를 반영해왔으며, 그렇기 때문에 현재까지도 우리의 삶에 큰 영향을 끼친다고 할 수 있다. 한편, 역사는 실제 존재했던 인간의 삶과 문화가 어떻게 변화했고, 어떤 특징을 갖고 있었는지를 밝히는 중요한 단서를 보관하고 있다. 따라서 이 절에서는 인간의 원형적인 삶의 모습을 보여주는 신화와 장대한 역사 속에서 춤 문화를 읽고 신화와 역사를 바탕으로 인간의 춤과 삶이 문화와의 관계 속에서 어떻게 전개되어왔는지를 총체적으로 살펴보고자 한다.

1) 동서양 신화로 본 춤과 삶

인간의 삶은 춤과 함께 시작했다. 춤은 완전한 생명체를 만들기 위한 작은 떨림에서 시작되었고 최초의 사회에서 상호 소통하기 위해 학습된 문화였다. 인간은 신으로부터 창조된 이 세상에서 그들의 정신과 마음을 춤으로 재현했고, 이는 신화를 통해 전승되었다.

신화는 인간의 삶 속에서 구전이나 문헌으로 전래되는 신과 그 문화에 관한 이야기로 역사적인 사실이나 확인되지 않은 허구적인 내용을 담은 그릇이라 할 수 있다. 이러한 신화는 세상이 생기기 이전에 존재했을 것으로 추정되는 과거의 사회와 문화뿐만 아니라 그 시대의 예술에 이르기까지 인간의 삶에 영향을 주는 신과 삶을 은유하는 진솔한 이야기를 총체적으로 다루고 있다. 그래서 신화에서의 춤은 눈에 보이지도 않고 확인할 수 없지만 인간이 '신'이라는 도구를 통해 자신들의 이상이나 삶을 이야기하고 역사 속에 존재하는 다양한 사회와 문화를 표현하는, 일종의 삶의 원형을 다룬다. 이처럼 신화에서 재현하고 있는 실재는 현실 세계에서 이성적인 언어로 인식되고 표현될 수 없다. 그러나 분명 인간의 원초적 경험과 사고를 바탕으로 하고 있다. 따라서 신화에 등장하는 춤은 인간의 얼굴을 들여다볼 수 있는 살아 있는 거울이며, "신화 속에 담긴 춤과 삶의 진리와 본질은 우리 자신의 경험이다."[2] 물론 신화를 통해서 인간의 춤과 삶을 유추하는 작업은 그리 쉬운 일은 아니다. 그러나 춤의 기원을 신화를 통해 들여다보면 그 속에서 매우 선명한 형태의 춤을 발견할 수 있다.

환웅과 웅녀가 만나 하늘, 땅, 인간을 뜻하는 단군이 잉태된 사건과 바람, 비, 구름의 신을 거느리고 있는 초월적인 신이자 제사장으로서 인간의 생사화복과 종족의 번식을 기원했던 단군의 행위가 그러하다. 단군[3]은 남성신이자 신격화된 제사장으로 부족의 안녕을 위해 신단수 앞에 서서 오른손에는 방울을 들고 왼손에는 삼불이 그려 있는 부채로 삼불선(三佛扇)을 들어 치켜 올렸고, 제자리에서 몸을 돌려 바람에 날리듯 회신무를 추었다. 이는 하늘을 향해 고개를 들고 혼신을 다해 신과 즐겁고 신명나게 노는 것으로, 빠르게 발을 구르고 어깨를 들썩이며, 반복되는 오금질로 무아지경에 빠져 칼과 방울을 내리 베고 흔드는 방식으로 이루어졌다. 이 춤은 신을 즐겁게 하고 신과 놀아주는 단계에서 하늘과 인간을 연결했다. 그는 신의 계시를 전하기 위해 춤을 추었고, 그를 따르는 많은 사람들의 삶을 주관하고 신의 축복을 전달했다.[4] 후에 단군은 아사달의 산

---

2 J. F. 비얼라인, 『살아 있는 신화』, 배경화 역, 세종서적, 2000, p.316.

3 고아시아(Paleo Asiatic)의 샤먼을 뜻하는 텡그리(tengri)와 단군은 어원상 관련이 있다는 견해가 있다. 또한 텡그리의 세계목(고대 신화에서 하늘과의 통로로 여겨진 신성한 나무)과 신단수의 의미도 관련이 있다는 견해가 있다.

4 김열규와 현용운은 단군 신화를 서낭굿과 연관시켜 설명하고 있다. 그들은 단군 신화와 제의가 관계가 있으며, 서낭굿과 같은 제례의 행위로 재현됐을 것으로 추정하고

3. 삼불선을 든 무당

신이 되었고, 고대 제의의 주신인 서낭신에게 액을 막는 축귀무를 전했다.[5] 이 춤은 디오니소스의 제의적 광란과 유사하다.

서낭신이 인도하는 서낭굿의 기원에는 바리데기 신화가 등장한다. 바

있다. 이는 단군을 무속 의례를 주관하는 무당으로 보는 것이며, 서낭굿 무당의 춤과 같은 제례의 행위를 재현했을 것으로 보는 견해라 할 수 있다. 이들의 추정을 근거로 볼 때, 단군은 서낭신과 동신이라는 견해가 지배적이다. 따라서 서낭굿의 기원은 단군 신화에서 비롯되었고, 특히 환웅의 강림이 이루어지고 웅녀가 사람이 되기를 빌었던 신단수 역시 서낭굿을 행하던 신성한 장소였을 것이다(현용준, 1992: 306; 김열규, 2005: 136-140).

5 최용수 외, 『아시아의 무속과 춤 연구』, 민속원, 2005, p.702.

리데기[6]는 여성신이자 부계 권력으로부터 버림받은 바리공주다. 공주는 부계 사회에서 아들을 낳지 못한 왕과 왕비에게 버려져 자연의 힘으로 살아남았다. 그러나 부모의 죽을병을 저승의 생명수로 구할 수 있음을 알고 주저 없이 저승으로 향했다. 저승의 수문장은 바리공주에게 자신과 일곱 해를 살고 일곱 아들을 낳아야 약을 주겠다고 했다. 바리데기는 요구를 따르고 약을 건네받아 궁에서 나오는 부모의 상여와 마주친 곳에서 저승의 생명수로 그들을 되살렸다. 이후 저승의 수문장은 장승이 되었고 일곱 아들은 칠원성이 되었으며, 바리데기는 자청하여 저승과 이승을 연결하는 한국 무당의 조상이 되었다. 바리데기는 저승과 이승의 단절로부터 자유로운 초월적 세계를 넘나드는 신격화된 무당으로 한 맺힌 귀신을 저승으로 인도하고 극락왕생을 기원하는 제의의 여신이 되었다. 바리공주는 서사무가[7]의 진오귀굿 끝부분에서 장고를 세우고 방울을 흔들며 서너 시간에 걸쳐 춤을 추었다. 그리고 영혼을 재생하는 능력으로 죽은 자를 저승길로 구송했다.[8] 바리데기의 구송은 신의 권능을 빌려 과거의 절망에서 현재의 희망으로 전환을 재현하는 행위였고 그녀의 신들린 춤은 죽어서도 극락 세계에 가길 바라는 인간의 마음이자 삶과 죽음을 하나로 연결한 것이었다.

일본 창세 신화의 여신 아메노우즈메[9]는 바구니를 쓰고 세차게 발을 구르며 가슴을 드러낸 몸으로 황홀경의 춤을 추어 세상의 밝음과 따스함

---

6 홍태한, 『서사무가 바리공주 전집』 4, 민속원, 2004, p.123.

7 무당이 굿을 할 때 사설을 하게 되는데, 이는 바리공주의 유래를 설명하는 것을 의미한다.

8 이경엽, 「오구굿-무가의 구조와 기능」, 『한국언어문학』 제40집, 한국언어문학회, 1998, pp.297-298.

9 아메노우즈메는 무녀신으로 일본 궁정의 진혼제를 관여했던 사루메노키미라는 씨족의 조상신이다. 현재 아메노우즈메의 춤은 〈가구라〉에서 연행되는 연목 중 하나로 행해지고 있다.

을 상징하는 태양신을 불러냈고, 이로써 인간의 삶을 열어주었다. 태양신 아마테라스 오미카미는 남동생 스나노오의 짓궂은 장난으로 화가 나 동굴 안에서 칩거하게 되었는데, 태양신이 없어지자 온 나라는 암흑이 되어 자연과 인간 모두가 생명의 위협을 받게 됐다. 다른 많은 신들이 동굴 앞에서 태양신을 불러내기 위하여 의식을 진행했다.[10] 아메노우즈메는 자신의 소매를 신성한 포도넝쿨 끈으로 감아 어린 대나무 잎의 다발과 함께 묶어 손 위에 올려놓았다. 그러고는 신성한 동굴 문 앞에서 바구니를 뒤집어 그 위에 올라가 발을 세차게 굴렀다. 그녀는 신이 들려 춤추다 유방을 드러냈고 치마가 내려가 자신의 음부를 드러내게 되었는데, 그때 하늘 평원의 800만 신들이 한꺼번에 웃어 세상이 흔들리게 됐다.[11] 이를 이상히 여긴 아마테라스 오미카미가 궁금하여 동굴 문을 조금 열고 거울에 비친 자신의 모습을 보았다. 이를 다른 신으로 착각하게 되어 문을 열고 나오자 동굴 앞에서 기다리던 다지카라오 신이 태양신의 손을 잡아 밖으로 끌어냈다. 그러자 하늘과 온 나라가 저절로 빛나고 밝아졌다.[12]

그녀는 손에 도구를 들고 흔들었고 발을 구르며 춤을 추어 세상에 빛을 발했다. 그리고 자연과 인간을 살게 했다. 태양신을 불러낸 그녀의 춤은 무당이 신을 부르는 행위였다.[13] 무당은 춤을 추다가 엑스터시에 이르면 점점 더 강하고 빠르게 자유로운 동작을 했고 몸의 내부에서 비롯된 강렬한 에너지를 발산하며 도취 상태에서 도무를 추었다. 이 춤은 제의를 주제로 춤과 큰 소리 등의 가무와 곡령 그리고 신의 출현을 바라는 부활의 염원을 담은 의식이었다. 이 춤과 음악은 '신들 앞에서의 음악'으로

10 노성환, 『고사기』, 예전사, 1887, p.89.

11 I. Averbuch, *The Gods Come Dancing*, Cornell University, 1995, p.10.

12 일본의 역사서 『고사기』와 『일본서기』에는 아메노우즈메의 창세 신화의 내용이 묘사되어 있다. 특히 『고사기』에는 '암호열기'의 내용 중 절정 부분에 등장하는 여신 아메노우즈메가 동굴 앞에서 춤추는 내용이 비교적 자세하게 서술되어 있다.

13 민병훈, 『일본의 신화와 고대』, 보고사, 2005, p.13.

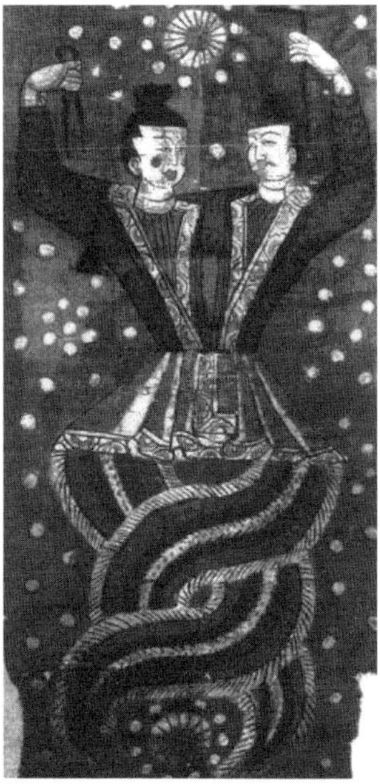

4. 복희와 여와

불리는 〈가구라〉로 남았다.

중국의 창세 신화에는 사람의 얼굴에 뱀의 몸을 하고 있는 복희와 여와가 등장한다. 사마천의 『사기』에 보면, 복희는 여와의 오빠이자 남편으로 팔괘(八卦)를 창제하고 신의 계시를 받았으며, 유교(儒教)의 경전 주역(周易)의 사상적 기초가 된 동방의 천제다. 여와는 생명신이자 고매신으로 오빠와 함께 중국인들의 기원이 되었는데, 하루에 70번씩 변화하며 만물을 만들고 의례를 주도하였으며 인간을 빚어냈고 남녀의 혼인을 주관했다.[14] 복희와 여와는 후손을 얻고 대를 잇기 위해 진흙으로 인간을 빚었는데, 이후에는 이것이 힘들어 짝을 지어주었다.

14 여왜도사신기이위여매, 인양혼인(女媧禱祠神祈而爲女媒, 因量婚姻), 『총서집성(叢書集成)』 중국서국 985년판 『풍속통의』, p.3.

5. 비천

> 그들은 앞으로 어떻게 해야 할지 몰라 상의한 끝에 진흙으로 사람들을 빚어서라도 후손을 이어나가리라고 했다. (중략) 진흙으로 끝없이 인간을 빚는 작업이 점점 힘겨워져 고민하던 여와는 드디어 기막힌 방법을 생각해냈다. "그렇지, 인간들을 짝을 지어주는 거야. 나 혼자서 계속 만들 것이 아니라 자기들끼리 짝을 지어 아이를 낳아 기르게 하면 되지!"[15]

이처럼 여와는 인간의 재탄생과 삶을 이어가는 혼인을 주도했고 숭배의 대상으로 토템을 만들면서 천제를 위한 원무를 추었다. 이때 무용수는 보통 다섯 사람이 한 집단이 되어 얼굴과 몸을 약간 기울여 춤을 추었다.[16]

---

15 서유원, 『중국민족의 창세신 이야기』, 아세아문화사, 2002, pp.46-49; 본래 여와와 복희는 고대 문헌 속에서 독립적으로 역할을 수행하는 인물이었는데 당나라 때의 문헌에서 보면 복희와 여와가 남매로 등장한다. 이는 주로 중국 서남부 지방 소수 민족 신화의 영향을 받아 나타난 여와 신화의 새로운 구도로 추측된다(김선자, 2004: 72-93).

16 왕극분, 『중국무용사』, 고승길 역, 교보문고, 1991, p.9.

사람들이 손을 잡고 노래하면서 가락에 맞춰 발을 구르고 마음으로 즐겁게 춤을 추었으며, 참가자의 숫자도 수시로 증감했다.[17] 이 춤은 청춘남녀의 애정을 표현하는 〈노생무(蘆笙舞)〉로 변형되어 중국 고대의 춤으로 부활했다.

중국의 신들과 인간을 연결했던 비천(飛天)은 천상의 존재인 인도의 디바(Deva)로부터 중국으로 전파된 천인(天人)이다. 비천은 부드러운 천을 두르고 꼬리가 긴 구름 속에서 악기를 연주하거나 부처에게 공양하는 모습으로 하늘을 날아다녔는데, 반인반수의 형상으로 등 뒤에 날개를 달고 다니는 서양의 천사와는 달리 인간의 모습으로 날아다녔다.

이처럼 신과 인간의 세계, 다시 말해 저승과 이승을 날아다녔던 비천은 죽어서도 하늘로 가고픈 인간의 마음과 삶의 이상을 표현한 것으로, 환상의 세계를 날아다니는 천인의 춤, 곧 비천무(飛天舞)였다.

비천[18]을 만들어낸 인도의 시바(Shiva)는 순수를 의미하는 상서로운 신으로 창조와 파괴를 동시에 관장하는 춤의 신이다. 그는 춤의 창시자이자 춤의 왕으로 우주를 열었다. 또한 인간을 고행으로부터 해방하는 춤을 추었고, 우주 공간에 존재하는 인간의 삶을 열어주었다. 그는 우주와 자신 그리고 자연과 자신을 동일시하며 원형을 상징하는 우주의 춤을 추었고, 창조를 위한 파괴를 위해 그리고 우주의 진리와 세계를 창조하기 위해 춤을 추었다. 한 손에는 작은 북을 들고 다른 손에는 불꽃과 화로를 들었으며 또 다른 손으로는 대지를 가리키고 춤을 추었다. 또한 한쪽 발로는 악마를 밟고, 다른 한쪽 발로는 또 다른 발걸음을 준비하는 형상을

---

17 왕극분, 『중국무용사』, 고승길 역, 교보문고, 1991, pp.8-18.
여와 신화에서 보여주는 중국 창세 문화의 특징으로 노동을 표현하는 춤의 형태와 제사춤의 형태는 중국에서 이제까지 발견된 것 중 가장 오래된 신석기 시대의 무용 문양도분을 통해 그 형태를 확인할 수 있다.

18 인도에서는 비천을 Deva라 했고 불교가 중국으로 전파되면서 천인으로 번역되었다.

6. 춤추는 신 시바

하고 춤을 추었다. 이처럼 시바는 파괴와 환상으로부터 인간의 영혼을 해방시키는 우주의 춤을 추었는데 그것이 바로 '불춤'이다. 이 춤은 인간의 신체에서 일어나는 불에 대한 신비로운 현상을 나타내며 혼돈으로부터 율동적으로 질서를 창조해내는 신성한 우주의 춤을 상징한다. 시바는 여성적인 아름다움, 우아함, 사랑, 부드러움을 의미하는 라스야(Lasya)를 추었고, 남성적인 격렬함, 창조의 순환, 소멸의 에너지를 의미하는 탄다바(Tandava)를 추었는데, 라스야의 부드러운 춤은 세계의 창조에 관계했고, 탄다바의 격렬하고 위험한 춤은 세상의 파괴에 관계했다. 즉, 시바는 자신의 춤으로 인간의 삶을 창조하고 파괴한 것이다. 그렇기에 이 두 춤은 시바의 본질이고 시바의 삶이다. 굴신을 한 상태에서 상체를 곧게 하고 머리를 수평으로 하였으며 눈은 정면을 응시했다. 발은 강박으로 굴렀고 상징적 의미를 나타내는 네 개의 팔과 손동작으로 무드라(Mudra)를 추었는데, 이는 인도의 궁중 무용 바라타 나티암(Bharata Natyam)으로 또 다시 태어났다.

인간은 춤을 추며 새로운 삶을 찾았다. 이는 서양의 신화를 대표하는 고대 그리스 신화에 등장하는 신들의 행위에서도 드러난다. 그리스 신화는 그리스인이 살아왔던 삶의 방식과 문화를 반영하고 있는데, 이에 등장하는 많은 신들 가운데 유명한 신들을 꼽자면 올림푸스 산의 열두 신이 대표적이다. 올림푸스란 구름으로 뒤덮인 높은 산으로 신들의 아버지라 불리는 제우스신과 그의 자식들로 이루어진 여러 신들이 모여 사는 곳을 말한다. 신들의 왕이자 그 자체로 춤이라 불린 제우스를 비롯해 미의 여신 아프로디테, 태양의 신 아폴로, 술의 신 디오니소스, 대장간의 신 헤파이스토스, 지혜의 여신 아테나, 전쟁의 신 아레스, 상업의 신 헤르메스, 달의 신 아르테미스, 결혼을 주관하는 신들의 여왕 헤라, 화로의 여신 헤스티아, 대지의 여신 데메테르 등이 그들이다.

제우스의 딸이자 춤의 신인 테르프시코레(Terpsichore)[19]는 서사시와 춤의 뮤즈로서 수연을 들고 앉아 자신이 켜는 음악에 맞춰 무용수들이 춤을 추는 합창무용(chorus dance)을 탄생시켰다. 그들은 수평으로 단순한 스텝의 원무(circle dance) 형태로 신성한 의식을 주관했고 참여하고 즐기는 〈코레이아(Choreia)〉를 추었다. 고대 그리스의 시인 호머(Homer)는 『일리아드』에서 이 춤을 그의 서사시에 적용했고, 이후 〈코레이아〉는 부활절이나 추수 감사절 그리고 신을 위한 축제 등에서 공동체가 함께하는 사회성이 짙은 그리스의 전통춤이 되었다.

제우스의 아들이자 뮤즈들의 수호신, 안무법의 신인 아폴로는 무사게테스(musagetes)라 불리기도 하는데, 이성적 충동 혹은 균형과 조화, 절제와 질서, 이성과 지식, 평온한 이미지 등으로 자신의 춤과 인간 그 자체의 심

---

19 제우스 신이 낳은 아홉 딸 중 하나로 테르프시코레(Terpsichore)는 '춤의 기쁨'을 의미한다.

7. 코레이아

성적 삶을 표현하는 춤을 추었고, 기교적인 예술춤 〈오케시스(Orchesis)〉를 탄생시켰다. 아폴로적 예술 세계는 이성이 지배하고 "형태적이고 분명한 형상을 보이고 있으며, 거울같이 반영적인 형태로 나타난다."[20] 이러한 춤들은 인간과 문화를 존중하는 그리스인의 이상이자 신념이었으며, 몸의 표현을 통한 정신적 고양(高揚)이었다.

제우스의 또 다른 아들 디오니소스는 다시 태어나는 자로서 술과 풍요와 식물의 성장을 주관하는 신이며 황홀경의 의식을 이끈 신이다. 디오니소스를 찬미하기 위한 서정 양식의 찬가 〈디티람보스(dithyrambos)〉[21]는 디오니소스의 제의와 깊이 관련되어 있는데, 유명한 시인과 정치가가

---

20 양해림, 『디오니소스와 오디세우스의 변증법: 예술, 인문학, 과학 기술 그리고 한국 사회의 반성적 고찰』, 철학과 현실사, 2000, pp.53-54.

21 디티람보스는 술과 풍요, 식물 성장의 신인 디오니소스를 찬미해서 생긴 찬가이다(E. Tripp, *The Handbook of Classical Mythology*, London: Arthur Barker Ltd., 1950, p.203).

8. 테르프시코레

이를 이끌었다. 여기에는 거친 리듬으로 이루어진 통음, 난무의 광적 행렬, 디오니소스를 따르는 열광적인 여성 무용수 미내드(maenard)의 춤이 존재한다. 그들은 디오니소스 신을 감동시키기 위한 의식으로 술에 취한 상태에서 소리치고 미쳐 날뛰며 황홀경의 춤을 추었고 이에 새로운 삶을 영위하고 싶은 바람을 담았다. 이러한 의식에서 미내드는 디오니소스의 친구이자 로마 신화에 등장하는 숲의 신 사티르(Satyr)처럼 반인반수의 모습으로 가죽이나 뱀을 쓴 채 포도넝쿨 잎사귀로 둘러싸인 디오니소스의 지팡이를 들고 춤을 추었다. 한편 마음과 몸에 입신이 된 디오니소스의 무녀들은 집단적으로 열광하는 광기 어린 춤 〈오레이바시아(oreibasia)〉를 추었다. 디오니소스의 숭배자들은 '술을 마시고 춤을 추고 노래를 부르며 무아지경에 빠졌고'[22], '존재의 일상적인 범위와 한계를 완전히 파괴함으로' 존재의 가치를 추구했다. 또한 자신에게 가장 귀중한

22 K. Dowden, *The Uses of Greek Mythology*, Routledge, 1992, p.100.

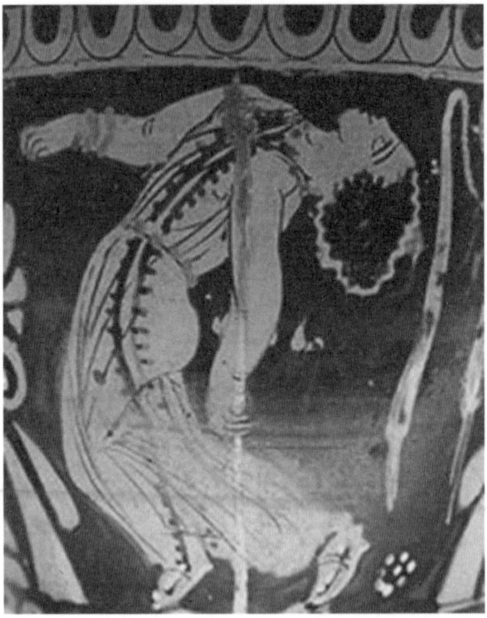

9. 미내드

순간에 오감(五感)이 부여하는 한계로부터의 도피를 추구했으며, 그 결과로 또 다른 경험의 세계로 들어갔다. 그것은 개인적인 체험이나 의식(儀式)에 디오니소스적 인간의 욕망을 담았고, 그 체험이나 의식에 압박을 가하여 어떤 정신적인 상태, 즉 극단을 달성하고자 했는데,[23] 그것이 바로 엑스터시이다.

아리스토텔레스는 그의 『시학(*Poetics*)』에서 인간의 비극이 바로 이 디티람보스를 선도하는 사람들의 즉흥에서 시작되었다고 했다.[24] 그리스는 인간 존중의 법칙이 지배한 나라로서 예술을 즐기며 춤을 존중했다.

이와 같이 신화에 담긴 춤의 모습은 세상이 창조되고 인간이 만들어지

---

23 R. 베네틱트, 『문화의 패턴』, 김열규 역, 까치, 1993, p.95.

24 Aristotle, *Poetics*, 1443, pp.9-15.

는 과정에서 일어난 몸짓의 역사였으며, 태초의 인간이 자신의 생사화복을 주관하며 엑스터시에 이르는 제사장의 몸짓이었다. 인간은 신화를 통해 자신들의 삶을 춤으로 표현하고 태초의 사회와 문화를 꽃피웠던 것이다.

2) 동서양 역사로 본 춤과 사회

인간은 고통스러운 삶 속에서도 춤을 추었다. 중세 초기 기독교의 금욕주의는 인간의 일탈 행위로 '광란의 춤'을 추게 했고, 기근과 병마와 싸우며 죽음의 공포를 덜기 위한 '죽음의 춤'을 추게 했다. 이 '죽음의 춤'은 사회 각층의 사람들을 심야의 유희로 유혹했는데, 이는 엄격한 금욕주의에 대한 반발이자 민주주의 사상과 각성을 보이려는 것이었다. 이러한 춤들은 '무도광'[25]의 맹렬한 기세에 말려들어간 것이었고, 신의 신비로운 힘을 드높이기 위한 탈혼 상태의 춤이었으며 기독교화된 디오니소스의 의식이었다. 무용수들은 손에 성상을 들고 성 헬레나를 찬미하기 위해서 불춤을 추었다. '무도광'은 병적인 탈선으로서, 사람들은 광기가 들어서 며칠씩 이리저리로 춤추고 설치며 돌아다니다 고통과 피로로 죽어버렸다. 이러한 의식에는 격렬한 열광과 황홀경의 체험이 존재했으며 이는 춤추는 자를 신격화하는 것이었다. 이를 통해 인간은 디오니소스의 독창성과 초인적인 힘을 경험했고 자유로운 인간으로 해방되었다.

성직자들은 줄을 지어 입장하며 천상을 의미하는 사제의 몸짓을 했고, 신을 찬미하기 위한 수단으로 춤을 추었다. 그들은 오아시스의 작은 숲에 모여 고리춤을 추고 시편과 찬송가를 부르기도 했다. 또 합창단을 만

---

25 중세 유럽에서는 13세기 이후 하나의 특수한 사회 문제로 무도광의 발생이 있었다. 이는 종교적인 의미가 있으며, 간질 징후로 나타나는 '무도병'으로부터 구원을 얻을 수 있다고 일컬어지는 춤의 순례와 관계가 있었다(R. 랑게, 『춤의 본질』, 최동현 역, 도서출판 신아, 1988: 148-149).

10. 죽음의 춤

들어 남녀가 서로 마주보며 교대로 노래를 불렀으며, 때론 사방으로 움직이기도 하고 서서 합창을 하면서 제무(祭舞)를 추었다.[26] 교회의 금지 조치가 완화되면서 사람들은 손에 손을 잡고 길게 늘어서서 움직이는 원무와 상스럽게 생각해 보급하지 않았던 커플 댄스를 추었다. 이 춤들은 프랑스 귀족들의 세련되고 우아한 모습으로 모방되었고, 궁정 기사도의 일부가 되었다. 이에 따라 광신적인 금욕주의에 눌려 침체됐던 춤은 새로운 문화의 변동 속에서 춤의 르네상스를 맞이했다. 이렇게 인간의 삶에 춤의 르네상스가 도래한 것은 당연한 절차였으며, 동서양 모두에서 그 절정을 이루었다.

춤의 르네상스는 당대에 유행했던 철학과 사상, 정치 이념 그리고 민간의 자유정신으로부터 도래했다. 예술의 황금기를 맞아 유럽에서는 절

---

26 R. Kraus & S. Chapman, *History of the Dance: In Art & Education*, Prentice Hall, Inc, Englewood Cliff, N. J., 1981, p.33.

대 권력의 위엄을 드러내고 유지하는 수단으로 춤을 이용했다. 프랑스 문화의 황금기이자 궁정무용의 전성기를 이룩한 루이 14세는 '짐은 곧 국가'라고 말하며, 자신의 권력과 정체성을 보여주는 자신만을 위한 발레를 추었다. 그는 태양을 상징하는 아폴로가 전쟁에서 승리하는 과정을 묘사한 〈밤의 발레(La Ballet de la Nuit)〉에서 아폴로 역이었다. 즉, 우주의 태양을 의미했으며 스스로 태양왕임을 선포했다. 그의 정치 사상과 춤은 프랑스 전역의 삶을 통치했고, 장대하고 호화찬란한 바로크 예술의 상징인 베르사유 궁과 함께 프랑스 문화의 르네상스를 이룩했다. 베르사유 궁에서 왕과 귀족들은 정치적이고 우아한 자세로 사교를 했고 화려한 궁정 의상을 입은 귀부인들은 파반느(Pavane)와 알르망드(Allemande) 그리고 사라방드(Sarabande)[27]와 미뉴에트(Minuet)를 추면서 자신들의 위용과 아름다움을 뽐냈다. 그들의 춤 안에는 희로애락이 공존했다.

> 스텝은 까다롭고 무대 배치도 복잡했으며 예절과 품위를 강조했다. (중략) 궁정 축제에서 춤을 출 때는 즉흥무용은 허용되지 않았다. 그들은 오만한 채 하면서도 품위 있고, 화려하며, 경쾌하고 당당한 절제된 동작으로 (중략) 곧은 자세, 온화함, 정력, 화려함, 날렵한 발의 움직임으로 (중략) 춤을 추었다.[28]

이 춤들은 농민들이 삶에서 쌍을 이루어 즐겁게 추는 춤과 어깨를 흔들고 팔을 흔드는 에로틱한 춤 그리고 격렬하게 뛰는 춤에 기원을 두었

---

27 파반느는 매우 장중한 춤으로 종교적이며, 하나 또는 그 이상의 쌍이 앞뒤로 스텝을 하는 바스당스이다. 알르망드는 간결하고 무게 있는 춤이며, 유연하고 감상적인 성격을 띠고 있으며 스퀘어 댄스에서 상대의 손을 붙잡고 돌리는 형태를 취하는 특징이 있다. 사라방드는 장중한 춤으로 당당하게 무게 있는 전진과 후진을 하며 짝을 지어 줄지어 서서 캐스터네츠를 들고 추는 춤이다.

28 Agnes de Mille, *The Book of the Dance*, New York: Golden Press, 1963. p.81.

11. 루이 14세의 〈밤의 발레〉

12. 바로크 댄스 팔동작

13. 왈츠

는데, 후에 궁정으로 들어가 세련되고 우아한 형태의 바스당스(basse dance)로 변형되었다. 즉, 이는 민간에서 전승된 민속 양식이었으며, 농민과 서민의 예술과 생활이 그대로 묻어나는 것으로 문명화된 삶에서 사용되었다.

이러한 춤들은 문화의 변동과 함께 더욱 선명한 색깔을 띠고 모습을 드러냈다. 존 로크(John Locke, 1632~1704)의 경험론[29]은 민주적인 정치사상으로 18세기 계몽사상(Enlightenment)을 발전시켰고, 시민이 사회를 건설하기 위한 사상적 기반이 되었다. 문명사회의 허식과 거짓을 비판하면서 '자연으로 돌아가라'고 외친 루소(Jean Jacques Rousseau, 1712~1778)는 낭만주의의 선봉에 서게 되었고, 궁중의 허식과 관례를 타파하고자 한 노베르(Jean Georges Noverre, 1727~1810)의 개혁은 프랑스의 사교적이고 권위적인 궁정무용을 예술적으로 바꾸어놓았다. 그리고 이는 오페라의 장식적 부속물로서의 발레가 완전히 독립된 하나의 극예술이 되는 데 기여했다. 그는 무거운 가면과 가발을 벗겨버렸고, 궁중의 권위적 형식주의를 대중을 위한 사실적 줄거리로 바꾸어놓았으며 음악과 시, 조각과 회화 등 여러 장르의 예술이 한데 어울리게 만들었다. 그 춤은 간결했고 화려한 기교와 극적인 것으로 이해하기 쉬운 표현을 추구했으며 인간에게 감동이 되는 춤으로 변화했다.

> 훌륭하게 구성된 하나의 발레 작품은 지구상의 모든 나라의 열정, 풍습, 기질, 의식, 습관 등을 그린 한 폭의 그림 같은 것이며 (중략) 만약 여기에 사상의 표현이 없고 뚜렷한 묘사가 없거나 감동적인 장면이 없다면 무미건조란 스펙터클이 되어버릴 것이다.[30]

---

29 존 로크는 인간의 마음은 백지와 같으며 모든 지식은 감각과 경험을 통해서 얻어진다고 하는 경험론을 확립했다.

30 J. G. Noverre, *Letters on Dancing and Ballet*, trans. Cyril Beaumont Dance Horizons, Inc., New York. 1966.

춤에 대한 그의 견해는 지구상의 모든 인간에 대한 개혁이었고 예술에 대한 사랑이었으며 인간의 삶에 풍요와 환상을 가져다주는 것이었다. 그를 통해 창조된 낭만 시대의 춤은 카를로타 그리시(Carlotta Grisi, 1819~1899)와 마리 탈리오니(Marie Taglioni, 1804~1884)의 높게 세운 발끝과 가냘픈 몸에 걸친 로맨틱 튀튀(tutu)로 가볍게 튀어 올랐고, 백색의 순수함으로 승화됐으며, 우주와 합일되는 영성으로 표현됐다.[31] 고티에(Pierre Jules Théophile Gautier, 1811~1872)가 표현한 낭만적인 춤은 솔직하고 유쾌하며 기쁨을 주는 것이었으며, 슐레겔(Friedrich Von Schlegel, 1772~1829)의 낭만주의가 표현되는 순간이었다. 그것은 자아의 해방과 환상을 동경하는 것이며, 미(美)를 삶에 있어서 최고로 보는 유미주의의 표현이다.

노베르는 새로운 춤으로 귀족뿐만 아니라 평범한 사람들의 삶 또한 바꾸어놓았다. 프랑스 대혁명이 가져다준 시민들의 자유와 이상은 프랑스의 군주 제도를 무너뜨렸고, 새 정부의 정치적, 사회적, 민주적 환상 세계에 살고 싶어 했던 시민들은 낭만의 예술성으로 천상의 세계를 표현하는 초자연적인 춤들을 삶의 과정 속으로 끌어들였다. 그들은 감동의 카타르시스를 직접 경험했고 낭만주의 예술운동에 직접 동참했다. 또한 그들의 민속춤은 도시와 접촉하며 인간의 삶에 있어서 절대 불가결한 요소로서 교육적인 자극제가 되었고 사회적 통합과 기쁨의 배출구가 되었다.

낭만시대의 인간적, 자연적, 환상적 이념은 노베르의 업적을 숭배했던 라반(Rudolf Von Laban, 1979~1958)의 춤에 대한 접근으로 이동하게 되었다. 라반은 춤을 플라톤의 시각과 같이 고상하거나 야만스러운 것으로도, 18세기의 계몽주의적 특징을 지닌 미학으로도 보지 않았다. 그는 춤

---

31 파니 엘슬러(Fanny Elssler, 1810~1884)와 마리 탈리오니는 농민이 추었던 민속무용을 무대에서 추어 관객으로부터 많은 갈채를 받았다(R. 랑게, 『춤의 본질』, 최동현 역, 도서출판 신아, 1988: 31).

14. 〈라 실피드〉, 1832.

의 본질이자 표현 매체인 인간의 움직임에 초점을 두고 삶의 과학으로 20세기의 춤을 창조하고자 했다. 그는 피타고라스의 기하학과 플라톤의 사유와 함께 인간의 본성을 표출하는 춤을 추었으며, 융(Carl Gustav Jung, 1875~1961)의 심리학과 델사르트(Francois Delsarte, 1811~1871)의 응용 미학, 달크로즈(Émile Jaques-Dalcroze, 1865~1950)의 유리드믹스(Eurhythmics), 인류학적 탐구의 성과를 바탕으로 한 내적 충동에 기원한 춤을 추었다. 그리고 그것은 우주 공간에 아름다움을 그려냈다. 이 춤은 '중력의 정복'이라는 랭거(Susanne Langer, 1895~1985)[32]의 춤 예술에 대한 미학을 한 단계 뛰어넘어 중력과의 상호작용 그리고 인간 문화의 한 요소로 표현됐다.

이후 인간은 이사도라 던컨의 모던 댄스, 니진스키의 현대 발레, 머스 커닝햄을 비롯한 윌리엄 포사이드의 포스트모던과 현대 사회에서 등장하는 예술춤과 민속춤 그리고 대중춤에 이르기까지 다양한 춤과 함께 다채로운 삶을 영위해가고 있다.

한편, 왕권이 강화된 한국의 조선 시대 유교 사상은 왕도사상과 충, 효, 예의 사상을 표현하는 궁중정재를 창조했고, 짧은 생을 살았던 순조의 아들 효명세자(孝明世子, 1809~1830)는 어머니의 생신을 축하하는 진연을 위해 〈춘앵전〉[33]의 창사를 지었다. 순조는 자신의 정을 듬뿍 받아

---

32 로데릭 랑게(Loderyk Lange, 1930~)에 의하면, 수잔 랭거는 *Feeling and Form*에서 춤이 예술의 지위에 도달하기에 앞서서 지니고 있는 생물학적 기능과의 관련을 인식하고 있지 않다고 논의했다.

33 당나라의 전래에 따르면 〈춘앵전〉은 중국 당대에 창제된 무악의 이름으로서 그 창조 배경은 당나라 고종 때로 거슬러 올라갈 수 있다. 고종은 봄날 아침 버드나무 가지에서 지저귀는 꾀꼬리 소리에 감명을 받아 악사인 백명달에게 그 소리를 음곡으로 옮기라는 명령을 했고, 그 꾀꼬리 소리를 묘사한 음악이 〈춘앵전〉이다. 일본에도 중국에서 전해진 〈춘앵전〉이 있는데, 처음에는 10명의 무녀가 춤을 추었다고 하나 나중에 1명의 남자 무용수가 춤을 춘 것으로 바뀌었다고 한다(신상미, 『몸짓과 문화: 춤이야기』, 1997: 48).

15. 조선 최후의 무동 김천흥의 〈춘앵전〉

행복해하는, 새벽 달빛 아래 꽃향기를 맡으며 즐겁게 걷고 있는 어머니 순원왕후의 아름다운 모습을 보면서 꾀꼬리 소리의 정취를 이 춤에 담아냈다. 이 시기는 문화와 예술의 황금기로서 그에 걸맞게 사람들은 민족의 정서와 인간의 감성을 반영한 장중하고 화려한 춤을 추었고 유교의 예를 상징하는 춤을 추었다. 또한 역신을 물리치고 평안한 삶을 살기 위한 〈처용무〉를 추었다. 처용의 춤은 보폭이 크며, 강한 발걸음과 탄력적인 굴신으로 땅을 밟고 양팔을 치켜들어 하늘로 흩뿌리는 음양의 조화를 특징으로 하는 역신을 감복 시킨 이죄(弛罪)의 춤이었고 번뇌를 이겨낸 해탈의 춤이었다.

중국의 명나라 시대(1368~1644)는 근대화의 성장 변혁기로 중앙집권주의와 왕권의 강화로 정치적 안정과 상공업의 발달 그리고 문화와 예술의 황금기를 이루었다. 청나라 시대(1632~1912)에는 봉건 사회가 몰락하고 자본주의 사회가 배양되었으며 전란과 혁명, 사회 혼란, 상업 발달, 경제 번영 등 고대의 전통과 변혁이 공존했다. 이러한 상황에서 인간은 고대의 연극 형태를 띤 희곡 무용과 무술 형태의 무무(巫舞), 큰 탈을 착용하고 연행하는 중국 한족(漢族)의 탈놀이로서 사회를 풍자하는 〈대두화상〉을 추었다. 이러한 춤들은 중국의 노래와 대사 그리고 춤과 무술 등 창념작타(唱念作打)를 종합한 경극을 창조했다.

일본의 가마쿠라 시대에서 에도 시대에는 춤에 종교적, 사회적, 정치적 환경이 반영되었는데, 삶과 죽음에 엄격한 사무라이의 삶과 선불교의 영적 철학이 반영된 지배 계층의 〈노(能)〉와 대중예술로서 상인과 서민 등 피지배 계층의 사람들이 즐기던 〈가부키〉가 있었다. 〈노〉는 재능이나 능력이 있는 곡예사의 삶과 신비롭고 신앙적인 통치자들의 삶이 합쳐져 만들어진 비극적이고 상징적인 가무극으로 감정 연기와 심미론을 제시하는 예술이다. 〈노〉의 형식은 황실 귀족들의 고상한 세계와 사무라이의 선(禪)을 통한 인간의 삶을 묘사한다. 〈가부키〉[34]는 다양한 춤과 독특한 선율의 대사를 통해 여성의 자유분방함과 호색을 보여주며, 단아한 모습을 거부하고, 자유롭고 해학적이면서 에로틱한 표현을 주로 하는 가무극으로서 삶의 희로애락을 표현하고 이를 통해 마음을 정화시키는 내용으로 이루어진다.

고대 인도의 통치자들은 영구적으로 왕실에 무용수와 음악가를 두어 예술을 육성했고, 인도의 자유와 르네상스를 기원하기 위해 왕가의 자손들에게 춤을 가르쳤는데, 그 춤이 바로 〈바라타 나티암〉이다. 〈바라타 나티암〉은 박진감 있는 리듬으로 힘 있게 하강하는 춤으로서 인도인의 영적인 삶을 영속시키고, 종교, 지식, 예술로서 인간의 삶에 뿌리내렸다. 〈바라타 나티암〉은 인간의 감정 표현인 바(bha)와 음악이자 멜로디인 라(ra), 그

34 어원은 'かぶく'에서 나온 말로서 가(歌: 음악성), 무(舞: 무용성), 기(伎: 연기)를 각각 뜻하는 말이다. 'かぶく'란 유별난 것, 유행의 첨단을 달리는 머리 형태나 복장, 난폭한 행동을 가리키는, 즉 상식에서 벗어난다는 뜻으로 쓰이던 말이며, '가부쿠' 즉 '평평하지 않고 한쪽으로 기울다'라는 동사에서 유래된 '우스꽝스럽다', '호색한다', '멋대로 행동한다'의 의미도 지니고 있다.

16. 〈노〉

17. 〈가부키〉

18. 인도춤

리고 리듬을 의미하는 타(ta)와 춤을 의미하는 나티아(Natya)가 합쳐진 것으로,[35] 인도 초기 베다 시대로부터 유래한 가장 오래된 인도의 전통 무용이다. 남인도 시바 신전에 대대로 이어져 내려오는 무용수 디바다시(Devadasi), 즉 사회 조직이 추는 왕궁 예술이지만 동시에 신성한 의식무용이기도 하다. 특히 여성적인 유형으로 신의 영광을 찬양하는 시바의 의식춤이다.

이렇게 인간은 끝없이 펼쳐지는 문화의 변동 속에서 춤과 함께해왔으며, 그 춤은 인간의 몸과 마음 그리고 정신이 일체된 표현으로 사회 속에서 소통하며 삶을 풍요롭게 했다.

35 제니아 자리나, 『동양의 전통무용』, 김인숙 역, 1997, pp.25-30.

3. 춤의 본질

일반적으로 동서양의 학자들이 말하는 춤의 본질은 인간이 살아온 시대의 역사적, 문화적 흐름에 따라 차이가 있었다. 그러나 그들이 제안한 춤의 본질에 대한 개념을 종합해보면, 몸을 매개로 한 움직임을 통해 인간의 사상과 감정을 표출하는 순간적 예술로서 몸, 마음, 정신의 발현이며, 사회 안에서 서로 소통하는 인류 문화의 한 요소로 정리된다. 이 절에서는 전통적으로 생각되어왔던 춤의 본질에 대한 여러 학자들의 생각에 기반을 두고 앞 장에서 다룬 내용을 근거로 춤의 본질에 대해 구체적으로 논의하고자 한다.

1) 몸, 마음, 정신의 합일체

춤은 생명체이자 표현체인 인간의 몸이 없이는 존재할 수 없다. 즉, 춤에서의 몸은 움직임을 만드는 가장 핵심적인 매체이며 사고(思考)를 통해 밖으로 분출되는 움직임의 근원이다. 그렇기 때문에 춤에 있어서 몸이라는 매개는 타 예술의 본질과 구별할 수 있는 증거가 된다.

춤의 인류학이 등장한 이후, 춤을 추는 인간의 몸은 동서양의 많은 학자들의 관심 대상이었다. 폴 발레리[36]는 춤의 매체가 되는 몸의 개념을 다음과 같이 네 가지로 제안했다. 제1의 몸은 에너지의 충만으로 행동하고 사고하며, 욕구를 채우고 항상 내부와 환경과 관계하는 나(我)라는 주체가 살아 있는 몸이다. 제2의 몸은 어떤 형(形)을 이루고 있어 타인이 나를 바라볼 수 있는 객관적인 몸을 말한다. 제3의 몸은 세분화된 조직 속에 운동

36 P. 발레리(Paul Valéry, 1871~1945)는 상징파 시인 말라르메(Stephane Mallarme, 1842~1898)에게서 상징시를 배웠다. 그리고 문학과 건축에 관심을 갖고 있었다.

이나 감각, 사고의 관계를 파헤치려고 하는 해부학적인 몸이다. 제4의 몸은 현재 있는 몸이 아니라 잠재적 가능성으로서 상상의 몸이다.[37] 이와 같은 발레리의 몸에 대한 개념은 나 자신이 아는 나라는 존재와 남이 나를 알 수 있게 하는 나, 그리고 나와 남이 보는 나가 서로 관계하면서 만드는 나가 존재함을 말하는 것이다. 이는 몸이 단순히 형(形)만 가지고 있는 것이 아니라 나의 사고와 행동 그리고 나와 환경과의 상호 작용 모두를 담고 있는 개념이며 몸, 마음, 정신은 하나라는 것을 시사하는 것이다.

이러한 그의 논리는 루트번스타인 부부가 말한 헬렌 켈러의 운동 감각적(kinesthetics) 인지 사례를 통해서 쉽게 이해할 수 있다. 그들에 따르면, 켈러는 미국의 현대 무용가 그레이엄에게 '도약이 무엇이냐'고 물었다. 그리고 켈러 자신은 그것이 뭔지 모르겠다고 했다. 그레이엄은 제자인 머스 커닝햄에게 도약을 하도록 요청했고, 켈러의 손이 커닝햄의 허리를 잡은 순간 바로 뛰어 올랐다. 이때 켈러는 몸의 감각으로 도약을 보았고, 육체적이고 정신적인 지각으로 도약을 감지했다. 이러한 경험으로 도약을 알게 된 켈러는 "몸 감각을 사고(思考)"라 했다. 즉, 켈러에게 있어 몸은 정신적인 차원에 속해 있었다.[38] 루트번스타인은 "생각하고 창조하기 위해 근육의 움직임과 긴장, 촉감 등이 불려 나오는 순간이 바로 몸의 상상력이 작동하는 때다."라고 하며 "켈러의 경우가 바로 그때다."라고 했다.

폴 발레리와 루트번스타인의 몸의 대한 개념과 함께 심리학자인 하워드 가드너(Haward Gardner)는 "몸은 자신의 지성을 품고 있다."라고 주장했다. 그리고 프레더릭 바틀릿(Fredric Bartlett)의 말을 빌려 '기능적 몸놀림과 생각하기는 유사한 것'이라고 말했다.[39] 또한 신경학자 올리버 색스

37 P. 발레리 외, 『신체의 미학』, 심우성 편역, 현대미학사, 1997, pp.16~24.

38 R. & M. 루트번스타인, 『생각의 탄생』, 박종성 역, 에코의 서재, 2007, p.219.

39 Gardner, H., *Frame of Mind: The Theory of Multiple Intelligences*, New York: Basic Books, 1983.

(Oliver Sacks)는 인간이 지니고 있는 감각의 흐름을 인간의 '제6감' 혹은 '비밀의 감각'이라 정의하고 "지속적인, 그러나 무의식적인 감각의 흐름이 우리 몸의 동작 부위에서 나온다."[40]라고 했다. 이와 같은 색스의 견해는 엘리어트 돌 허친슨(Eliot Dole Hutchinson)의 주장에서도 발견된다.

> 육체적 기능이나 숙련을 요하는 창조행위는 몸의 감각과 깊은 관련이 있다. (중략) "모든 자기표현은 결코 언어의 형태로 나타나지는 않는다. 피아니스트를 비롯한 연주가, 조각가, 무용수, 외과의사, 수공예 장인들에게 있어서 창조적인 생각의 발현은 하나의 운동감각적인 형태로 이루어지며 느낌은 다양한 근육의 움직임으로 표현된다. 손가락은 연주하고 싶어서 근질거리고, 음악은 손에서 흘러나오며, 관념은 펜에서 흘러나온다. 무용수와 오케스트라 지휘자의 동작은 그들의 '이념'을 보여준다. 형을 뜨고 싶은 심리적인 욕구는 조각가에게 좀처럼 억누르기 어려운 것이다.[41]

이 글에서 엘리어트가 말하는 창조 행위는 사고하고 생각하는 것이며, 창조 행위의 결과, 즉 사고하는 결과는 몸의 움직임으로부터 나온다는 것을 강조하는 것이다. 이는 몸과 사고는 하나로 연결되어 있다는 것을 말하는 것이다.

또한 장자는 정신이란 마음의 작용과 상태이며, 마음에 따라 모든 것이 다르게 보이고 느껴지며 생각된다고 주장했다.[42] 이러한 그의 견해는 마음이 자리한 곳에 존재가 있다는 것을 의미한다. 이를 움직이는 몸에 대입해보면 우주 안에서 절대적으로 불변하는 시간과 공간을 점유하는

---

40 올리버 색스(1933~)는 미국 신경과 의사이자 의학계의 계관시인으로서 『아내를 모자로 착각한 남자』, 『소생』, 『화성의 인류학자』 등의 저서가 있다.

41 R. & M. 루트번스타인, 『생각의 탄생』, 박종성 역, 에코의 서재, 2007, p.220, 재인용.

42 송항룡, 『(시간과 공간 그리고) 지금 바로 여기: 동양철학 이해의 새로운 시도』, 성균관대학교출판부, 2007, p.109.

몸은 인간 존재 자체임을 말하는 것이다. 따라서 인간의 마음이 자리한 존재는 몸이며, 마음의 작용으로부터 우러나오는 몸의 움직임은 인간의 정신과 합일한다는 것을 의미한다. 장자가 말하는 몸, 마음, 정신의 합일은 프랑소아 델사르트의 삼위일체론에서도 드러난다. 그는 "신체가 취하는 각각의 행위마다 마음의 내적 표상이 상호 밀착돼 있으며, 한걸음 나아가 마음은 영혼 속의 안식처를 갖고 있다."라고 말하면서 삼위일체를 구성하는 필수 조건에 대해 다음과 같이 말하고 있다.

> 인간의 세 가지 원칙 — 삶, 정신, 영혼 — 이 삼위일체를 형성한다. 왜냐하면 삶과 정신은 하나로 동일한 영혼이고, 역시 영혼과 정신은 동일한 삶이며, 삶과 영혼은 하나로 동일한 정신이기 때문이다. (중략) 삼위일체의 정의는 세 개체가 통일성을 이룬 것으로 각각은 다른 두 개의 필연적이며, 서로 시간 속에서 상호 존재하고 공간 속에서 상호 침투되며 상호 작용한다. 신체 기능에 따라 정신 기능이 작용하며, 신체의 전초적 기능에 따라 정신 행위가 작용한다. (중략) 몸짓은 마음의 직접적인 전달자이다. 몸짓은 감정의 가장 적합한 명상이다. 몸짓은 사고의 계시자이며 말의 해설자이다.[43]

이에 덧붙여 델사르트는 삼위일체가 되는 요소들을 육체적, 감정적, 정신적인 것과 동시에 용이한 것, 공동 작용, 정밀한 것 그리고 긴장, 이완, 밸런스 동작과 운동, 공간, 시간 및 힘, 형태, 구성 등 무한정으로 열거했다. 이러한 삼위일체론은 다음과 같은 중국의 격언을 통해서 충분한 이해가 가능하다. "나는 듣고 잊는다. 나는 보고 기억한다. 나는 행하고 이해한다." 이 말의 의미는 몸으로 행한다는 것은 이미 답을 알고 있다고 말하는 것이며, 오직 운동 감각적으로 경험한 몸만이 어떻게 답해야 하는지 알고 있다는 것을 말하는 것이다. 예를 들면, 시를 몸으로 표현한다든가, 입

---

43 T. 숀, 『프랑소아 델사르트의 예술세계』, 육완순 역, 교육과학사, 1979, pp.39-48.

체 도형을 이해하기 위해서 그 안에 들어가 꼭지점을 이어가며 움직인다든가, 그림을 이해하기 위해 몸으로 그림의 내용을 표현한다든가, 몸으로 리듬을 익힌다든가 하는 행함을 통해서 시나 기하학 그리고 그림이나 음악을 이해할 수 있다는 것이다. 따라서 느끼고 사고하는 모든 것은 몸을 통해 이루어지며, 동시에 몸을 통해 이해할 수 있게 된다는 것을 의미한다.

여기에서 말하는 몸에 대한 개념은 몸과 마음 그리고 정신이 합일하다는 것이며, 이는 춤의 매체인 몸과 움직임 연구를 추구한 라반의 생각과 같다고 할 수 있다. 라반은 몸을 인간이 소유하고 있는 유일한 그리고 절대적인 실재(reality)로 보았다. 그리고 몸과 움직임 그리고 인간의 내면적 욕구를 일치시킴으로써 우리의 신념을 전달하고 표현할 수 있다고 했다. 이는 춤에 있어서 정신과 마음은 몸 없이는 아무것도 성취할 수 없다는 것을 말한다.

이처럼 많은 학자들이 주장하는 몸과 사고의 관계는 몸이란 마음 또는 정신과 동떨어진 물질적인 몸이 아니라 인간 존재로서의 몸이고 심신이 하나가 된 몸이며, 불가사의한 몸을 상상하면서 발견되는 우주적인 몸이다. 또한 몸은 단순히 어떤 것을 표현하기 위한 도구나 매개체로 사용되는 것뿐만 아니라 신체의 운동성과 표현성 이상의 의미를 포함하는 것으로 자연과 함께 그리고 타자와 함께 조화롭게 상호 작용하는 정신을 추구하는 것이라 볼 수 있다. 따라서 인간의 몸은 춤을 시작할 수 있는 근본이며, 춤은 인간의 몸이 없이는 절대 존재하지 못한다. 또한 몸의 움직임은 인간의 사고 그 자체이자 사고를 통한 발현이며 이를 통해서 타자에게 그가 생각했던 것을 느끼게 하고 느끼는 것을 생각하도록 하는 것이다. 즉, 춤이란 몸과 마음과 정신이 합일된 비언어적 의사소통으로서 "말없이 웅변하는 표현체"[44]로 비유될 수 있다.

---

44 가타오카 야스코 편저, 『무용학 강의』, 현희정 역, 무용교육연구회, 1993, p.27.

2) 내적 충동이 근원이 되는 몸의 움직임

미야오 지료는 춤을 삶과 사고의 본질을 구성하는 의도적인 그리고 문화적인 몸의 움직임으로 보고, 뒤르켐(Emile Durkhim, 1858~1917)의 성속이원론(聖俗二元論)에서 주장하는 성스러운 춤과 속된 춤은 거기서부터 나온다고 했다. 그리고 이 두 가지는 양분화할 수 없는 것이며, 동시에 연결되는 둥근 고리 모양의 세계 속에서 분리시킬 수 없는 것이라고 주장했다.[45] 이는 예술 충동의 원형은 아폴로적인 것과 디오니소스적인 것이며, 이 둘의 결합으로 예술이 창조된다고 보는 니체의 견해에서 발전된 것이다. 니체(Friedrich Wilhelm Nietzsche, 1844~1900)에 따르면, 아폴로적인 것은 예술을 형식화하고 유지시키는 충동이고, 디오니소스적인 것은 능동적으로 예술을 향상하는 충동이라고 했다. 그리고 이 둘은 서로 대립하는 것처럼 보이지만 상호 관련성이 있으며, "예술의 발전은 아폴로적 예술 충동과 디오니소스적 예술 충동의 이중적 결합으로써만 가능하다."[46]라고 덧붙였다. 그리고 자신이 영향을 받은 쇼펜하우어(Arthur Schopenhauer, 1778~1860)의 '의지와 표상'[47]의 개념으로부터 디오니소스적인 것은 '의지'로 아폴로적인 것은 '표상'으로 구분했고, 이 두 개념을 통하여 예술의 근본적인 충동과 예술적 창조 가치를 논할 수 있다고 역설했다.[48] 이러한 니체의 주장은 서구의 철학 사상에 만연되어 있던 심신

45 미야오 지료, 『아시아 무용의 인류학』, 심우성 역, 동문선 문예신서 19, 1991, pp.74-75.

46 F. 니체, 『비극의 탄생: 바그너의 경우, 니체 대 바그너』, 김대경 역, 청하, 1982, p.37.

47 표상은 보이는 세계에 불과하며 그것을 인식하는 주관이 의지이다. 표상으로서의 현상 세계를 낳게 하는 원인이 되는 사물 자체가 곧 의지의 표출이다.

48 그리스 신화에 등장하는 신들의 특성을 연구한 니체는 아폴로적이고 디오니소스적 예술 충동의 개념은 대립적인 예술 원리로서 그리스의 비극을 예술 충동의 근원으로 설명하는 척도가 되었다. 이 두 개념의 특징을 살펴보면, 디오니소스적 예술 충동은 그리스 신화에 등장하는 혼돈과 파괴, 광란의 신인 디오니소스로부터 유도된 '도취(Rausch)'의 감정으로 극단성, 무질서, 본능, 광란, 환란, 열광 등의 이미지를 지칭하

이원의 사고를 탈피한 것으로 이 두 개념의 대립과 갈등 그리고 결합을 통해서 새로운 예술의 발생을 기대할 수 있음을 보여준다.

라반은 움직임을 연구하는 과정에서 니체의 예술 충동 개념과 유사한 움직임의 원리를 발견했다. 그는 인간의 몸이 표현하는 사고, 감정, 의지는 그 자체가 움직이는 과정에 불과하다는 것을 강조하고 이를 마음에서 일어나는 내적 충동이 몸을 통해 외부로 표현되는 과정이라고 주장했다. 그리고 몸의 내부에서 일어나는 충동을 '싸우는 것과 같은 것' 그리고 '즐거운 것과 같은 것' 등 두 가지의 충동 요소로 나누고, 이 두 충동 간의 상호 관계 속에서 새로운 움직임이 창조된다고 주장했다. 그가 말하는 내적 충동이란 인간 심원의 마음으로부터 비롯되며, 결과는 공간상에 형태로 나타나 우리의 시각과 감각을 자극하는 움직임이 되며, 이렇게 한 사람의 마음을 담은, 즉 내적 충동으로부터 발생한 움직임은 춤의 본질이

는 창조적 충동이라 할 수 있다. 실례로 디오니소스 축제에서 인간은 자연과 유대하여 축제를 벌이고, 디오니소스적인 흥분은 인간을 자신의 이성적인 주관이 사라진 망각의 상태로 이끈다. 이러한 상태에서 인간은 자연과 하나가 되는 황홀감 속에서 소망의 세계로 이끌리며 자신의 한계를 넘어서 새로운 세계를 경험하게 된다. 그는 자신에게 가장 귀중한 순간에 오감(五感)이 자신에게 부여하는 한계로부터의 도피를 추구하며 그 결과로 또 다른 경험의 세계로 들어가게 된다. 개인적인 체험이나 의식(儀式)에서 디오니소스적 인간의 욕망은 그 체험이나 의식에 압박을 가하여 어떤 정신적인 상태, 즉 극단을 달성하고자 한다(베네틱트, 1993: 95). 아폴로적인 것은 균형, 조화, 절제, 질서, 이성, 지식, 평온한 이미지로 이성이 지배하고, "형태적이고 분명한 형상을 보이고 있으며, 거울같이 반영적인 형태로 나타나는" 특징을 가지고 있다. 그리스 신화에 나타나는 이 "아폴로적인 것의 원리는 꿈의 개념에 의존하고 있으며(양해림, 2000: 53-54), 아폴로적인 환상과 가상은 개인의 내면세계에 존재하는 참된 자아와 거짓 자아로 인해 현실 세계에서 받는 고통을 미화시키고 극복하는 상태로 이끈다. 그러므로 아폴로적 예술 충동은 '절제'와 '중용'을 근거로 하는 자기인식을 최고의 가치로 인정(심재민, 2002: 138)하고, 그것을 예술의 완성으로 보고 있다. 니체는 이 두 개념의 특징에 따라 예술에 있어서 디오니소스적인 상태를 삶의 근원적인 현상으로, 그리고 디오니소스적인 감정의 상태를 미적 근본으로 보고, 이러한 상태 없이는 아폴로적 세계도 존재하지 않는다고 주장했다(최양부, 2003: 340).

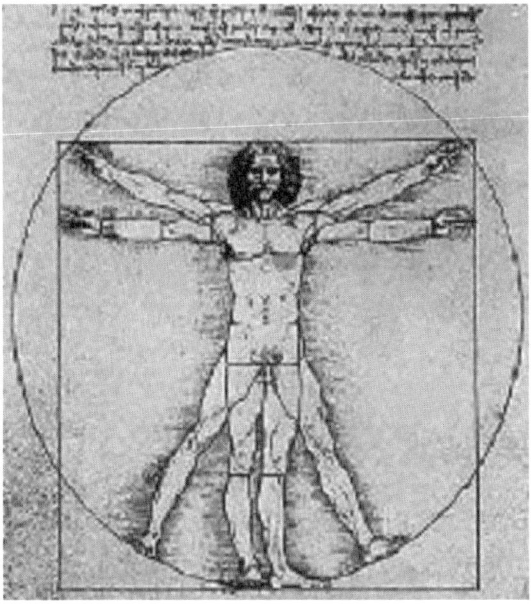

19. 비투르비우스의 인체비율

되는 표현 매체가 되는 것이다.

마틴(John Martin, 1893~1985)은 춤이 타 예술에 비해 삶의 경험과 환경에 보다 더 밀접하게 관계하고 있는 몸의 움직임을 사용하고 있기 때문에 생명 바로 그 자체인 동시에 표현(expression)과 지각(perception)의 매체가 된다고 주장했다. 그리고 춤을 추는 사람은 춤을 보는 사람에게 무언가를 전달하려고 움직임을 사용하며, 춤을 보는 사람은 춤을 추는 사람의 의도에 반응하기 위해 움직임을 행한다고 했다. 또한 라반은 인간이 춤을 출 때 사용하는 움직임에 대해 마음 저변에 깔려 있는 내적 충동으로부터 비롯되는 몸의 언어로 표현했다. 그리고 이로부터 생겨나는 다양한 표현은 리드미컬하고 공간적인 형태를 창조할 뿐만 아니라 분위기와 내적 태도를 창조하며, 말로 표현할 수 없는 생각과 사건의 인상을 구성한다고 했다. 랑게는 이러한 몸의 움직임을 '인간 간의 표현과 의사소통의 근본 수단'이라고 했다. 이와 같은 견해는 우리가 춤을 출 때, '비언어적이지만 시간, 기억, 장소와 모험이 포함된 실제 언어'[49], 즉 몸의 움직임을 의도적인 의사 전달의 매체로 사용한다는 것으로 풀이된다.

이렇게 내부로부터 외부로 발산되는 비언어이자 의사 전달 매체인 인간의 움직임은 생명을 유지하는 숨을 쉬는 순간부터 시작되며, 삶을 통해 다양한 형태의 숨을 쉬면서 인간다운 움직임을 만들어낸다. 그리고 사회문화적 환경에 적응하면서 서로 의사소통이 가능한 독특한 움직임을 만들게 된다. 그 움직임들은 생각하는 몸과 문화적인 몸이 공간상에 선으로, 면으로, 그리고 입방체로 그려내는 흔적들(trace forms)로 나타난다. 보는 사람은 그것을 보고 느끼면서 거기서 의도하는 의미를 알 수 있게 된다. 즉 브랜드(Rosemary Brandt)가 그랬듯이 "움직임은 우리에게 일어나는 것이 아니라 우리가 그 움직임이 나오도록 만드는 것이다." 그래서 이러한 움직임은 인간이 의도적으로 무언가를 하고자 할 때 사용되며, 몸의 가장 중심에서 시작되는 내적 충동이 그것의 근원이 된다. 그리고 내적 충동이 외적인 형태로 표출되는 순간 끝없는 공간을 구성하게 된다. 이렇게 구성된 움직임은 정교한 기교에 그치거나 추상적이고 매우 복잡한 움직임이라 해도 그것은 항상 춤을 출 때 의도하는 표현 매체의 뿌리가 된다. 그리고 오감(五感)의 배후에 있는 육감(六感)의 경험으로부터 감지할 수 있는 지각 매체의 뿌리가 된다. 그러므로 삶의 경험과 움직임은 동일한 것이며, 움직임은 삶과 사고의 본질을 구성하고 있다 해도 과언이 아니다. 따라서 인간의 움직임은 내적 충동의 근원인 인간의 몸과 마찬가지로 춤을 시작할 수 있는 근본이며, 춤은 인간의 움직임이 없이는 절대 이루어질 수 없다. 즉, 춤이란 의도적인 움직임으로 구성된 비언어적 의사소통으로 인간의 인격과 같이 '갈고 닦아도 다할 수 없는 매력적인

49 V. Preston-Dunlop, *Dance Words*, Harwood Academic Publishers, 1995, p.222.

존재'[50]로 비유될 수 있다.

3) 역동적 이미지

수잔 랭거에 의하면, 춤은 몸의 움직임에서 나오는 능동적인 힘으로부터 발산되어 나타나는 하나의 환영(apparition)이자 인간 감정의 본질을 표현하는 하나의 지각 형식이다. 이는 곧 역동적 이미지(dynamic image)로서 우리의 눈과 귀에 주어지며, 우리가 지각할 수 있는 실체 이상을 그 안에 함유하고 있다. 즉, '춤이 나타내는 움직임의 힘들, 그 힘들의 명료한 중심과 발산, 갈등과 해결, 상승과 하강, 그 힘들의 선율적인 삶' 등 모두가 물질적 존재를 초월하는 가상적 실체이자 허구적 실체가 그 안에 존재한다. 이러한 가상적 실체는 무용수가 어떻게 느끼고 사는가 하는 삶의 방식이자 내면의 설화이며, 감정, 정서, 기타, 다른 모든 주관적 경험들이 교차하는 방식에 관한 하나의 관념이다. 이처럼 춤은 무용수의 외형으로 무용수의 내면적 세계, 주관적인 삶, 감정 등을 객관화하기 때문에 우리의 눈과 귀를 지나 전체적 반응 감각을 통과하면서 감정으로 충전된 것처럼 충격을 준다. 즉, 춤은 단순히 몸의 외적 형상뿐만 아니라 마음과 몸이 충돌하면서 만들어내는 이미지를 모두 보여주기 때문에 매우 강력한 힘을 느끼게 한다. 예를 들면, 움직임의 즉흥성과 우연성을 지닌 커닝햄의 현대적 시간 개념이라든가 움직임으로 내적 충동이나 감정을 표현하는 라반의 에포트[51] 개념, 가슴을 깊숙이 수축하면서 슬픔을 나타내는 마사 그레이엄의 원시적 수축(contraction) 개념, 한 가지의 특징만

---

50 가타오카 야스코 편저, 『무용학 강의』, 현희정 역, 무용교육연구회, 1993, p.27.

51 에포트는 내적 충동이나 감정 표현으로 정의되며, 무게, 흐름, 시간, 공간의 요소가 존재한다. 이는 정신분석학자 융이 말하는 감각, 감정, 직관, 사고 등 네 가지 심리 유형으로 분류된다.

잡아내는 조지 발란신의 추상발레에서 볼 수 있는 무용수들의 음악적 역동성이나 공간적 긴장감 및 감정적 색깔 개념 등이 이에 해당된다.

이러한 랭거의 역동적 이미지에 대한 개념은 움직임의 구조와 특질 등 움직임의 특성을 연구한 라반의 역동적 특질(dynamic qualities)에 대한 설명을 통해 조금 더 손쉬운 이해가 가능하다. 라반은 정신, 마음, 몸의 조화, 모션과 감정의 조화, 마음과 몸에 관계한 움직임 등과 같이 춤에 대한 전체론적인 세계관을 가지고 춤의 역동적 특질에 대해 논의했다. 그는 인간의 움직임을 통해 인식할 수 있는 두 가지 특성을 구조와 특질로 구분했다. 여기서 움직임의 구조란 인간이 움직인 결과 외적으로 드러나는 형태를 말하는 것이고 특질이란 움직임의 구조 뒤에 숨어 있는 그림자와 같은 느낌이나 분위기 혹은 에너지를 말한다. 이 중에서 움직임의 특질은 인간의 내적 참여와 크고 작은 강도의 차이에 따라 공간을 조화롭게 구성한다. 라반은 이러한 공간조화를 통해서 시각적·감각적으로 우리에게 보여주는 것이 역동적 특질이라 했다. 그리고 이를 구성하고 있는 잠재적인 요소는 느려지거나 빨라지는 시간과 직시하거나 흐트러진 공간, 무겁거나 가볍게 느껴지는 중력의 작용 및 유동성과 탄력성을 보여주는 움직임의 흐름 등이다. 그는 또한 역동적 특질, 즉 움직임 속에 숨어 있는 그림자와 같은 형태(Shadow form)를 역동 공간(Dynamosphere)의 요소로 보고, 이 역동 공간에는 항상 인간이 그려내는 움직임의 흔적이 존재하며, 이것은 우리의 눈으로 명확하게 구별할 수 있는 정신적, 감정적 태도를 보여준다고 했다. 그리고 이러한 태도는 어떤 몸 부위를 사용하는가, 어떤 경로를 선택해서 움직이는가, 어떤 역동적 긴장을 선택했는가에 따라서 그 특질이 결정된다고 주장했다.

이와 같이 수잔 랭거와 라반이 말하는 춤의 역동적 이미지와 역동적 특질은 움직임이 단지 모양을 만드는 것에 머무는 것이 아니라 그 모양에 함축되어 있는 의미나 표현하고자 하는 의도가 들어 있다는 것을 말하는 것이다. 즉 춤의 매체인 움직임은 우리에게 시각적인 구조와 감각적이고 지각적인 특질을 보여주고 있으며, 이들이 조화롭게 상호 관계하면서 공간상에 역동적 이미지를 창조한다고 할 수 있다. 따라서 이러한 움직임을 매체로 하는 춤은 몸과 리드미컬한 몸의 에너지 등 그 구조와 특질을 기반으로 만들어내는 감정적이고 감각적인 역동적 이미지를 통해 실질적이고 가상적인 의미를 전달하는 상징체라 할 수 있다.

4) 의사소통의 수단

언어라는 단어는 이미 그 안에 의사소통(Communication)의 한 수단이라는 의미를 담고 있다. 비언어적 의사소통도 언어가 아닌 비언어로 의사소통을 하고 있다는 것을 전제한다. 최초의 인간은 언어가 생기기 이전 몸짓을 통해 이미 의사소통을 했다. 언어가 창조된 이후 말은 몸으로 전달한 메시지와는 일치되지 않는 메시지를 말하기도 했다. 실제로 말은 몸짓을 수단으로 했다면 더 잘 소통될 수도 있었던 상호 간의 의사소통을 방해했던 경우도 많았다. 예를 들면, 힐끗 쳐다보거나, 자세를 한번 바꾼다거나, 툭 치며 건드리는 것과 같은 몸짓이나 날카로운 시선으로 고개를 홱 돌리는 것이 말보다 더 강한 힘을 발휘하기도 했고, 경우에 따라서는 말을 하면서 의사소통이 왜곡되는 현상도 일어날 수 있었다.

이렇게 몸짓을 통한 비언어적 의사소통은 공간과 시간 안에서 언어 없이 얼굴 표현, 제스처와 포스처로 메시지를 주고받는 과정이다. 한 개인은 이를 통해 타인에게 인상을 주고 그 몸짓과 관련된 메시지를 전달하며 타자로 하여금 독특한 느낌을 경험하도록 유도한다. 진화론자 다윈은 인간이 행하는 비언어적 의사소통에 대해 '모든 사람에 의해 받아들여지는 타고난 혹은 물려받은 주요 행동'이라 했고, 쉬펠린과 버드휘스텔은 비언어적 의사소통의 방법이 대부분 문화적으로 습득된다고 했다. 그리고 윌리엄스는 이를 상징적 움직임인 습득된 행동이라 했고, 루이스는 인간은 말(7%)보다 말이 아닌 것(93%), 즉 비언어적 의사소통을 더 많이 하면서 살아간다고 했다.

오래전 아프리카의 통신 수단은 이러한 몸짓, 즉 움직임이었다. 그 넓은 땅에서 서로 소통할 수 있었던 방법은 북을 두드릴 때 형성되는 다양한 성격을 가진 몸짓이었고 이를 통해서 그 의미를 파악하는 것이었다. 적이 쳐들어오거나 맹수가 달려드는 상황에서 사람들은 북을 쳐대는 사람들의 몸과 움직임을 상상하면서 위험에 대한 대응책을 강구했다. 인간의 생사화복을 주관했던 제사장의 몸짓도 사람들로 하여금 신과 인간을 연결하는 신성한 것으로 인식되었고, 프랑스 루이 14세의 몸짓은 사람들에 대한 정치적인 발언이었다. 그리스의 여신을 닮은 이사도라 던컨의 춤은 인간의 몸과 여성의 해방을 보여주는 것이었고 커닝햄의 춤은 시간과의 놀이였으며, 포사이드의 춤은 공간의 기하학적 몸놀림을 보여주고자 했다. 이 모든 춤은 당대의 삶을 살아가는 개인의 소통이었고 그 문화와의 소통이었으며 어떤 표현의 욕구나 기분을 나타내고자 하는 내적 충동 이상으로 그것이 목적으로 하고 있는 의사소통이었다.

프랑수아 델사르트는 "인간의 모든 사고와 느낌은 그 사람의 동작, 태도, 겉모양에 의해 나타난다."라고 주장하며, 진실한 몸짓을 통한 소통의 중요성을 강조하고 몸짓의 진실성과 즉시성을 다음과 같이 언급했다.

> 인류는 범 우주적인 진리 하에 움직이며, 제스처야말로 범 우주적인 언어로서 이 언어를 사용함으로써 상대방과 명백한 진리가 즉각적으로 교환되며 그러한 곳에는 인종, 국적, 언어와 종교나 정책적인 교리의 장벽이 무너지고 원활한 전달의 힘이 솟아날 것이다.[52]

52 T. 숀, 『프랑수아 델사르트의 예술세계』, 육완순 역, 교육과학사, 1979, p.135.

무용비평가 존 마틴은 몸에서 분출되는 이러한 몸짓을 사용하는 춤의 소통에 대해 다음과 같이 말하고 있다.

> 무용수의 모든 몸짓은 우리의 마음속 모방 기제를 동원시켜 그를 흉내내도록 만듦으로써 그의 감정을 우리가 느낄 수 있도록 한다. 이것이 우리에게 시사하는 바는, 무용수가 몸짓을 통해 우리의 동조를 이끌어내는 방법 외에는 어떤 식으로도 자신의 감정을 전달할 수 없다는 것이다.[53]

마틴의 견해는 나의 마음에서 그려내는 몸짓이 타자의 마음을 움직이고 정신을 흔들게 한다는 것을 말하는 것이다. 다시 말하면, 몸짓으로 인간의 사상과 감정을 표출하는 춤은 항상 타자와 상호 소통하는 것을 가장 큰 가치로 삼고 있다는 것이다.

춤의 예를 들어보면, 니진스키의 〈목신의 오후〉에서 나타난 외설적이고 섹슈얼리티를 강조한 몸짓은 일종의 의사소통의 한 형태였다. 그것은 표정이나 간단한 손의 움직임만으로 표현되며, 말을 하지 않더라도 어떠한 말보다 더 난폭하며 외설적인 몸짓으로 강력한 소통을 하고 있다. 음란한 몸짓은 하나의 의사 표현이 되었으며, 이를 본 사람은 그 몸짓을 통해서 무엇을 뜻하는지 알아차릴 수 있었다. 그래서 빅토리아 시대의 이상을 갖고 있던 사람들은 야유와 폭언을 퍼부었다. 1933년 쿠르트 요스(Kurt Jooss)가 안무한 〈녹색 탁자(The Green Table)〉는 외교관들 간의 만남의 과정을 단순하게 그리면서도 사람들이 어떤 의제를 가지고 만나서 결론에 도달하는지를 표현했다. 거기에는 몸짓으로 갈등, 호소, 요구, 묵인, 애착, 항복, 기만, 저항 등과 같은 일종의 이야기를 전달하는 의사소

---

53 R. & M. 루트번스타인, 『생각의 탄생』, 박종성 역, 에코의 서재, 2007, p.229.; J. Martin, *The Introduction to the Dance*, New York:: W. W. Norton, 1939, p.229. 재인용.

20. 목신의 오후

21. 녹색 탁자

통이 존재했고 보는 사람들로 하여금 반전과 평화를 위한 논쟁을 보도록 했다. 또한 한국과 중국의 민속춤 중에서 〈봉산탈춤〉과 〈대두화상〉은 사람이 사는 곳에서 펼쳐지는 희로애락의 인간사를 해학적인 춤으로 풀어내고 있다. 이 춤에서는 서민들의 가난한 삶과 양반에 대한 풍자, 파계승에 대한 풍자, 일부다처제에서 일어나는 남성의 여성에 대한 횡포 등과 같은 인간이 만들어낸 속된 문화의 사슬에 묶이지 않고 희망적이고 즐거운 삶을 살아갈 수 있는 교훈적인 내용으로 소통하고자 했다.

5) 인류 문화의 한 요소

'문화가 춤이며, 춤이 문화'라는 메리엄(Alan Merrim, 1923~1980)의 말은 춤을 문화의 한 요소로 보는 견해다. 이는 문화를 정의하는 것이 곧 춤을 정의하는 것과 같음을 말해주는 것이기도 하다. 과거 인간의 춤을 문화의 한 요소로 보았던 기록은 플라톤(Plato, BC428/427~BC348/347)의 『법률』에서 찾을 수 있다. 그에 따르면, 춤은 외적으로 보이는 신체 움직임보다 그 이면에 있는 메타가 중요하기 때문에 춤이 문화에서 중요한 위치에 있다고 했다. 당시 춤은 문화의 요소로서 사회를 반영하는 거울과 같은 역할을 했지만 문화 연구의 대상으로서는 인정받지 못했다. 문화를 연구했던 초기 인류학자들도 춤의 일시성과 현장성 때문에 문화로서 춤을 바라보는 데에는 무관심했다. 그러나 문화의 변동 속에서 문화로서의 춤에 대한 설명은 춤 인류학자, 민족 안무학자들의 춤 문화론에서 쉽게 발견할 수 있게 되었다. 또한 초기의 춤 인류학자 쿠라스를 비롯해서 킬리노호모쿠, 케플러, 로이스, 윌리엄스 등과 같은 선구자나 그들의 계보를 따르거나 포스트모더니즘의 줄기를 따르는 학자들의 연구에서도 쉽게 찾을 수 있게 되었다.

랑게에 의하면, 춤은 우리와 관련을 맺고 있는 문화이며, 특정한 시대와 지역의 관습을 기초로 해서 사회의 요구에 따라 형성된 문화유산으로부터 파생된다. 이를 통해서 춤은 특수한 사회 집단에 의해 사용되고 그 집단의 요구와 미적 기준을 결정한다. 따라서 그는 문화와 춤은 각각 독립된 것이 아니라 서로 유기적인 관계를 맺고 생명이 있는 것처럼 항시 변하고 있으므로, 인간 집단의 문화적 통합이 깨지게 되면 전통춤은 차츰 상실되어갈 것이라고 주장했다. 랑게의 문화로서의 춤에 대한 시각은 그의 스승이자 실제 경험을 바탕으로 춤의 매체가 되는 인간의 움직임을 주제로 공간 연구를 시도한 라반의 입장을 대변한 것이라고 할 수 있다. 라반은 문화를 연구한 학자는 아니었지만 춤을 연구한 학자로서 문화에 대한 자신의 생각을 표현한 바 있다. 그는 각 사회나 문화마다 각각의 고유한 움직임 스타일이 있으며 "지역 사회들은 그 지역 사회의 정신을 지키는 데 문화적으로 학습된 움직임의 어떤 일률성이 꼭 필요하다고 생각한다."[54]라고 언급했다. 특히 인간이 행하는 문화적 움직임은 속이거나 감추기가 어렵기 때문에 그 움직임을 행하는 사람의 태도에 따라 그가 가지고 있는 문화의 특성을 알 수 있게 된다. 그리고 그 사람의 움직임은 지역 밖의 낯선 사람이 그를 알아볼 수 있는 척도가 될 수도 있다. 따라서 춤의 매체인 움직임은 언어와 마찬가지로 의미 있고 이해 가능한 것[55]이며 문화와의 연관성이 있다고 언급했다.

1950년대 이후의 많은 인류학자들은 인간의 행위(behavior)에 관심을 갖고, 몸의 움직임과 그 역동성에 주목하기 시작했다. 미드(Margaret Mead, 1901~1978)의 영향을 받은 버드휘스텔(Ray Birdwhistell, 1918~1994)은 표현적인 몸의 움직임은 문화적으로 결정된 의사소통의 수단이며, 사회

---

54 A. Lomax, *Folk Song Style and Culture*, New Brunswick, N, J.: Transaction Books, 1968, p.236.

55 I. Bartenieff, *Body Movement: Coping with Environment*, Routledge, New York, 1980, p.191.

경험을 통해 학습되므로 움직임의 유형에 따라 사회적 역할이나 나이, 계급, 성격 등을 알 수 있다고 했다.[56] 즉, 움직임을 매개로 하는 표현 예술인 춤에서 나타나는 유형들은 문화 안에서 특별한 의미를 가지고 있으므로 특정 문화가 갖는 특성을 이해하기 위해서는 그 문화의 춤을 이해하는 것이 매우 중요하다고 주장했다. 그는 제스처나 얼굴 표정과 같은 신체 언어를 연구하는 '키니식스(동작학, kinesics)'와 의미와 관계된 움직임 구문으로 '키님(kineme)'이라는 용어를 처음으로 사용했다. 그는 제스처가 의사소통의 내용에 따라 서로 다른 의미를 가질 수 있다고 주장했는데, 이러한 개념은 윌리엄스(Drid Williams)의 연구에서 춤에 적용되었다. 윌리엄스는 똑같은 동작이라 할지라도 서로 다른 문화 안에서는 그 의미가 서로 달라질 수 있다는 것을 전제로 했고, 똑같은 구조로 이루어진 인도 춤의 플리에(Plie: 서서 무릎 구부리기)와 발레 플리에의 비교를 통해 이를 입증했다. 이 연구는 문화가 춤의 의미를 결정하는 하나의 척도가 될 수 있음을 말하는 것이다.

한나(Judith Lynne Hanna) 또한 춤이 갖는 상징과 의미에 대해 언급하면서 "춤은 춤추는 사람의 관점이 반영된 인간의 행동으로, 조직되며 목적이 있다. 또한 문화적으로 유형화되며 미적인 가치가 있는 것이다."[57] 라고 하면서, 춤은 문화와 마찬가지로 상징화할 수 있는 인간의 능력에 의해 만들어지는 것이며 무엇보다 신체를 통해 역동적으로 표현되는 의미 있는 행동이라는 것을 강조했다. 춤의 이러한 특징은 춤이 문화 연구의 도구로 사용될 수 있는 가능성과 춤이라는 같은 연구 대상을 놓고 연구자의 주관적 관심, 지식, 학문적 배경 등에 따라 특색 있고 다양한 접근으로 문화 연구를 시도할 수 있는 가능성을 보여주고 있다. 즉 문화로서

---

56 J. Blacking, *The Anthropology of the Body*, Academic Press, 1977, p.219.

57 J. L. Hanna, *To Dance is Human: A Theory of Nonverbal Communication*, The University of Chicago Press, Chicago and London, 1987, p.212.

의 춤에 관한 연구는 문화 연구가 이어지는 한 지속적인 연구가 가능함을 의미하는 것이며, 창세부터 내려온 다양한 안무만큼이나 창조적인 연구 활동이 가능함을 의미하는 것이기도 하다.

춤 인류학자이자 연극학자인 미야오 지료는 아시아의 춤에 대해 인류학적인 관점에서 현장 연구를 수행했다. 그는 『아시아 춤의 인류학』에서 "춤은 민족 문화 그 자체이며, 춤과 민족 문화는 불가분의 관계에 있다."라고 주장하면서, "춤은 '문화의 거울'이며, 문화는 '춤의 거울'"이기 때문에 "춤이라는 현상을 통하여 사회문화의 구조를 탐구하는 것은 사회의 변화 속에서 인류 본연의 자세를 생각하는 데 중요한 측면이기도 하다."라는 견해를 피력했다. 그는 춤의 우주론, 신체학, 도상학적 접근을 통해 아시아 춤의 문화적 맥락과 춤의 구조를 연구했으며, 이를 통해 문화로서의 춤에 대한 그의 논제를 문화 기술적으로 접근했다.

이처럼 민족 안무학자들이 인류 문화의 한 요소로 보는 춤에 대한 견해는, 인류학이 시작된 시점부터 포스트모더니즘의 관점을 지향하는 현대에 이르기까지 이루어진 모든 연구에서 그리고 미래에 이루어질 춤에 관한 인류학적, 문화적, 안무학적 연구에서 전제이자 도구로 사용될 수 있는 가능성을 제시하고 있다.

위에서 제시된 춤의 본질을 정리하면, 이 세상에 존재하는 인간의 춤들은 몸, 마음, 정신이 삼위일체가 되어 행해진다. 그리고 개인이나 집단의 문화적 정서에서 비롯된 의도적인 움직임을 통해 상징적인 코드를 창조한다. 이 코드의 조합으로 이루어진 역동적인 이미지는 인간의 감정이나 사상을 표현하며, 이를 통해서 강력한 의사소통을 한다. 여기서 말하는 춤에서의 몸은 사회적 구성이 담긴 문화가 된 몸이다. 그리고 문화가 된 몸의 움직임은 구체적이고 상징적인 춤이 되어 나를 포함한 모든 공동체가 함께 사회 안에서 소통하도록 만든다. 그래서 이 춤들은 인간이 창조한 문화의 단면을 보여주기도 하고 한 시대의 예술적 표현이 되기도 하며 인간 스스로가 행하는 몸짓으로 사회적인 삶을 표현하기도 한다. 즉, 몸과 몸의 움직임은 자신이 살고 있는 세계의 문화를 품고 있다고 할 수 있다.

MEANING of DANCE

제2장

인류학과 춤 문화 코드

POWER of DANCE

춤 인류학자 로이스(Anya Peterson Royce)는 춤의 현상에 접근하는 방법에는 두 가지가 있는데, 그중 하나는 춤추는 사람의 입장에서 접근하는 것이고, 다른 하나는 보는 사람의 입장에서 접근하는 것이라고 했다. 그리고 춤을 문화로서 인간의 행위로 본다면 춤을 연구할 때에는 인간을 연구하는 인류학자로서의 태도를 갖고 접근할 것을 권유했다. 일반적으로 인류학자들은 현장에 들어가 현지인들과의 상호 작용 속에서 직접 체험하고 소통하면서 그 지역 사회의 문화를 관찰하고 연구한다. 특히 과거에는 인류학적 연구를 위해서 주로 아프리카나 남태평양 등 오지에서 연구한 반면 현대에는 우리의 삶과 가장 가까운 곳에서 꽃피우는 인간의 문화를 다루고 있다. 춤을 연구하는 데에 있어서도 인류학자는 춤을 추었던 사람이든 추지 않았던 사람이든지 간에 우선 춤의 현장에 들어가 현지의 무용가들이나 관련된 사람들과 함께 생활하면서 그들이 추는 춤의 본질과 형태 그리고 과거와 미래 사회에서의 춤의 역할과 기능 및 의미를 연구한다.

이 장에서는 인간이 추는 춤의 의미와 힘을 논의하기 위해 인간이 추는 춤의 문화적 암호, 즉 춤 문화 코드를 어떤 관점과 방법으로 읽을 것인지 살펴볼 것이다. 구체적으로는 인간의 문화와 사회를 중심으로 연구하는 인류학적 관점과 방법을 살펴보고 춤 문화 코드 읽기를 위해 핵심적으로 다루어질 주제를 설정할 것이다. 그리고 인류학적으로 접근한 연구 사례 및 연구 경향을 살펴봄으로써 춤 문화 코드 읽기를 위한 방법을 구상하고자 한다.

1. 춤 인류학의 관점과 방법

춤을 연구하기 위해서는 우선 춤을 연구하는 관점이 어떠한지 그 연구 방법이 어떠한지를 알아야 한다. 연구를 수행할 때 사용되는 관점은 춤을 어떻게 이해할 수 있는가에 대한 답을 내는 사상적 기초가 되기 때문에 이 절에서는 인간을 중심으로 그 문화를 연구하는 인류학의 관점과 연구 방법을 살펴보고 춤의 맥락 속에서 이를 적용할 수 있는 안목과 방법을 제시하는 것에 초점을 맞출 것이다.

1) 인류학적 관점

인류학은 인간을 연구하는 학문으로 그 시작은 기원전 고대 그리스 시대로 거슬러 올라간다. 이에 대한 근거는 두 가지로 설명할 수 있는데, 하나는 고대 철학자들의 논의 대상이 자연에서 인간으로 그 패러다임이 변화했던 것에서 찾을 수 있다. 또 다른 하나는 철학이라는 용어 그 자체의 의미에서 찾을 수 있다. 전자의 근거는 서양 철학의 아버지인 탈레스(Thales, BC 624~BC 546)를 비롯한 자연 철학자들이 자연계의 질서에 대한 신념으로 자연을 연구했던 초기 철학에서 소크라테스(Socrates, BC 469~BC 399) 이후 인간의 사상과 윤리 그리고 인간의 삶을 다루는 인간 철학으로 그 연구 대상이 바뀌었다는 점에서 찾을 수 있다. 당시 자연 철학자들은 만물의 근원을 신이 아니라 사물에서 찾았고, 이후의 인간 철학자들은 생성의 세계와 형상의 세계를 구분해 사물이 아닌 현실 세계의 본이자 참된 모습인 인간의 감각과 이성의 세계상을 그려보고자 했다. 한편, 철학(philosophy)은 '사랑하다, 좋아하다'는 뜻의 'philo'와 '지혜'를 뜻하는 'sophia'를 합성한 그리스어 'philosophia'에 그 어원을 두고 있다. 이는 '애지(愛知)의 학문'으로 지(知)에 대한 사랑으로 정의되며, 학문의 대상이 결코 일정하지 않음을 의미한다. 이와 같이 인간이 중심이 된 철학의 시작은 인간을 대상으로 그 문화를 연구하는 인류학이 그리스 시대부터 시작되었다는 근거를 뒷받침해준다. 즉, 생명체인 인간의 문화를 연구하는 인류학이 인간에 대해 사고하고 연구하는 고대 그리스의 인간 철학과 같은 맥락에서 인간을 연구해왔음을 보여준다.

자연과 인간 모두를 생각했던 그리스 시대에 구체적으로 인류학적 연구의 시작을 알린 사람은 인류학의 아버지로 평가받고 있는 그리스의 역사학자 헤로도토스(Herodotus, BC 484~BC 425)이다. 헤로도토스는 자신이 속해 있는 사회와 다른 사회가 페르시아 제국과 접촉한 역사를 추적해서 스키타이인이 페르시아인을 경멸하기 위해 산토끼를 쫓아 질주한 사건[1]을 기록했으며, 에티오피아가 페르시아 침입에 실패한 사건을 상세히 기록했다.[2] 그리스 이후 로마의 역사학자 타키투스(Cornelius Tacitus,

---

1 페르시아는 스키타이인의 유목 생활 방식 때문에 그 부족을 복속시킬 수 없었고, 정복을 위한 기회는 스키타이인이 사냥을 할 때뿐이었다. 그러나 스키타이인은 사냥을 위한 질주를 하면서 페르시아인을 무시했다(로버트 레이턴, 『인류학이론 입문』, 안호용 역, 일신사, 2006, pp.9-11).

2 이는 페르시아의 왕이 에티오피아의 정복을 위해 사전 염탐을 위한 사절단을 가장한 첩보원을 보낸 사건에 대한 문화 기록이다. 페르시아 왕의 정복에 대한 숨은 뜻은 에티오피아의 왕에게 세련미로 둘러싼 염색된 직물과 포도주의 전달로 수행된다. 그러나 에티오피아 왕은 이를 무시해버리고 페르시아 왕의 진노를 이끌면서 침입에 실패한다는 내용을 상세히 설명했다(로버트 레이턴, 『인류학이론 입문』, 안호용 역, 일신사, 2006: 9-11).

AD 56~AD 117)도 로마 제국과 변방에 살고 있던 게르만 민족의 문화를 비교해 기록했다. 그는 게르만의 정직하고 순박한 삶과 민주주의적 삶 그리고 로마의 퇴폐적이고 방종한 삶과 로마 원로원의 대비된 삶을 민족지 형식으로 비교해서 기록했다. 이처럼 헤로도토스는 당대 인간의 문화를 민족지를 통해 기록했으며, 이는 인류학적 연구의 시작을 보여준 사례로서 그 의미가 있다.

이후 인류학의 본격적인 시작은 16세기 초 라틴어 'anthropoloium'을 쓰면서였다는 것에 대부분의 학자들이 동의하고 있다. 어원적으로 인류학(anthropology)은 그리스어의 '인간'을 뜻하는 'anthropos'와 '논의' 또는 '학문'을 뜻하는 'logos'를 합성한 용어로 인간의 과학(science of man), 인간을 연구하는 학문 혹은 인간의 몸과 마음을 연구하는 학문으로 정의된다.[3] 이는 인간의 머리나 눈의 색깔, 몸의 형태 등 인류의 신체적 측면을 연구하는 체질인류학(physical anthropology)과 인간의 삶의 전제가 되는 사회문화적 측면을 연구하는 사회문화인류학(socio-cultural anthropology)으로 나뉜다.[4] 전자는 해부학에 대한 관심을 반영하는 생물인류학으로 인간과 동물의 차이, 현재와 과거의 인간관계 등을 비교한다. 즉 마음과 결합된 몸을 대상으로 연구한다. 후자는 행동하고 생각하는 인간을 연구하며, 인간의 본질 또는 사회에 속한 인간의 문화를 연구한다. 즉 인간의 마음을 대상으로 연구한다.[5] 이는 과거의 유물을 통해 인류의 과거를 연구하는 고고학(archaeology)과 지역마다 각기 다른 언어를 연구하는 언어인류학(linguistic anthropology), 과거 원래의 상태에 관심을 갖고 구비 전승의 맥

---

3 전경수, 『문화의 이해』, 일지사, 2008, p.28.

4 유럽에서 '인류학'이란 용어는 아직도 '체질인류학'을 의미하는 경향이 있으며, '사회인류학'은 '민족학'의 동의어로 점차 입지를 굳히는 추세이다. 미국에서는 '민족학'이란 용어가 '문화인류학'과 공존하고 있다(A. 바너드, 『인류학의 역사와 이론』, 김우영 역, 한길사, 2000: 20-21)

5 전경수, 『문화의 이해』, 일지사, 2008, p.28.

락에서 연구하는 민속학(folklore)[6] 등을 포함하며, 사회의 문화적 차이와 보편적 인간성의 특징에 대한 자료 수집의 결과를 기술한 문화기술지(ethnography), 즉 민족지에 대한 비교 연구를 행하는 민족학(ethnology)과 동일시되고 있다. 17세기에서 19세기 초의 인류학자들은 '민족학(ethnology)'이라는 용어를 사용했는데, 이를 현재까지도 통용해서 사용하고 있으며, 영국에서는 '사회인류학'과 동의어로 쓰고, 미국에서는 문화인류학과 같은 의미로 쓰는 것이 일반적이다.

최근의 사회문화인류학은 인류학의 가장 큰 하위 분야로서 문화의 다양성과 보편성 연구, 사회 구조의 해석, 상징의 해석 등과 관련된 문제들을 포괄하며 다른 하위 분야와 모두 관련된다. 따라서 인류학은 전 세계 민족의 문화를 사회과학적 방법으로 연구하며, 그 기본 과제는 인류의 사회적, 내부적 논리를 이해하고 창조성의 문화적 변형을 찾는 것이다. 이처럼 인류학은 다양한 관점과 방법으로 연구한다는 의미에서 많은 학파를 아우르고 있지만, 인류학은 일반적인 것을 다루고 민족학은 문화적으로 특수한 것을 다룬다는 측면에서 차이가 있다고 할 수 있다.[7]

본격적으로 인류학이 시작된 19세기 초에는 영국의 자연과학자 다윈(Charles Robert Darwin, 1809~1882)의 진화론이 유행했다. 다윈은 영국의 생물학자이자 철학자로서 그는 자신의 책 『종의 기원(*The Origin of Species*)』(1859)에서 과거와 현재의 생명체가 어떻게 다르고 왜 달라졌는가를 설명했다. 그리고 생물 집단이 변화를 축적하여 집단 전체의 특성을 변화시키고 새로운 종의 탄생을 야기한다는 진화론을 제시했다. 즉, 인종은 자연적 선택의 과정을 거쳐서 진화되며, 이는 인류학적으로 사회란 일련의 단계를 동일하게 거쳐서 발전한다는 개념과 같다. 당시 영국

---

6 유럽에서는 자국 내의 수공예나 지역의 관습을 연구하는 민속학과 외국의 문화를 연구하는 보다 광범위하고 비교론적인 사회과학으로 구분하기도 한다.

7 A. 바너드, 『인류학의 역사와 이론』, 김우영 역, 한길사, 2000, p.21.

인류학의 창시자 타일러(Edward Burnett Tylor, 1832~1917)는 다윈의 진화론적 관점에 바탕을 두고 인간이 살아가는 사회에서 유사한 문화는 같은 순서로 만물을 창조하며 동일한 단계를 거쳐 발전한다는 문화 진화론을 내세웠다. 그는 문화를 넓은 민족지적 의미에서 보았을 때 "지식, 신앙, 예술, 도덕, 법, 관습 및 사회의 성원인 인간에 의해 획득된 모든 능력과 습관들을 포함하는 복합적 총체다."라고 정의하고 문화 연구의 기반을 닦았다.

19세기 말과 20세기 초에는 진화주의를 부정하는 많은 인류학자들에 의해 전 세계의 여러 사회에서 나타나는 특정한 상황을 설명할 수 있는 일반적 법칙에 관한 연구가 시작되었다. 이들은 사회의 구조가 그 역사와 환경의 특이한 결합에 의해 이루어지므로 여러 종류의 구체적인 사회들과 일반적인 사회를 이해하기 위해서는 사회 구조의 특징을 파악하는 것이 중요하다고 역설했다. 이후 전파주의와 문화 영역을 강조한 미국의 인류학자 보아스(Franz Boas, 1858~1942)는 진화론을 비롯해서 문화의 기능주의와 구조 기능주의의 기초가 된 다양한 문화 영역 간의 역사적 관계를 탐구하고 문화가 한 문화에서 다른 문화로, 한 민족에서 다른 민족으로, 한 장소에서 다른 장소로 전달되는 과정을 연구했다. 이는 진화론적 사고와 기능주의적 사고를 접목한 영국의 사회학자 뒤르켐(Emile Durkheim, 1858~1917)의 영향에 따른 것으로, 사회의 성격을 다룬 말리노프스키(Bronislaw Malinowski, 1884~1942)의 기능주의와 레드클리프-브라운(A. R. Radcliffe-Brown, 1881~1955)의 구조 기능주의의 연구를 가능케 했다. 말리노프스키는 개인의 행위에 대한 관심과 사회 제도가 개인에게 부과하는 제약 그리고 문화적 욕구 충족들 간의 관계 등에 관심을 기울이면서 기능주의 인류학적 연구의 폭을 넓혀갔다. 이와 더불어 레드클리프-브라운은 사회 구조를 강조하면서 서로 비교하는 이론적 시도를 통해 구조 기능주의를 인류학적 시각으로 확고히 정립했다. 그의 구조 기능주의에 관한 입장은 다음의 글에서 읽을 수 있다.

> 동물의 유기체는 세포와 세포 사이의 액이 이루는 하나의 덩어리인데, 그 덩어리는 분자의 단순한 집합체가 아니라 조화된 전체를 구성하는 종합시스템으로 결합된 것이다. 구성단위들이 이런 방법으로 결합된 것이 유기체적 구조이다. 여기서 쓰인 대로 유기체란 용어는 구조 자체를 이르는 말이 아니다. 유기체란 구조 속에 정렬된 단위(세포와 미립자)의 집합이다. 다시 말해서 일련의 관계에 의해 결합된 집합을 말한다. 즉 유기체가 구조를 품고 있는 것이다. (중략) 따라서 구조는 존재물(entity) 사이의 일련의 관계라고 정의할 수 있다.[8]

래드클리프는 춤을 추는 사람은 아니었지만 구조 기능주의의 관점에서 안다만 섬의 춤을 재구성해서 출 수 있을 만큼 정확하게 기록했다. 이러한 그의 인류학적 관점은 개인의 행위와 과정을 중심에 두고 사회적 전통으로 연구하는 마르크스주의적 접근을 이끌었다.

말리노프스키의 첫 제자로 사회사로서 인문학적 사회인류학을 선도했던 에번스 프리차드(Edward Evans-Pritchard, 1902~1973)는 사회 관계의 구조와 기능에 대한 연구를 하는 데 있어 민족지적 조사와 기술을 적극 활용했으며, 한 문화의 고유한 합리화 과정 내에서 모든 것을 설명하고자 했다. 그의 대표적 민족지로 『아잔데 족의 마술, 신탁과 주술』이 있다. 아잔데족의 춤에 대한 묘사를 담은 이 민족지는 춤에 대한 인류학적 접근을 추구하던 무용가와 무용학자들에게 이론적이고 경험적인 연구의 틀을 제시한 것으로 가치가 있다. 에번스 프리차드의 인류학적 관점과 민족지적 기술은 『세계무용사』의 저자인 작스(Curt Sachs, 1881~1959)에게

---

8 A. R. Radcliffe-Brown, *The Andaman Islanders*, Cambridge: Cambridge University Press, 1922, pp.178-179.

큰 영향을 주었다. 작스는 독일의 음악학자로서 리듬, 춤, 악기에 관심을 갖고 연구한 학자이며, 나치에 의해 독일에서 추방된 이후 미국에 정착한 민족 음악학자이다. 그의 책에서는 종족춤의 주제와 유형에 따라 다양한 민족의 춤을 상호문화적으로 비교했고, 석기 시대부터 20세기 탱고의 시대까지 서양 문명에서의 춤을 역사적으로 연구하여 사회문화 속에서 드러나는 춤의 기능과 의미에 대해 연구했다.

한편, 문화적 특수주의를 강조하고 문화 간의 차이를 강조했던 보아스 학파의 문화 상대주의적 관점은 어떤 문화든지 그 문화만이 갖는 고유성과 특질을 존중하여 그 문화의 입장에서 모든 것을 살펴보는 인류학을 가능케 했다. 이러한 시각은 '각 문화는 그 자체로 평가받아야 한다'[9]는 새로운 인류학의 창시를 이끌었고, 무용가이자 민족 음악학자인 쿠라스(Gertrude Prokosch Kurath, 1903~1992)의 춤 연구에 인류학적 지식의 다리를 놓았다. 쿠라스는 민족 음악 학회지의 편집장으로 활동했고, 『현대 인류학(*Current Anthropology*)』(1960)에 실린 그의 「민족 무용학의 파노라마(Panorama of Dance Ethnology)」는 춤과 음악 인류학의 기초가 되는 논문으로 미국의 춤 연구에 크게 공헌했다.

또한 보아스는 그를 따르는 베네딕트(Ruth Benedict, 1887~1948)와 같은 문화와 인성, 문화의 유형을 연구한 학파를 등장시켰다. 이들은 인간의 심리와 언어 등 인지적 측면에 대한 관심을 갖고, 문화가 선택한 요소들이 특정한 방법으로 결합된 결과 문화 유형을 이루게 되며, 이때 결합되는 방법과 요소의 제한으로 인해 일정한 유형이 거듭된다고 주장했다. 베네딕트는 그녀의 저서 『문화의 유형(*Patterns of Culture*)』[10]에서 문화의

---

9 A. P. 로이스, 『춤의 인류학』, 김매자 역, 미리내, 1993, p.31.

10 이 책은 미국의 여성 문화인류학자 루스 베네딕트(Ruth Benedict)가 북미 대륙의 인디언 문화를 현지 조사하고 분석한 결과 비교를 토대로 1934년에 발간한 책이며, 현대문화인류학의 고전이다. 그녀가 제안한 문화의 유형이란 단순하게 형성되는 것이

보편성과 포괄성 그리고 차별성을 전제로 다양한 국가와 민족의 문화 유형에 대해 논의했다. 그리고 각 문화의 유형을 분석하기 위한 척도로 문화의 공통적 성향과 특징을 의미하는 아폴로적 문화 유형과 디오니소스적 문화 유형의 개념을 끌어들였다. 그녀가 제안한 이 두 개념은 니체의 처녀작 『비극의 탄생(*Die Geburt der Trag Udie*)』에서 논의한 예술 충동의 근원에 대한 철학적 사유로부터 인용된 것[11]으로 인디언 부족의 문화 비교에 적용되었다. 연구 결과 인디언 부족들 간에는 겉으로 비슷해 보이지만 상반된 디오니소스형 문화 유형과 아폴로형 문화 유형이 존재한다는 결론이 드러났다. 그녀의 문화 유형론은 일본의 사회와 문화 유형을 연구한 『국화와 칼(*The Chrysanthemum and the Sword: Patterns of Japanese Culture*)』(1946)[12]에서 절정을 이뤘다. 또한 보아스의 제자인 미드는 「사모아의 성인식(Coming of Age in Samoa)」에서 개인적 인성 구조와 문화 유형의 심리적 설명과 관련하여 춤을 언급했다. 그녀는 사모아에 사는 어린이들의 교육과 사회화에 춤이 중요함을 발견했는데, 하나는 엄격한 복종을

아니라 보다 심층에서 특정한 방향으로 한 사회의 문화적 요소를 선정해 가면서 독특한 문화의 형태를 만들어가는 것을 의미한다.

11 이 책에서 니체는 전통적 서구 철학이 추구했던 관념적인 입장에서 이루어지는 예술에 대한 연구를 탈피하고 그리스 신화에 등장하는 신들의 특성을 연구함으로써 예술에 대한 새로운 사유 방법을 제시했다. 그의 독창적인 연구에서 비롯된 아폴로적이고 디오니소스적 예술 충동의 개념은 극단적이고 대립적인 예술 원리로서 니체가 그리스의 비극을 예술 충동의 근원으로 설명하는 척도가 되었다. 이에 덧붙여, 그는 자신이 영향을 받은 쇼펜하우어의 '개별화의 원리'와 '의지와 표상'의 개념으로부터 디오니소스적인 것은 '의지'로 아폴로적인 것은 '표상'으로 구분했고, 이 두 개념을 통하여 예술의 근본적인 충동과 예술적 창조 가치를 논할 수 있다고 역설했다.

12 태평양 전쟁 중 일본에 대한 지식이 없던 미국 국무부에서 베네딕트에게 일본 문화에 대한 연구를 부탁했고, 베네딕트는 미국에 거주 중이던 일본인 이민자와의 인터뷰와 일본학 연구자들과의 협조를 통해 국화로 상징한 일본인의 예술성, 예의, 충, 효 등과 칼을 의미하는 무(radish)에 대한 숭상 등 일본의 문화 유형을 연구한 책이다. 이 책은 상대를 모르고 전쟁에서 승리할 수 없다는 의미를 담아냈다.

상쇄시키는 것이고 다른 하나는 수줍음을 극복하는 것으로 보았다. 이것은 춤을 직접 연구한 것이라기보다는 문화의 특성을 연구하는 과정 중에 나온 결과였지만 춤의 인류학 연구에서 끊임없이 인용되고 있다.

문화 인성학파의 관점과 쌍벽을 이루는 구조주의적 관점은, 논리적으로 모든 구조에 대해 관심을 갖고 사회 구조적 접근으로 연구한 레비-스트로스(Claude Levi-Strauss)와 구조주의 언어학자 소쉬르(Ferdinand de Saussure, 1857~1913)에 의해 체계화되었다. 레비-스트로스의 연구는 사회생활의 기본적인 구조를 찾는 것으로서, 그의 분류 체계, 친족에 대한 구조 접근, 신화의 논리에 대한 관심은 문화의 개념 및 언어 정신의 과정을 이해하는 방식과 역사를 해석하는 관점에 큰 영향을 미쳤다. 그는 언어와 친족, 신화가 의사소통의 형태이자 형체가 없는 형상이기 때문에 구조적으로 형태를 부여하는 작업은 인간다움의 근저에 깔린 심층 구조를 반영하는 것이라고 주장했다. 특히 그는 언어학과 문화 인류학의 관계에 있어 한 언어와 한 문화의 관계, 추상적인 언어와 문화의 관계, 언어학과 인류학의 관계에 주목하고 문법으로서의 사회, 문화 번역으로서의 민족지, 담론으로서의 사회와 민족지 등과 같은 조합의 관계를 논의했다.

인류학자이자 언어구조학자인 소쉬르는 그의 연구에서 언어의 가장 중요한 개념을 네 가지로 보고, 상호작용적 시각을 제시하는 공시적·통시적 시각, 언어의 구조와 문법을 말하는 랑그(Langue)와 실제적 발화인 말 즉 파롤(Parole)의 개념을 제시했다. 그리고 한 문장을 이루는 여러 단어 간의 관계를 다루는 통합적 분석과 요소들 사이의 관계적 성격을 다루는 계열적 분석의 개념을 도입했다. 무엇인가를 나타내는 상징을 시그니파이어(signifier), 즉 기표(記標)로, 그리고 단어나 상징을 나타내는 것을 시그니파이드(signified), 즉 기의(記意)로 정의했으며, 이 두 요소가 합쳐져 사인(sign), 즉 기호(記號)가 되고 있음을 구체화했다.

그러나 소쉬르의 구조주의 언어학은 텍스트의 총체성을 분석 단위로 삼는 데 오류가 있음을 지적하며 현대 철학에 해체의 개념을 도입한 데리다(Jacques Derrida, 1930~2004) 등 후기 구조주의 학자들의 비판을 받았다. 후기 구조주의는 과정주의, 마르크스주의, 여성주의, 포스트모더니즘의 관심을 모두 다루며, 다른 학문을 통해 얻은 통찰력으로 인류학 자체의 발전에 영향을 주었다. 특히 후기 구조주의 인류학은 포스트모더니즘의 특징과 해석주의를 통합하여 의미가 구조에 착상되어 있다는 관점을 거부하고, 직관적이고 상호작용론적인 의미의 창조를 이끌었다. 하지만 인류학이 과학이기보다 인문학적이어야 함을 주장한 기어츠(Clifford Geertz, 1926~2006)는 문화 연구에 있어서 해석학적 접근을 추구하며 문화가 사람들의 의사소통을 가능하게 해주는 상징 속에서 구현된다고 주장했다. 그리고 기호학은 기호와 상징을 분석하는 것이며, 문화적 행위란 상징이 나타내는 의미와 기호가 상호작용한 산물이라고 주장했다. 이러한 그의 시각은 문화 기호와 의미 연구의 일방성에서 벗어나 다양한 문화 기호의 상호 관계에 대한 폭넓은 연구의 기반이 되었다. 그는 문화 연구에 대한 해석학적 접근과 문화관에 대해 그의 책 『문화의 해석』의 「중층기술: 해석적 문화이론을 위하여」에서 다음과 같이 기술하고 있다.

> 문화의 개념은 본질적으로 기호학적인 것이다. 막스 베버를 따라 인간은 그 자신이 짜낸 의미의 그물에 걸려 있는 존재라 믿고, 나는 문화를 그러한 그물이라 생각하며, 따라서 문화의 분석은 법칙을 추구하는 실험적 과학이 아니라 의미를 추구하는 해석적인 과학이라 생각한다.[13]

이상에서 논의한 인류학에서 제시하는 문화 연구의 핵심적인 관점은 제일주의(unity of mankind), 문화 상대주의(cultural relativism), 총체주의

---

13 C. Geertz, *Thick Description: Toward and Interpretive Theory of Culture: In the Interpretation of Culture*, New York: Basic Books, 1973, p.5.

(Holistic) 등 세 가지이다. 제일주의의 관점은 두 가지 차원에서 논의될 수 있는데,[14] 하나는 인간이 공통적으로 갖고 있는 마음의 측면을 대전제로 하고 있는 타일러의 심리적 제일성(psychic unity of mankind)이다. 이는 "인간의 본성은 서로 비슷한데 그들의 습속은 서로 차이가 많이 난다."[15]라는 논어의 글귀와 마찬가지로 인간의 마음은 다 똑같지만 마음의 표현에 있어서는 서로 다르다는 것을 말한다. 이러한 관점은 정치적 목적으로 이용되는 인종의 개념을 허구적인 것으로 받아들이게 되는 대전제가 되기도 하고, 진화론자의 주장대로 다른 종족의 진화적인 문화 발전의 단계를 설정하거나, 전파론자의 주장처럼 문화의 특질은 한 문화에서 다른 문화로 수용될 수 있다는 설명을 가능케 한다. 춤 연구에 비유해 보자면, 인간의 춤은 다 똑같으나 그 춤의 구조와 특질은 문화마다 서로 다르다는 말로 표현될 수 있다. 즉 심리적 제일성은 인류 문화의 보편성과 특정 민족 문화의 특수성을 논의할 수 있는 근거가 된다. 다른 하나는 생물학적 차원의 논의가 가능하다는 점이다. 이에 대해 전경수는 "남성과 여성은 생물학적으로 차이가 없지만 그들이 생각해온 성 이데올로기의 영향에 의한 차이가 있다. 따라서 사람은 심리 생물학적으로 다 똑같다는 대전제가 제일성의 요체다."라고 주장했다. 이러한 시각은 춤에 있어서 남녀가 똑같이 춤을 추지만 그들이 표현하는 몸과 움직임에는 차이가 있다는 말로 대신할 수 있을 것이다.

문화 상대주의는 상대주의의 입장을 문화에 접목시킨 이론이다. 따라서 문화 상대주의적 관점이란 자신이 갖고 있는 문화적 경험을 토대로 자

---

14 전경수(2008)는 『문화의 이해』에서 문화 이해를 위한 사상적 기초를 제일성, 상대성, 총체성으로 보았다. 일반적으로 인류학의 주제인 문화를 논의하는 저서에서는 주로 상대성과 총체성에 대해서 논의하고 있다. 그러나 전경수는 제일성에 대한 논의를 위해 타일러의 심리제일성과 생물학적 차원의 제일성에 대해 구체적인 사례를 들어 설명하고 있다.

15 전경수, 『문화의 이해』, 일지사, 2008, p.35.

민족주의적 관점에서 타문화를 평가하는 것이 아니라 상대의 입장에서 그 문화를 평가하는 것을 말한다. 이는 하나의 문화를 그 문화 내의 가치 기준으로 보는 관점을 의미하는 것으로, 문화 유형론 연구의 대표적 학자인 루스 베네딕트가 주창한 이래 많은 학자들의 문화 연구에 활용되고 있다. 여기서 주장하는 상대적이라는 말의 가장 중요한 핵심은 인간의 특수한 차원에 대한 인식이며, 특수성의 차원에서 사람은 다 다르다는 것을 말하는 것이다. 즉, 인간과 인간, 문화와 문화, 국가와 국가 간에는 절대적인 우월이 없으며, 모든 문화는 각각의 고유성을 가지고 사회 속에서 그 존재 이유와 가치를 갖는다는 것이다. 춤에 있어서는 국가별, 지역별, 개인별로 창조된 춤의 우월성을 보자는 것이 아니라 춤의 다양성과 그 의미를 인정하자는 것이라 볼 수 있고, 우리의 춤과 타국의 춤은 사람이 추는 춤이지만 서로 다른 민족의 춤이라는 것을 말하는 것이다. 또 나의 춤이 너의 춤보다 혹은 너의 춤이 나의 춤보다 더 멋진가를 따지는 것보다 누가 더 즐기면서 춤을 추는가가 더 중요한 것이라 볼 수 있다. 따라서 세계화와 지역화를 지향하고 개성이나 몰개성을 표출하는 현대의 춤 연구에서는 상대주의의 관점에서 춤을 보는 것이 매우 중요한 요소로 부각된다.

총체주의는 전체주의의 관점으로 시공간을 관통하는 인간의 모든 차원을 고려하고, 인류학, 고고학, 언어학, 문화인류학 그리고 사회인류학 등 모든 학문 분야를 아우른다. 이는 인간의 행위에 초점을 맞추고 그 행위가 정치, 경제, 종교, 역사, 경제, 법, 예술 등이 통합된 문화의 총체와 어떻게 상호 관계하는지를 알아보는 관점이다. 독일의 관념주의 철학자 헤겔(Georg Wilhelm Friedrich Hegel, 1770~1831)이 역사의 구성과 발전을 위해서 내적 관계의 원리가 필요하다고 한 것처럼 최근의 학제 간 연구에서는 문화에 대한 인문학, 사회과학, 자연과학의 통합성을 추구하는 총체적 시각이 중요한 요소가 된다. 춤에 있어서는 춤의 매체인 몸과 표현의 매체인 움직임을 보는 것뿐만 아니라 춤과 시대성, 춤과 사회문화적

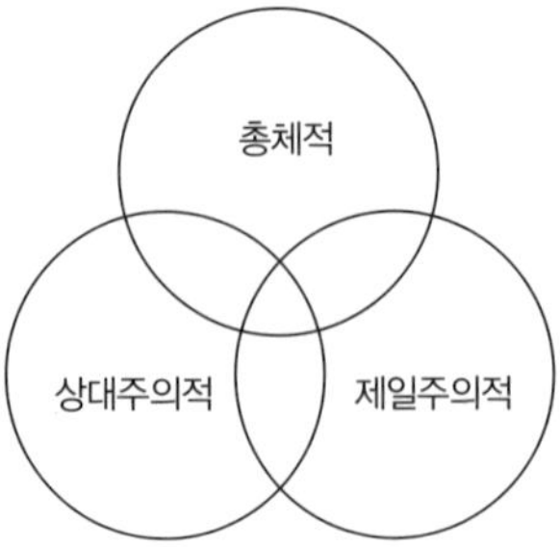

그림 1. 인류학적 관점

관계, 춤과 구조, 춤과 기능, 춤과 의미와의 관계 그리고 춤의 문학적 주제, 무용수의 움직임, 음악, 미술, 의상, 무대 장치 및 소도구 등과 같은 시 · 청각적인 것들과의 관계 등을 총체적으로 보는 관점이라 할 수 있다.

이상에서 살펴본 인류학적 관점에 대한 논의는 역사적 맥락에서 주요 인류학자들의 영향과 학파의 전개 그리고 유럽과 미국의 이론적 배경과 패러다임 전통을 중심으로 이루어지고 있다. 이는 진화론에서 비롯된 적응 체계로서의 문화, 구조주의 학파의 구조 체계로서의 문화, 문화 인성과 문화 유형학파의 인지 체계로서의 문화, 의미론적 상징체계로서의 문화[16]로 인간의 문화를 연구한 이론이자 관점이다.

2) 인류학적 방법

앞에서는 인류학적으로 춤을 연구하기 위해 인간의 문화를 다루는 인류학과 제일주의, 상대주의, 총체주의 등 문화 연구의 사상적 기초가 되는 관점을 논의했다. 여기에서는 이에 기반해 문화로서의 춤을 연구하는 방법을 알아보고자 한다. 이것은 '춤 문화를 어떻게 이해할 것인가?'라는

16 전경수, 『문화의 이해』, 일지사, 2008, pp.105-136.

질문에 대한 답을 구하기 위한 과정이자 방법으로 이에 대한 설명을 위해 전통적으로 사회문화인류학에서 사용된 연구 방법을 살펴보고자 한다. 사회문화인류학적 전통 속에서 행해져온 연구 방법은 비교 연구, 현지 연구, 질적 연구 등 크게 세 가지로 나눠볼 수 있다.

비교 연구

비교 연구(comparative research)는 서로 다른 인간의 문화를 이해하기 위해 이를 통문화적(cross-cultural) 혹은 인식론적으로 비교하는 것을 말한다. 통문화적으로 비교하는 것은 서로 다른 문화의 특수성과 보편성을 찾고자 하는 것이며, 인식론적으로 비교하는 것은 타문화의 현상을 관찰하는 기본 시각 자체부터 비교적인 차원에서 출발하는 것을 말한다. 최근의 비교 연구 추세는 타문화 연구에서 자기 문화 연구로 전환되는 상황이다. 그러나 평생을 자기 문화에 깊게 개입되어온 연구자의 안목으로 인식론적인 비교 연구를 할 경우, 자기 문화에 대해 비판적일 수 없다는 현실적인 문제와 맞닥뜨리게 된다. 따라서 자기 문화를 연구할 때에는 그 대상이 어떤 것이든 간에 똑같은 기준으로 특이성을 찾는 것이 중요하며, 연구의 목적에 따라 기준 설정을 달리 하는 것도 중요하다.

로이스에 의하면 비교 연구에서는 인간의 문화 행위에서 일정하게 나타나는 규칙성을 조사할 수도 있고, 이러한 규칙성을 함께 연결시켜 문화가 어떻게 해서, 또 왜 현재의 형태를 취하게 되었는지 등을 이해하도록 하는 인간 행위에 관한 보다 폭넓은 이론들에 대한 탐색을 할 수도 있다고 했다.[17] 즉, 인류의 개별적 문화를 상호 비교함으로써 각 개별 문화의 성격과 특성을 객관적으로 보고, 각 문화의 특성 간 관계를 파악하는 연구와 자국의 특이한 문화를 먼발치에서 객관적으로 보고 그 특성을 이해

---

17 A. P. 로이스, 『춤의 인류학』, 김매자 역, 미리내, 1993, p.132.

하면서 새로운 이론을 창출하는 연구도 할 수 있다. 또는 여러 대상을 통계적으로 비교함으로써 객관적 자료를 창출하거나 삼각 검증을 함으로써 신뢰할 수 있는 주관적 자료를 창출하는 것도 가능할 것이다. 춤에 있어서의 비교 연구에서도 객관적인 기준으로 문화적 맥락과 춤의 구조 및 특질을 분석하고 이들의 상호 관계를 비교함으로써 서로 다른 춤에 존재하는 원형과 발전 과정 및 그 창조성의 차이 등을 확인할 수 있다. 비교 연구는 나와 너의 존재를 인정하는 상태에서 이루어지는 것이므로 개별 학문의 접근이나 통합 학문적 접근 모두 가능할 수 있다.

현지 연구

현지 연구(field research)란 사회 현상이 실제로 일어나고 있는 현장에 가서 눈으로 보고 느끼면서 관찰하는 실지(實地) 조사를 말한다. 인류학의 연구 방법으로 현지 조사 혹은 현장 연구는 매우 중요하다.[18] 인류학자들은 자신이 연구의 대상으로 삼고 있는 지역 현장에 대개 얼마간 머물면서[19] 현지인들과 라포[20]를 형성하고 그들의 삶과 문화를 읽기 위해 면담이나 관찰 및 참여 관찰을 한다. 그리고 그 결과는 민족지(ethnography)나 문화 기술지로 작성한다. 그래서 윤택림은 『문화와 역사연구를 위한 질

---

18 초기 인류학자에게 현장 연구는 자신의 문화와 멀리 떨어져 있는 이질적이고 고립된 문화를 연구하는 추세였다. 그러나 현대의 인류학자들은 자신이 속해 있는 사회의 문화적 지식을 얻기 위한 노력을 더 많이 하고 있다.

19 현장에서 보내는 실재적인 시간의 길이는 연구 문제, 문화의 복잡성, 주요 정보 제공자와의 관계 형성, 자료의 입수, 하부 문화의 계절적, 주기적 변동 사항에 따라 달라지며, 일반적으로 1년을 적절한 시기로 보고 있다.

20 라포는 감정이입, 상호 신뢰, 이해, 공감대, 우정 등으로 해석되며, 측량될 수 없는 인간관계의 한 면에 대한 개념이다. 따라서 라포가 어떻게 생기는지를 정확히 말하기는 힘들지만 단순히 첫인상으로 시작되기도 하고, 부단한 의사소통과 설득을 통해서, 상호 호혜성을 바탕으로 서로에게 서비스를 교환하는 방식으로 되기도 하며, 단순히 느낌 때문에 형성되기도 한다.

적 연구방법론』에서 이런 연구를 민족지적 연구 혹은 문화 기술지적 연구(doing ethnography)라고도 한다.

일반적으로 연구자는 현지 조사를 하기에 앞서 현장에 대한 민족지만 서술할 것인지 혹은 그 안에서 발견되는 이론을 개발할 것인지를 정하고, 현지인에게 할 수 있는 질문의 내용과 연구의 방향을 정한다. 그리고 현지인들과 어울려 살면서 자연스럽게 혹은 의도적으로 그 지역에서 일어났던 혹은 일어나고 있는 일이 무엇인가에 대해 질문을 하고 답을 구하면서 연구자가 제기하고 있는 문제를 명료하게 하고, 연구의 방향을 유연하게 수정하거나 보완하기도 한다. 이러한 과정에서 연구의 초점과 부합되는 문헌 자료를 비평적으로 검토해서 현장 연구와 함께 문헌 고찰을 함으로써 차별화된 연구를 이끈다. 연구자는 현지인들과 라포를 형성하고 나면 그들에게 자신의 연구에 대해 설명하고 동의를 얻는다. 또한 자료를 수집하기 위해 만난 사람들의 사생활이나 익명성에 대한 보장이나 연구 결과의 잠재적 활용에 대한 설명을 하고, 자신의 주관성 개입과 같은 윤리적이고 법적인 문제에 대해 지속적으로 협의한다. 이러한 과정을 통해 현지인들이 외부인인 연구자의 역할을 인지할 수 있도록 하고, 현장을 안내하는 정보 제공자를 선정해서 풍부한 자료를 얻고 그것을 통해 연구에 필요한 표본을 추출한다.

이러한 현장 연구의 과정을 정리해보면, 시작 단계에서 관찰과 참여를 통해 광범위한 자료를 수집하고, 이러한 자료를 통해 문화 유형이나 주제를 찾는다. 주제가 결정되면 자료의 검토 및 문제 제기, 초점을 둔 관찰, 연구 질문의 수정, 참여 관찰과 면담, 일시적 가설 형태의 연구 질문 단계를 시행한다. 자료 수집 및 분석 단계를 거치면 최종 분석과 민족지 내용의 명료화를 위한 현지인과의 접촉을 하며, 그동안 현장과 지속된 관계를 종료하는 준비를 한다.

질적 연구

학문적 연구의 방법은 그 연구의 성패뿐만 아니라 학문적 가치에도 매우 중요한 영향을 준다. 따라서 연구 방법의 적절한 선택은 연구 결과의 합리성과 당위성 그리고 연구의 방향과 정체성을 담보해주기 때문에 학자들에게 매우 중요하다고 할 수 있다. 일반적으로 사회문화인류학에서는 현지 조사를 하는 과정에서 연구가 진행되므로 자료의 수치화를 할 수 있는 양적 연구보다는 현상 해석에 중심을 두는 질적 연구(qualitative research)를 선택하는 경향이 짙다. 이는 사회 현상이 근본적으로 자연 현상과 다를 수밖에 없음을 인정하고 지역에서 살고 있는 인간의 마음과 마음의 표현 등 한 지역에서 꽃피운 문화의 추상성이나 상징성을 대상으로 연구하는 특징을 가지고 있기 때문이다. 그래서 질적 연구는 현상학과 해석학적 관점에서 이루어지는 연구자의 의도를 중시하고 귀납적으로 이론을 전개하거나 참여자의 관점을 이해하는 데 초점을 둔다. 그리고 양적 연구에서와 같은 수량화된 자료보다는 단어의 형태로 된 자료를 수집하고 이를 주제와 범주에 따라 분석한다. 따라서 연구자 개개인의 주관적이지만 창의적인 가능성이 열려 있는 연구 능력과 경험이 매우 중요하다. 이러한 질적 연구는 연구 과정에서 다양한 변수와 연구자의 가치가 포함될 수 있으며, 연구자의 주관적 가치 개입과 해석에 따라 부정확한 연구 결과가 도출될 수 있음을 인정한다.

1970년대 이전 질적 연구는 민속지학, 현장 조사, 참여 관찰과 같은 용어로 사용되었다. 메이슨(Jennifer Mason)의 『질적 연구방법론』에서 이러한 방법론은 사회 해석학적 전통의 범주에 해당되는 현상학이나 민속방법론 그리고 상징적 상호 작용론 등과 밀접하게 연계되어 지적, 학문적 전통 속에서 성장했으며, 특히 인류학, 언어학, 기호학의 담론 분석이나 문화 연구, 매체 연구, 여성주의 연구 등과 같은 학문 분야에서 주로 사용되어왔다. 질적 연구는 실재는 존재하는 것이 아니라 인간의 상호 작용에 의해 다수의 실재가 존재한다는 입장을 취하는 후기 실증주의의 관점을 갖는다. 또한 이러한 연구에서는 연구자의 독창적인 관점이 연구에 중요한 요소로 작용하고 연구자의 주관이나 연구 수행 능력이 연구 결과에 영향을 끼치기 쉽다. 따라서 질적 연구는, 프랑스 사회학자 오귀스트 콩트(Auguste Comte, 1798~1857)[21]를 위시한 실증주의자들의 특정 이론에 의한 가설이 존재하는 양적 연구와 달리, 통제가 불가능한 자연 상태에서 관찰된 것을 기록하며, 이를 통해 자료를 수집하고, 모든 현상을 총체적으로 연구하는 방법을 취한다.[22] 또한 메이슨은 보편화와 일반화의 문제를 중요하게 다루지 않으며, 현상에 대한 객관적인 이해보다는 그 현상에 내포되어 있는 의미나 맥락을 중요시한다. 그의 질적 연구에 대한 특징을 종합하면 다음과 같다.

첫째, 질적 연구는 사회적 실체와 현상이 어떻게 해석·이해되고 경험되거나 생성되는지에 관심을 둔다는 점에서 넓은 의미로 '해석주의'적인 철학적 입장에 뿌리를 내리고 있다. 따라서 사회적 의미와 해석, 시행, 담론, 과정, 형성에 초점을 맞추는 여러 요소들을 이해하고 접근하는 방법으로서 복합적, 다층적으로 구성된 사회에서 이들의 일부를 유의미한 사회 구성 요소로 간주한다. 둘째, 질적 연구는 자료를 만들어내는 방법이 유연하고, 자료가 만들어지는 맥락에도 관심을 갖는다. 셋째, 질적 연구는 분석과 설명 방법에서 복합성, 세부 사항, 맥락을 이해하는 것에 중점을 두며, 상황적이고 세부적인 자료를 바탕으로 완숙한 이해를 하는 데 그 목적이 있다. 넷째, 질적 연구는 완전하고 상세한 묘사를 하며, 연구자 스스로 무슨 연구를 하는지에 대해 대략적으로만 알고 있다. 그러므로 연구 설계는 연구가 진행되는 동안 드러나게 된다. 다섯째, 질적 연구에

---

21 콩트는 자연과학의 방법을 철학에 적용하려 했던 생시몽에서 비롯된 실증철학을 확립했다.

22 성태제, 『교육연구방법론의 이해』, 학지사, 1998, p.228.

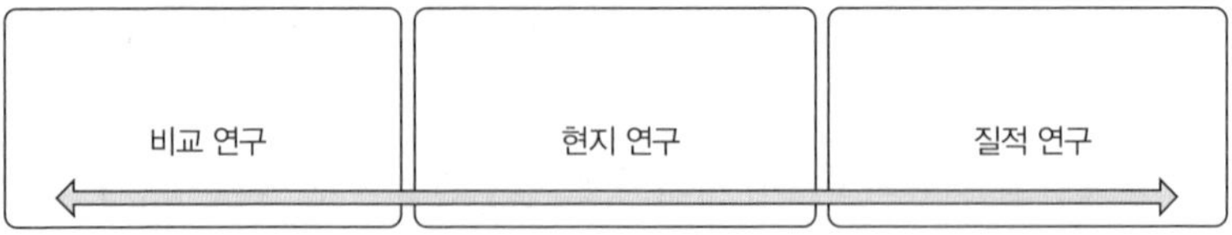

그림 2. 인류학적 연구 방법

서는 연구자가 자료 수집의 도구가 되며, 자료는 글과 그림, 물건 등의 형식을 취한다. 여섯째, 질적 연구에서는 사건에 대한 개인의 해석이 중요하고, 참여 관찰과 심층 면접을 이용하기 때문에 풍부한 자료 수집이 용이하다. 그러나 많은 시간이 소요되고 일반화하는 데는 어려움이 따르며, 연구자가 연구 문제에 주관적으로 개입하는 경향이 한계로 지적된다.[23]

이상에서 설명한 비교 연구, 현지 연구, 질적 연구 등의 사회문화인류학적 연구 방법은 〈그림 2〉와 같이 문화로서의 춤을 연구하기 위한 방법론적 모델을 제공하고 있다.

2. 춤 인류학의 핵심 주제 및 연구 사례

1) 춤 인류학의 핵심 주제

인류학자들이 춤을 사회문화적 행위로 간주하고 오랫동안 관심을 가져왔음에도 불구하고 춤의 인류학적 접근은 1950년대 이후에야 활발하게 이루어졌다. 이러한 접근은 무용학과 인류학 두 분야의 훈련된 연구가들의 춤에 대한 체계적인 연구를 가능케 했다.

춤의 인류학(anthropology of dance)은 사회문화인류학의 한 분야로 어

23 J. 메이슨, 『질적 연구방법론』, 김두섭 역, 나남출판, 1999.

원 그대로 인간의 춤을 대상으로 연구하는 학문이다. 현재 춤의 인류학은 많은 학자들 사이에서 민족무용학(study of dance or dance ethnology) 또는 민족안무학(ethno-choreology)으로 통칭되기도 하며, 인류학과 같은 맥락에서 연구되고 있다. 그리고 여기서 다루는 춤은 인간과 관계된 것이기 때문에 궁극적으로는 민족안무학의 학문적 연구 대상이 된다. 어원적으로 민족안무학은 다양한 '민족'을 의미하는 'ethno'와 그리스어의 '춤' 혹은 '춤 움직임'을 의미하는 'Choreia' 그리고 '이론' 또는 '학문'을 의미하는 'logy'가 합쳐진 말이다. 따라서 민족안무학적 연구는 춤의 구조와 기능 및 의미를 연구하는 학문이며 춤과 춤과의 관계, 춤과 사회와의 관계 및 춤의 문화적 맥락 등을 다룬다. 최근에는 인류학적 연구가 지역에서 세계 연구로 그 패러다임이 전환됨에 따라 춤에 있어서도 세계의 도처에 등장하고 있는 모든 춤을 대상으로 연구하는 추세가 나타난다. 즉 인간의 춤은 어떤 조건에서 일어나는가, 연구하려고 하는 사람들의 춤은 무엇인가, 사회적으로 전달되는 춤의 유형은 어떤 것인가, 춤은 어떤 의미를 가지고 있는가 등 인간의 춤에 관한 모든 것을 다룬다. 따라서 오늘날 민족안무학에서는 사회문화인류학의 이론과 민족지적 방법을 사용하며, 여기서 다루는 핵심 주제는 〈그림 3〉과 같이 인간의 춤과 사회 그리고 문화다.

민족안무학이라는 용어가 나오게 된 배경에는 라반의 춤에 대한 연구가 있었다. 라반은 인간의 춤에서 가장 중요한 요소를 움직임으로 보고 그 움직임이 공간상에 그려내는 구조와 특질이 어떤 방법으로 우리의 눈에 가시화되고 느낌을 주는지에 대해 관심을 가졌다. 그는 공간에 대한 인체의 잠재적 관계를 고려하여 공간 안에서 서로 다른 움직임이 다양한 기하학적 형태를 통해 연구될 수 있다고 가정하고, 인간의 움직임을 연구하기 위한 코레우틱스(Choreutics)[24], 즉 공간 조화 이론을 창안했다. 그는

---

24 이 용어는 원에 대한 지식을 의미하는 Choreosophy에서 파생된 것이다.

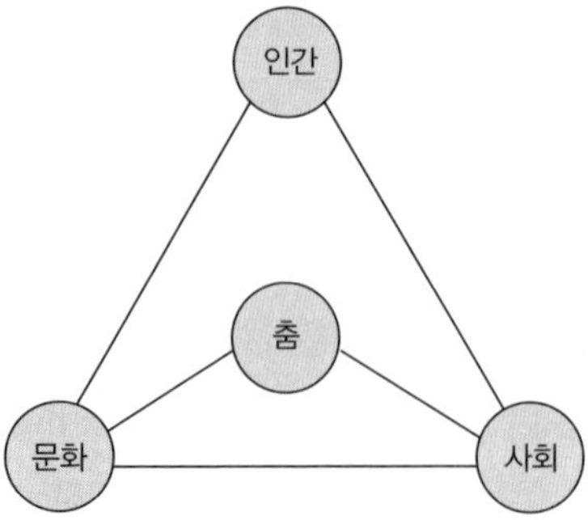

그림 3. 민족안무학 연구의 핵심 주제

인간이 만드는 움직임을 다양한 학문 분야에 접목하여 우리가 가장 보편적이고 근본적으로 접근할 수 있는 움직임의 본질과 그 원리를 찾고자 했다. 라반의 시도는 인간의 움직임을 체계적으로 연구하는 학문인 안무학(Choreology)[25]을 구체화했다. 이러한 라반의 춤 공간에 대한 연구는 민족의 춤을 대상으로 한 것은 아니었지만 학자로서가 아닌 삶의 경험으로부터 얻어낸 지식으로 안무학의 기본 틀을 확립했다. 그는 인간의 삶 속에서 우리의 눈에 가시화되는 움직임의 특성에 관련해 분석을 시도했으며, 움직임의 보편적인 해석과 공통된 적용법을 탐구했다. 라반의 안무학적 연구는 인간의 춤을 연구하는 것은 물론 인간의 움직임과 인간을 둘러싼 자연계의 움직임과의 상호 작용까지를 모두 포함하고 있다. 라반의 "비어 있는 공간은 없다."라는 말은 이 세상의 인간이나 모든 사물이 그 자체로 공간이라는 것을 말하는 것이며, 인간은 자신을 둘러싸고 있는 공간과 자연계와의 상호 작용 속에서 인류의 삶을 영위하고 있음을 말하는 것이다.

---

25 안무학은 몇 가지 의미로 사용되어왔다. 베니쉬 기록법의 창시자 베니쉬는 choreology를 기록법이라 했고, 많은 인류학자들은 choreology를 무용학의 개념으로 사용했다.

2) 춤 인류학의 연구 사례

춤의 역사적 연구는 18세기 초 · 중반 계몽주의 사조 속에서 이루어지기 시작했고, 20세기 초에 인류학적 관점을 획득하면서 민속춤, 춤의 기원, 춤의 심리적 기능 등의 새로운 주제의 연구가 이루어졌다. 춤에 있어서 인류학적 접근은 역사학이나 미학에 비해 상대적으로 새로운 분야였다. 그러나 1960년대를 기점으로 역사적 자료들을 통해 춤을 재구성하는 작업이 이루어지기도 했고, 춤의 변화와 사회문화의 변화에 집중하는 연구나 사회 구조와 춤과의 관계 그리고 문화적 맥락에서의 춤 연구들도 이루어졌다. 이러한 춤의 인류학적 접근은 크게 북미 전통과 유럽 전통으로 나눌 수 있다. 이 두 문화권에서 이루어진 연구의 경향을 보면, 북미에서는 보아스 학파의 영향에 따른 자국과 타문화권 춤의 문화적 내용을 파악하는 기능 연구와 무용수 연구에 초점을 두고 사회 기능적 맥락에서 춤을 연구한다는 특징이 있다. 특히 특별한 언어 혹은 문화 묘사, 특별한 행동 체계의 참조로 결정되는 언어와 행동의 기술에서 기능면을 문제 삼지 않는 외부자(etic)의 관점과 언어 · 문화 현상 등의 분석 · 기술에 있어서 기능면을 중시하는 내부자(emic) 관점의 특성, 대조 분석과 민족 이론 및 민족 과학적 구조주의, 인간 행동 이론으로서 춤의 구조보다 기능에 초점을 둔다.

반면 유럽에서는 춤의 형태 분석과 춤 이벤트 연구에 초점을 맞추고 안무학적으로 실제 현장 조사를 통해 경험적 방법을 취한다는 특징이 있다. 특히 춤 그 자체에서 이끌어낼 수 있는 이론과 방법을 발전시키고, 기록법을 사용해서 신체의 형태를 설명하고 분석하면서 비교를 통해 춤의 절대적 실존을 드러내고 구조적 형태의 규칙을 찾아낸다. 이처럼 북미와 유럽의 전통은 원시에서 현대까지 춤의 역사적인 형성 과정과 춤의 분류 및 전통춤의 구조에 대한 연구, 그리고 춤이 무엇이고 인간이 왜 춤을 추는지 등 춤의 본질과 역사 등을 비교학적 측면에서 살펴보면서 인류학 연구의 중요성을 강조한다.

이러한 연구의 경향에 대한 구체적인 사례를 보면, 북미 지역에서 춤의 인류학 분야의 초기 시도는 1956년 미국의 무용가이자 인류학자인 쿠라스(Gertrude Kurath, 1903~1992)에 의해 무용학(Choreology)이란 개념하에 이루어졌다. 쿠라스는 'Choreology'를 무용학(study of dance)과 '움직임 유형에 대한 학문(science of movement patterns)'[26]으로 정의하고 인류학의 한 갈래로서 민속학과 동의어로 사용했다. 후에 이 용어는 앞에서 정의한 바와 같이 민족안무학으로 통용되고 있다. 쿠라스의 무용학적 연구 접근은 춤의 연구를 위한 접근과 춤을 이해할 수 있는 단서를 제공하는 사료 자체, 즉 민족지를 위한 접근으로 인류학적 방법을 취하고 있다. 그녀는 춤 인류학의 주요 관심사가 춤이기 때문에 심미적인 예술춤과 다른 기능을 갖는 민속춤 사이의 이분법에 대한 학자 간의 상반된 의견을 통합하는 인류학자로서의 학문적 자세가 필요하다고 주장했다.

> 우리가 춤의 민속학을 특정 종류의 춤에 대한 묘사나 재생으로 보지 않고 춤을 인간의 삶 가운데 자리 잡게 하려는 접근 방식이자 수단이라고 볼 때, 민속적인 춤과 예술적인 춤의 구별은 사라지게 된다. 그러할 때 춤의 인류학은 한마디로 인류학의 한 갈래인 것이다.[27]

쿠라스의 이러한 견해는 춤을 연구할 때 배제되어왔던 많은 춤들이 독자적인 연구의 대상이 된다는 것을 함의하며 인간을 연구하는 인류학의 궁극적인 목적에 접근하는 방법으로서 인류학 연구의 중요성을 강조하

---

26 G. Kurath, "Choreology and Anthropology", *AA* 58, 1956, p.177.

27 G. Kurath, "Panorama of Dance Ethnology", *Current Anthropology* 1, 1960, p.250.

는 것이라 할 수 있다. 특히 자신의 움직임 기록법을 개발해서 사용한 것은 신체 형태론을 설명하는 도구로서 인류학적 연구의 방법론적 틀을 제시한 것이다.

쿠라스 이후 사회문화인류학의 하위 영역으로 네 명의 학자들에 의해 춤의 인류학적 연구가 본격적으로 시작되었다. 그들은 조안 킬리노호모쿠(Joann W. Kealiinohomoku), 애드리안 케플러(Adrianne Kaepler), 드리드 윌리엄스, 애냐 피터슨 로이스(Anya Peterson Royce)로서 당시 대학에서 인류학을 전공한 무용가이자 민족지학적인 설명 능력을 갖춘 학자들이었다.[28]

체계적으로 인류학적 접근을 시도해서 춤 인류학에 새로운 지평을 열어준 쿠라스의 제자 킬리노호모쿠는 보아스의 전통에 따른 진화론과 구조주의 그리고 구조 기능주의의 맥락을 접목한 춤 연구를 시도했다. 이십여 년 간 현대무용을 가르치기도 한 킬리노호모쿠는 메리엄의 지도를 받은 춤 인류학자로 보아스의 상대주의적 관점을 춤 예술에 적용하여 「인류학자는 발레를 민족 무용의 한 형태로 바라본다(An anthropologist looks at balle"t as a form of ethnic dance)」[29]는 유명한 논문을 남기기도 했다. 또한 민족춤이라는 용어를 내세움으로써 모든 형태의 춤이 각기 발달되어온 문화적 전통을 반영한다는 개념을 보여주고자 했고, 내부자적 관점과 외부자적 관점을 춤의 정의에 포함시킴으로써 춤에 대한 인류학적 연구의 타당성과 정당성을 추구했다.

> 춤은 주어진 형식과 스타일로, 공간 안에서 인간 신체의 움직임에 따라 나타나는 순간적인 표현양식이다. 춤은 의도적으로 선택되고 통제되는 율

---

28 윌리엄스, D., 『인류학과 인간의 움직임: 무용연구』, 신상미 역, 대한미디어, 2000, p.3.

29 R. Copeland & M. Cohen, *What is Dance?* (edited). Oxford, England: Oxford University Press, 1970, pp.533-549.

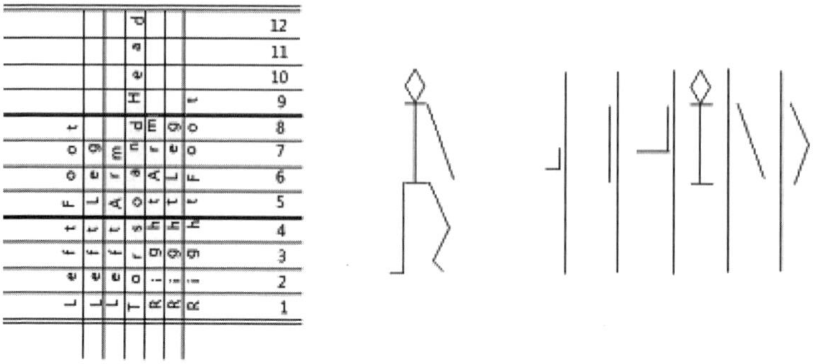

그림 4. 쿠라스 기록법

> 동적인 움직임을 통해 일어난다. 그 결과로 나타나는 현상은 그것을 행하는 사람이나 주어진 집단에서 그것을 보고 있는 사람들에 의해 춤이라고 인식된다.[30]

또한 〈그림 4〉와 같이 쿠라스가 개발한 움직임 기록법을 사용해 움직임의 구조와 특질 등 움직임의 특징적 요소를 공간, 시간, 스타일로 분석하여 문화적 전통보다 신체 유형에 따른 춤의 형태 변화를 강조했고, 문화적 특질 이론과 연관해서는 '각 문화는 그 자체로 평가받아야 한다.'는 문화 상대주의적 관점을 증명했다. 그녀는 자신의 석사학위 논문 「아프리카인과 뉴욕 흑인에 나타나는 행위의 무리로서 춤의 비교 연구(A Comparative Study of Dance as a Constellation of Behaviors Among African and United States Negroes)」에서 같은 신체 형태를 가진 민족은 오랫동안 서로 다른 환경에서 살아온 경우라 할지라도 그 움직임의 스타일은 변하지 않는다고 주장했다. 이를 증명하기 위해 아프리카의 흑인과 오래전에

---

30 J. W. Kealiinohomoku, "A Comparative Study of Dance as a Constellation of Motor Behaviors Among African and United States Negroes", *CORD. Dance Research Annual VII*, 1965, p.6.

뉴욕에 정착한 흑인들의 춤을 쿠라스 기록법으로 비교 분석했다. 이러한 방법은 인간 사회에서의 춤의 변화 양상과 문화의 유사성 및 상이성을 발견한 것으로서, 연구 결과 흑인의 엉덩이 춤 스타일은 오랜 사회 환경과 문화의 특징이 변화된 상태에서도 서로 비슷하다는 사실이 드러났다. 이는 몸의 생김새에 따라 춤의 특성이 달라진다는 논리로 인간의 몸은 문화 변동의 영향 하에서도 그 형태를 유지하며 그 몸에서는 움직임의 특질을 끊임없이 기억하고 있다는 것을 말하는 것이다. 또한 의사소통 이론에 근거한 '문화적으로 습득된 언어보다 문화적으로 습득된 움직임 체계를 변화시키기 어렵다.'는 견해와 같은 맥락에서 이해할 수 있다.

그녀는 자신의 박사학위 논문 「춤에 대한 인류학적 연구를 위한 이론과 방법(Theory and methods for an anthropological study of dance)」에서 사회적, 문화적인 맥락에서 춤의 스타일이나 역동성 그리고 기능을 탐구하는 이론과 실제를 다루고 있다. 이 연구는 춤 인류학을 선구적으로 이끈 연구로서 춤에 관심을 갖는 인류학자와 무용학자들에게 많은 영향을 주었다. 그녀는 폴리네시아와 미크로네시아의 춤, 아프리카계 미국인들의 종교적이고 오락적인 춤을 연구했으며, 호피 인디언이 사는 지역 및 태평양 서남부에서 현장 조사를 했다.

하와이대학교에서 박사학위를 받은 케플러가 연구한 통가 춤(Tangan Dance)의 시적 언어 연구는 구조주의 인류학자 레드클리프의 구조 기능주의와 언어 인류학자 소쉬르의 상징 이론이 기반이 된다. 케플러는 춤의 구조를 사회 구조 및 언어 구조와 연관지어 민족학적 연구를 위한 이론적 토대를 마련했다. 그녀는 통가 왕국 춤의 구조 분석을 통해 통가 사회 속에서 춤의 역할과 기능을 연구했다. 이 연구를 통해서 케플러는 통가 사회가 춤을 금기시하는 불안정한 상황이지만 이러한 제약 속에서도 정치적인 목적으로 왕의 권리를 확증시키고자 하는 춤이 비공식적으로 발달되고 있다는 것을 발견했다.

특히 라반 움직임 분석(LMA)[31]을 통해서 통가 춤을 연구 단위와 분석 단계별로 나누고 음소의 기본 단위(kineme)를 찾아 언어와의 관계 속에서 그 구조를 연구했다. 그리고 이들이 각각 독특한 방법으로 결합되면 통가 춤의 모티프가 되고 이런 모티프 요소들이 표준화된 시간적 순서로 구성되면 통가 춤의 구조적인 유형을 만든다고 유추했다. 이는 통가 춤의 문법이 언어의 문법과 같은 방식으로 기능하며, 춤의 움직임 형태는 시가 언어를 형성하는 방법과 똑같은 방법으로 구조화된 체계를 형성한다는 결론을 제시한 것이다. 이러한 그녀의 연구는 사회 구조와 예술 사이의 관계 그리고 미학에 관한 인류학적 연구를 위한 접근 방법으로서, 통가 춤의 구조가 마치 언어 구조의 작용 방식과 같다는 것을 증명한 것이다. 그녀는 통가 춤뿐만 아니라 하와이 춤 등에 대해서도 연구했으며, 한국, 일본, 말레이시아, 폴리네시아 등에서도 현장 조사를 했다.

현대 무용가이자 인류학자인 윌리엄스는 인간 행동 이론인 춤의 의미론(semasiology)을 창시했다. 그녀는 영국 옥스퍼드대학교 사회인류학과 박사학위 논문에서 춤에 대한 관심을 조금 더 확대하여 인간의 움직임을 연구했고 특히 움직임의 의미가 각 민족의 의사소통 체계에 따라 달라진다는 이론을 내세우면서 초기 춤 인류학자의 대열에 서게 되었다. 또한 인간의 행동은 신체 언어와 관련이 있으며, 개인적, 사회적으로는 민족성과 문화적 배경과 관계 있음을 주장했다. 그녀는 이러한 인간 행동 이론이 언어학과 깊이 연결되어 있으며 수학적으로 구조화될 수 있다고 설명하고, 경험적 연구에 기초한 연구의 중요성을 강조했다. 윌리엄스가 창안한 춤의 의미론은 춤의 기능보다 의미(meaning: signification)에 강조를 두는 것으로 인간의 행동은 인식적이며 궁극적으로는 인간이 움직이는 구

31 Laban Movement Analysis는 라반의 공간조화 이론, 에포트 이론, 라반 이론에 근거해 창안된 워랜 램(Warren Lamb)의 셰이프 이론과 바르테니에프(Irmgard Bartenieff)의 신체 이론 등이 종합적으로 상호 작용하면서 신체의 움직임을 분석하는 방법이다.

조화된 공간과 신체의 구조 속에서 의미가 있음을 말하는 것이다. 즉 인간 사회에서 문화적 삶의 모든 관점들과 상호 작용하는 신체 언어를 통해서 의미를 만들어간다는 것을 주장한 것이다. 다시 말하면, 춤추는 것(dancing)은 움직임을 통해 어떤 경험을 상징적으로 전환하는 체계이기 때문에 인간의 행위인 움직임 자체와 사회적 상황, 의도, 신념 그리고 가치 체계 사이의 관계는 결코 분리될 수 없다고 결론짓고 있다. 그녀는 특히 인류학적 연구에서 움직임 기록법[32]의 중요성을 강조했는데, 그 이유는 움직임을 기록한 보표가 뚜렷한 '증거'를 제공하기 때문이며, 기록은 각 문화의 특성을 판단할 수 있는 상징적 매개체로서 작용하기 때문이라고 주장했다. 이는 '상징과 기호는 하나다.'라는 소쉬르의 기호학(semiotics) 이론과 그 맥락을 같이한다.

샌프란시스코와 뉴욕에서 발레 무용가로 활동한 로이스는 버클리대학교의 인류학 박사로서 라틴 아메리카와 멕시코에 관심을 갖고 인류학적 연구를 수행했으며, 이탈리아에서 마임과 발레에 대한 연구를 지휘한 대표적인 춤 인류학자이다. 그녀의 책 『춤의 인류학(*Anthropology of Dance*)』은 춤 인류학의 역사 및 이론 그리고 실제 사례들을 담고 있으며, 춤을 동물의 행위가 아닌 인간 행위의 한 국면으로 보고 개인과 문화의 통합적 연구의 중요성에 대해 언급하고 있다. 특히 춤을 그 문화적 맥락에서 분리하는 것이 불가능하다는 점을 강조하고 있으며, 유럽 전통의 춤 연구와 미국에서 전개된 춤 연구의 비교를 통해서 학문 분야를 세분화하고 춤의 문화적 배경과 춤이라는 현상 그 자체 모두에 관심을 기울이는 절충적 연구의 필요성을 제기하고 있다.

---

32 윌리엄스는 라반기록법(Labanotation)을 이용해서 서로 같은 형태로 보이는 인도 춤의 플리에(Plie)와 발레의 플리에의 서로 다른 의미에 대해 설명했다. 라반의 기록법은 현재 움직임과 관련하여 국제 언어로 인정받고 있으며, 다양한 분야에 적용되고 있다.

> 내용과 형식 둘 중 어느 하나를 제쳐 놓고서 미학이나 창조성을 논하는 것은 의미가 없다. (중략) 미학과 창조성, 그리고 의사전달의 영역에서 형식과 문화적 배경을 종합하는 경향의 연구 추세는 과거 어느 때보다도 현재에 그러한 종합의 복합성을 춤의 인류학이 충분히 인지하게 되었다는 것을 보여준다.[33]

이 책은 또한 춤 형식의 변화와 의미의 변화는 문화적 배경과 관계해서만 이해될 수 있으므로 변화에 대해 연구하려면 춤과 문화 사이의 복잡한 관계를 조금 더 이해할 필요가 있음을 강조한다.

이와 같은 네 명의 선구자를 필두로 춤의 인류학은 연구의 절정을 이루었다. 이들과 함께 한 학자들도 도처에서 활약하고 있으며, 이들을 따르는 학자의 수도 늘어나고 있는 추세이다.

한나[34]는 미국의 인류학적 계보에 속하는 민족 안무학자로 후기 구조주의 연구에서 나타나고 있는 성 정체성과 춤의 관계에 대해 연구했다. 그녀는 워싱턴 D.C. 내에 살고 있는 스트립 걸들의 삶과 춤의 형태를 연구하는 과정에서 그들이 왜 춤을 추어야만 하는지, 관객은 어떤 이들인지, 그들의 삶은 보장되는지, 그들이 과연 정치적인지 등 어두운 곳에서 불안정한 삶을 살아가는 여성들의 사회적 지위와 그곳에서 나타나는 춤의 현상에 주목했다. 그녀는 현장에 직접 들어가 외부자(etic)의 관점에서 그들을 연구했는데, 이 연구는 그들의 미국 정계에서의 역할과 기능 그리고 그들의 감정을 파헤친 연구라는 점에서 특이할 만하다. 이러한 연구는 인류학적 관점에서 현장 조사를 통해 춤의 의사 전달과 감정에 관심

33 A. P. 로이스, 『춤의 인류학』, 김매자 역, 미리내, 1993, pp.210–211.

34 미국의 민족무용학자로 칼리지 파크(College Park)에 있는 메릴랜드 대학교(University of Maryland)의 원로 연구학자이자 미 정부 교육 연구와 발전을 위한 교육청의 프로그램 개발 전문가이다. *Dance, Sex, and Gender*의 저자이기도 하다.

을 갖고 몸의 심리학(somatopsychology)과 생리학적 근거를 사회의 구조 속에서 조사한 것이라 할 수 있다. 그녀의 책 『춤춘다는 것은 인간다운 것이다: 비언어적 의사소통에 대한 이론(*To Dance is Human: Theory of Nonverbal Communication*)』은 이러한 연구의 근거를 제시한 것이며, 정치적 사고와 행동으로서의 춤 의례 및 춤 움직임과 사회문화적 유형의 커뮤니케이션 등을 다루고 있다. 특히 라반의 움직임 이론에 근거해 작성된 '춤 움직임 분석 자료 범주'에서는 다양한 춤의 형태와 특질 분석을 위한 기본 요소를 제시하고 있다.

네스(Sally Ness)[35] 역시 미국계 민족 안무학자로서, 대표적인 연구로는 필리핀 현지 조사를 통한 춤과 관광 사업의 관계에 대한 연구 등이 있다. 이 연구에서 가장 중요한 점은 춤에 사용된 움직임과 일상 동작과의 관계에 대해 논의했을 뿐 아니라 안무된 것과 평범한 움직임으로 체화된 태도와 그 가치를 해석했다는 점이다. 이는 춤의 문화적 상황을 통찰하고, 운동 미학적(kinesthetics)이고 시각적인 상징들의 상호 작용을 연구하면서 춤의 의미를 파악하려는 시도이다. 특히 움직임의 유형, 몸과 물체의 사용, 춤에 일반적으로 사용되는 공간 형태 등을 세밀하게 조사했으며, 이러한 요소들과 그 문화에 숨겨진 기본적인 방법들과의 관계 맺기를 통해서 춤의 기능과 위계적 구별 그리고 입증된 문화적 행동 코드를 어떻게 성취하는지를 보여주고자 했다. 이 연구에서 네스는 춤의 인류학적 연구에서 간과되어온 움직임 분석 방법을 논리적이고 빈틈없이 제시했다. 이러한 연구는 한 국가의 춤이 관광 사업에 어떤 기능을 하고 있는지, 한 국가의 춤에서 드러나는 개념과 본질은 무엇인지 등을 살펴본 사례로서 문화 산업을 위한 실제적 연구로서 가치가 있다고 할 수 있다.

---

35 리버사이드에 있는 캘리포니아 대학교(University of California, Riverside), 무용과 교수였으나 현재는 인류학과 교수이다.

춤 인류학자 랑게는 유럽의 인류학적 전통을 기반으로 앞에서 설명한 네 명의 선구자와 함께 인류학자의 대열에 선 영국의 민족 안무학자이다. 그는 동유럽 민속 무용을 무용 표기법인 라바노테이션으로 기록하고 분석하는 연구를 주도했으며, 인류학적 관점에서 춤의 본질을 찾고자 했다. 그는 자신의 책 『춤의 본질(*The Nature of Dance-An Anthropological Perspective*)』에서 춤의 근원을 논의했으며, 과학적 근거에 입각한 춤 연구 영역의 필요성을 주장했다. 그리고 인류학적 접근이 예술의 내재적 원리의 해명에 치중한 서양의 미학과 차이가 있음을 전제하고 춤의 사회 문화적 배경에 대한 연구의 중요성을 강조했으며, 인류학적으로 춤을 연구한다는 것은 인간이 이룩한 문화와의 관계 속에서 춤을 연구하는 것과 같다고 주장했다. 그의 연구는 유럽의 전통을 따르는 구조주의적 형태주의를 기본으로 하지만 춤의 기능 변화가 형태 변화를 초래한다는 기능주의적 시각에 따른 춤 연구의 필요성도 제기하고 있다. 그는 특히 루돌프 라반 계열의 연구 경향을 따르고 있어 경험주의 인류학의 관점에서 춤 움직임을 과학적으로 분석하고 있다.

블락킹(John Anthony Randoll Blacking, 1928~1990)은 "움직임과 의미: 사회인류학적 관점에서의 춤(Movement and Meaning: Dance in Social Anthropological Perspective)"에서 인간의 춤과 관련된 인류학적 이론을 설파했다. 그의 책 『벤다 아이들의 노래(*Venda Children's Songs*)』는 음악과 문화의 상호 관계 그리고 몸의 인류학에 초점을 둔 것으로 최초의 민족 음악학적 연구이다.

영국 서레이대학교(University of Surrey)에서 춤의 인류학 전공 교수를 역임했던 버클랜드(Theresa J. Buckland)는 유럽 전통의 민족 안무학자로 자신의 편집본 『현지에서의 춤(*Dance in the Field*)』에서 여러 학자들의 논문을 편집하여 현대 민족 무용학(Dance Ethnology)의 이론과 방법 및 그 이슈들에 대한 연구를 주도했으며, 춤 인류학의 새로운 이론을 창출할 수 있는 가능성을 제시했다. 또한 「춤 역사에 있어서의 구술사(Oral History in Dance History: An Introduction)」에서는 민족학적 연구에서 중요한 구술사 방법을 다루고 있어 많은 역사가나 인류학자 그리고 민족 안무학자에게 민족지적 연구 방법의 중요성을 제시하고 있다.

토마스(Helen Thomas)는 영국계 사회 인류학적 전통을 춤에 접목한 민족 안무학자이자 문화학자이다. 최근 민족 무용학과 문화학 분야에서 가장 활동적으로 연구하는 학자로 그녀의 저서와 편저는 현대의 민족 안무학자들에게 문화학에서 다루는 인간의 몸, 성과 문화, 현대의 문화를 주제로 자신의 문화학적, 민족지학적 이론을 제시하고 있다. 또한 현재 활동적으로 연구하고 있는 많은 무용학자들의 논문을 편집함으로써 춤 문화학의 새로운 연구 경향을 제시하고 있다. 현재 그녀는 사회 춤 등의 춤에 관한 것뿐만 아니라 배우들에 관한 조사에까지 관심을 두고 있다. 그녀의 책 『몸, 춤, 문화이론(*The Body, Dance and Cultural Theory*)』은 1980년 이후의 사회문화적 분석에 초점을 두고 사회 속의 몸과 춤을 연구한 것이다. 이 책에서는 무용계의 많은 연구자들이 춤을 연구하는 데 있어서 사회학, 인류학, 문화 연구, 문학 이론 등과 같은 학문적 훈련의 정통성을 갖는 연구 방법에 관심을 두고 있다는 것에 주목하고 있음을 강조하고 있다. 그리고 이에 따른 연구의 경향에 관해서는, 춤의 형식주의 혹은 맥락과 관련된 관점에서 의미 있는 움직임 체계의 연구가 주를 이루고 있긴 하지만, 여성주의나 포스트모더니즘, 포스트구조주의 사상에서 비롯되는 사회학적, 문화학적 이론과 방법의 통합적 연구에 도전함으로써 춤 문화 연구의 경계를 깨는 경향도 있음을 언급하고 있다.

이처럼 미국과 유럽 전통의 춤 인류학적 연구는 춤에 대한 이전의 연구 경향을 뛰어넘어 다양한 학문적 배경을 도입하고 있다. 특히 1980년대 이후 춤의 인류학적, 민족 안무학적 연구는 미국의 기능주의적 경향과 유럽의 형태주의적 구조주의의 경향이 통합되면서 사회학, 인류학, 민족학, 문화학의 경계를 넘나드는 이른바 통섭의 학문 체계가 보편화되는 추세이다. 최근 들어 춤 인류학자와 민족 안무학자들은 세계의 곳곳에서 그들의 새로운 시각과 이론을 토대로 새로운 주제에 대한 관심을 부각하는 등 활동적인 연구를 펼쳐가고 있다.

3. 춤 문화 코드 읽기 방법

앞에서는 인간의 춤을 인류학적 관점에서 연구하는 핵심 주제와 사례에 대해 알아보았다. 여기에서는 인간의 춤이 한 사회의 문화와 밀접하게 관계되어 있다는 것을 전제하고 우리 주위에 존재하는 다양한 춤을 대상으로 그 안에 숨어 있는 춤 문화 코드를 읽기 위한 방법을 살펴보고자 한다. 이를 위해서 우선 춤 문화 코드의 분류 체계를 제시하고 이들이 상호작용하고 연결되어 이루는 문화 코드를 발견하기 위해 다양한 학문분야와의 학제간 통섭을 통해 춤 문화 코드 읽기의 모형을 제시하고자 한다.

1) 춤 문화 코드 분류 체계

문화 코드(culture code)는 한 문화를 상징하는 암호로서 그 의미를 파악하고 그 문화를 이해할 수 있는 척도이며, 문화 텍스트 안에서 기호들이 조직되고 해석되는 원리이자 규칙이다. 이는 문화적 관습과 사회적 성격을 지니는 개념으로 고정적 체제가 아닌 시대와 문화에 따라 바뀌는 역동적 체제라 할 수 있다. 한 문화는 상징적으로 암호화된 체계 및 규칙을 가지고 있어서 이를 통해 특정 시기에 특정 공간에서 통용되는 의사소통의 도구, 즉 코드화된 문화를 이해하면서 각 문화의 이데올로기나 가치관을 파악할 수 있다. 그래서 문화 코드는 인류학의 핵심 주제인 문화를 연구하는 데 가장 중요한 단어로서 빈번히 사용되곤 한다.

문화 코드에 대한 이해를 도모하기 위해 기호학자 소쉬르는 머리를 끄덕이거나 내젓는 제스처가 '예'와 '아니오'를 상징하는 것, 빨간색과 녹색의 교통신호는 정지와 출발을 상징하는 것 등의 예를 들었다. 그에 따르면, 코드란 의사소통을 위한 것이므로 공공적이고 가치중립적이며 객관적인 성격을 지니고 있다. 그래서 개인이나 소수자가 독점할 수 있는 것이 아니며, 사유화된 코드는 이미 코드로서의 특성과 기능을 상실한다.[36] 문화 인류학자 라파이유(Clotaire Rapaille)는 문화 코드에 대해 '특정 문화에 속한 사람들이 일정한 대상에 부여하는 무의식적인 의미'라고 정의했다. 그리고 이러한 코드들은 우리가 의식하지 못하는 사이에 정치, 사회, 문화, 종교, 예술, 직업, 관습, 성 등 우리 삶 곳곳에 영향을 미치고 있다고 설명했다. 이는 무엇이 우리를 한국인 혹은 독일인 또는 미국인을 만드는지, 우리가 어떤 일을 왜 하고 있는지를 이해할 수 있게 하는 일종의 보이지 않는 암호라고 설명했다.[37] 또한 이어령 교수는 우리가 보고 만지는 모든 사물들과 생각하는 그 형상들은 의미를 나타내는 기호, 즉 코드로서 존재하고 있는 것이며 우리는 밥처럼 그 기호를 먹고 살아간다고 설명했다.[38] 이들의 설명에 따르면, 문화 코드는 문화적 지표, 문화적 징후, 문화적 신호, 문화적 상징이라 표현할 수 있다.

예컨대, 축구에서 붉은 옷을 입고 한국 축구를 응원하는 '붉은 악마'는 한국이라는 특정 문화의 코드가 된다. 이는 붉은색이 정지라는 보편적인 코드라기보다는 탈이념적인 한국 사회의 새로운 놀이 문화의 상징이다. 또한 세계인이 즐겨 입는 '청바지'는 젊은이들의 자유와 에너지를 상징한다. 이처럼 문화 코드는 당대의 사회와 문화 그리고 시대상을 알아야 이

---

36 이어령, 『문화 코드』, 문학사상사, 2006, p.201.

37 C. 라파이유, 『컬처 코드』, 김상철 역, 리더스북, 2007, p.7.

38 이어령, 『문화 코드』, 문학사상사, 2006, p.6.

해할 수 있는 암호이다.

춤에 있어서도 문화 코드는 춤의 이념과 가치 그리고 의미와 영향력 및 정체성 등을 파악하는 데 중요한 개념이 되고 있으며, 새로운 문화 콘텐츠를 개발하는 데에도 중요한 개념이 되고 있다. 춤의 인류학에서는 춤의 문화 코드를 읽기 위해 다양한 학문 분야와 학제 간 연구를 하고, 이를 통해 춤의 외형적 구조인 텍스트(text)와 함께 춤의 전후 맥락을 살펴보는 콘텍스트(context)를 분석한다. 춤의 텍스트와 콘텍스트란 문화 코드의 다양한 조합이라 할 수 있으며, 춤 속에 규칙적이거나 불규칙적인 혹은 가시적이거나 비가시적인 형태의 암호로 저장된 상징과 이미지라 할 수 있다. 춤에 있어서 이러한 문화 코드는 예술 코드, 춤 코드, 움직임 코드, 몸 코드 등으로 분류될 수 있으며, 춤의 전체적인 구성에서 나타나는 특징은 신화, 제의, 사상, 종교, 민속, 놀이, 전통, 문화유산, 정치, 사회, 젠더, 성, 예술, 상징, 시뮬라크르(simulacre), 소비 등 〈그림 5〉와 같이 이들 코드의 다양한 조합에 의해 나타난다.

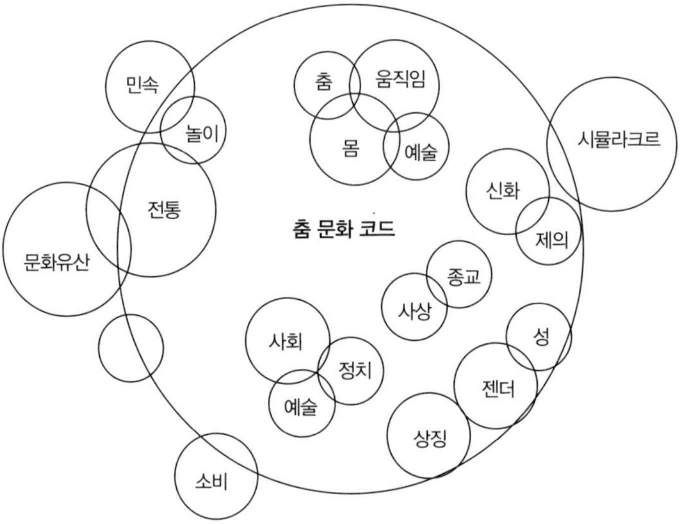

그림 5. 춤 문화 코드 분류 체계

2) 춤 문화 코드 읽기 방법

춤을 상징하는 것과 외형으로 보이는 이미지로 표현되는 춤의 문화 코드는 해석 인류학적 접근을 기본으로 하되 미학, 기호학, 도상학, 안무학, 현상학적인 연구 접근 등 학제 간 통섭을 통해서 새로운 춤 문화 코드 읽기의 패러다임을 제시할 수 있을 것이다.

인류학적으로 읽기

춤의 문화 코드를 읽기 위해서는 기어츠(Cifford Geertz, 1926~2006)의 메타-해석(meta-interpretation)을 적용할 수 있다. 메타-해석은 특정 지역이나 사회의 구성원들이 내린 춤에 대한 해석에 연구자의 해석을 가하는 것으로 특정 문화에 속해 있는 구성원들의 이해를 바탕으로 기술하고 묘사하는 방법이다.[39] 예를 들면, 다양한 층위로 텍스트를 읽어가는 작업, 즉 중층 묘사(thick description)를 통해 특정 문화에서 보이는 객관적 요소들을 해석하는 것이다.[40] 인류학에서는 문화를 하나의 텍스트인 동시에 콘텍스트로 보고, 그 속에 복잡하게 얽혀 있는 상징들을 파헤쳐 특정 문화의 가치관이나 관념 그리고 관습 등의 문화 코드를 밝힌다. 그리고 이를 통해서 특정 문화의 성격과 특징을 이해하고자 한다. 결과적으로 기어츠의 메타-해석에서 중요한 개념은 상징과 의미이다.[41] 그러나 상징은 그것을 사용하는 인간에 의해 만들어지기 때문에 인간과 사회가 변하고 시간이 흘러가면 그것의 의미도 변화되므로 끝이 없는 메타-해석을 유도한다.

춤 역시도 특정 문화를 이해할 수 있는 텍스트 혹은 콘텍스트이자 그 자체가 상징이며 기호다. 따라서 춤이라는 문화적 행위도 메타-해석을

---

39 C. 기어츠, 『문화의 해석』, 문옥표 역, 까치, 1999, p.14.

40 A. 바너드, 『인류학의 역사와 이론』, 김우영 역, 한길사, 2003, pp.287-288.

41 C. 기어츠, 『문화의 해석』, 문옥표 역, 까치, 1999, p.115.

통해 일련의 규칙과 구조를 파악하고 그 의미를 해석하는 것이 가능하며, 춤에 얽혀 있는 문화 코드의 연구가 이루어질 수 있다. 이는 특정 맥락 속에서 춤이 지니는 의미를 파악하면서 상이한 문화 간의 이해를 이끌 수 있는 기반이 된다. 따라서 메타-해석을 하기 위해서는 사회를 구성하는 모든 춤의 상징을 다층적으로 분석하고 해석하는 것이 중요하다.

따라서 춤의 메타-분석을 위해서는 첫째, 한 사회의 문화적 맥락을 이해하는 것이 중요하다. 이를 통해서 정치, 사회, 사상, 종교, 예술, 시대, 민족, 성, 신화 등과 같이 인류의 삶에서 창출된 춤 문화 코드를 읽게 된다. 둘째, 문화적 암호들이 서로 얽히고설켜 만들어내는 춤의 예술 코드는 무엇인가에 대한 답을 구하는 것이 중요하다. 이는 연극, 미술, 디자인, 음악, 음식, 영화, 영상 매체, 다도 등 다양한 예술 분야와의 관계를 통해 파악할 수 있다. 넬슨 굿맨은 『예술의 언어들; 기호 이론을 향하여』에서 춤 예술을 하나의 언어로 보고 그 안에서 표출되는 기호의 체계를 구문론적으로 혹은 의미론적으로 분석할 수 있음을 예시한 바 있다. 셋째, 우리의 곁에 언제나 같이 하고 있는 춤 코드가 어떤 것들인지 파악하는 것이 중요하다. 현대에 이루어지는 모든 춤이 그 대상이 될 수 있으며, 다양한 장르의 예술춤을 비롯해서 민속춤, 대중춤 등이 될 수 있다. 넷째, 몸 · 마음 · 정신 등이 삼위일체를 이루는 몸의 움직임을 대상으로 그 안에서 조직되어 있는 움직임의 세부적인 암호, 즉 움직임 코드들을 찾는 것이 중요하다. 라반은 움직임의 코드를 찾고 풀고 만들기 위해서는 움직임에 내재되어 있는 기본적인 요소에 대한 이해와 분석 능력이 중요하다고 강조했다. 그리고 그 코드들은 움직이는 몸, 감정 표현, 몸이 만들어내는 형태, 공간에 그리는 움직임의 흔적 등 움직임의 네 가지 카테고리[42]

42 이 카테고리는 신체, 에포트, 셰이프, 공간 등으로 이들의 상호 친화성에 따라 나타나는 구조와 특질 분석을 통해서 움직임의 형태와 상징 그리고 감정 표현을 나타내는 역동적 이미지를 발견할 수 있다.

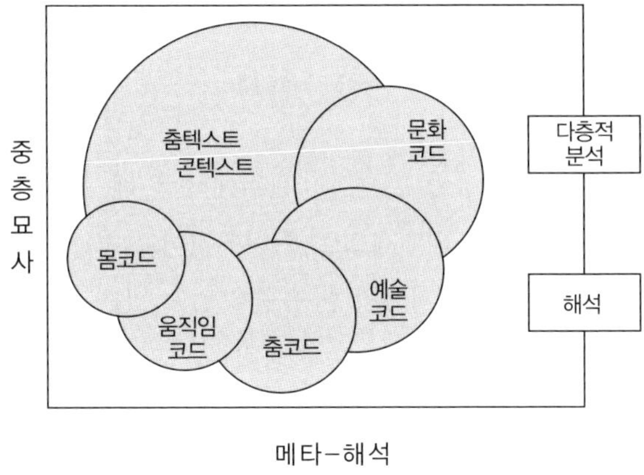

그림 6. 춤 문화 코드 읽기의 인류학적 접근 모형

를 분석하면서 찾을 수 있다고 예시한 바 있다. 다섯째, 인간의 몸에서 뿜어내는 코드들에 대해 아는 것이 중요하다. 램[43]은 몸 코드를 움직임에 들어 있는 의미로 보고, 이는 인간의 제스처와 포스처를 통해서 비언어적으로 소통된다고 했다. 또한 포스터(Stephen Collins Foster)[44]는 1996년 저술한 『몸성(*Corporealities*)』에서 몸은 자연적이거나 절대적인 것이 아니라 문화적 경험에 의한 가시적이고 실체가 있는 것이라고 했다. 이처럼 춤의 텍스트와 콘텍스트를 중층 묘사하고 다층적으로 분석하는 메타-해석의 과정을 통해 〈그림 6〉과 같은 춤 문화 코드 읽기의 인류학적 접근이 가능하게 된다.

미학적으로 읽기

미는 그 대상의 매혹성 혹은 가치를 가리키며, 미적이라는 말은 흥미 있는 대상의 지각 혹은 바라봄을 가리킨다. 그리고 예술은 인간의 노력

---

43 W. Lamb & E. Watson, *Body Code: The Meaning in Movement*, Princeton Book Company, New Jersey, 1979.

44 S. L. Foster, *Corporealities*, et. Routledge, London and New York, 1996.

으로 대상을 생산하거나 창조하는 것을 가리킨다.[45] 이는 대상의 가치, 대상의 지각, 대상의 창조가 명백히 다르다는 것을 의미하지만 예술 대상이 보는 사람으로 하여금 지각할 수 있는 미적 창조물이라는 것을 의미하기도 한다. 랭거에 의하면, 미학적인 관점에서 볼 때, 인간이 창조한 예술 작품은 내면적 본질을 외면적으로 표출한 것이고 주관적 실재를 객관적으로 재현한 것이며 감정과 동일한 유형을 담고 있는 창조된 이미지이다. 따라서 미적 대상으로 예술춤은 역동적 이미지로 내적인 삶을 표현하는 것처럼 현실을 의미화한 것이며, 몸의 움직임과 같이 실제의 힘이 아니라 기호와 상징으로 가상적 몸짓을 창조하는 외형적 현상이다. 이러한 춤은 근본적으로 리듬, 색깔과 다른 "몸짓에 의해 지속적으로 보이는 힘의 세계를 창조하는 것이다."[46]라는 점에서 타 예술과 구별된다.

한편, 홀스트(Louis Horst)와 러셀(Carroll Russell)은 『현대춤 형태론(*Modern Dance Forms*)』에서 무용 작품의 미적 가치를 논하기 위해 이를 타 예술에서 지각되는 미적 체계와 비교했다. 그에 의하면, 무용 작품에 숨어 있는 다양한 코드의 조합이 예술에서의 표현주의를 가능케 하며, 작품 형식의 전반적인 구조와 스타일에 대한 이해를 통해서 표현 양식의 틀을 확립할 수 있다. 그리고 안무가는 창작 과정에서 안무의 어떠한 동기나 주제를 결정하며 여기에 내포된 미적인 요소를 갖가지 형식과 스타일로 경험하면서 동작의 유형을 떠올린다. 몸이 반응한 결과로 춤을 구성해서 일정한 형식과 스타일을 만들고, 이를 의미로 전환해서 보는 사람들로 하여금 안무의 동기를 이해할 수 있게 하는 것이다. 이와 더불어 안무가는 미의 범위와 소재의 범위를 이해하기 위해 동시대인들의 행위가 다른 시대 사람들의 행위와 '왜' 그리고 '어떻게' 다른지를 평가하고 자신

---

45 J. 스톨리츠, 『미학과 비평철학』, 오병남 역, 이론과 실천, 1991, p.26.

46 S. K. 랭거, 『예술이란 무엇인가』, 이승훈 역, 고려원, 1990, pp.138-145.

이 물려받은 문화에 대한 지식을 충전해야 하며 모든 시대의 역사와 철학을 살펴보고 타 예술 작품과 친숙해져야 한다고 주장했다. 이는 미적 표현주의는 한 안무가의 심사숙고한 구성과 문화에 대한 깊이 있는 지식을 바탕으로 이루어져야 한다는 것을 강조한 것이다.

표 1. 표현주의의 예술 형식과 움직임의 특징

표현주의의 예술 형식	움직임의 특징
원시주의	단순, 직선적, 뒤틀림, 비대칭, 대칭성에서 해방, 반복, 마술적, 무의식적, 폭력적, 충격적, 활력, 생명력, 호흡 사용, 신비 경외 암시
고대주의	균형, 억제, 진정한 균형, 배열, 추상적, 요약된 특징, 긴장감, 평평한 표면, 디자인의 형식적인 통일성
중세주의	균형감 상실, 단순, 뒤틀림, 거침, 야윈 기형, 불규칙, 평행의 기법, 신체 부위들이 같은 방향으로 움직이는 구성 방식
내성주의적 표현주의	내면의 자아에 맞추어진 형태, 팔꿈치, 무릎, 발, 손 등 신체의 각 부위 회전 경향, 병행의 기법, 허약함의 속성
재즈	주로 크고 자유로우며 팽창적인 동작
아메리카나	직선적이고 정직, 외향적이고 경쾌
지성주의	형식주의, 절제의 특성, 감성의 혼란에 대한 반작용, 기계와 과학의 영향, 무음조 형식, 불협화음, 자유로운 대위법, 엄격, 기능적, 매끈한 선, 기하학적인 형태, 시적인 이미지, 비인간화, 비 감성
인상주의	시적인 정서, 서정적인 주제, 형식이 없는 파편화, 분산, 불안정, 유동적인 감정, 미완성, 주의력 필요

이에 덧붙여, 홀스트와 러셀은 랭거의 "일정한 형식이 없는 한 미적 존재가 될 수 없다. 어떤 춤도 그것이 세심하게 계획되고 반복되지 않는 한 예술 작품이라 할 수 없다."[47]라는 말을 인용하면서, 역사적으로 변화하

47 L. Horst & C. Russell, *Modern Dance Forms in Relation to the Other Modern Arts*, Princeton Book Company, Publishers, 1987, p.23.

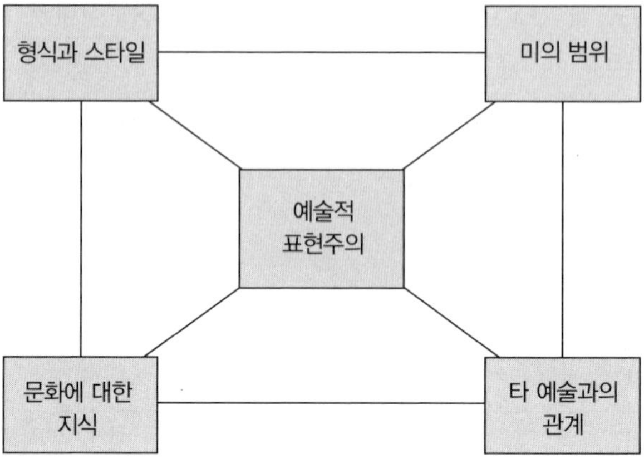

그림 7. 춤 문화 코드 읽기의 미학적 접근 모형

고 있는 예술에 대한 설명과 춤과 타 예술의 관계 및 예술의 특성 분석으로 비교적 선명한 표현주의의 개념과 예술 형식을 제시했다. 표현주의의 예술 형식은 원시주의, 고대주의, 중세주의와 여기에서 발전된 내성주의적 표현주의, 재즈, 아메리카나, 지성주의, 인상주의 등이며 앞의 〈표 1〉에 제시된 것과 같은 움직임의 특징으로 나타난다.

이와 같은 표현주의 예술 형식과 움직임의 특징의 관계는 문화의 변동 속에서 각 문화에 암호화된 예술 코드를 읽을 수 있는 가능성을 제시해 준다. 〈그림 7〉은 춤의 형식과 스타일, 미의 범위, 문화에 대한 지식 그리고 타 예술과의 관계 속에서 춤의 표현주의를 파악할 수 있다는 모형으로 춤 문화 코드 읽기의 미학적 접근을 가능하게 한다.

기호학적으로 읽기

한 사회의 문화는 기호가 만들어내는 가장 큰 단위의 텍스트로, 여기서 기호는 문화와 문화적 소통의 기본 단위를 말한다. 이러한 기호는 인간이 의미 있는 것으로 인식하는 모든 대상과 행동이며, 인간에 의해 의

도된 자율적인 것인 동시에 사회문화적 맥락에서 생성된 것이라 할 수 있다. 그러므로 문화와 기호는 불가분의 관계라 할 수 있다. 문화기호학은 삶의 모든 문화 현상을 하나의 텍스트로 보고 문화 기호와 그들을 이루는 체계인 코드를 탐구하며, 문화 텍스트의 숨은 의미를 찾아내고자 한다. 즉, 문화 텍스트 안에 들어 있는 기호들이 조직되고 해석되는 원리와 규칙을 연구함으로써 문화 코드를 발견한다. 소쉬르는 기호(sign)가 정신적 심상(image)인 기의의 운반체, 즉 기표(signifier)와 기표의 자극으로 인해 머릿속에 관념적으로 떠오르는 기의(signfied)의 두 가지 정신적 요소의 결합에 의해 구성된다고 했다. 그리고 이 둘은 개념적으로 분리가 가능할 뿐 결코 독립해서 존재할 수 없다고 했다. 이와 더불어 바르트(Roland Barthes, 1915~1980)[48]는 소쉬르의 기표와 기의의 개념을 확장시켜 기표와 기의가 결합하여 만드는 문화 기호가 생산자나 수용자의 개인적이고 사회문화적인 경험과 어떻게 상호 작용을 하고 특정한 의미를 창출하는지 밝히고자 했다. 이를 위해서 의미 작용이 일어나는 수준을 외적 의미의 현실 수준과 내적 의미의 문화 수준으로 나누고 이를 분석함으로써 문화 텍스트가 생성하는 사회문화적 함의인 이데올로기와 신화를 밝혀냈다.

이러한 소쉬르와 바르트의 기호론적 분석의 맥락에서 보면, 춤은 그 자체가 문화 기호이자 문화 코드로서 의미 작용을 통해 사회문화적인 의사소통을 하는 문화 체계이다. 따라서 소쉬르와 바르트의 기호 이론을 무용 작품에 대입시켜보면, 무용 작품에 내포되어 있는 주제, 무용수의 몸과 움직임, 의상, 무대 디자인, 소품, 조명, 음악 등은 그 자체로 기표가 되며, 이들이 상호 조합되어 나타내는 이미지의 의미는 기의가 된다. 그

48 바르트는 대중문화에 대해 기호학적 접근을 시도한 최초의 기호학자로서 그의 작업은 현재 대중문화 분석의 효시로서 다양하게 활용되고 있다.

리고 이 두 가지가 함께 결합하여 의미 작용을 일으킬 때 춤은 타 예술과 다른 예술 코드를 창조하게 된다. 이사도라 던컨이 만든 무용 작품의 예를 들면, 그녀가 자란 샌프란시스코의 해변, 브람스의 음악, 그리스 여신이 입은 것과 같이 투명하게 늘어진 의상, 맨발과 나상의 자유로운 몸은 기표가 되며, 이들 기표가 상호 관계하는 가운데 표현되는 여성의 해방은 기의가 된다. 그리고 이와 같은 외적인 기표와 내적인 기의가 서로 의미 작용을 하면 자유롭고 충격적인 여성상이라는 기호가 창조된다. 따라서 던컨의 춤을 보는 사람은 이 기호를 읽으면서 퍼스(Charles Sanders Peirce, 1839~1914)가 말하는 새로운 해석체[49], 즉 예술 코드를 발견하게 된다. 이처럼 무용 작품에서는 추상적인 개념을 구체적인 사물로 나타내는 상징(symbol) 기호나 특정 대상의 형상을 모방하거나 유사하게 표현하는 도상(icon) 기호, 춤의 목적을 나타내는 지표(index) 기호로 안무가의 작품 의도를 표현하고, 관객은 안무가가 표현한 기호를 읽어내는 의미 작용(signification)을 통해서 커뮤니케이션을 한다.[50] 영국의 학자 랜즈데일(Janet Adshead Landsdale)은 이러한 예술 코드를 읽기 위해서는 다음과 같이 네 단계로 작품을 분석할 것을 제안했다. 첫째는, 무용 작품을 구성하는 작품의 주제, 무용수, 움직임, 청각적 · 시각적인 요소들을 분석하고 이들의 상호 관계를 파악한다. 둘째, 구성 요소들이 관계를 맺는 작품의 형식을 분석한다. 셋째, 작품의 맥락과 의도를 파악하기 위한 해석을 한다. 넷째, 무용의 가치를 평가한다. 이와 같은 랜즈데일의 예술의 통합

---

49 퍼스에 의하면 기호(sign)는 기호가 대표하고 있는 대상체(object)를 항상 지시하며, 기호사용자의 마음에 해석체(interpretant)를 유발시켜 정신적 개념이 된다. 즉 기호의 생성에 따라 대상체는 사라지고 해석체가 생성된다.

50 상징 기호는 유사성 혹은 다른 결합을 통해 인식되는 것이 아니라 커뮤니케이션 참여자 간의 약속을 통해서만 인식된다. 도상 기호는 표현된 대상에 대한 유사성을 통해서 만들어지며, 상징 기호의 경우와 달리 기표와 기의 간의 결합이 유사성에 의해 이루어져 있다.

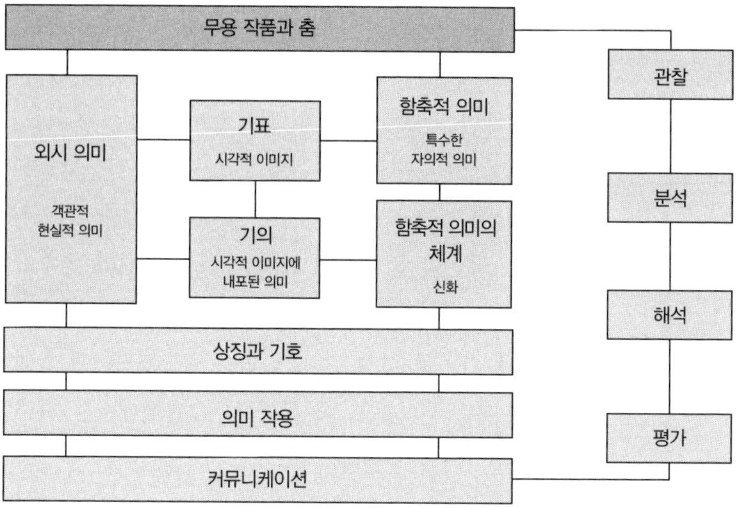

그림 8. 춤 문화 코드 읽기의 기호학적 접근 모형

적 분석은 무용 작품에 내재되어 있는 예술 코드를 발견할 수 있는 분석 틀로서 무용 작품이라는 대상의 창조와 가치 그리고 지각이라는 한 묶음을 해석하고 평가하는 작업을 통해서 작품의 의미를 파헤치는 것이라 할 수 있다.

또한 소쉬르와 바르트의 기호 이론을 타 예술과 구별되는 춤에 대입시켜보면, 춤은 인간의 몸을 통해 만들어지는 비언어적 기호로서 무용수가 보여주는 외적인 움직임, 즉 기표와 그 안에 내재해 있는 마음속의 어떤 것, 즉 기의가 합쳐진 것이다. 다시 말하면, 춤에 있어서 기표는 움직임을 통해 드러나는 이미지이며 기의는 그 움직임을 통해 나타나는 이미지가 지니는 의미이다. 따라서 움직임 그 자체의 외형과 움직임 내부에 숨어 있는 의미가 결합되어 의미 작용을 일으킬 때 춤은 다양한 장르의 춤 코드로 나타난다. 이는 랭거가 말한 역동적 이미지와 내적인 삶의 표현 그리고 이 둘의 결합이 지각할 수 있는 어떤 것이 될 수 있다는 것과 맥락을 같이하며, 라반이 제시한 움직임의 구조와 특질 그리고 이들의 조화가 나타내는 역동적 공간에 대한 지각 개념과도 같은 맥락이라고 할 수 있다. 예를 들면, 〈양산학춤〉에서 양팔을 옆으로 들며 다리 하나에 중심을 두고 다른 쪽 다리를 굽혀 들어 고개를 까딱까딱하면서 움직이는 무용수의 시각적 이미지가 기표라면 이를 보고 떠올리는 학의 고고함은 기의이다. 이러한 기표와 기의는 〈양산학춤〉에서만 보이는 것이 아니라 궁중 〈학무〉의 탈을 쓴 학춤에서도 발견되기 때문에 서로 다른 기표와 기의는 그 자체로 기호로서의 존재 가치를 갖게 된다. 라반은 춤 코드를 읽기 위해서 움직임의 구조와 특질을 분석하고 이 둘의 상호 관계에서 나타나는 의미를 파악하는 것이 중요하다고 했다.

이처럼 기호학은 '기표+기의=기호'와 같은 분석 틀을 적용하여 다양한 기호의 외시 의미와 함축 의미를 발견하고 무용 작품과 춤에 대한 다양한 해석을 추구한다. 이와 같은 과정을 통해 〈그림 8〉과 같은 춤 문화 코드 읽기의 기호학적 접근이 가능하게 된다.

도상학적으로 읽기

도상학(iconography)이란 "상(image)"에 해당하는 그리스어 'eikon(아이콘)'과 "쓰다" 또는 "묘사하다"의 의미를 가진 'grapho(그라포)'의 합성어로서 이미지를 묘사하는 학문을 뜻한다. 도상학에서는 문서나 시각적인 자료들을 통해서 예술가의 작품이나 사물에서 보이는 현상을 묘사하고 작품 의도에 대한 의미를 연구하고 해석한다. 이때 해석의 과정은 대상을 사물 간의 상호 관계를 통해서 본다는 것을 전제로 하며, 분석 과정은 대상체와 유사한 이미지를 분석하는 전 도상학적 묘사(pre-iconographical description)와 이미지를 묘사하고 주제를 설명하는 도상학적 묘사(iconographical description) 그리고 이미지를 해석해서 상징적 의미를 찾는 도상학적 해석(iconographical interpretation)의 단계를 거친다는 것이

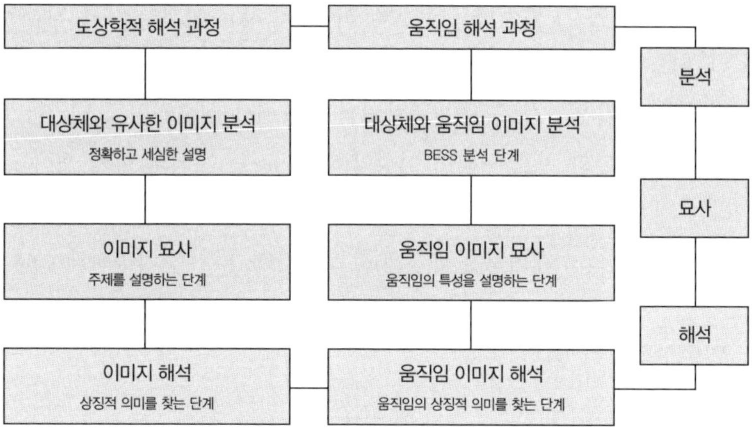

그림 9. 춤 문화 코드 읽기의 도상학적 접근 모형

특징적이다.[51] 이러한 과정을 춤 움직임의 도상학적 읽기에 대입해보면, 전 도상학적 묘사 단계에서는 움직이는 몸의 구조, 감정 표현, 감정 표현이 형상화된 움직임의 형태, 움직임과 공간과의 관계를 분석한다. 도상학적 묘사 단계에서는 이 네 가지 요소가 상호 조합되어 나타나는 움직임의 특성을 묘사한다. 마지막으로 도상학적 해석 단계에서는 움직임의 특성이 상징하는 의미를 해석한다. 간단하게 정리하면, 움직임의 이미지를 분석하고 묘사하며 움직임의 상징적 의미를 해석한다는 것이다.

예를 들어 최승희의 〈보살춤〉을 도상학적으로 읽어보면, 보살 자체의 이미지와 여성의 성적 표현, 특유의 섹시함이 분명하게 드러난다. 〈보살춤〉에서 최승희는 수직 공간을 강조하듯 똑바로 서서 고개를 약간 치켜들고 먼 거리를 보는 듯한 긴장감으로 정면을 응시한다. 그리고는 가슴에서부터 엉덩이를 거쳐 무릎까지를 좁게(narrow) 꼬아 트위스트를 한

51 E. 캐멀링, 『도상학과 도상해석학』, 이한순, 노성우, 박지형, 송혜영, 홍진경 역, (주)사계절출판사, 1997, pp.139-160.

다. 동시에 손은 가볍고 빠르게 살짝 돌려 톡 치고 고개를 약간 기울여 돌린 상태에서 째려보는 듯한 강한 시선으로 공간을 직시한다. 이와 같은 움직임은 꿈 같은 느낌을 주는 2차원의 기표에서 회오리처럼 날카롭게 돌아가는 3차원의 기표가 되어 여성의 해방이라는 기의와 함께 섹시 코드라는 기호를 만들게 된다. 〈그림 9〉처럼 춤의 움직임을 도상학적으로 분석하고 묘사해서 해석하는 과정은 춤 문화 코드 읽기를 가능하게 한다.

안무학적으로 읽기

안무학(Choreology)은 문화의 한 요소로서 인간의 행위인 춤을 연구하는 학문으로, 무용 작품의 구성 요소와 함께 춤의 가장 핵심적 매체인 움직임의 구조와 특실을 중심적으로 다룬다. 이는 문화로서의 춤 자체에서 보이는 거시적이고 미시적 특성을 현상학적으로 끌어낸 것이다. 춤의 거시적 특성은 공연 수행 시 결합된 구성 요소들의 관계망에서 총체적으로 드러나며, 춤의 미시적 특성은 움직임의 구조와 특질로 드러난다. 안무학의 창시를 이끈 라반은 기하학과 심리학 그리고 응용 미학과 조형 미학에 뿌리를 두고 미시적인 관점에서 춤의 의미를 찾고자 했다. 그는 고대 그리스의 자연 철학자들이 논의한 '원에 관한 지혜(Choreosophia)'의 개념을 근간으로 움직이는 몸에 관한 논리적이고 과학적인 지식을 탐구했고 그 결과 공간 조화 이론을 창안했다. 또한 인간의 감각, 감정, 직관, 사고 등을 다루는 에포트 이론을 설파했고 에포트의 결과에 따라 만들어지는 움직임의 조형, 즉 셰이프 이론의 기반을 세웠다.

안무학에서는 라반의 이론을 바탕으로 인간이 움직이는 공간에는 어떠한 형태의 점, 선, 면, 입체가 그려지고, 그것에 숨어 있는 역동적 특질은 무엇인지를 논리적이고 타당하게 분석한다. 그리고 움직임에 조합되어 있는 요인들은 무엇인지, 그 요인들의 상호 관계에 따라 나타나는 움직임의 특성은 무엇인지 등 인간의 움직임 특성을 읽기 위한 이론과 방

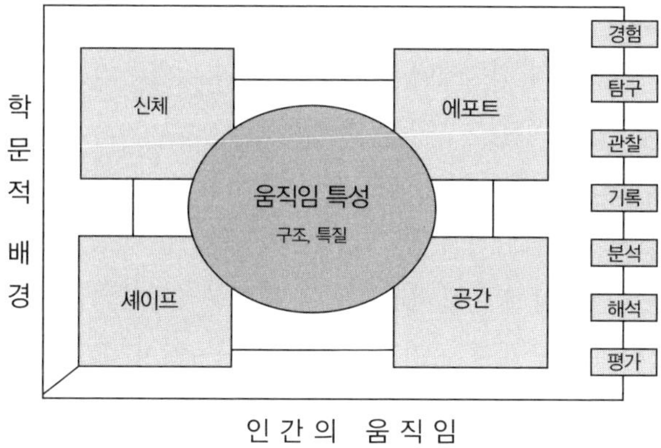

그림 10. 춤 문화 읽기의 안무학적 접근 모형

법을 제시한다. 구체적으로는 첫째, 공간 조화 이론을 통해서 몸의 움직임이 공간상에 그려낸 흔적의 형태(trace form), 그림자 형태(shadow form) 등을 분석한다. 둘째, 에포트 이론을 통해서는 내적 충동, 즉 감정 표현을 통해 나타나는 움직임의 특질을 분석한다. 셋째, 에포트 이론에서 발전된 형태 이론인 셰이프 이론을 통해서는 내적 충동에 의해 만들어진 움직임의 내향적, 외형적 형태를 분석한다. 넷째, 이 세 가지 이론의 상호 관계 분석을 통해 몸 움직임의 총체적 특성을 파악한다. 따라서 안무학적으로 인간이 행하는 움직임을 기록하고 그 안에서 보이는 움직임의 문법을 연구하면 몸 움직임의 외적 형태뿐만 아니라 감정, 정신적 내용 등 춤의 균형적인 질서와 특성을 찾을 수 있다.

이와 같이 안무학은 학문적 배경에 따라 춤의 상징과 이미지를 다루는 모든 연구에서 핵심적으로 적용되고 있으며, 한 사회의 춤에서 보이는 암호화된 움직임 코드를 세밀하게 해독할 수 있는 방법론을 제시하고 있다. 이러한 연구는 〈그림 10〉과 같은 과정으로 춤 문화 코드 읽기의 안무학적 접근을 가능케 한다.

이상에서 논의한 춤 문화 코드 읽기의 학문적 접근은 춤의 상징과 이미지로 암호화된 문화 연구의 이론과 방법에 관한 모형으로, 이 책에서 밝히고자 하는 춤의 위력이나 영향력 등 춤의 의미와 힘을 파악하기 위한 틀을 제시한 것이다.

총체적으로 인류학적 관점에서 춤의 의미와 힘을 파악하기 위해서는, 한 사회의 문화적 맥락과 유형 그리고 춤의 특성을 심도 있게 파악하고, 이를 다양한 학문적 배경에 따라 다층적으로 분석해서, 인간의 춤과 사회 그리고 문화와의 관계를 논리적으로 설명하는 것이 중요하다. 또한 그 안에 내재되어 있는 문화를 읽는 방법을 아는 것도 중요하다. 따라서 이 장에서는 춤을 보는 관점을 인류학적인 것으로 상정하고, 역사적으로 전개되어온 인류학의 개념과 인류학자들의 문화와 문화 속의 춤을 보는 시각을 살펴보았으며, 인류학에서 안무학에 이르기까지 여러 학문들의 개념과 그 발전 단계를 제시했다. 그리고 이와 관련하여 춤의 인류학, 문화학, 민족안무학, 안무학의 이론과 방법을 춤 인류학자들의 연구를 중심으로 살펴보았으며, 춤의 문화 코드 및 그 내부에 포함되어 있는 예술 코드, 춤 코드, 움직임 코드, 몸 코드 등을 읽기 위해 인류학, 미학, 기하학, 도상학, 안무학, 현상학 등의 학문 분야의 연구 체계와 분석 방법을 설명하고 춤 문화 코드 읽기의 모형을 제시했다. 이는 궁극적으로 춤의 의미와 힘을 파악할 수 있는 이론과 방법을 제시한 것이다.

MEANING of DANCE

제3장

인류의 춤 문화 코드 읽기

POWER of DANCE

춤은 인간의 삶을 표현하는 문화로서 메리엄의 말처럼 "춤은 곧 문화이고 문화는 곧 춤이다. 그리고 춤의 본질은 문화의 인류학적 개념에서 분리될 수 없다." 또한 "문화가 존재하지 않는 춤은 인간의 춤이라 할 수 없다.", "문화에서 분리된 춤은 아무런 의미가 없다.", "한 사회의 춤은 나름대로 독특한 특성을 가지고 있다."라는 말은 춤의 인류학적 관점을 반영한 말들이다. 이 말은 춤을 인간에 의해 만들어진 문화로 보고, 총체적이고 비교적이며 상대적으로 보는 것이 중요하다는 것을 의미한다. 춤을 인류학적으로 기술하는 것은 한 사회에서 창조된 춤에 대해 우리가 알아야 할 것들이 무엇인가를 구체적으로 명시하는 것이다. 즉 우리가 춤에 대해 무엇을 아는가를 알아보는 것이 아니라 그 춤이 왜 이 사회에 존재하게 되었는가, 인간의 삶 가운데 자리 잡고 있는 춤의 문화로서의 가치는 무엇인가 등 춤의 의미와 힘에 대한 전후 맥락을 명시하는 것이다. 그러할 때, 이 세상에 존재하는 모든 춤은 문화 읽기의 대상이 된다.

데스몬드(Jane C. Desmond)에 의하면, 춤에서는 문화적이고 사회적인 몸을 우선하며, 이를 통해서 움직임의 체계를 암호화한다. 그리고 춤에 함축되어 있는 문화 코드를 푸는 것이 춤의 의미와 춤의 힘을 파악할 수 있는 방법이다. 따라서 이 장에서는 제2장에서 제시한 인류학적 관점과 방법을 기초로 한 춤 문화 코드의 읽기를 통해서 현재 우리 곁에 가깝게 존재하고 있는 춤에서 발견되는 코드들이 어떻게 나타나는지를 살펴보고자 한다. 구체적으로는 문화와 관계된 춤들이 인간이 살아가는 사회문화의 맥락 속에서 어떻게 창조되고 표현되는지 알아보고자 한다. 이를 통해 무한대로 열거되는 문화 코드들을 발견하게 될 것이고 이를 자유자재로 해체하고 조합하면서 창조적 관계 맺기를 하게 될 것이다. 이는 우리를 새로운 문화 콘텐츠 만들기로 이끌 것이다.

1. 춤 문화 코드 읽기를 위한 개념 탐구

이 세상에 존재하는 모든 민족은 그들이 살고 있는 지역의 자연 환경에 적응하기 위해 그에 맞는 독특한 문화를 창조했고, 그들이 만든 사회 속에서 살아남기 위해 자유로운 소통 문화를 영유하며 살아왔다. 여기에서는 지구촌 전역에 걸쳐 살아가고 있는 인류의 춤 문화 코드를 읽기 위해 춤과 관련해 우리가 흔히 사용하고 있는 용어의 개념을 탐구하고자 한다. 이를 위해서 '종족과 민족'의 차이를 알아보고, '민족문화와 전통'에서는 민족(ethno)춤과 민속(folk)춤의 차이, 민족의 전통에 대한 의미와 범주에 대해 논의해 보고자 한다. 또한 '예술문화와 상징'에서는 예술과 예술로서의 춤, 순수 예술과 실용 예술, 상징과 기호, 관능과 지성 등의 개념을 살펴보고, '대중문화와 소비'에서는 민속과 대중의 개념적 특징을 비교해보고 현대에 새롭게 등장한 대중문화의 중요한 개념으로 이미지의 복제를 의미하는 시뮬라크르와 소비 문화에 대한 개념을 살펴보고자 한다.

1) 종족과 민족

일반적으로 종족(tribe)은 인간의 생물학적인 관점을 일컫는 종(種)의 개념으로 모든 동식물과 같은 생물체의 종과 같은 의미로 쓰인다. 예컨대, 식물이 그 떡잎이 몇 개냐에 따라 종이 구별되는 것과 같이, 인간에게 있어서 종족은 사람의 씨, 즉 흑인종, 백인종, 황인종 등의 생물학적인 종의 특징에 따라 구별되는 것을 말한다. 인간의 역사 속에서는 피부색에 따라 종의 우열을 가려 이를 차별했던 일들이 수없이 많았다. 아주 흔한 예로 백인종이 흑인종을 피부색으로 차별하면서 발생된 인종 간의 갈등을 들 수 있다. 이러한 종족 간의 갈등은 비단 과거의 일이 아니라 현재까지도 진행되고 있으며, 사회적, 정치적, 문화적으로 많은 문제를 드러내기도 한다.

미국 남부에서 노예로 살던 흑인이 백인을 상대로 노예 해방을 부르짖었던 흑인의 인권 운동은 바로 이러한 종족 간 갈등의 전형적인 예라 할 수 있다. 또한 통계적으로 백인과 흑인에 비해 황인종의 체구가 작아 이들을 열등한 인종으로 판단했던 것도 종족 간 차별의 전형적인 예가 된다. 그래서 종족 문화의 개념은 피부색이나 체구 그리고 눈동자나 머리카락의 색깔이 같은 무리의 문화라고 이해할 수 있다. 이것을 춤에 적용해보면, 무용 인류학자 킬리노호모쿠의 말대로 아프리카에 살고 있는 흑인의 엉덩이춤과 뉴욕에 살고 있는 흑인의 엉덩이춤에서는 유사한 형태의 움직임이 감지된다. 그들의 춤이 유사하게 보이는 이유는 비록 그들이 지역적으로 서로 다른 곳에서 서로 다른 문화를 접하면서 살아왔지만 위로 치켜 올라갔다거나 뒤로 둥글고 불룩하게 튀어나온 탄력적인 엉덩이를 가지고 있는 등 흑인 특유의 생물학적 체형 때문으로 파악된다. 이와 같은 종의 개념은 동물과 식물의 그것과 같은 것으로, 유형에 따라 분류되기 때문에 서로 다른 지역에서도 같은 종자를 찾을 수 있는 것이다.

한편, '민족(民族)'에 해당하는 영어 'Ethno'는 '인종' 혹은 '민족'의 뜻으로 생물체 중 인간이 중심이 된 용어이다. 한자어를 보면 이것이 인간을 중심으로 만들어진 용어라는 것이 더욱 분명하게 드러난다. 즉 민족(民族)은 백성, 사람, 나 등 일반적인 사람의 뜻을 가진 '민(民)'과 겨레, 친족, 일가, 무리, 성(性) 등의 뜻을 가진 '족(族)'의 합성어로서 뜻 그대로 사람의 집단으로 풀이된다. 따라서 영어와 한자어의 개념을 종합하면, 민족의 개념은 한 지역에서 창조된 문화와 상호 작용하는 '인간의 무리'로 풀이할 수 있다. 즉, 민족이란 인간이 한 지역에 오래 살면서 그 지역 공동체의 관습이나 문화를 은연중에 학습해서 만들어내는 집단 문화의 개념이 강조된 용어라고 할 수 있다. 따라서 모든 생물체의 종을 포괄하는 종족과 일치하는 개념이라기보다 인간을 중심으로 창조된 문화의 공통성에 기초해서 형성된 사회 집단의 개념이며, 다양한 인종이 모여 역사적으로나 문화적으로 정체성을 공유하는 집단이라는 의미가 더 큰 개념이다. 다시 말하면, 민족은 동물이나 식물 등 모든 생물체에 해당되는 개념이 아니라 인간 이외의 생물체에는 적용되지 않는, 한 지역의 인간이 만들어낸 문화를 공유하는 집단이라는 의미가 강조된 용어라고 할 수 있다.

이러한 집단은 씨족의 혈통이나 가계는 다르지만 특유의 문화를 공유하는 것이 특징이라고 할 수 있다. 즉, 인종적으로 혹은 지역적으로 문화적 전통과 역사적 운명을 같이하는 사람의 집단이자 한 국가를 구성하는 다양한 공동체와 같은 개념이다. 예컨대, 다 민족 국가인 중국은 전체 인구의 90%가 한족(韓族)이고 나머지 10%는 요족, 이족, 바이족, 묘족, 티벳족, 몽골족, 장족, 나시족, 위그르족 등 56개 이상의 소수 민족들이다. 그들은 거의 황색인의 종자를 가지고 있지만 각기 서로 다른 문화를 가지고 있는 공동체로서 각 민족의 정체성을 드러낸다. 춤 인류학자 애드리안 케플러는 이를 빗대어 정통 중국 춤은 존재하지 않지만 중국의 다양한 소수 민족의 춤은 있다고 말한다. 킬리노호모쿠도 "아프리카 춤은 결코 존재하지 않는다. 그러나 다호멘족의 춤이나 하우자족의 춤, 마사이족의 춤은 있다. '미국 인디언'은 허구이며, '인디언 춤'의 원형도 마찬가지이다. 그러나 이로쿠이이스족, 쿠아키우틀족 그리고 호피족 등이 있고 그들 모두는 제각기 춤을 가지고 있다."[1]라고 말했다.

이들이 주장하는 내용을 정리하면, 흑인의 나라로 인식되고 있는 아프리카나 인디언이 살았던 미국에는 다양한 형태의 춤을 추는 민족이 살고 있었으며, 그들의 문화가 서로 달랐기 때문에 춤도 서로 달랐다. 즉 하나의 종족에도 다양한 민족이 존재할 수 있다는 것이다. 이들 소수 민족의 춤은 같은 종이 만들어낸 똑같은 춤이 아니라 같은 종이 만들어낸 다른 춤이며, 다양한 형태의 민족 문화 속에서 제각기 독특한 정체성을 보여주고 있다. 이와 같이 종족과 민족의 개념적 차이는 결국 인간을 대상으로 하는가 그렇지 않은가, 같은 지역에 오랜 세월을 살고 있는가 아닌가에 따라 결정된다고 할 수 있다.

2) 민족 문화와 전통

앞에서 논의한 바와 같이 민족은 인간을 중심으로 창조된 문화를 역사적으로 공유하고 그 정체성으로 전통을 이어가는 집단이다. 또한 국립국어원의 『표준국어 대사전』에 제시된 바와 같이 일정한 지역에서 오랜 세월 동안 공동생활을 하면서 언어와 문화상의 공통성에 기초해 형성된 사회 집단이며, 인종이나 국가 단위인 국민과 반드시 일치하는 것은 아니다. 이렇게 민족을 이루는 구성체는 똑같은 종족이 아니더라도 특정한 정치, 사회, 역사적 맥락을 함께하며 민족의 정체성과 주체성을 구성하는

1 D. 윌리엄스, 『인류학과 인간의 움직임: 무용연구』, 신상미 역, 대한미디어, 2002, p.40.

역사, 언어, 문화 등을 함께하는 특징이 있다.

민족춤과 민속춤

춤으로 따지면, 민족춤(Ethnic Dance)은 특정한 국가나 지역의 대표성을 가지고 하나의 문화적 전승으로 연행되는 춤이나 특정한 민족의 전형적인 춤으로 정의할 수 있다. 또한 한 민족, 언어, 종교 등을 대표하는 춤이나 한 국가의 역사나 사회적 관습, 종교 및 기타 문화적 요소와 밀접하게 관련된 춤이라 할 수 있다. 그래서 모든 양식의 민족춤은 공동생활을 함께 지속해가는 한 민족에서 발달되어온 문화적 전통을 반영하며 동일한 유전적, 언어적, 문화적 연대를 공유한 집단의 춤으로 전승된다. 이러한 민족춤은 일정한 지역에서 한 민족의 전통적 양식을 계승해나가면서 오랫동안 함께 살아가는 무리들의 공통된 문화와 사회적 관습 속에서 완성되는 춤이기 때문에 특정한 민족적 정체성이나 민족적 특이성을 강하게 띠고 있다. 따라서 민족춤은 국가마다 특유의 색채를 가지고 그것을 밖으로 드러내는 표현물로서의 역할을 담당하며, 자민족에게는 자연스럽고 친근함을 주어 정서 교류에 있어서 훌륭한 수단으로, 타 민족에게는 이국적인 신비감을 주어 매력적인 것으로 존재하게 된다.[2]

이와 같은 특성을 가진 민족춤은 특정 민족의 역사 속에서 전해 내려오는 문화적 몸짓의 전통을 그대로 유지하며, 관람자와 참가자의 구분 없이 스스로 즐거움을 느끼면서 추는 민속춤뿐 아니라 다른 문화와의 혼종으로 새로운 형태가 되어 전승되는 예술성을 표현하는 춤 모두를 포괄하고 있다.[3] 따라서 민족춤은 국가적인 차원에서 전문적인 단체에 의해 극장이나 그것과 유사한 공간에서 공연되어왔으며, 자국의 문화를 홍보하

2 신상미, 『몸짓과 문화: 춤 이야기』, 대한미디어, 2007, p.220.
3 신상미, 『몸짓과 문화: 춤 이야기』, 대한미디어, 2007, p.28.

22. 〈봉산탈춤〉 미얄과장

23. 〈양주산대놀이〉

는 기능을 하기도 한다. 우리나라의 경우, 궁중 무용을 의미하는 고전 무용이나 〈봉산탈춤〉, 〈양주산대놀이〉, 〈오광대놀이〉, 〈하회별신굿놀이〉, 〈북청사자놀이〉 등과 같은 향토 무용, 〈농악〉이나 〈강강술래〉 등과 같은 민속 무용, 종묘, 문묘 제례 등에서 추는 의식 무용, 현대 무용의 형식을 토대로 만들어지는 창작 무용 등이 민족춤에 속한다. 따라서 민족춤은 춤의 본질인 인간의 생명을 이어가는 리듬과 희로애락의 아름다운 조화가 생활과 연결된 것이다.

이와 달리 민속(folklore, 民俗)이란 민간의 생활과 관계되어 민간에 의해 전해 내려오는 신앙, 습관, 풍속, 전설, 기술, 전승 등을 모두 이르는 말로 민족이 가진 민간의 풍속과 같은 인간의 문화 가운데 하나이다. 즉, 민속은 민간 공동체의 종교나 민속 의례, 노동처럼 일상생활과 함께 발생하고 성장한 것으로 민중의 삶을 안정되게 하는 문화 형태라고 할 수 있다.

이와 같은 개념을 춤에 대입시켜보면, 민속춤은 영어의 'Folk Dance'에 해당하는 것으로, 사전적으로 민속의 특성과 지역의 특색을 갖추고 역사성과 전통성을 바탕으로 옛날부터 전해 내려오는 전통춤을 의미한다. 즉 민속춤은 특정 지역의 밑바탕, 원초적인 것 또는 근원적인 것을 의미하는 기층문화에서 생겨난 것으로, 생활과 결부되어 직접적인 참여를 유도하는 것이 특징이다. 이러한 민속춤은 한 지역 사회 문화의 근간을 이루는 민족적 고유성을 갖고 있지만 전문화되거나 무대화된 춤이라기보다는 일반 대중들이 즐기는 춤[4]이라 할 수 있다.

정병호에 의하면, 우리나라의 민속춤은 고대 부족 국가의 제사 의식에서 행해졌던 춤이나 삼국 시대, 고려 시대, 조선 시대로 이어지는 긴 역사 속에서 행해졌던 마당놀이, 향토 무용과 같이 민간에 전해 내려오는 춤을 지칭한다. 이 춤들은 공동체적 삶의 정신과 한풀이 문화에서 비롯되는

---

4 신상미, 『몸짓과 문화: 춤 이야기』, 대한미디어, 2007, p.218.

춤으로, "신바람이 불기 시작하고 정(情)이 발동하면 십시일반의 공동체 정신이 싹트면서 정의심은 물론 동족애로까지 발전해나가는 특징이 있다." 우리나라의 대표적인 민속춤은 농악춤, 탈춤, 소리춤, 허튼춤, 모방춤 등으로 분류되며, 〈강강술래〉와 같이 다수의 민중이 함께 추는 춤과 밀양 두레패의 병신춤과 같이 홀로 추는 춤 그리고 밀양의 떨떨이춤, 경남의 두꺼비춤, 동래학춤, 양산사찰학춤 등과 같이 특정 지역을 대표하는 춤들이 전해진다. 또한 민중의 애환을 달래주고 흥과 멋을 보여주는 사당패의 춤도 민속춤의 하나라고 볼 수 있으며, 이것의 사회적 · 기능적 측면을 고려하여 대동춤, 누리춤, 마을춤, 두레춤, 민중춤, 서민춤 혹은 대중춤이라는 말을 곁들여 쓰기도 한다.[5]

이러한 민속춤 역시 민족춤의 하나로 사람들의 활동 속에서 그 모습을 드러내며, 민족의 문화적 차이를 불문하고 민속적인 것은 인간의 본능에 의해 자연적으로 발생하기 때문에 어떠한 민족에게나 보편화된 토속 문화라고 할 수 있다. 그렇다고 소렐(Walter Sorrell)이 언급한 것처럼 '정제의 과정을 거치지 않고 다듬어지지 않은 것'[6]을 말하는 것은 아니다. 예를 들면, 종교적인 영향이 지배적인 인도의 춤은 감각적이면서도 영적인 손놀림의 표현법을 특징으로 하며, 인도의 다양한 민속춤에서 그 모습을 드러낸다. 주름치마를 들어 올리고 다리를 뻗어 속옷이 살짝 드러나는 상태로 다리를 차면서 추는 춤인 파리의 캉캉, 우아하고 화려한 발동작과 걸음걸이를 주로 하며 매 순간 격한 움직임을 멈추고 포즈를 취하면서 당당한 모습으로 순간의 미를 표현하는 스페인의 플라멩코, 엉덩이를 양옆으로 흔들면서 양팔을 부드럽게 물결치듯 움직이는 하와이의 훌라, 군사 집단이 행렬을 짓거나 둥글게 둘러서서 다양한 형태로 높이뛰기를 하

5 정병호, 『한국의 전통춤』, 집문당, 1999, pp.161-164.

6 W. Sorell, *The Dance Through the Age*, New York: Grosset and Dunlap, 1967, p.73.

면서 추는 러시아의 코자크, 정열적이고 에로틱하면서 빠르고 강한 리듬으로 추기도 하고 때로는 슬픔과 애절함을 표현하기도 하는 아르헨티나의 탱고 등도 한 나라 혹은 한 민족 특유의 민속춤이다. 그리고 이 춤들은 전승 과정에서 변형되고 정제되어 공연되기도 한다.

종합해보면, 민속춤은 동서양을 막론하고 사람이 자연과 조화를 이룬 상태에서 억압이나 절제됨 없이 풍자와 해학으로 카타르시스를 경험하고 일상생활의 왜곡된 감정을 정화하면서 민족 공동체의 삶을 신나게 표현하는 멋들어진 춤이다. 춤추는 사람과 관객의 구분 없이 모두가 자유로운 형식으로 춤을 추기 때문에 현장성이 강하며 공감대를 형성할 수 있게 한다. 따라서 민족 공동체는 이 춤을 통해 삶의 원동력을 얻고 희망을 갖게 된다.

이상에서 논의한 바와 같이 민속춤은 민족춤과 종속의 관계에 있지만 각 민족의 고유한 정신 문화와 삶을 꾸려나가는 생활 방식을 엿볼 수 있다는 점에서 그 나름의 의의가 있다.

민족의 전통

사전적으로 전통(Tradition, 傳統)은 유럽어의 어원인 'traditis'의 '전한다'는 의미가 있으며, 시공간적으로 전 세대에서 후 세대로 전해져 받아들여진 것을 의미한다. 이희승의 『국어대사전』[7]에 의하면, 전통은 '계통을 받아 전함 또는 관습 가운데서 역사적 배경을 가지고 높은 규범적 의의를 지니고 전하여 내려오는 것'으로 정의된다. 즉, 넓은 뜻으로는 일정한 집단 공동체인 가족, 국가, 민족, 지역 사회의 단위로 전해 내려오는 사상이나 관습, 행동, 기술 등의 양식을 말하는데, 때로는 그 문화적 유산 속에서 현재의 생활에 의미와 효용이 있는 인습이나 습관을 일컫는다.

---

7 이희승 편저, 『국어대사전』, 민중서림, 1981, p.3207.

좁은 뜻으로는 그 양식이나 인습과 관습의 핵심이 되는 정신만을 지칭한다. 『표준국어대사전』[8]에서는 이를 "어떤 집단이나 공동체에서 지난 시대에 이루어져 계통을 이루며 전하여 내려오는 사상, 관습, 행동 따위의 양식"으로 정의하고 있는데, 이는 반복적으로 계승되어온 한 민족의 생활양식, 언어, 풍습, 사상 등을 의미하며, 사람들 속에서 살아 움직이며 전승된다.

이와 더불어 전통에 대한 학자들의 견해를 살펴보면, 강이문은 1971년에 출간된 현대 사상 사전 『전통』에 근거해 전통이란 말이 "한자인 전통(傳統) 두 자로 되어 있지만, 고래(古來)의 한국어에는 없었고 중국어에도 없었던 말로서 19세기 일본에서 영・불어인 'Tradition'을 번역하는 과정에서 생겨난 신조어"[9]라고 주장했다. 그는 전통의 개념을 크게 두 가지 관점에서 정리하고 있는데, 하나는 관습과 구별되는 개념으로 가치 판단을 내포하는 관점이다. 즉 전통은 단순히 예로부터 전해 내려오는 관습과 달리 일정한 사회 집단에 의해 존속돼야 한다는 긍정적 가치 판단을 내포하고 있다는 것이다. "'Tradition'이란 말의 발생 동기가 말해주듯 일정한 집단 내에 개인 또는 소집단을 매개로 한 새로운 사상, 행동이 발생했을 때 이것을 전체 집단에 공통적으로 전하는 것에 의해 규제하고 그 질서를 구한다는 함축성을 내포"하고 있다. 다른 하나는 엘리엇(T. S. Eliot, 1888~1965)의 견해처럼 역사의식을 수반하는 관점으로, 여기서 역사적 의식이란 "과거에 지나간 것을 지각하는 것뿐만 아니라 과거가 현존하는 것을 지각하는 것도 수반"하는 것이며 "이러한 역사적 의식은 시간적이면서 동시에 영구적인 것에 대한 의식이다." 이는 전통이 여러 가지 형상으로 현재화되는 집단 문화의 정신으로서, 새로운 창조를 위한 모

8 국립국어연구원, 『표준국어대사전』, 두산출판사. p.5370.

9 강이문, 『한국무용문화와 전통』, 민족미학연구소 엮음, 현대미학사, 2001, p.49.

태이자 가치 기준이며, 단순히 재현되는 것이 아니라 창조에 의해 계승되는 것임을 말해준다. 이상에서 언급한 전통의 정의를 정리하면, 전통이란 현재 기억되는 과거로서 긍정적 가치를 지녀 존속되어야 하는 것이며, 여기에는 지나간 것과 현존하는 것에 대해 지각하는 것이 수반된다.

이와 같은 전통의 사전적 의미와 학자들의 견해는 다음과 같은 특징을 보여준다. 첫째, 전통이란 변화를 전제로 한다. 즉 모든 것이 바뀌어나가는데도 바뀌지 않는 그 무엇을 전통이라고 한다. 둘째, 전통은 계속성을 의미한다. 특정한 역사적 시기에 돌출적으로 발생한 사건을 일러 전통이라 하지 않는다. 셋째, 전통으로 간주되려면 특정 민족이나 공동체만이 가지고 있는 독특하고 고유한 무엇인가가 있어야 한다.[10]

이상에서 논의한 전통의 개념과 속성을 춤에 대입시켜보면, 전통춤이란 전해진 것을 의미하는 '전통'과 '춤'이 결합된 것으로, 전통이라는 시간적 흔적과 춤이라는 문화적 형태가 통합된 것이며, 오래 전부터 우리의 삶 속에서 존재해 현재까지 전해 내려온 일정 형식의 춤이라 할 수 있다. 그러나 전통은 역사의 전후 맥락에 따라 구분할 수밖에 없기 때문에 전통인지 아닌지를 판단하는 기준이 모호한 경우가 많다. 예컨대 강이문이 제시한 관점에서 볼 때, 현대 무용으로 전통에 접근한 신무용의 특성을 가진 춤도 전통이 될 수 있다는 점에서 한국의 전통춤을 서양 문물이 들어온 개화기 이전까지의 춤으로 한정하기에는 무리가 따른다. 이는 세계 각지의 민족들이 행하는 춤들을 시기적으로 구분해서 전통인지 아닌지를 논하기가 어렵다는 것과 같은 맥락이다. 즉 민족마다 전통으로 보는 방법이 다르기 때문에 각 민족의 특수성이나 현존하는 사람들의 전통에 대한 의식을 고려해 전통춤인지 아닌지를 구분할 수밖에 없다. 한국의

10 이송, 「근대 이후 전통춤 개념 변화 연구」, 『한국 근대춤의 담론적 이해』, 민속원, 2007, p.129.

전통춤 분류에 대한 논의로 박성호는 살아 있는 역사적 결과물의 '연속성 속의 변화'와 역사적 변화기의 일정한 '단절 후의 재현'을 고려한 전통춤 해석의 관점이 공존하고 있음을 피력하고 이에 대한 심도 있는 토론이 필요하다고 보고 있다.[11] 앞서 언급한 바와 같이 강이문은 신무용도 전통의 요소를 가진 것, 즉 전통춤의 하나로 보고 있지만, 정병호는 전통춤을 무속춤, 불교춤, 유교춤, 장례춤, 농악춤, 탈춤, 소리춤, 허튼춤, 모방춤, 교방춤, 궁중춤 등으로 나누고, 개화기 이후의 신무용은 포함시키지 않았다.

이상에서 살펴본 종족과 민족, 민족춤과 민속춤, 민족의 전통이라는 개념은 이를 복합적으로 이해했을 때 세계의 민족 문화를 보는 시각을 조금 더 구체화해줄 것이다.

3) 예술 문화와 상징

예술과 예술로서의 춤

예술은 시대와 문화에 따라 그 정의가 다양하게 변화해왔다. 동양어권에서 한자어의 '예술(藝術)'은 '심는다', 즉 기능, 기술을 의미하는 '예'와 나라 안의 길, 즉 '실행 방도'를 의미하는 '술'이 합쳐진 뜻이었다. 이후 예술은 지혜와 학술을 이르는 말, 특별한 재료, 기교, 양식 따위로 감상자의 대상이 되는 아름다움을 표현하려는 인간의 활동 및 그 작품, 아름답고 높은 경지에 이른 숙련된 기술을 가리키는 말로 그 정의의 폭이 넓어졌다. 고대 동양에서 예술은 '임금을 즐겁게 하는 실마리'라는 뜻의 〈안제기(安帝紀)〉에 백가예술(百家藝術)을 기록한 것에서 찾을 수 있다. 여기서 정

11 박성호,「한국 전통춤의 근대성 발현양상 연구 – 조선후기를 중심으로」, 성균관대학교 박사학위논문, 2011, pp.44-50.

의하는 예술은 한 민족의 삶 속에서 인간적 결실을 얻기 위해 필요한 '기초 교양의 씨를 뿌리고 인격의 꽃을 피우는 수단이자 인격 도야를 실행하는 방법'으로서 의의를 지닌다.

한편, 서양에서 예술은 그리스어의 테크네(techne), 라틴어의 아르스(ars), 영어의 아트(art), 프랑스어 아르(art), 독일어의 쿤스트(kunst) 등으로 표현되어 '사물을 잘 다룰 수 있는 방법이나 능력' 또는 '일정한 과제를 해결해낼 수 있는 숙련된 능력 및 활동으로서의 기술'을 의미했다. 고대 그리스인들은 아리스토텔레스가 주장한 것처럼 '자연이나 현실 사상의 모방 또는 재현을 말하는 미메시스(mimēsis)의 기술(techne)'이라는 개념으로 예술을 정의했다. 하지만 18세기 이후 근대에 들어서 예술의 개념은 '미적인 감흥을 주는 작품을 만드는 인간의 신체적, 정신적 활동 능력이나 창조 행위'로 부각되었다. 즉, 헤겔(Georg Wilhelm Friedrich Hegel, 1770~1831)이 말하는 예술가의 주관성 개념이 드러난다. 이것은 영어로는 순수 예술(fine art), 프랑스어로는 아름다운 예술(beaux-arts), 독일어로는 구경하는 예술(shëne Kunst)로 쓰이며, 순수한 미(美)를 지향하는 자율적인 행위이자 감상자를 대상으로 아름다움을 표현하는 인간의 행위로 그 의미가 진화했다. 이러한 예술의 의미를 물건을 제작하는 기술과 구별하기 위해 특별히 미적 기술(fine art)이라는 표현을 쓰기도 했다.

동서양의 이와 같은 예술의 정의는 인격 도야를 실행하는 기술을 의미하거나 예술이 예술 그 자체에 있다는 것을 의미하는 것이다. 즉 인격 도야에서 나오는 삶의 아름다움과 유미주의를 최고의 가치로 여기고 있다는 것을 말한다. 그러나 인류의 예술과 사회문화의 관계를 다루는 예술인류학에서는 예술을 '한 민족 집단의 내부자와 외부자의 사회와 문화를 상징적으로 아름답게 표현하는 인간의 행위'로 정의하고 있다.

이상과 같이 예술의 정의가 많은 진화를 거듭해온 것처럼 춤의 정의도 진화가 이루어졌다. 1768년 이래 『브리태니커 백과사전(*Encyclopedia*

Britannica)』과 1830년 이후의 『아메리카나 백과사전(*Encyclopedia Americana)*』에 기록되어 있는 춤(dance)에 대한 정의를 살펴보면, 영어의 댄스(dance), 프랑스어의 당스(danse)와 이탈리아어의 단자(danza)는 여성 명사로, 독일의 탄츠(Tanz)와 스페인어의 바일레(baile), 스웨덴어의 단스(dans), 고지 독일어의 탄츠(tants)는 남성 명사로 쓰이고 있다.[12] 이는 여러 나라의 춤에 대한 정의가 그만큼 다양하다는 것을 의미한다. 예를 들면, 영어에서는 '뻗다'와 '끌다', 프랑스어에서는 '신장'과 '긴장', 산스크리트어에서는 '생명의 욕구' 등으로 정의된다든지, '인체의 동작을 취급하는 예술', '창작 구성된 형태의 조형 예술', '동작의 연쇄적 통합이자 응집된 형태', '인간의 사상과 감정을 리드미컬한 움직임으로 표현하는 예술', '인간의 문화를 반영하며 움직이는 몸에 의해 나타나는 형태나 스타일로 공연되는 예술' 등 다양하게 정의되어왔다.

그러나 이렇게 의미가 다른 춤의 정의를 가진 문화의 사람들에게 춤이란 예술이 아닐 수도 있고, 예술이라는 용어조차 없는 호피 인디언의 경우처럼 춤이 문화적 범주에 들어가지 않을 수도 있기 때문에 여기에서 논의하려는 춤은 예술로서의 춤이라 할 수 있다. 다시 말하면, 예술로서의 춤은 춤에 속하지만 춤이라고 해서 모두 예술로서의 춤이 될 수는 없다는 것이다. 예컨대, 예술로서의 춤으로는 서양의 발레와 같이 예술적 표현을 목적으로 고도로 조직화된 전문적 수준의 안무가와 훈련을 받은 무용가들에 의해 프로시니엄 무대 위에서 공연되는 춤이 대표적이다. 우리나라 춤의 경우, 원시 시대의 주술적 춤이나 민속춤은 예술로서의 춤이라 하기 어렵지만, 의식 무용이나 궁중정재 혹은 한국 창작 무용과 같이 정교하게 다듬어져 지정된 무대 공간에서 이루어지는 춤은 예술로서의

12 D. 윌리엄스, 『인류학과 인간의 움직임: 무용연구』, 신상미 역, 대한미디어, 2002, p.63.

춤으로 볼 수 있다.

순수 예술과 실용 예술

순수 예술은 현실적인 실용성을 추구하기보다는 순수한 예술적 동기에서 비롯된 예술을 말한다. 이는 순수하게 진리와 아름다움을 추구하는 예술을 위한 예술로서 예술 지상주의적인 예술로도 설명된다. 즉 순수 예술은 음악, 무용, 문학, 조각, 회화 등 예술의 기본적인 구성이 실용성을 목적으로 하지 않고 인간의 감각에 의해 미적으로 아름다움을 느끼게 하거나, 한 시대의 합리적인 정신에 합치되기도 하고 아름다움으로 감흥을 주기 위한 것이라고 할 수 있다. 그래서 한 작가의 작품에서 상징화된 그의 사상과 의도를 감상할 수 있는 예술이라 할 수 있다. 색의 의미에 관한 이론을 미술에 적용시킨 칸딘스키는 색의 특성을 따뜻한 성질의 것과 차가운 성질의 것으로 나누었는데, 그가 표현하고자 한 주제를 특정한 색으로 상징한 것을 바로 순수 예술의 예로 들 수 있다. 그가 검정색을 죽음으로, 빨간색을 정열로 각각의 성질을 상징하고자 한 것은 어떤 실용성을 추구한 것이 아니다. 그것은 색이 상징하는 것을 통해서 자신의 감정이나 생각을 전달하고자 한 것이다. 이에 반해, 실용 예술은 인간이 실제로 쓸 수 있거나 실질적으로 쓸모가 있는 예술이라 할 수 있다. 예를 들면, 우리가 매일 타고 다니는 자동차나 고속철 전동차의 머리 모양은 부드러운 곡선의 나선형으로 이루어져 있다. 이러한 형태는 우리에게 아름답게 보이도록 의도된 것이기도 하지만 더 중요한 것은 빠른 속도로 달리는 과정에서 전동차에 부딪치는 맞바람의 저항을 최소화하기 위한 실용성을 목적으로 한다. 따라서 실용 예술은 상징적이라기보다는 비상징적 예술로 볼 수 있다. 춤에 있어서도 몸의 움직임은 상징적인 예술이 될 수도 있고, 인간이 살기 위해 실용적인 목적으로 움직이는 비상징적 기술이 될 수도 있다.

춤에 있어서 순수 예술로서의 춤은 춤 그 자체가 미적인 대상으로 인간의 감성을 자극하는 특성을 지닌 반면, 실용 예술로서의 춤은 건강이나 친교를 위해 추는 춤을 말한다고 할 수 있다.

상징과 기호

춤에 있어 상징은 매우 중요한 개념이다. 춤에서 상징과 상징되는 것 사이에는 필연적이거나 인과적인 관계가 없다. 쉽게 말하면, 상징의 의미는 하나의 춤으로 수없이 다양한 색깔을 띠게 만드는 것이라고 할 수 있다. 일반적으로 상징은 어떤 것을 '의미'하거나 어떤 것을 '나타내는 것'으로 정의된다. 그러나 사회문화인류학에서 상징은 쉬펠린(Edward Schieffelin)[13]이 주장한 것처럼 조금 더 창조적 측면을 강조한다. 즉, 어떤 것을 '의미하는 것으로 만드는' 것을 의미한다. 예술은 이러한 상징을 통해 감상자에게 미적 감흥을 주는 기호를 만든다. 이 기호는 어떤 뜻을 나타내기 위한 것으로 소쉬르는 상징과 기호가 임의적인 것이기 때문에 인간은 이를 통해 의미를 만들고, 이 의미는 인간을 위해 사회에서 지속적으로 기능하며, 인간은 상직적인 것 혹은 기호적인 것에 해당하는 활동에 참여한다고 덧붙였다.[14] 예를 들면, 무궁화는 한국을 상징하는 꽃이고, 장미는 중세 영국의 왕을 상징하는 꽃이다. 그리고 빨간색은 불을 나타내는 기호이거나 신호등의 정지를 나타내는 기호가 된다. 이러한 상징과 기호는 기표와 기의 사이의 관례적인 체계에 대한 암묵적인 동의가 있었기 때문에 가능한 것이다. 그 옛날 조선 시대에 신호등이 있었겠는가. 그때에는 현재 우리에게 관례적으로 인식되어 있는 빨간색의 신호등이 정지

---

13 E. Schieffelin, *The Sorrow of the Lonely and the Burning of the Dances*, New York: 51, Martin's Press, 1976, p.2.

14 D. 윌리엄스, 『인류학과 인간의 움직임: 무용연구』, 신상미 역, 대한미디어, 2002, p.219-220.

를 나타내는 상징적 기호라는 것을 생각하지 못했을 것이다. 춤에 있어서는 몸, 마음, 정신을 합한 움직임에서 어떤 것을 상징하는 움직임이 드러난다. 이 움직임 기호는 말이나 음악의 소리와 음률, 미술의 선과 색깔처럼 춤의 신체 언어, 즉 움직임의 구조와 특질에서 찾을 수 있다. 따라서 인간은 움직임을 통해서 인간 사회 전체가 나타내는 특유한 정신을 담아내기도 하고 시대를 넘어 그 문화의 독특성을 전달하기도 한다.

작스는 인간이 살았던 최초의 삶에서부터 예술이 시작되었으며, 춤이 예술로 된 시기를 '상징적인 춤'과 '보여주는 춤'이 시작되었던 원시 시대로 보고 있다. 그리고 그 이유를 크게 두 가지 측면에서 설명하고 있다. 하나는 원시 시대 인간이 상징적인 것과 비상징적인 것을 구분해서 춤을 주었다는 점과 다른 하나는 참여하는 춤에서 보여주는 춤으로 변화했다는 점을 들었다. 그에 따르면, 인간의 안위를 위한 제의에서 보여주는 상징적인 춤과 인간의 종족을 보존하기 위한 전쟁춤, 구애춤 등과 같은 비상징적인 춤 그리고 이 둘이 서로 상호 작용을 하면서 이루어진 춤으로 상징하면서 예술이 시작되었으며, 원시 시대에 이루어진 무의식적인 충동 혹은 광란에 가까운 동작이 행해지는 제의에서 관중을 의식하고 관중을 위한 것으로 춤이 변모할 때부터 예술이 시작되었다고 보고 있다. 이에 덧붙여, 그는 이때의 춤은 창조적 충동과 상징뿐만 아니라 완성된 형식과 조화된 구조 그리고 이지적 구성으로 예술 작품을 창조하는 충분한 내적 동기를 가지고 있었다고 했다. 그리고 그 예를 들어 5세기경보다 더 오래 전의 전통을 바탕으로 인도에서 유래된 몸짓춤(gesture dance)은 뛰어난 예술 문화의 하나였다고 했다. 이는 고대 인도 사람들의 연극, 무용, 음악을 통합한 공연 예술에 관한 논문, 순수 예술의 기초가 되는 바라타의 나티아 사스트라(Natya Sastra of Bharata)와 고대 인도의 무대 예술 이론가인 난디케스바라(Nandikesvara)의 저서 『몸짓의 거울(*The Mirror of Gesture*)』에서 그 모습을 드러낸다고 했다. 당시 이 몸짓춤은 기념비적인 작품이었으며, 극적인 춤으로 몸의 세세한 부위의 동작을 통해 재현됐다.

이와 같은 예술에서의 상징의 개념을 춤에 대입시켜보면, 예술로서의 춤은 인간의 생각에 따라 몸을 매개한 움직임이나 문화적으로 습득된 행동을 표현하는 상징을 통해 공간과 시간 안에서 비언어적인 메시지로 그 의미를 전달하는 행위이다. 이는 윌리엄스의 표현대로 인간을 찾아내는 의미의 표현이며, 문화에 따른 관례적 의미를 명료하게 구현해주는 것이기도 하다. 또한 랭거의 견해처럼 몸으로 움직일 때 드러나는 역동적 이미지와 내적인 삶을 표현하는 생명력의 표출이며, 실제의 힘이 아니라 필수적으로 자기 표현일 필요가 없는 가상성과 환영성을 말하기도 한다. 즉, 예술은 사회적이거나 대중적인 것처럼 실제적인 것이기보다는 상징적인 것을 생명으로 하고 있는 것임을 보여준다. 따라서 예술로서의 춤은 순수한 미의 가치를 추구하는 인간의 정신 활동이자 특수층을 대상으로 감상을 유도하는 상징 활동이다.

또한 인간은 예술을 통해서 당대의 문화 흐름에 순응하거나 앞서가면서 한 시대의 이상을 표현했고, 뚜렷한 목적을 가지고 의도적으로 추상을 강조하는 독특하고 세련된 창조물을 탄생시키기도 했다. 이와 같이 인간의 상징 활동의 결과로 나타나는 예술로서의 춤은 동서양을 막론하고 원시 시대부터 현대에 이르기까지 다양한 형태로 창조되어 미적 감흥을 주는 예술적 기능을 하고 있다.

관능과 지성

관능(sense)은 시각, 청각, 미각, 후각, 촉각 등 오감을 일으키는 감각기관의 작용 혹은 육체적 쾌감을 느끼는 작용으로 정의된다. 이는 감성과 같이 자극에 대하여 감각이 일어나게 하는 능력이라기보다는 감각 자체에서 일어나는 작용이다. 헤겔은 시각과 청각을 미적인 의미를 가지고 있는 고급 관능(官能)으로, 촉각과 미각 및 후각을 미적인 의미를 배제하는 저급 관능으로 보았다. 그에 따르면 고급 관능은 육체적인 것보다는 정신 활동과 밀접하게 관계된 것이어서 사상이나 감정 그리고 정서 등을 표현하는 데 저급 관능보다 적당하다고 주장한다. 한편, 프랑스의 철학자이자 시인 귀요(Jean Marie Guyau, 1854~1888)는 이런 고급 관능 못지않게 미각, 후각, 촉각 등과 같은 저급 관능에서도 미적 요소가 발견될 수 있다고 보았다. 따라서 관능은 미적 요소로 작용할 수 있는 예술 소재가 될 수 있으며, 정신과 육체 모두에서 동시에 감각적인 쾌감을 느끼는 작용을 이끈다.

춤에 있어서 이러한 관능은 철저한 계산을 통해서 육체적 혹은 감각적 쾌감을 자극하기 위한 몸짓으로 창조된다. 이는 보는 이로 하여금 감각적으로 인지할 수 있는 춤 문화 코드로 드러난다. 이러한 관능의 특징은 그리스 신화에 등장하는 술의 신, 디오니소스 신에게서 보이는 특징들로 비유될 수 있는데, 이는 일상적인 범위와 한계를 완전히 파괴함으로써 존재의 가치를 추구하고, 본능, 환란, 무질서 등을 중시함과 동시에 도피를 추구하면서 극단을 달성하는 것에 가치를 두는 광란의 상태로 표현할 수 있다. 따라서 관능을 통해 나타나는 디오니소스적인 춤의 형태는 혼돈과 파괴 그리고 광란의 세계로서 힘이 솟아오르고 충만한 역동적인 흐름의 상태를 의미하는 도취(Rausch)와 같은 이미지를 보여주는 특징이 있다.[15]

관능과 대비되는 개념으로 지성(intelligence, 知性)은 지각된 것을 정리하고 통일하여 이것을 바탕으로 새로운 인식을 낳게 하는 정신 작용으로 정의된다. 이는 감각 기관을 통해 사물의 이치나 도리를 분별하는 능력을 의미한다. 그리고 지각이나 대상을 직접적으로 파악하는 직관이나 실재를 객관적이고 보편타당하게 개념적으로 파악하는 것을 의미한다. 또

15 신상미, "니진스키의 몸짓유형과 의미 – 목신의 오후와 봄의 제전을 중심으로", 『무용학회논문집』 58호, 2010, p.97.

한 지성이란 자극에 대해 감각이 일어나게 하는 능력으로 감성(感性)의 대상을 사유하는 능력을 말한다. 다시 말하면, 사고의 능력을 말하는 오성(悟性)과 같은 지적 능력을 말하며, 감성과 구별되는 인간의 활동이기 때문에 관능이 일어나도록 하는 감성을 다루는 예술가들에게 있어 매우 중요한 지적 능력이라 할 수 있다. 이는 예술가로 하여금 자신의 생각과 감정 그리고 정서를 표현하기 위해 맹목적이거나 본능적으로 창조 작업에 임하는 것이 아니라 지적인 사고에 근거해 창작 과제를 해결하도록 하는 것이다. 이와 같은 사고는 감각의 지평을 넓혀주는 본질인 것이다.

홀스트는 그의 책 『현대 무용 형태론(*Modern Dance Forms*)』에서 지성적인 춤은 형식주의와 절제의 특성을 가지고 감성의 혼란에 대한 반작용으로부터 나온다고 했다. 그리고 기계와 과학의 영향을 받은 예술 등 무음조 형식, 불협화음, 자유로운 대위법과 같이 엄격하면서 형식적이고 기능적인 특징을 보인다고 했다. 이를 통해서 창조되는 매끈한 선과 차가운 감정의 기하학적인 형태를 지닌 지성주의는 비구상주의[16]의 시적인 이미지를 내포하면서 예술의 비인간화 및 인간의 비감성 등을 표현한다고 했다. 이는 그리스 신화에 등장하는 안무법의 신인 아폴로신의 특성으로 비유될 수 있는데, 이는 인간의 이성과 합리성에 가치를 두고, 균형, 조화, 절제, 질서, 이성, 지식, 평온의 특징으로 밝고 명랑하면서 분명한 형상을 보이는 거울같이 반영적인 형태로 표현된다. 따라서 아폴론적인 춤의 형태는 '절제'와 '중용'을 근거로 이성적인 상태에서 아름다운 가상 현실, 즉 빛과 태양 그리고 조화와 통일적 이미지를 보여주는 조형적 특징이 있다.

이렇게 감각 기관을 자극하고 그 특성을 함유하고 있는 디오니소스적

---

16 실제의 대상물을 재현하기를 목표로 삼지 않고 형체, 색체, 질감, 공간, 시간 등을 작품의 실체로 끌어들이면서 그 자체가 작품의 초점이 되는 예술을 말한다.

관능과 그것을 사유하는 비감성적인 아폴론적 지성은 인간이 예술을 창조하는 데 가장 핵심적으로 작용하는 인간 본연의 창작 요소이자 능력이라고 할 수 있다.

한편, 인간은 모태에 있을 때부터 본능적으로 마음이 시키는 몸짓을 하게 된다. 그래서 임산부는 보이지는 않아도 자신의 아이가 뱃속에서 발을 차고 있는지 딸꾹질을 하고 있는지 어렴풋이 느낄 수 있다. 출산 이후 갓 태어난 아기는 복잡하고 미묘한 제스처와 자세를 만들어 자신의 의도를 가시화하는 것을 시작한다. 그리고 미래에 자신의 삶을 투영하는 실용적인 몸짓과 소속된 사회의 문화적 특성을 보여주는 상징적인 몸짓을 하게 된다. 이렇게 한 사회의 구성원으로 살아가면서 터득한 행동 양식은 시·공간 안에서 독특한 몸짓을 창조하고 이를 통해서 자신의 의지와 감정과 같이 마음에서 일어나는 내적 충동을 직간접적으로 표현하면서 타인과 의사소통을 하게 한다.

이는 베네딕트의 "사회와 개인의 역할 간에는 타당한 대립 관계가 있을 수 없다. 실제로 사회와 개인은 적대자가 아니다. 문화는 개인이 생활을 영위하는 데 필요한 원자재를 제공한다."[17]라는 말처럼 한 사회의 문화적 영향을 받아 구성되고 창조된다는 것을 말한다. 즉 인간의 자연적, 의도적, 상징적 몸짓은 각 시대의 문화 현상에 따라 그 형태와 의미로 나타나게 되고 표현 기법의 다양화에 의해 변화하게 된다는 것으로 해석할 수 있다. 그래서 이러한 몸짓들은 본능적이면서도 몸과 정신 그리고 문화가 일치되어 나타나는 표현 매체가 된다. 그리고 사람마다 문화적 몸짓, 즉 문화 코드가 조합된 몸짓의 특징이 다르게 나타나기 때문에 그 사람이 어떤 사회문화적 환경의 영향에 있었는지, 어떤 개성을 가졌는지 짐작할 수 있게 한다.

---

17 R. 베네딕트, 『문화의 패턴』, 김열규 역, 까치, 1993, p.273.

무용가에게 있어 이러한 몸짓은 자신의 생각과 감정 및 느낌을 관객에게 전달하려는 소통의 수단이다. 그래서 무용가는 자신의 본능적이고 의도된 몸짓과 사회문화적 상징 그리고 예술적 경향이 담긴 몸짓을 만들고 이를 통해서 관객에게 의미 있는 예술적 경험을 제공하고자 한다. 따라서 춤에 있어서는 의미 있는 몸짓의 창조가 가장 중요하며, 때로 이러한 몸짓은 관능적이고 지성적으로 표출되거나 혹은 지각할 수 있는 궁극적인 대상이 된다. 즉 몸짓을 통한 표현 욕구나 감정 및 의도 등은 몸의 형태 변화를 통해 공간상에 선을 그리면서 행위의 연속 장면을 그리고, 여기서 나타나는 리드미컬한 몸짓은 공간을 이동하면서 시간적인 흐름을 갖게 된다. 그 결과 표현하고자 하는 몸짓이 탄생되어 한 예술가의 작품 의도를 전달하게 된다. 따라서 무용가들은 몸과 몸짓에서 풍기는 독특한 이미지와 공간과 시간 그리고 오감 등을 포괄한 춤의 역동성으로 자신의 춤 철학과 예술관을 표현한다. 또한 당대의 문화 현상을 반영하고 3차원의 무대 공간을 뛰어넘어 감각적 공간과 감각의 작용을 사유할 수 있는 지성적 공간을 창조한다. 그리고 이를 통해 관객으로 하여금 상상의 세계로 빠져들게 한다. 여기서 말하는 예술적 몸짓과 문화 현상의 상호 작용을 통해 나타나는 몸짓 이미지는 한 예술가의 몸짓 특성과 문화 유형과의 상호 관계 속에서 창조된 문화의 덩어리로 관능과 지성적 이미지를 지각할 수 있는 예술의 대상이라고 할 수 있다.

4) 대중문화와 소비

민속 문화와 대중문화

민속 문화의 특징은 자연과 사람이 조화를 이룸으로써 억압과 절제보다는 풍자와 해학으로 카타르시스를 느낄 수 있게 한다는 것이다. 이는 일상생활의 왜곡된 감정을 정화하는 멋들어진 문화나 공연자와 관객의 구분 없이 공동체의 삶을 신나게 하는 문화 그리고 현장성이 강한 문화이며, 민족 공동체로 하여금 삶의 원동력과 희망을 갖게 하고 공감대를 형성할 수 있게 하는 자유로운 문화이다. 이러한 민속 문화는 대중문화와 별다른 특징적 차이는 없지만, 민속 문화는 한 민족의 전통이 녹아 있다는 점에서, 대중문화는 민속 문화의 특징을 가지고 있지만 전통적 요소가 꼭 포함될 필요는 없다는 점에서 차이가 있다.

현대의 대중문화 속에서는 상업적으로 수익을 얻기 위해서 혹은 정신과 신체의 건강을 유지하기 위해서 다양한 형태의 춤이 창조되고 있다. 특히 초고속 인터넷망과 첨단 미디어의 발달로 인해 전 세계가 1일 생활권에 들어오고 전 세계의 서로 다른 문화가 상호 교류하는 속도가 매우 빨라졌다. 이에 따라 대중문화의 세계화는 눈에 띌 정도로 빠르게 전개되고 있으며, 개인별로 새로운 즐거움을 만끽하고 개성적으로 독특한 문화가 창조될 수 있는 시스템으로 전이되고 있다.

대중(the public)은 '큰 무리'를 지칭하는 말로 대량 생산과 대량 소비를 전제로 현대 사회를 구성하는 불특정 다수의 사람들을 말한다. 이러한 대중의 개념은 19세기 후반, 프랑스 시민 혁명과 산업 혁명으로 군주 세력이 몰락하고 정치적인 권리와 경제력을 갖게 된 평민의 지위 상승에 따라 신흥 중산층이 등장하면서 형성되었다. 이들은 엘리트와 상반된 독립적인 주체로서 대중 매체(mass media)의 위력에 힘입어 문화의 평준화를 진행시켰고 자신들의 위치 확립과 생활 수준의 향상 그리고 교육의 보급 및 스스로 즐기면서 욕구를 충족할 수 있는 새로운 대중문화(popular culture)의 창출을 이끌게 되었다. 스토리(John Storey)는 『문화연구와 문화이론(*Introductory Guide to Cultural Theory and Popular Culture*)』에서 상황과 맥락에 따라 각기 달라지는 대중문화의 개념을 팝(pop)퓰러(pular)라는 용어에서 출발시키고, 이를 많은 사람들이 폭넓게 선호하거나 좋아하는 문화, 고급 문화에 반대되는 개념으로서의 문화, 대량 문화,

민중(the people)으로부터 발생하는 문화, 그람시의 정치적 분석에 따른 헤게모니로서의 문화, 포스트모더니즘의 상업 문화, 영국의 산업화와 도시화에 뒤따라 일어난 문화 등으로 구분했다. 이는 19세기 말에서 20세기 초까지 중립적, 긍정적, 민주적, 개혁적인 입장에서 서로 다른 의미를 지닌 대중의 기호와 취향을 통해 생겨난 문화 현상이자 공중의 공동체로만 인식되던 시민 사회가 대중이라는 집단 형태로 등장하면서 나타난 문화 현상이라 할 수 있다.

한편, 대중문화로서의 춤은 인류의 삶과 밀접하게 영향을 주고받으며 다양한 모습으로 변모해왔다. 역사적으로 서구에서는 자유로운 신체 표현이 부정한 것으로 치부되었던 중세부터 현대에 이르기까지 춤에 대한 억압적 인식으로 사람들의 일상으로부터 춤을 분리시켰다. 이는 정치적으로 기득권을 가진 왕족과 귀족과 같은 특수 계층에 의해 향유되는 궁정 춤이 무대화된 극장 춤일 경우에도 그랬고, 만민의 평등을 주장한 시민 혁명 후 자본주의의 부르주아 계급들과 같이 또 다른 차원의 특수 계층이 향유하는 문화일 경우에도 예외는 아니었다. 즉, 극장 춤을 향유하는 관객은 변화했지만, 극장은 여전히 모든 사람들이 아닌 특정 계층의 사람들이 배타적으로 향유하는 문화로 이어졌다고 할 수 있다.

이러한 현상은 상류 계층이나 부르주아를 비판하는 불특정 다수의 계층들에게 편안하게 자신을 표현할 수 있고 즐길 수 있는 대중적인 춤을 만들도록 유도했다. 이렇게 고급 문화에 길들여져 있지 않은 대중은 삶의 저변에 깔려 있는 행위의 근원적 형태를 끌어내는 동시에 인류의 문화와 밀접하게 영향을 주고받으면서 대중문화로서의 춤을 추게 되었다. 그러나 이러한 춤은 귀족적 취향을 따르는 상류 사회의 고급 문화를 몰락시키고 예술 문화를 위협한다는 이유로 비판받았고, 예술 문화의 질을 떨어뜨리고 전통 예술가의 정신과 품위를 변질시켜 예술의 아름다움과 존엄성을 해치는 저급 문화로 전락시킨다고 비판받았다. 이렇게 춤에 대한 사람들의 이중적인 가치 판단은 극장에서 공연되는 발레나 표현주의의 이념으로 작가의 개성을 표현하는 현대 무용 그리고 전통적 사상과 예악 정책으로 궁정에서 상연되어왔던 세계 속의 전통춤 공연을 접근하기 쉽지 않은 고급 예술로 인식하도록 유도했다. 따라서 대중문화로서의 춤은 다른 장르보다 수준이 떨어지는 저급 예술이라는 인식이 팽배했다.

한편, 우리나라에서는 식민 지배와 전쟁의 근대사 속에서 우리의 전통문화가 대중에게 자연스럽게 편입되지 못했다. 왜곡된 서구의 춤 문화는 식민치하로 생겨난 기생 문화와 교합되면서 우리의 성리학적 유교의 전통적 가치관과 충돌을 일으켰고, 그 과정에서 춤은 떳떳하지 못하고 저속한 것으로 인식되었다. 춤이라 하면 극장 무대 밖의 카바레에서나 추는 것으로 보는 부정적인 시선이 따라오게 됐다. 시대의 변화에 따라 이러한 특수 계층의 편견에 대한 대중의 의지는 자신의 취향과 심미적인 기준을 능동적으로 표출하고 자유자재로 선택할 수 있는 춤을 수용하는 능동적인 주체자로 살아가는 것이었다. 그래서 대중들은 각자의 기호와 취향에 따라 춤을 습득하고 그들의 욕망과 필요에 따라 춤을 수용하면서 각자의 표현 양식과 형태를 특별하거나 낯설지 않은 춤의 형태로 변화시켰다. 이를 통해서 대중은 춤을 고립되고 분산되어 주체성을 갖지 못하는 열등한 것이 아니라 긍정적이고 민주적인 개념으로 자신의 삶 속에서 소비하고 실천하는 주체로 존재하도록 만들었다. 그래서 춤은 감상을 위주로 하는 극장 무용과는 달리 보다 폭넓은 계층의 일반 대중들이 직접 춤추기에 참여하여 생활의 즐거움을 찾고 서로간의 정에 넘치는 생활을 공유하는 것으로 변화되어갔다. 즉, 정서의 안정과 순수한 의사소통을 할 수 있는 참여하는 춤이 되었다. 이는 모든 사람이 성별과 연령에 관계없이 체력 향상, 건강 증진, 아름다움의 추구 및 상호 의사소통을 위해 실행하는 춤으로 교육 무용, 사교댄스, 재즈 댄스, 탭 댄스, 볼룸 댄스, 댄스 스포츠, 고고, 디스코, 테크노, 힙합 댄스, 브레이크 댄스 그리고 미디어를 통해 상업적인 면으로 이용되는 방송 댄스나 광고 춤 등으로 그 형태를 드러냈다.

이렇게 참여하는 춤을 추고자 하는 대중의 의지는 시대의 흐름에 동참하면서 새로운 형태의 대중문화를 창조해왔다. 특히 1930년대 영국에서 처음 TV 방송이 시작되었을 때 대중문화의 지형도는 크게 변화했다. 그 이유는 매스 미디어의 발전과 거리 문화의 출현 그리고 대중의 참여하려는 의지 때문이었다. 매스 미디어의 혁신적 기술의 발달은 라디오를 듣는 것에서 TV를 보는 것으로의 획기적인 변화를 이끌었다. 이 시기에 미국에서 인기를 끌었던 마이클 잭슨이 만들어낸 춤과 비트 있는 음악은 대중의 눈과 귀를 현혹시켰고 춤추는 가수로서 그를 인식하도록 유도했다. 그리고 이것이 방송을 타면서 점차 전 세계의 이목을 집중시키면서 세계적인 스타이자 대중문화의 아이콘으로 급부상했다. 당시 한국에서도 미국 TV 문화의 영향으로 댄스 가수들이 등장했는데, 기득권을 가지고 있던 엘리트층은 음악성이 떨어지는 저급 문화로 폄하하기도 했다. 하지만 젊은 층의 인기를 이끌어내면서 새로운 대중문화의 틀을 확립하는 계기가 되었다. 또한 국제적인 추세에 따라 나타난 거리 문화의 출현은 사회 속에서 소외된 약자가 사회를 비판하는 내용의 노래를 하고 춤을 추면서 생겨난 사회 현상으로, 거리 현장 곳곳에서 젊은 층의 소년소녀가 국경을 초월한 B-Boy의 힙합 문화를 창조하면서 퍼져나갔다. 최근에는 이와 같은 매스 미디어의 발달과 거리 문화의 출현을 계기로 새로운 장르의 K-pop 문화를 창조하고 있으며, 이를 통해 한국의 대중문화가 감상하는 문화에서 참여하는 문화로 그리고 한 민족의 문화에서 세계의 문화로 도약할 수 있는 계기를 마련했다.

이처럼 댄스 음악을 비롯하여 대중문화의 다양한 장르에서 춤이 중요한 요소가 된 것은 인간의 근본에 깔려 있는 억누를 수 없는 몸짓 본능의 폭발과 TV와 인터넷 등 매체 기술의 발달, 그리고 세계의 1일 생활권 등의 현상 속에서 나타나는 대중문화의 지형 변화에 따른 것이다. 이는 춤이 눈에 띄는 자리에서 또 다른 예술 장르와 결합하면서 과거 춤을 통해 공동체의 결속을 다지고 서로 소통하며 희로애락을 표현했던 인간 문화의 근원적인 형태를 추구해가고 있다는 것을 방증해주는 것이라 할 수 있다.

시뮬라크르와 소비 문화

"인간이 살고 있는 이 세계는 원형인 이데아, 복제물인 현실, 복제의 복제물인 시뮬라크르로 이루어져 있다. 여기서 현실은 인간의 삶 자체가 복제물이고, 시뮬라크르는 복제물을 다시 복제한 것을 말한다.[18] 즉 시뮬라크르는 실재를 보여주기보다는 실재와 다른 이미지를 복제해 재현하는 것이며, 순간적으로 형성되었다가 사라지는 우주의 모든 사건 또는 자기 동일성이 없는 복제를 가리킨다.[19]

이 용어는 고대 그리스의 철학자 플라톤에 의해 정의된 개념으로 그의 모방 이론에서부터 파생되었다. 그리고 아리스토텔레스의 정의와 함께 예술에 대한 부정과 긍정에 대한 논의의 중심에 있었다. 플라톤에게 있어 예술은 영원불변한 궁극적인 실재(reality)인 이데아의 모방이자 예술가의 개별적 경험의 대상으로서 그림자의 세계이다. 그리고 진리는 이미지화하지 못하기 때문에 이러한 세계를 창조하는 예술가는 이데아에 대한 모방의 모방을 일삼는 혐오의 대상이라고 했다. 이에 반해 아리스토텔레스에게 예술은 그 본질 자체가 모방이며, "보편적인 것을 이상화 혹은 양식화함으로써 대상의 본질을 재현하고 개별적 사물에 내재하는 형상, 즉 실체의 본질을 인식하게 하는 감각적 현상 세계"라고 했다. 특히

18 두산세계대백과 엔사이버, '시뮬라크르' 용어 검색.

19 E. 볼드윈 외, 『문화 코드, 어떻게 읽을 것인가?』, 조애리 외 역, 한울 아카데미, 2008, p.189.

예술의 본질인 모방은 인간의 본능적 욕구로서, "예술에서 느껴지는 쾌감은 모방을 통해 대상을 인식하면서 실체에 대한 재인식을 유도하는 지적인 성질의 것"이라고 했다.[20] 그리고 사물이 감각적으로 인식되거나 대상화 되더라도 그 실체의 형상은 우리의 마음속에 하나의 관념으로 자리 잡기 때문에 모방을 통해 미의 세계를 인식하며 즐거움을 얻는다고 했다.

현대에 와서 이들의 예술에 대한 상반된 견해는 보드리야르(Jean Baudrillard, 1929~2007)와 들뢰즈(Gilles Deleuze, 1925~1995)의 시뮬라크르에 대한 논의로 이어진다. 보드리야르는 우리가 실재보다는 기호와 이미지를 소비하는 시대에 살고 있다고 했다. 그리고 "이런 기호와 이미지는 실재의 모방이지만 실재 원본이 무엇인지에 대한 생각은 이미 사라지고 있는 중이다. 모든 것이 존재하지 않는 그 무엇, 즉 시뮬라크르일 뿐이다."[21]라고 주장하면서 예술은 복제할수록 플라톤이 제시한 궁극적인 이데아, 즉 원형과는 멀어진다는 견해를 피력했다. 한편 들뢰즈에게 시뮬라크르는 단순한 복제가 아니라 새로운 자신의 공간을 창조해가는 역동성과 자기 정체성을 지니고 있는 복제의 복제라고 주장했다. 그리고 이를 단순한 모방과 구분하고 의미와 연관시켜 허구와의 상관관계를 밝힌 이후 현대 철학의 중요한 개념으로 부각시켰다. 이렇게 발전된 시뮬라크르의 개념은 최근 포스트모더니즘의 영향과 디지털 혁명으로 초현실적인 파생실재(hyperreality)의 영역을 확장시키고 있다. 그리고 TV나 인터넷 그리고 영화 등 다양한 미디어에서 복제의 복제물, 즉 가상적 이미지를 대량 생산하고 있다. 이는 대중 TV, 대중 비디오, 대중 DVD, 유튜브 등으로 제작되어 생산자와 수용자 간 유통 체계의 변화를 이끌었으며, 인간의 삶에 깊숙이 파고 들어온 미디어 속에서 대중이 간편하게 즐기고 소

---

20 M. C. 비어슬리, 『미학사』, 안원현, 이성훈 역, 1987, 이론과 실천, p.55.

21 E. 볼드윈 외, 『문화 코드, 어떻게 읽을 것인가?』, 조애리 역, 한울 아카데미, 2008, p.324.

통하면서 그것을 사용하는 소비 시대로의 전환을 이끌고 있다.

춤에 있어서는 듣는 음악에서 보는 음악으로 혹은 사진에서 영상으로 미디어의 진화가 이루어짐에 따라 다양한 매체 상에서 제작자가 예술 코드, 춤 코드, 움직임 코드, 몸 코드를 생산하고 소비자로서 시청자의 다양한 해독과 상호 작용을 이끌어내면서 시뮬라크르의 소비 현상이 사회 전반에 급속도로 퍼져나가고 있다. 예컨대 K-pop과 같이 미디어 속에서 청년들의 우상이 된 아이돌 그룹이 생산자가 만든 섹시하고 시크하면서 때론 건방지고 용감한 이미지를 연상케 하는 춤을 춘다든지, 광고주가 수용자에게 상품에 대한 메시지를 전달하기 위해 유명 가수를 부각시켜 성적 이미지나 코믹한 이미지의 춤을 추게 한다든지, TV에서 관객과 실시간으로 소통하며 인기를 얻은 아마추어의 부상으로 다양한 배경을 가진 인물이 시청자의 관심 대상이 되는 춤 경연 등 성 코드, 외모 코드, 젠더 코드, 청순 코드, 욕망 코드 등을 연출해내며 시청자의 소비 욕구를 충족시키고 있다. 이는 대중이 손쉽게 접할 수 있는 미디어 상에서 춤과 감성의 상품화가 진행되면서 우리 몸 자체가 춤추는 실재를 대체하거나 지배하는 춤의 전자 이미지(electronic image) 소비 현상이 현저하게 증가하고 있음을 실증하는 것이다.

보드리야르가 이러한 문화의 디지털화가 '기호화하는 문화의 승리'라고는 했지만 포스트 시대의 현대인들은 각종 미디어에서 만들어내는 기호, 즉 실재가 모사된 이미지를 과도하게 소비하고 있다고 했다. 그리고 이러한 현상은 존재하지 않는 현실로 들어가는 통로로 작용하면서 더 이상 모사할 실재가 없어지면 실재보다 더 실재 같은 파생 실재가 생산되어 재현과 실재의 관계가 역전되는 현상이 나타난다고 했다. 즉 '보는 것은 믿는 것이 되고 문화적으로 보는 것'이 되기 때문에 시뮬라크르의 과도한 수용은 실재와 모사된 이미지의 상하 관계를 뒤엎어 이미지가 진리인 사회로의 변화를 초래한다고 했다. 이와 같이 그가 말하는 시뮬라크르에 대한 견해는 앞에서 말한 들뢰즈의 긍정적 평가를 상기한다 할지라도 이 책에서 다루고 있는 인간의 춤, 춤의 원형, 카타르시스 등 춤의 문화적 의미와 힘에 대한 논의를 확장시킨다. 왜냐하면, 미디어 공간에서 만들어내는 춤의 시뮬라크르가 실제 인간 자신이 춤을 추면서 몸, 마음, 정신이 일체되어 만나는 카타르시스를 대체할 수 있을까 하는 의문 때문이다.

2. 인류의 춤 문화 코드 읽기

이 절에서는 춤 문화 코드를 읽기 위해 제2장에서 제시한 분류 체계와 해석 방법에 따라 인류의 다양한 춤을 분석하고자 한다. 구체적으로는 분류 체계에서 논의한 신화와 제의, 사상과 종교, 민속과 놀이, 전통과 문화유산, 정치와 사회, 젠더와 성, 예술과 상징, 시뮬라크르와 소비 등 문화의 요소들을 기준으로 분석할 것이다. 그리고 미술, 음악 건축과 같이 문화 속에 들어 있는 코드들이 서로 얽히고설켜 만들어내는 예술 코드, 민족 문화를 비롯해서 예술 문화와 대중문화의 유형으로 구체화되어 우리의 곁에 언제나 존재하고 있는 다양한 장르의 춤 코드, 몸 · 마음 · 정신 등 삼위일체를 이루는 몸의 움직임을 대상으로 그 안에 조직되어 있는 기본적인 요소들, 즉 움직이는 몸, 감정 표현, 몸이 만들어내는 형태, 공간에 그리는 움직임의 흔적 등으로 읽을 수 있는 움직임 코드, 인간이 몸을 통해 뿜어내는 제스처와 포스처를 통해서 비언어적으로 소통하는 몸 코드를 분석할 것이다. 이 코드들은 문화 속에 숨겨져 있는 암호들로 하나씩 따로 떼어내고 구별하기 어렵기 때문에 총체적이고 상대적인 관점에서 읽어볼 것이다.

1) 신화와 제의

처용신화와 춤: 〈처용무〉[22]

세계의 대부분 지역에서 그렇듯이 춤은 주술 가무적이고 귀신을 쫓는 벽사 가무적인 내용으로 행해지는 경우가 많다. 한국의 〈처용무〉 역시 용신에 대한 무당굿에서 시작되었다는 설과 용신 제의에서 귀신을 쫓는 벽사 진경의 의미로 시작되었다는 설이 지배적이다. 이와 같이 〈처용무〉는 고대 제의로부터 출발했으며, 신라 말엽에는 용왕의 아들인 처용에 관한 설화를 바탕으로, 한 사람이 처용 가면을 쓰고 이 춤을 추었다. 이를 시작으로 고려 시대를 거쳐 조선 시대에 이르면 악귀를 물리치는 벽사적 성격으로 행해지는 궁중의 나례(儺禮)나 왕의 행차, 중국의 사신 접대 등에서 〈처용무〉를 추었다. 그러다가 조선 중기에는 궁 안에서 잔치를 베풀고 즐기는 연락(宴樂)으로 변화되었고 현재와 같이 5인이 추는 정재(呈才)가 되었다.

〈처용무〉에서는 옻칠한 베를 사용해서 적색으로 얼굴을 채색하고 두 귀에는 주석 고리와 납으로 된 구슬을 걸며 검은색 모자 위에는 부귀와 재물을 의미하는 모란 두 송이와 벽사의 의미를 갖고 있는 복숭아 가지와 복숭아 열매 7개로 장식된 무서운 가면을 쓴다. 의상은 동서남북 중앙을 나타내는 오방색으로 입고, 가창과 함께 아악이 연주된다. 이와 함께 귀신을 쫓는 듯 강하고 힘 있게 동작을 하는 춤이 어우러져 악 · 가 · 무 일체의 형식으로 공연된다. 이 춤은 역사에 걸쳐 변화를 겪으면서도 1,000여 년을 꿋꿋하게 그 명맥을 이어오고 있다.

한일합방 이후 일제 시대에는 일본의 문화 말살 정책으로 몇 년간 〈처용무〉를 추지 못했다. 그러다가 1923년에 순종 황제 50년 탄신 축하 공

---

22 유네스코 인류무형문화재에 등재된 〈처용무〉 동영상은 http://youtu.be/hz38uVwbuZc 에서 볼 수 있다.

24. 처용무

연을 위해 궁중 음악과 춤의 전승소였던 이왕직아악부(李王職雅樂部)에서 김영제, 함화진, 이수경이 조선 시대 성종 시기의 「악학궤범」과 숙종 시기의 「정재무도홀기」를 기본으로 〈처용무〉를 궁중 연희로 재현했다. 이는 그들의 제자이자 아악생이었던 김천홍 선생에게 전승되어 1971년 중요무형문화재 제39호로 지정되었고, 2009년에는 유네스코 인류무형문화재로 등재되어 한국을 대표하는 춤이 되었다.[23]

현재의 〈처용무〉는 5명이 무대에 나가 한 줄로 서서 처용가를 부른 다음 노래가 끝나면 음양오행(陰陽五行)을 의미하는 동작과 대형으로 춤을 추는 방식으로 이루어진다. 이는 선 자리에서 두 팔을 올렸다 내리고 오방으로 방향을 바꿔가며 마주 보기도 하고 서로 등지기도 하면서 현란하

23 〈처용무〉 관련 내용은 http://www.unesco.or.kr/heritage/ich/korich_choyongmu.asp에서 볼 수 있다.

고 활기차며 힘이 있는 벽사 진경의 동작과 대형으로 연출된다. 처용가의 내용은 신라 시대의 사회적 배경을 은유하고 있다. 처용설화의 가사 내용으로 볼 때, 몰락한 진골을 의미하는 처용의 아내와 반란 세력을 의미하는 역신의 간통은 정치적 양상을 반영하는 것이며 시대가 병들었음을 표현하는 것이다. 정치적으로 어쩔 수 없는 상황에 처한 신라의 헌강왕으로 비유된 처용은 용서로 역신을 다스리게 되는데, 이는 부귀영화의 절정을 누리는 행복의 허상을 표현한 것이며 공동체적 민중 정서로서 해학적 풍자, 슬픔, 고통, 한, 신명, 비극 등을 표출한 것이다.

〈처용무〉의 무대 구성에서 가장 두드러진 대형은 일렬대형과 오방대형이다. 〈처용무〉의 순서를 보면, 궁중 연악의 하나로서 고상하고 바른 아악곡인 '수제천(壽濟天)'으로 시작을 한다. 5명의 처용이 차례로 들어와 두 팔을 허리에 붙이고 일렬횡대로 선 다음 좌로 돌아 북쪽을 향해 선다. 그때 음악이 그치고 5명이 함께 밝고 신성한 신라 시대의 평화로움과 고결함 그리고 재난과 혼란을 한꺼번에 쫓아내고 처용의 힘으로 불행이 즉시 물러간다는 내용의 처용가를 부른다. 그 다음 대형을 바꿔 왕을 의미하는 황색 옷을 입은 무용수가 가운데 서고 이를 중심으로 봄, 여름, 가을, 겨울 등 4계절의 변화를 의미하는 동서남북의 위치에 4명이 돌아가며 오방대형으로 선다. 봄을 의미하는 청색은 동쪽에 서고 가을을 의미하는 백색은 서쪽에 선다. 여름을 의미하는 홍색은 남쪽에 서고 겨울을 의미하는 흑색은 북쪽에 선다. 왕을 중심에 두고 4명의 처용이 악귀를 물리치는 동작을 하고 나면 다시 일렬횡대로 서서 창사를 한다. 창사의 내용은 '아름다운 에너지가 곳곳에 가득 차고 현명한 원칙이 통하는 땅에서 평화가 온다.'는 것이다. 이 창사가 끝나면 궁중 연례악을 연주하며, 두 팔을 양쪽 어깨에 얹었다 아래로 뿌리는 낙화유수를 춘 다음 차례차례 원을 그리는 우선회무를 추면서 마지막을 장식한다.

춤을 추는 동안 벽사 진경을 나타내는 〈처용무〉의 동작은 크고 활기찬 걸음과 팔 동작에서 독특한 멋을 보여준다. 특히 악귀를 위협해서 물리치는 동작은 다리의 균형감을 유지한 채 허리에 두 손을 얹고 뒤로 물러나는 무릎디피춤의 걸음걸이와 자존심과 위엄을 의미하며 소매를 들어 안으로 끼고 치켜 올리는 도돔춤의 팔 동작 그리고 부드럽고 강한 통솔력을 표현하며 한삼을 낀 양손을 어깨에 메었다가 뿌리는 낙화유수 등이 그러하다. 이 동작들은 매우 활력이 있고 엄격하고 힘 있게 행해지기 때문에 권세, 힘, 고압적인 태도를 나타내며 마치 귀신을 굴복시켜 쫓아내는 남성적이고 씩씩하며 장엄한 동작의 성격을 보여준다.[24]

이와 같이 〈처용무〉는 처용설화와 불교 및 유교 사상 등 품위 있는 문화가 녹아 있는 춤이다. 또한 악귀를 물리치고 세상의 혼란을 없게 하며 치병을 함으로써 세계의 평화와 행운을 빌고 아름다운 에너지를 받아 평화롭게 사는 것을 기원하는 춤이다. 이 춤에서는 동해 용왕에게 재를 지내는 불교 의식과 처용을 통해 악귀를 물리치는 액풀이 의식이 이루어진다. 이는 유교적 전통에 기인한 인간의 도덕성과 윤리성을 지키기 위해 사회의 폐해를 의미하는 반란 세력과 역신의 간통을 묘사하고 이를 용서로 다스리는 국왕의 포용성을 상징적으로 표현한다. 이와 더불어 무릎디피춤, 도돔춤, 낙화유수와 같이 역신을 퇴치하는 상징적 동작과 음양오행의 사상적 의미를 담은 오방대형은 〈처용무〉의 백미이자 한국 문화 코드의 전형을 보여주는 것이라 하겠다.

다이니치 궁정춤과 민족 신화: 〈부가쿠〉[25]

다이니치 〈부가쿠〉는 일본의 역사와 문화 그리고 기후 등을 반영하는

24 〈처용무〉 동영상은 http://youtu.be/hz38uVwbuZc에서 볼 수 있다.

25 유네스코 인류무형문화재 〈부가쿠〉는 http://www.unesco.or.kr/heritage/ich/list_view.asp?Mode=V&seq=156&schDiv= &Div1 〈대표목록〉 http://www.unesco.org/culture/ich/index.php?lg=en&pg=00011&RL=00275#video(동영상)에서 볼 수 있다.

일본의 예술이자 사회를 들여다 볼 수 있는 의식 무용이다. 이 춤은 5세기부터 9세기 사이 중국과 한국에서 전해진 것으로 기록되어 있다. 전설에 의하면, 18세기에 도시에 사는 공연 예술가가 일본 북부 아키타 현의 하치만타이 지역을 방문해 다이니치 사당에서 공연을 한 뒤 그 마을 사람들이 〈부가쿠〉를 세련되게 다듬어서 그 지역의 의식 무용이자 음악으로 발전시켰다고 한다. 그래서 하치만타이 사람들에게는 이 춤이 그들의 정체성을 보여주는 전통이자 자부심이다.

현재 다이니치 〈부가쿠〉는 히치만타이 지역의 무형문화재이며 유네스코 세계인류무형문화재로 지정된 공연 예술이다. 매년 1월 2일 아침에 새해맞이의 기쁨과 그들의 정체성을 확인하는 의미에서 공연을 하며 다이니치 사당 안에 마련된 무대에서 여러 가지의 신성한 춤을 신에게 바친다. 이 지역에 있는 4개의 공동체가 지역 공동체의 협동심과 정체성 강화를 위해 의식 무용으로 이 춤들을 전승하고 있다.

일반적으로 〈부가쿠〉는 궁중 아악이자 '고상한 음악'으로 불리는 가가쿠의 하나로 왕족과 귀족 등 상류 사회의 지원을 받아 번성했고 평화롭고 우아한 형태로 천황이 사는 궁정에서 의식을 하거나 여흥이 있을 때 행해졌다. 전통적으로 〈부가쿠〉에서 추는 춤은 크게 두 가지로 나뉜다. 중국의 당악을 사용하고 빨간색 의상을 입고 느리고 부드러운 고상한 춤을 추는 우방무와 한국의 고려악을 사용하고 초록색 의상을 입으며 유머가 있는 영적인 춤을 추는 좌방무가 있다. 이 춤들의 동작은 엄격한 궁중의 문화를 닮아 팔, 손, 발의 위치가 명확하게 정해진 고도의 양식화된 기하학적 형태를 하고 있다. 그리고 사자 가면을 쓰고 추거나 색다른 가면을 쓰고 춤을 추며, 때때로 아이들도 이 춤을 춘다.

가주노(Kajuno) 지역에서 전승되고 있는 다이니치 〈부가쿠〉는 궁정에서 이루어지는 춤의 형식이 변형된 것으로 7가지의 춤이 있다. 이른 새벽 4시 선발된 35명 정도의 남성 무용수들은 찬물을 몸에 끼얹어 온몸을 깨

25. 〈부가쿠〉

끗하게 하는 의식을 치른다. 피리, 북, 장고 등의 악기가 연주되면 대대로 내려오는 신성한 현수막(banner)을 든 무용수 2명이 공연장으로 뛰어 들어오고 다이니치 〈부가쿠〉의 시작을 알린다. 이 현수막은 2층 높이의 긴 천으로 되어 있어 위에 올라가 있는 무용수들에 의해 높게 세워진다. 그러면서 첫 사자춤이 시작된다. 이 춤은 지역별로 다양한 의미를 지니고 있지만 북동 지방에서는 산신이 추는 사자춤으로 알려져 있다. 이 춤은 황제와 당브리 초자의 딸 사이에서 태어난 왕자가 사자 머리를 제공한 데에서 비롯되었다고 전해진다. 이 춤의 탈은 똑바로 정돈된 커다란 이가 드러나는 탈로 하회탈처럼 턱이 움직여서 윗니와 아랫니가 부딪히는 소리가 매우 크게 들린다. 얼굴은 검붉은 황토색에 머리카락을 달고 눈은 검게 칠해 사자탈의 위엄을 보여주고 있다. 두 번째 춤은 두 마리의 백마가 등장하는 말춤인데, 이 춤을 출 때 두르는 의상은 다이니치 사당에 봉헌된 백마의 신성함을 상징하는 대나무로 만들어져 있다. 대나무로 말의 형상을 만들고 그 위에 흰색 천을 씌워 백마를 형상화한다. 이 춤이 등장하게 된 배경은 8세기 불에 탄 사당을 재건축할 때 황제가 두 마리의 백마를 제공한 데에서 비롯되었다고 한다. 세 번째 춤은 쿠핸춤으로 당브리 초자 딸의 장례식에서 6명의 장정들이 추는 춤이다. 당브리 초자는 위험한 지역에 다리를 연결하도록 기다란 코를 가진 탱구에게 명령을 내린다. 이 춤에서는 새를 상징하는 깃털이 달린 검은색 모자를 쓰고 탱구가 일하는 모습을 묘사한다. 네 번째 춤은 도리마이, 즉 새춤으로 3명의 어린 사내아이가 닭의 형상을 머리 위에 달고 손에는 일장기가 그려진 부채를 들고 춤을 춘다. 이 춤은 당브리 초자와 그의 딸 사이의 끈끈한 가족애를 묘사하며 보통 부모가 이이들에게 대대로 물려주는 것이 상례이다. 다섯 번째 추는 고다산춤은 검무의 일종으로 금색 탈을 쓰고 한 손에는 장검을 들고 다른 손에는 방울을 들고 춘다. 이 금색 탈은 매우 신성한 것으로 여겨져 무용수들도 매우 조심스럽게 다룬다. 이 탈의 맨 위에는 가느다란 막대에 여러 개의 네모난 흰 종잇조각을 붙이는데, 이는 의식 축제와 기도를 목적으로 붙이는 것이다. 여기서 무용수들은 줄지어 서기도 하고 마주 보기도 하면서 장검을 위아래로 올렸다 내렸다 하고 방울을 흔들면서 인간의 행복한 삶을 위해 그리고 지혜와 자비를 구하기 위해 의식을 행한다. 여섯 번째 고쇼춤은 황제의 명령을 받아 다이니치 사당을 재건축하는 장인들이 추는 춤으로 일하는 장소에서 예술적으로 작업하는 형상을 묘사하는 춤이다. 이때 푸른색의 옷을 입고 머리에는 검은색에 빨간 천을 두른 모자를 쓴다. 가느다란 흰색 종이를 동그랗게 뭉쳐 만든 소도구를 귀에는 걸고 손에는 들고 춤을 춘다. 두 줄로 줄을 지어 걸으면서 조용하고 느리게 춤을 춘다. 마지막으로 덴가쿠춤은 당브리 초자가 농부들을 상대해서 추는 고대의 춤이다. 이 춤에서는 풀로 만든 모자를 쓴 무용수들이 크고 작은 북을 들고 연주하면서 마지막을 장식한다. 보통 다이니치 〈부가쿠〉는 4시간 동안 진행되며, 아침 8시부터

26. 다이니치 부가쿠 〈백마의 춤〉

27. 다이니치 부가쿠 〈새춤〉

12시 정오까지 이어진다.

이와 같이 다이니치 〈부가쿠〉는 궁정의 춤으로 세련되었지만 내용적으로는 고대로부터 내려오는 민족 신화와 종교적으로 신성시하는 사당의 건축에 대한 황제의 신념을 표현하고 있다. 그리고 죄짓는 것을 막고자 하는 사자의 등장, 끈끈한 가족애, 장인들의 예술성과 황제와 백성 간의 관계 등을 사자, 말, 새 등 다양한 동물의 형상과 움직임으로 표현하며 일본의 전통문화를 재미있게 담아내고 있다. 다이니치 〈부가쿠〉는 일본 궁정으로 들어가 연행되고 있으며 지역 공동체의 협동심과 정체성 강화를 위해 추는 의식 무용으로 연행되고 있다. 이 춤들 모두 신화적 표현과 제의의 하나로 연행되는 것이 일반적이지만 곰을 숭상하는 것처럼 자연물에 신이 있다고 믿는 애니미즘과 자민족의 기원을 특정 동식물과 연결시키는 토템 사상을 바탕으로 제의적이고 놀이 성격의 춤을 추는 것이 특징이다.

타히티의 신화: 〈상어춤〉

타히티(Tahiti)는 1842년부터 프랑스의 지배를 받았던 나라로서 남태평양의 폴리네시아에 속한 제도 중 가장 큰 섬이다. 이 섬의 원주민 마오리족의 통치는 족장이 맡고, 인간을 제물로 바치는 종교 행사를 주관하기도 했다. 현재 화산이 활동하고 있고 산호초가 즐비하며 화산 특유의 검은 모래가 많다. 유럽의 항해사 월리스(Samuel Wallis, 1728~1795)와 남태평양 탐험가로서 최초로 세계를 항해한 부갱빌(Louis-Antoine de Bougainville, 1729~1811) 그리고 영국의 탐험가이자 항해사로서 남태평양 지역의 지도를 제작한 쿡(James Cook, 1728~1779) 등은 타히티 섬의 야만적인 매력과 해변의 아름다운 경치 그리고 여성성을 드러내며 거리낌 없이 자신들의 몸을 내주었던 원주민 여인들의 순박함에 매료되어 그들이 발견한 타히티를 세계에서 가장 유명한 파라다이스로 만들었다. 이후 많은 유럽인들이 방문을 해서 입소문을 통해 타히티의 파라다이스가 유럽 세계에 알려지게 되었다.

당시 이 섬은 세력을 가진 몇몇 부족에 의해 통치되었지만 절대 권력을 누린 통치자는 없었다. 타히티 사람들은 유럽인들이 가진 막강한 힘을 믿고 있었기 때문에 타히티 지역의 부족 간 분쟁이 생길 때마다 서로 유럽인과 한편이 되려고 수단과 방법을 가리지 않았다. 또한 서구 문명을 받아들이는 과정에서 권력을 가지고 있던 부족이 유럽의 무기와 자신들의 먹거리를 교환하는 경우도 생겼고, 다양한 무역인들과의 접촉으로 원주민 여인들의 매춘이 성행하기도 했다. 타히티의 '여인'은 많은 남성에게 성적인 대상이었고, 그로 인해 생긴 질병은 섬 전체로 퍼졌다. 이에 따라 문제의식을 갖고 있던 타히티인들은 나체, 호색적인 댄스, 이교도 등을 종식시키려고 노력했다. 특히 기독교 선교사들은 교리를 어기는 모든 활동을 금지시키고 선교 왕국을 설립했다. 프랑스의 식민지가 된 이후 타히티는 프랑스령 폴리네시아(French Polynesia)라고 명명되기도 했으나 최근에는 내부적인 자율권을 인정받고 내부 자치 법령이 새롭게 제정됨에 따라 자치 정부의 권한이 대폭 강화되었다.

타히티 문화에서 가장 많이 따라다니는 상징 코드는 여인이다. 타히티의 신화에 의하면, 남태평양의 바다를 누비는 상어는 타히티의 여인을 상징한다. 우리에게 바다의 살인마로 알려진 상어는 매우 위협적이고 야만

28. 타히티의 춤

적이지만 타히티에서의 상어는 여인의 상징이자 그들의 조상이다. 타히티의 원주민에게 전해지는 상어에 관련된 신화를 보면, 아름다운 후아인 섬의 여자가 바깥세상을 동경하여 상어가 되어 떠났다는 전설이 있다. 그래서 이 이야기를 믿는 사람들은 상어를 신성한 존재로 여겨 죽이거나 잡지 않을 뿐만 아니라 직접 손으로 만지지도 않았다고 한다. 이렇게 아름다운 신화가 있는 타히티에는 오랜 역사를 바탕으로 발전해온 풍요롭고 역동적인 노래와 춤이 존재한다. 또한 타히티의 문화적 정체성을 보여주는 고요함과 사색이 깃든 예술 문화가 존재한다. 노년을 타히티에서 마감한 화가 고갱(Paul Gaugin)의 작품 속에서 그들의 문화 코드를 읽을 수 있다. 그의 작품에는 단순함과 해방감이 있으며, 신비한 생명력을 보여주는 원시주의에 기초해 원초적인 인간을 진실하게 표현한 고갱의 의도가 잘 나타나 있다. 이는 고갱이 타히티의 아름다움을 그리고자 했던 모든 그림에 타히티어로 제목을 붙인 데에서 엿볼 수 있다. 스위트먼

(David Sweetman)의 『고갱, 타히티의 관능(*Paul Gauguin: a complete life*)』에서는 고갱의 대표작 중에서 〈타히티의 여인들(Tahitian Women)〉은 다른 유럽의 화가들처럼 황금비율로 만들어진 비너스와 같은 고전적인 미인의 외모를 표현하기보다는 타히티 여인들에게서 발견되는 그들만의 순수하고 자연적인 아름다움을 그려냈다고 전한다. 그래서 유럽인들의 식민치하에서 살아왔던 여인의 우울함과 생기 없고 폐쇄적인 표정을 읽을 수 있다.

타히티 문화에서 또 하나의 상징은 타투이다. 타히티에서는 거의 모든 사람들이 문신을 한다. 소년들의 경우는 그들이 원하는 경우에만 문신을 하지만 여성들에게 문신은 절대적이다. 여자들은 어린 나이에 팔 안쪽에 문신을 하며, 사춘기에 이르면 엉덩이에 검은색으로 문신을 새긴다. 나이가 들어가면서 색다른 모양의 디자인이 추가된다. 여성들에게 문신은 성적으로 성숙했음을 보여주는 하나의 지표였기 때문에 필수적인 것이었다. 그러나 남성들도 십대가 되면 몸통과 팔에 가로 줄무늬나 직사각형, X와 W, 기하학적 도형의 문신을 새기기도 했다.

이처럼 타히티의 여인들은 그들의 문화 속에서 상징이 되었던 주인공이었으며, 여인 혹은 조상을 상징했던 상어의 의미를 춤으로 표현했다. 그들의 춤은 마치 하와이의 훌라 댄스와 같이 폴리네시아를 대표하는 춤으로 남성의 춤을 '파오티', 여성의 춤을 '타무레'라고 부른다. '파오티'는 무릎을 좌우로 빠른 속도로 흔들며 추고, '타무레'는 엉덩이를 매우 빠르게 탄력적으로 흔들면서 춘다. 이 춤은 보통 드럼, 조개껍질, 피리 등 전통 악기의 소리에 맞춰 춘다. 여성이 추는 '타무레'는 엉덩이춤과 더불어 무릎을 구부린 채 가슴과 어깨를 움직이지 않는 상태에서 팔을 부드럽게 펴고 뒤꿈치를 들고 춤을 춘다. 반면, 남성이 추는 '파오티'는 무릎을 구부린 채 두 무릎을 열었다 닫는 동작을 반복하고, 뒤꿈치를 약간 들고 공간을 이동하면서 주먹을 앞으로 내미는 동작으로 춤을 춘다. 이 춤들은 기

29. 타히티의 여성춤 〈타무레〉

쁨, 환영, 신을 위한 기도, 전쟁의 승리, 이성 유혹 등 일상생활과 연결되어 있다. 이것을 감각적으로 표현하기 때문에 타히티 여인들에게 춤은 언어이자 생활 그 자체이며 폴리네시아의 여인임을 알려주는 수단이다. 따라서 그들에게 춤은 전설과 신화를 담은 가장 자연스러운 표현이다. 특히 춤을 추면서 '이미히레 이미히레'라는 말로 노래를 하기도 하는데 이것은 자신이 춤과 완전히 하나가 되어 신성한 존재라고 느낄 때 나오는 것이다. 이들이 말하는 '이미히레'는 전설 속의 여인 상어가 사랑한 남자의 이름을 말한다.

상어와 관련된 여인들의 춤에는 상어의 지느러미와 꼬리를 나타내는 동작이 있다. 한 팔을 옆으로 길게 편 채 다른 팔의 팔꿈치를 뒤쪽 위로 밀어내는 동작은 상어의 지느러미를 상징하고, 엉덩이를 양옆으로 천천히 S자 곡선으로 움직이는 동작은 상어의 꼬리 움직임을 상징한다. 이 춤의 주요 특징은 마치 상어가 지느러미와 꼬리를 흔들며 물결을 헤쳐 나가는 모습을 연상하게 한다는 것이다. 이 춤을 출 때에는 상체에 꽃으로 만든 목걸이만 걸치고 엉덩이에 술을 단 짧은 치마를 입기 때문에 상어의 움직임을 닮은 춤과 함께 여인의 매혹적이고 성적인 아름다움을 보게 된다.

이처럼 타히티에서 춤은 사람들의 소망이나 목적을 달성하기 위해 주술적, 종교적으로 사용되며, 초자연적인 존재에 대한 두려움과 숭배, 자연에 대한 경외, 다산과 풍요, 남녀의 사랑을 표현하는 것으로 그들에게는 매우 자연스러운 것이다. 하지만 상어를 상징한 타히티 여인의 매혹적이고 관능적인 몸짓과 춤은 타히티의 문화를 온전하게 이해하지 못한 뭇 남성들에게 성적인 대상이자 외설적인 것이 되었다. 다시 말하면, 이 춤은 유럽인들에게는 여인들의 관능적이고 섹시한 춤으로 보였지만 타히티의 여인들에게는 상어를 그들의 조상으로 믿고 있는 그들만의 독특한 문화를 상징하기 위한 의도적인 동작이었다. 그들에게 이 춤은 인간이 몸으로 표현할 수 있는 가장 아름다운 언어의 일종이었으며, 전통이 녹아 있는 역사와 문화를 담은 율동적인 몸짓이었다. 또한 그들의 춤은 희로애락의 다양한 감정을 표현한 것이었으며, 이를 통해 느끼는 황홀경의 상태에서 억압되고 잠재되어 있던 본성을 격렬하게 발산하는 신명 체험의 춤이었다. 타히티의 춤 문화는 아직도 때 묻지 않은 태초의 신비를 그대로 간직하고 있으며, 순수함을 그대로 전달하고 있다.[26]

러시아의 신화: 바슬라브 니진스키의 〈봄의 제전〉

니진스키의 〈봄의 제전〉은 러시아의 민속 신화를 바탕으로 원시 시대 러시아의 삶과 문화를 시각적이고 청각적인 관능으로 표현한 작품이다. 이 작품은 스트라빈스키가 자신의 꿈 내용을 화가이자 인류학자인 로에

26 「최후의 바다, 태평양」, SBS창사특집 다큐멘터리 프로그램, 2011 http://youtu.be/4oeZ9-IBHbc, http://youtu.be/gxJEBbq-Lbg; 정강자, 『춤을 그리다』, 서문당, 2010.

리치(Nicholas Konstantinovich Roerich)에게 말해 시나리오로 재창조된 것이다.[27] 그 꿈의 내용은 봄의 신을 깨우기 위해 젊은 처녀를 산 제물로 바치는 원시 의식과 희생 제전이다. 이 꿈의 내용에 영감을 받은 스트라빈스키는 〈봄의 제전〉의 악상을 떠올려 혁신적인 음악을 탄생시켰고, 니진스키는 러시아의 신화에 묘사된 원시 시대의 의식 풍습을 토대로 안무했다. 그리고 레옹 박스트가 무대 장치 및 의상을 제작해 〈봄의 제전〉은 1913년 5월 29일, 파리 샹젤리제 극장에서 초연되었다.

〈봄의 제전〉의 '대지에의 찬양'에서는 젊은 남녀가 꽃으로 뒤덮인 대지를 두드리며 봄의 찬가를 부른다. 남녀가 쌍쌍으로 스타카토의 강렬한 춤을 추면서 급박하고 기괴한 분위기의 환희와 광란으로 봄맞이를 위한 대지의 춤을 춘다. 이후 연결되는 '희생'에서는 제물이 될 순결한 처녀가 원시적이고 광기가 섞인 야만성으로 강렬하게 반복되는 희생의 춤을 춘다. 그러고는 영혼을 부르짖는 광란의 장으로 몰아간다. 결국 제물이 된 처녀는 춤추다 지쳐 숨을 거두고, 이를 태양신에게 바치는 장면으로 끝을 맺는다.

이 춤의 몸짓은 제의의 형태를 구사하는 집요하고 일정하면서 원색적이고 불규칙한 반복과 야만적인 리듬을 사용하여 카타르시스를 불러일으키는 의식적 숭배의 원시적 세계관을 표현한다. 이때 사용된 동작은 크게 네 가지 형태의 대응 동작으로 이루어져 있다. 첫째는 몸이 각지고 뒤틀린 상태에서 떨기도 하고 강렬한 리듬으로 발을 구르기도 하며, 작고 빠르게 발로 바닥을 치거나 뛰어 착지하는 점프 동작이다. 델사르트에 의하면, 발 구르기와 같이 몸 아래의 끝에 있는 부위로 움직이는 것은 육적인 것을 나타내며, 점프와 같이 작고 빠른 순간 동작은 부정적이고 파괴적이며 그릇되고 흉한 거짓을 나타낸다. 둘째는 꼿꼿한 자세로 탄력적이고 순간적으로 앞으로 넘어진 다음 재빠르게 리듬을 타며 일어나는 동

---

27 S. 오, 『서양춤예술의 역사』, 김채현 역, 이론과 실천, 1990, p.87.

작이다. 이러한 동작은 신체가 대지와 밀착된 접촉으로 중력에 순응하는 것으로 표현된다. 셋째는 머리와 허리 상단 위로 손과 팔을 강하게 치는 동작이다. 이는 활력을 나타낸다. 넷째는 남녀가 다양한 원을 그리면서 반복해서 돌고 의식의 절정을 표현하는 동작으로 죽음의 순간에 가까워지면서 규칙적이고 강렬하지만 불규칙한 리듬을 타는 동작이다. 홀스트에 의하면, 이러한 동작은 원시인들의 자연에 대한 공포를 표현하면서 시·공간을 초월한 무아지경과 도취가 담긴 흥분된 이미지로 원시주의를 표현한다. 이처럼 〈봄의 제전〉에서 보여주는 동작들은 러시아의 민족 신화와 원시주의가 만나 조화를 이루는 민족주의적 원시주의를 드러낸다.

이러한 표현적 특성에 덧붙여 라반의 움직임 원리에 근거해 〈봄의 제전〉의 몸짓을 읽어보면 다음과 같은 네 가지의 관능적 모티프가 나타난다.

첫째, 고개를 숙여 시선을 아래로 한 뒤 몸 전체가 한 단위가 되어 약간 웅크리며 반복해서 뛰기를 하고 충동적인 발 구르기를 한다. 이는 중력에 대응하는 동작으로 충격적이고 악센트가 있다. 둘째, 무릎을 구부린 상태에서 윗몸을 웅크렸다가 펴는 동작을 하고 편평하게 걷기를 한다. 이는 원 그리기와 일직선형 공간 구조와 함께 반복되면서 매우 강렬한 인상을 주며 춤을 몰아지경으로 이끈다. 셋째, 제자리에서 계속 도는 회전과 함께 팔을 각지게 접거나 다양한 방향으로 때리며 펴는 동작을 한다. 이 돌기는 자유롭고 빠른 회전이기 때문에 매우 극적인 동작이 되고 팔로 때리는 동작은 광란의 특질을 표현한다. 넷째, 몸을 한 단위로 똑바로 편 상태에서 빠르고 탄력적으로 앞으로 넘어졌다 일어나고, 이어서 직시하면서 탄력적으로 걷는다. 이는 맹렬하게 뛰다가 몸을 틀어 팔을 위로 올리는 동작과 함께 시각적으로 매우 강렬한 인상을 준다. 이렇게 표현되는 네 가지의 관능적 모티프는 단순함과 뒤틀림, 대칭의 해방과 반복, 무의식적이고 폭력적인 활력, 생명력이 솟구치는 호흡 등을 사용해서

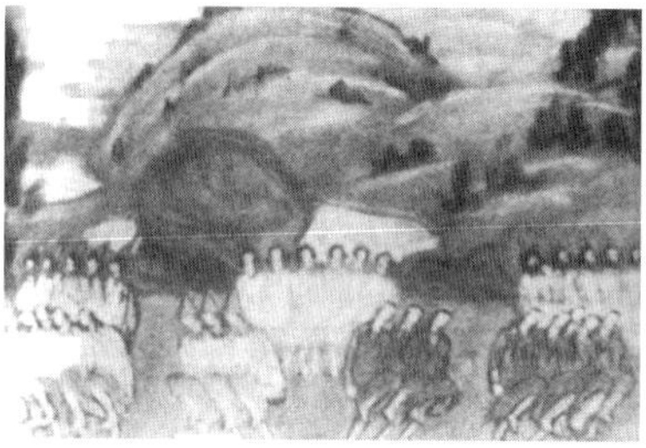

30. 봄의 제전

31. 봄의 제전

신비로움과 경이로움을 암시하는 춤이 된다. 그리고 돌기, 뛰기, 떨기, 멈춤 등을 서로 엮어가며 반복적이고 입체적인 움직임으로 발전하면서 처녀의 희생을 요구하는 처절한 봄의 의식을 적나라하게 표현하고 있다.

이와 같이 20세기를 풍미했던 발레뤼스의 스타이자 '춤의 신'으로 당대의 관객들에게 혹평과 호평을 동시에 받았던 니진스키의 〈봄의 제전〉은 당대의 문화적 표현과 몸짓 특성의 상호 관계 속에서 독특한 춤 문화 코드를 보여주고 있다. 이는 엑스터시와 춤의 카타르시스를 표현하는 디오니소스적 관능과 몰아경으로 인간의 본능이 구체적으로 드러난 개성적인 몸짓이자 민족주의적 원시주의의 표현이다.

그리스 신화: 마사 그레이엄의 〈미궁으로의 사자〉

"모든 춤은 체온 기록표와 같으며 그것은 심장 그래프다."[28]라고 주장한 마사 그레이엄은 세계 무용사에 큰 획을 그은 무용가이며 16세기부터 발전되어온 발레 예술 이상의 기법으로 원시주의, 주정주의, 상징주의, 인상주의의 미를 전 인류에게 제공한 표현주의자이다. 그녀의 작품에 나타나는 서정성과 극성은 한 세기의 지각인식을 고안하고 체계화한 다윈(Darwin), 마르크스(Marx), 프로이트, 융, 니체, 아인슈타인(Einstein), 피카

28 R. Horan, "Recent Theatre of Martha Graham", *Dance Index* 1, 1947, p.4.

소(Picasso), 스트라빈스키(Stravinsky) 등의 영향으로 만들어진 것으로 그녀의 예술 세계가 특별히 존재한다는 것을 입증한다. 특히 프로이트의 주요 영향은 "인간의 심리 분석적 개념을 확실히 이해하게 했으며, 이를 통해서 신화의 해석을 용이하게 했고, 마음의 움직임을 신체로 전이할 수 있는 기법을 터득하게 했다."[29] 또한 니체의 강하고 자유로운 희망찬 액션 개념은 그리스 비극의 표현에 적합한 긴장과 이완 테크닉을 개발하는데 힘이 되었다. 특히 그녀의 음악적 멘토이자 충고자였던 루이 홀스트와의 작업에서도 자신의 개념과 테크닉의 발전을 이루게 되었고 그레이엄 자신만의 스타일과 새로운 예술 세계의 창조에 적지 않은 영향을 받았다. 이와 같이 철학자, 과학자, 타예술가 등에게서 영향받았던 그레이엄의 춤은 충격적인 동작으로 뚜렷한 인상을 주는 힘과 원시인의 단순함과 토속적인 면모를 보인다.

1940년대, 그레이엄이 창작한 작품 중에서 그리스 신화를 바탕으로 재현된 작품은 극적으로 발전을 더해가며 인간의 잠재의식에 뿌리박힌 시적 논리를 묘사하고 있다. 이는 니체가 탐구한 그리스 비극의 기원에서 얻어진 인간 본성의 두 개의 강렬한 충동을 결합시켜 표현하고 비극의 상징을 담은 극적 드라마 형태로 그리스의 신화를 해석한 것이다. 그리고 이를 고대풍 스타일(Antique Style), 원시주의(Primitivism), 고풍스타일(Archaic Style) 등 폭넓은 형식으로 창조했다. 이와 같은 그레이엄의 춤은 그리스 신화나 종교적 에피소드를 중심으로 인간의 갈등, 질투, 사랑, 용기, 희망, 열정, 욕망 등 인간의 내적 표현을 신체 움직임의 공간적 역동성으로 나타냈고, 신화의 특정 인물을 부각시켜 자신에게 가장 두려운 상상을 표현함으로써 인간의 본성을 드러내고자 했다.

---

29 C. Diva, "Martha Graham", *Prime Mover*, Princeton Book Company, Publishers, N.J. 1977, p.167.

32. 〈미궁으로의 사자〉

그리스 신화를 배경으로 한 그레이엄의 작품 중에서 〈미궁으로의 사자(Errand into the Maze)〉는 상징적으로 정신적 안정을 얻기 위해 인신우두의 괴물을 퇴치한 아티카(Attica)의 영웅 테세우스(Theseus), 그리고 인신우두의 괴물인 미노타우로스(Minotauros)의 전설을 다루고 있다. 이 괴물은 극복해야 하는 자아 파괴적 요소로 상징되며 영웅은 정신적 재생을 의미한다. 거의 모든 움직임은 긴급함과 성취욕이 절정 순간에 극적으로 묘사되고 있다.[30]

이 춤의 움직임은 강하고 열린 직선적인 동작, 갑작스럽고 경련적이며 각진 동작 등 강렬한 동적 요소를 가지고 있으며 긴장과 이완, 긴 스트레치, 충격적인 동작 등의 질적 요소를 가지고 있다. 무대 구성은 부드럽고

30 E. Stodelle, "The 20th Century Greek Experience: The Third Decede of Modern Dance: Martha Graham", *Dance Observer*, February, 1963, p.20.

열정적인 것에서 흥분된 긴장감으로 이끌어가는 반복적 구조와 불균형적 구조의 주제로 나타나는 신비적 분위기와 주제의 변형 형태를 가지고 있다. 이는 특유한 움직임의 요소와 형태, 스타일을 가짐으로써 원시주의적 표현주의의 미적 형태를 보여주고 있다. 즉, 그리스 신화와 인간 본성의 해석으로부터 끌어낸 인간의 두려움을 완벽함과 정확성을 갖고 아름답고 추한 테크닉을 적절히 조화하고 리듬과 구절을 재연한 총체적 예술로서 모더니즘의 전형을 보여주고 있다.

동양 무당과 서양 마녀의 춤

무(巫)는 동양의 샤머니즘에서는 무당(巫堂)으로 통한다. 그리고 서양의 샤머니즘이라 볼 수 있는 미법(魔法, witchcraft)에서는 마귀나 악귀 혹은 마술이나 요술을 부리는 마녀(魔女, witch)로 통한다. 그러나 무당과 마녀는 동서양의 원형적 사고 구조의 차이를 드러내는 용어로 그 의미에 차이가 있다. 최낙원에 의하면, 무당과 마녀는 신과 인간을 연결해주는 매개 역할을 하고 병의 치유를 주된 활동으로 하고 있다는 점에서 공통적이다. 그러나 무당은 트랜스-포제션(trance-possession), 즉 신과 합일이 되어 신을 본다든지, 신의 모습으로 바꾸어진다든지, 신의 목소리를 대신하여 신탁을 한 후 치병을 위해서 부적을 사용한다. 반면 마법사는 약물을 사용해 영적으로 엑스터시에 빠진다. 하지만 무당처럼 트랜스-포제션의 경지까지 가는지는 분명치 않다. 그들은 무당과는 달리 치병을 위해서 다양한 약초를 사용한다.

이와 같이 동서양의 무당과 마녀는 입신 상태, 즉 황홀경이나 신명에 들어가는 점에서는 유사하지만, 무당은 자의적으로 입신을 하고 마녀는 약초로 만든 주약을 사용해서 신명에 들어간다는 점에서 차이가 있다. 또한 의식 행위로서 동양의 굿은 축제적 성격을 띠고 한 무당이 공개적으로 개인의 문제 해결을 위한 의식을 행하는 반면, 마녀는 비공개적으로 은밀하게 집단으로 제의 행위를 한다. 이러한 차이는 동서양의 제의 행사에서 분명하게 드러난다.

① 무당의 춤

동양에서 무(巫)는 한자의 뜻을 해석한 것에서 그 의미를 찾을 수 있다. 무(巫)의 글자에서 가운데 들어 있는 위와 아래를 연결하는 공(工)자는 하늘과 땅을 연결하는 기둥으로 신목이나 우주목을 뜻한다. 그리고 그 양쪽에 있는 두 개의 인(人)자는 신목이나 우주목의 양쪽 옆에서 춤추고 있는 사람을 의미한다. 이것을 볼 때, 무는 하늘, 땅, 인간이 하나의 근본을 이루어 서로 소통할 수 있도록 춤으로 신을 섬기고 신과 사람이 하나가 되게 하는 중개자로서 무당이 주도하는 포괄적인 종교 현상이라 할 수 있다.

한편, 『설문해자(說文解字)』에서 무는 형체가 없는 신을 섬길 때 춤을 추면서 신을 내려오게 하는 능력을 지닌 여자 무당으로 표현되어 있다. 이들은 양편에 긴 소매의 옷을 입고 춤추는 사람의 모습을 하고 있다고 적혀 있다. 따라서 일반적으로 무당은 신을 불러들여 신령과 사람을 잇는 중재자, 초자연력을 가지고 있는 자로서 신령의 힘을 빌려 삶의 풍요와 생사화복, 전쟁의 승리를 기원하고 질병을 치료하는 여자 무당을 의미한다. 이두현(1997)에 의하면, 무당은 무녀와 박수(남자 무당)를 뜻하는 말이기 때문에 샤머니즘이란 결국 무당 종교 또는 무교이며, 그것은 예로부터 내려오는 습속인 무속(巫俗)에 그치지 않고 민속 종교[31]로서 신을 불러들이는 무당을 중심으로 한 신앙 체계이다. 엘리아데(Mircea Eliade, 1907~1986)에 의하면, 샤머니즘은 무당이 황홀경에 빠져 천지 세계를 왕래하는 것을 말한다고 하여 '샤머니즘은 종교적 황홀경의 테크닉'이라고

31 이두현, 『한국무속과 연희』, 서울대학교출판부, 1997, p.4.

했다. 이와 같이 샤머니즘에서 핵심이 되는 무녀나 박수는 무병에 걸려 신이 내린 강신 무당과 가계로 내려오는 세습 무당으로 나뉜다. 이들은 신과 인간을 연결하는 중재자의 역할을 할 뿐만 아니라 미래를 점치는 예언을 하기도 하고 병을 치료하는 역할을 하기도 한다.

무교에서 무당들이 신에게 간청을 하기 위해 행하는 의식 행사를 굿이라고 한다. 이 굿은 신적 체험을 하는 종교 사제자에 의해 의례가 진행되며, 개인의 길흉화복과 인간의 극락왕생, 복을 기원하는 개인 굿과 가족 공동체의 재수를 기원하는 집 굿, 마을 공동체의 안녕과 풍농·풍어를 기원하는 마을 굿의 형태로 진행된다. 이러한 굿에서의 춤은 신을 부르고 맞이하는 강신 과정과 신을 보내는 송신 과정에서 추게 되며, 신을 즐겁게 하고 부정을 풀며 악신을 격퇴하고 혼을 달래는 과정에서도 행해진다.

한국의 서낭굿과 중국의 나희는 고대로부터 내려오는 굿의 기본적 형태를 보존하고 있다. 한국 서낭굿의 기원을 거슬러 가다보면 단군 신화와 연결된다. 단군은 하늘, 땅, 사람의 삼신을 뜻하며, 한국 고조선의 시작을 알리는 무당, 즉 샤먼으로 추정된다. 그는 인간이기보다는 바람, 비, 구름의 신을 거느리고 있는 초월적인 존재이자 제정일치 시대에 신격화된 군장이며, 제천자로서 국가를 통치하고 만민의 안위를 주관하는 제사장이다. 노태돈은 단군 신화의 서사 구조가 지금까지의 무속 의례에서 구연되는 성주무가와 일치한다고 보고 단군이 무속 의례를 주관하고 농경 문화에서 행했던 제의와 연결되는 무당으로서의 역할을 했을 것으로 추정하고 있다.[32] 이에 덧붙여 현용준과 김열규는 단군이 고대 국가에서 행한 제의의 주신인 서낭신과 동신이라는 견해를 피력하고 있다.[33] 서낭굿의 단군 신화와의 연관성에 관해서는 찬반의 논란이 있으나, 김열규는

32 노태돈, 『단군과 고조선사』, 사계절, 2000, p.149.

33 현용준, 『무속신화와 문헌신화』, 집문당, 1992, p.306.; 김열규, 『한국인의 신화: 저 넘어 저 속 저 심연으로』, 일조각, 2005, pp.136-140.

33. 신윤복의 〈무녀신무〉

단군 신화를 무속 신화와 마찬가지로 신화와 놀이 그리고 굿의 관계로 볼 때 단군 신화와 서낭굿은 서로 연관되어 있다고 설명한다. 또한 현용준은 신화의 내용이 제례의 행위로 재현된다고 주장한다. 이들은 단군의 행위가 서낭굿의 기원이 되었고 제사가 이루어진 신단수는 하늘과 연결되는 통로로 서낭굿을 행하던 신성한 장소로 추정하고 있다.

서낭굿은 대표적으로 마을의 안녕과 태평을 비는 별신굿과 서낭굿 그리고 지역의 특수성에 따라 다양한 형태로 전승되었다. 이 서낭굿에서는 남(男)신, 여(女)신, 동(童)신 등의 신의 내림이나 이동을 위해 서낭대를 들고 의식을 행하며, 굿을 주도하는 광대들이 풍물을 울리며 마을을 순회하면서 여러 가지 종교적인 행사를 한다. 그들이 남신을 모시는 경우에는 서낭대에 베나 종이로 옷을 입히고, 여신을 모실 때에는 아름다운 빛깔의 옷을 장식물과 함께 서낭대에 입혀 마치 실제 신격과 같이 보이도록 한다. 이는 무당이 올리던 서낭굿이 신의 부탁을 받은 산주에 의해 주도되고 마을 사람들 중에서 선발된 광대들이 서낭굿 놀이를 하면서 진행된다. 후에 각 지역의 특수성과 상황에 맞게 별신굿 탈놀이로 변화하는 과정을 거치게 된다.

이러한 서낭굿의 정통성을 잇는 대표적인 굿은 안동시 풍천면 하회리 하회마을의 〈하회별신굿탈놀이〉이다. 〈하회별신굿탈놀이〉는 서낭제에서 놀았던 탈놀이에서 기원하여 발전한 토착적 탈놀이로 보고 있다. 여기서 서낭신은 15세에 남편과 사별한 무진생 의성(義城) 오토산(五土山) 김씨라는 설이 있고, 무진생 서낭님 김씨 할매가 인접 촌락인 월애에 있는 친정으로 가지 못하고 다른 곳으로 가다가 사망한 신이 옮겨 왔다는 설이 있다. 또한 하회탈 전설의 허도령[34]을 사모하던 처녀가 죽은 뒤 서낭당의 동신이 되었다는 설도 있고, 서낭신이 오자 동신의 지위를 삼신당의 며느리에게 양도했다는 설도 있다.[35]

이와 같은 설에 따르면, 하회마을의 수호신은 서낭당의 서낭 각시, 국시당의 도령, 삼신당의 여신인 서낭 각시의 시어머니가 된다. 〈하회별신굿탈놀이〉의 무당은 이 수호신들에게 제사를 지내고 내림대를 앞세워 광대패와 함께 서낭신을 모시고 집집마다 돌아다니며 악귀를 내쫓고 복을 비는 지신밟기로 별신굿 형태의 서낭굿을 행한다. 이러한 전통 제의인

---

34 하회탈의 유래와 제작 시기에 대해서는 아직 확실한 기록이나 타당한 정설이 없다. 단지 하회탈과 관련된 허도령 전설을 통해서 허씨들이 마을의 주도권을 잡고 있던 고려 중엽에 이 허도령에 의하여 탈이 도입된 것으로 추정하고 있다. 이 전설에 따르면 마을의 허도령은 꿈에서 서낭신의 계시를 받아 탈을 만들기 시작했다. 그는 탈을 만드는 곳에 신성을 유지하기 위해 다른 사람들이 출입할 수 없도록 금줄을 치고 매일 목욕재계를 하며 정성을 들여 탈을 만들고 있었다. 어느 날 허도령을 몹시 사모하는 처녀가 사랑하는 마음을 억누르지 못하고 허도령의 얼굴이나마 보고 싶어 금기를 깨고 금줄을 넘어 탈막 안을 엿보았다. 입신의 경지에서 탈을 깎던 허도령은 그만 피를 토하고 쓰러져서 숨을 거두고 말았다. 그런 까닭에 마지막에 깎던 이매탈을 제대로 마무리하지 못하고 턱이 없는 채로 전해지게 되었다.

35 박진태, 2006; 서연호, 1991; 임재해, 1999.

서낭굿에서 무당인 사제자는 굿을 통하여 하늘과 인간을 연결지어주는 역할을 한다. 공동체를 대표하여 굿을 주제하는 무당은 신을 내리게 하고, 신을 맞이하고, 신을 대접하고, 신을 즐겁게 하고, 신에게 기원하고, 신의 말씀을 인간에게 전하며, 신을 본래의 자리로 봉송하는 일체의 과정을 직접 연출한다. 이 서낭굿에서는 서낭신을 청하여 액을 막아달라고 기원하는데, 이때 무당이 신을 들이면 서낭이 액을 막아주는 축귀무를 춘다.[36] 무당은 양팔을 벌리고 거의 제자리에서 바람에 날리는 듯 몸을 돌리며 회신무(廻身舞)를 추고 반복해서 수직으로 굽히고 피는 오금질을 하며, 위로 치솟았다 내려오는 뛰기 동작을 반복한다. 이는 신과 즐겁고 신명나게 놀며 무아지경에 빠져 발을 빠르게 구르고 어깨를 들썩이는 춤이 된다. 여기서는 무당 스스로 자기 도취에 빠져 만들어내는 호흡 흐름을 유지하면서 몸 전체를 한꺼번에 움직이고 양팔을 벌려 뛰고 도는 춤을 춘다. 이 단계에서 무당은 자유롭지만 때로는 탄력적으로 움직이면서 주위를 인식하지 못하고 혼미한 상태가 된다. 이 춤을 공간의 이동 없이 제자리에서 반복하다보면 점점 황홀경에 빠지면서 역동적인 춤이 된다. 이로 인해 무당은 자신의 공간을 초월하는 역동 공간, 즉 육감의 세계로 진입한다. 이는 결국 무당의 내적 상태와 관련이 깊고 호흡이 주가 되는 춤으로, 몸의 내부에서 발생되는 도취 형태로 드러난다.

황해도 봉산의 탈춤놀이극에 등장하는 무당은 미얄 할멈의 죽음을 애도하는 진혼굿을 한다. 여기서는 한 손에 방울을 들고 다른 손에는 부채를 든 무녀가 양 팔을 위로 치켜들고 뛰기를 반복하며 춤을 춘다. 이 춤도 〈하회별신굿탈놀이〉에서 추는 춤과 유사한 특질을 보인다.

중국 고대로부터 내려오는 굿의 형태는 나희(儺戱)이다. 이는 역귀를 쫓는다는 '나'와 가 · 무 · 희(歌 · 舞 · 戱)의 전통을 위주로 연행되는 연희

---

36 최용수 외, 『아시아의 무속과 춤 연구』, 민속원, 2005, p.702.

34. 장희 구나의식

적 성격이 결합된 민간 의례다. '나'는 고대인이 귀신이나 전염병을 쫓아내기 위해 연말에 거행하는 나제(儺祭)로부터 비롯된 제사 의식으로 역귀와 역병을 쫓아내기 위해 행해진다. 나희는 나례에 그 기원을 두고 있다. 고대 중국 장강 유역의 농업 민족인 신농(神農) 씨족의 원시 신앙에서 비롯된 나제는 잡귀와 잡신을 물리치는 벽사의 성격을 가진 나례가 되었는데, 여기에 가무가 합쳐져 굿의 면모를 갖춘 나희가 된 것이다. 궁정에서 나에 종사하던 관리인인 방상씨(方相氏)는 네 개의 황금 눈이 달린 탈[37]을 쓰고 몸에는 곰 가죽을 둘러쓰고 재난과 역귀를 물리치기 위한 행사를 했다. 후에는 방상씨뿐만 아니라 진자 120명, 12수, 12신 등이 모두 탈을 쓰고 함께 어울려 노래와 춤을 섞어 역귀를 쫓아내는 의식과 놀이를 했다.

이와 같이 방상씨가 분장을 하고 귀신을 쫓는 구나의식(驅儺儀式)에서 미래를 점치는 점복(占卜)에 종사한 사람이 무(巫), 즉 무당이다. 그는 신과 소통할 수 있는 신의 화신이자 대변인으로서 주대 『주례』의 「사무편」

37 심이석 제작, 민속극자료관 2층 사진 전시, 둥근 눈을 네 개 팠고, 입은 볼 위까지 찢어졌으며, 이마와 양 볼에 굵은 주름살이 있고, 귀는 따로 붙였다. 장례식에서 장례행렬에 맨 앞을 이끌면서 잡귀잡신을 쫓는 역할을 한다.

에 기록된 것과 같이 제사에 참가하여 "큰 가뭄이 들면 무를 불러 비 오기를 기원하는 춤을 추면서" 무무(巫舞)를 통해 신을 즐겁게 했다.[38] 이처럼 나무(儺舞)는 한대에서 위진남북조 시대를 거쳐 당나라에 이르기까지 계속 연행되면서 곡예, 무술, 환술, 골계희, 음악 연주, 가요, 춤 등 가무백희(歌舞百戲)가 합쳐졌다. 이러한 나무는 놀이 성격이 짙어지면서 여러 가지 다른 형태로 변화했으며, 이후 중국의 전통 연극에서 공연되고 있다. 현재 중국에서는 일반적으로 탈놀이를 나희라 부르며, 연행자의 우두머리인 장단사와 연행자인 법사들이 노래와 춤으로 신을 청한다. 이들은 나제를 지내는 동안 희극성을 지닌 인물로 등장하기도 해서 제의와 희극의 두 가지 측면이 모두 드러난다. 이용식은 이런 점에서 나희가 우리나라의 굿과 비슷한 성격의 의례라고 보고 있다.[39]

나희가 이루어지는 의식에는 가족 공동체의 안녕을 기원하는 가족 의례가 많고, 주로 풍년과 재액의 방지에 대한 감사의 뜻으로 의식을 치른다. 그래서 한국의 굿처럼 복을 비는 기복신앙과는 차이가 있다. 한국의 굿에서 무업을 전업으로 하는 강신 무당이나 세습 무당이 굿을 하는 것과 달리 나희는 법사라는 반농반무, 즉 반은 농부이고 반은 무당인 종교 사제자가 주재하는 것이 특징이다. 또한 한국의 무당굿에서는 주로 무당이 혼자 격렬하게 도무를 하지만, 나희에서는 법사의 수를 홀수로 달리하여 부드러운 문무와 격렬한 무무를 매화 모양을 그리거나 신의 내력을 춤을 통해 이야기하는 무극으로 연행한다. 즉, 춤으로 신을 맞아들이고 내리게 하며 신과 함께 춤을 춤으로써 소망을 빌고 신을 전송한다. 이들 무의 춤은 자연을 본 따서 추는 춤이며, 생명의 리듬, 자연의 리듬에 의한 것이다. 특히 무는 빙의 상태에 들어가 자신이 신령 그 자체가 되어 춤과

38 왕극분, 『중국무용사』, 고승길 역, 교보문고, 1991, pp.19-21.

39 이용식, "중국 나희의 현지연구", 『동양음악』 제26집, 서울대학교 동양음악연구소, 2004, p.192.

동작을 크게 하며 깊게 신명에 드는 상태가 된다. 이는 한국과 티베트의 굿에서 무당이 신명에 빠지는 상태와 동일한 것이다. 이와 같은 무당의 춤은 모든 인간의 생존 형태의 운명에서 벗어나지 못하고 미신의 영역으로 밀려나 생기를 잃기는 했지만 아직까지도 그 춤에는 육체의 활동에 대한 기쁨과 아름다움, 공동체를 결속시키는 힘과 성적으로 자유로운 옛 시대의 춤이 그대로 남아 있다.

② 마녀의 춤

동양의 무와 유사한 것으로 보이는 서양에서의 마법은 일반적으로 사악한 목적으로 불가사의한 현상이나 일을 일으키는 힘 또는 방법으로 정의되며, 마술, 수술, 신기, 묘기 등으로 표현되기도 한다. 마법사나 마녀가 의식을 행할 때, 동양에서와 같이 무당이 주술, 도술, 신 내림을 한다고 표현하기보다 마법사나 마녀가 주문을 외우고 불가사의한 일을 행하는 마법, 요술, 점성술, 악마 숭배를 한다고 표현하는 경우가 많다. 또한 동양의 무당이 자의적으로 입신의 경지에 오르는 것과는 달리 마법사나 마녀는 약초를 이용해서 환각 상태에 빠지고 이러한 힘을 이용해서 의식을 행한다. 그리스 신화에 등장하는 디오니소스 신전에서 포도주를 마시고 의식 행사를 하는 점이나 아프리카나 인디언 부족의 족장이 약초를 흡입하고 환각 상태에 빠져 주문을 외우고 춤을 추는 것도 무당과 마녀의 차이를 보여준다.

그리스의 많은 부족들은 포도주의 신이자 술의 신인 디오니소스 신을 숭배했는데, 여기서 이루어지는 제사는 새로운 계절을 맞이하기 위한 의례의 하나로 행해졌다. 디오니소스 신전에서 이루어지는 축제에서 사제들은 산 짐승을 제물로 바치고 제사를 지낸 후 술을 마시고 광란에 빠진 상태에서 춤을 추었다. 여기서 이루어진 춤은 즉흥적이고 신명이 드러나는 춤이지만 술에 의해 나타나는 환각의 상태에서 광란적으로 온몸을 떨

35. 최면술춤을 연기하는 토바 여성

면서 열광하는 춤이다. 셀리그맨(C. G. Seligman)에 의하면, "무당은 완전히 의식을 잃어버리지는 않지만 의식을 잃을 때에는 무슨 말을 하였는지 뚜렷이 알지 못하고 또한 신 들렸을 때의 처음과 나중에는 메스꺼움과 같은 현기증을 느끼며 발밑의 땅이 흔들리는 것처럼 느껴진다."고 한다.[40] 그들은 자신이 행한 동작에 대해서도 자신의 말에 대해서도 명확하게 알지 못하며 의지적인 상태에서 완전히 벗어나 행동하고 주문을 반복하여 암송하면서 점점 더 빠르게 격정적으로 춤을 춘다.

아프리카의 여러 나라 중 가봉은 80%가 열대 우림으로 덮여 있는 지역이다. 이곳에 사는 수십 개의 민족 중 한 민족이 추는 비위티(Biwiti) 춤은 숲에 묻힌 조상을 숭배하고 그들과 교류하는 종교 의식에서 이루어진다. 손현철 KBS PD에 의하면 이 춤을 추기 위해 의례의 진행자와 의식의 참가자들은 이보가(Iboga)라는 식물의 환각 작용을 빌린다고 한다. 이

40 K. 작스, 『세계무용사』, 김매자 역, 풀빛, 1983, p.57.

36. 이보가의 환각 작용으로 비위티 춤을 추는 아프리카 가봉의 여인들

들은 이보가 뿌리를 말려 가루로 만든 후 이를 몸에 바르기도 하고 흡입함으로써 예민해지는 등의 환각 작용을 경험한다. 이때 의례를 이끌어가는 마법사, 즉 은강가(N'ganga)는 사방에 나무 기둥을 세우고 양철 지붕을 얹은 음반자(Mbanja)라 불리는 신성한 장소에서 춤을 추고 주문을 외운다. 그러면 참가한 사람들도 돌아가며 열광적으로 춤을 춘다. 이 춤은 발로 바닥을 구르면서 엉덩이와 상체 모두를 발작적으로 흔드는 형태를 취한다.[41] 이들이 행하는 모든 춤은 엑스터시이며, 엑스터시를 가져다준다.[42] 즉, 엑스터시와 춤추는 사람 자신의 힘으로 이끌어나가는 규칙적인 동작은 주술로서의 효과를 발휘한다. 그리고 자신의 육체를 망각하고 정령으로 화하게 된다. 그들은 어떤 경우에는 미친 사람처럼 몸짓을 하고 발작하는 것처럼 몸을 비틀며 눈동자를 뒤집고 짐승과 같은 소리를 내다가 심지어는 무의식적으로 자빠져 땅 위를 구르기도 한다.

미국의 현대 무용가 마사 그레이엄은 에우리피데스(Euripides)의 메데아(Medea) 전설을 바탕으로 만든 자신의 작품 〈마음의 동굴〉에서 메데아를 마법사로 변장시키고 엑스터시의 춤을 추게 했다. 메데아는 에테스왕의 딸이자 영웅 이아손(Jason)의 아내로서, 이아손을 영웅으로 만들었

---

41 손현철 KBS PD. 2012, 숲의 "정령과 만나는 환각의 춤 비위티(Biwiti)댄스", 한국춤문화자료원, 웹진 춤누리 블로그, http://blog.naver.com/chumnuri2010.

42 K. 작스, 『세계무용사』, 김매자 역, 풀빛, 1983, p.56.

으나 자기를 버리고 간 남편에게 복수를 한다. 메데아는 마법으로 얻은 독이 든 가시관을 남편의 새로운 여자이자 코린트(Corinth)의 왕 크레온(Creon)의 딸, 글라우케(Glauce)에게 씌운다. 온몸에 독이 퍼진 글라우케는 경련을 하며 죽게 되는데, 여기서 메데아의 강렬하고 발작적이며 열광적인 몸짓 행각은 서양 마법사의 전형을 보여주는 것이다.

피그미족의 춤과 제의

피그미족은 아프리카의 5대 인종 중 하나인 피그모이드(Pygmoid)에 속하며, 아프리카 동북쪽 옛 자이르였던 콩고 민주 공화국과 가봉 그리고 카메룬과 중앙아프리카 공화국 등지의 열대 우림에서 원주민으로 거주하고 있다. 이 부족은 전 세계에서 키가 가장 작다고 알려져 있으며, 평균 신장은 150cm이다. 그래서 우람한 흑인들에 억눌려 떠돌아다닌다. 이들은 흑인종으로 분류되지만 여타 아프리카 흑인에 비해 피부색이 투명하다. 밀림 깊숙이에서 남자는 사냥을 하며 여자는 채집을 하고 사는 것이 특징이다. 그리고 특정 지역에 머무는 적이 없고 방랑 생활을 해서 밀림 속의 집시로도 불린다. 이들은 부족을 이끄는 추장이 없고 주로 20명 내외의 가족 단위로 여럿이 모여 부계 사회를 이루고 살고 있으며, 전통적으로 내려오는 신화를 바탕으로 하는 남존여비 사상을 가지고 있다. 그들의 신화는 성경에 기록되어 있는 아담과 이브의 이야기가 그대로 담겨 있다고 할 정도로 비슷하다고 한다. 그 이야기는 다음과 같다.

피그미의 신은 처음 남녀 한 쌍을 창조하여 지상의 낙원에서 살도록 했다. 신은 두 사람에게 여러 가지 자유를 허용했지만, '타후'라는 나무 열매만은 절대로 따먹어서는 안 된다고 명했다. 그럼에도 호기심이 강한 여자는 남자를 꾀어 타후 열매를 따오게 했다. 이들은 몰래 타후를 먹었다. 두 남녀는 신의 명령을 거역했기 때문에 두려워하면서 남은 타후와 까먹은 껍질을 땅에 쌓인 낙엽 밑에 감춰버렸다. 그러나 전능하신 신은 모든 것을 다 알고 있었다. 신이 급기야 지상에 태풍을 일게 하여 쌓인 낙엽을 날리자 숨겨둔 타후와 껍질이 나타났다. 신의 명령을 거역한 죄 때문에 두 남녀는 아프리카의 지상 낙원에서 영원히 추방되었다. 이러한 연유로 피그미족은 정처 없이 방랑을 하고 있다. 피그미족 사회에서는 여자가 신과 남자를 배반했으므로 그 벌로 남편 대신 가사를 도맡는 중노동과 아기를 낳는 산고를 치르게 됐다고 믿는다.[43]

이중 중앙아프리카 공화국 남서부에 살고 있는 아카 피그미족(Aka Pygmies)은 복잡한 형태의 다성 음악의 전통이 있으며 모든 사람이 연주하면서 춤추고 노래도 부르는 기예를 가지고 있는 것이 특징이다. 이 부족의 사회에서 사냥 의식이나 야영지에서의 의식 혹은 장례식 등의 행사가 치러질 때에는 주로 즉흥적인 춤과 음악이 함께 하는데, 이는 부족의 결속과 공동체의 존립에 중요하다. 최근에는 이들의 전통과 관습이 사라져가는 위기에 처하게 되어 유네스코에서는 인류무형문화유산으로 지정해 이를 보호하고 있다.

이들의 음악은 주로 톰톰이라는 악기로 연주되며, 춤은 소리를 내고 북을 치는 연주자들의 주위를 둘러싸고 행해진다. 이렇게 춤과 음악은 공동체를 이끄는 중요한 수단으로 행해지며, 여럿이 추는 경우, 쌍쌍이 추는 경우 그리고 혼자 추는 경우도 있다. 이들이 추는 춤은 숲속에서 사냥을 하는 모습을 흉내내기도 하고 실제 동물 자체의 동작을 흉내내기도 한다.

피그미족은 연중행사로 몰리모 마데(Molimo Made)라는 축제를 벌인다. 이는 악령과 재앙을 막기 위한 수단이자 사냥의 성공을 비는 일종의 굿이다. 이 행사에서는 기우제, 결혼식, 성인식, 회식, 노래와 춤, 광대놀

---

43 네이버 지식백과, 피그미족 http://terms.naver.com/entry.nhn?docId=741067&mobile&categoryId=475

37. 아카 피그미의 〈귀신춤〉

38. 아카 피그미의 춤과 음악

이, 전통 종교 의식을 치르며 공동체의 안위와 결속을 빈다. 남자들이 주로 하는 동작은 몸을 굽힌 상태에서 무릎을 약간 구부리고 시선은 무언가를 찾는 듯하면서 맨발로 먼지가 나는 메마른 땅을 밟는 것이다. 때로는 빠르게 뒤꿈치를 모았다가 벌리는 동작을 함께하거나 한 발을 재빠르게 찍고 스텝하고 바로 다른 발을 찍고 스텝을 하는 동작으로 투스텝을 이어가는 동작이 주를 이룬다. 특히 몸을 양쪽으로 트위스트 하면서 걸을 때에는 엉덩이를 양옆으로 흔들기도 한다. 남자들은 원형의 라인 댄스처럼 고리춤을 추고 모두 동일한 동작으로 꼬리에 꼬리를 물고 이어가는 춤을 추면서 행사의 열기를 끌어올린다. 여자들은 주로 걸으면서 엉덩이춤을 추는 것이 일반적이며, 톰톰과 같은 악기의 소리에 맞춰 동작을 한다. 이들 역시 남성들처럼 줄을 지어 춤을 추며 때로는 박수를 치며 노래도 부른다. 이탈리아인 음악인류학자로서 아프리카 아카 피그미족의 음악을 연구한 루이 데빈(Luis Devin)에 의하면, 이들이 추는 춤과 음악은 부계 사회의 남자가 이끄는 의식의 일환으로 모두가 참여하는 것이 중요하고 그들이 살고 있는 밀림과 숲의 정신을 상징한다.

아카 피그미족은 세상에서 가장 키가 작은 흑인으로 사냥과 채집을 하며 떠돌이 생활을 한다. 이들의 문화에서 두드러지는 특징은 남존여비 사상이며 다산을 추구한다. 이들의 삶에서 없어서 안 되는 것은 춤과 음악이 주가 되는 종교 의식이다. 이 안에서 춤은 발 찍기, 투스텝, 엉덩이

춤, 트위스트 등을 주요 동작으로 음악과 함께 어울려 행해지고 있으며 주로 제의적 행사를 위한 도구로 활용되고 있다. 이처럼 아프리카 피그미족의 춤도 인간이 사는 이 세상에 존재하는 굿의 한 형식이며, 이를 통해서 종족 번식의 생물학적 유산과 그들만의 민족 문화를 지켜가고 있다.

2) 사상과 종교

황홀경의 춤: 다카치오 〈요카구라〉[44]

신화의 고장, 다카치오는 태양신과 아메노우즈메 여신이 등장하는 일본 창세 신화의 배경이 되는 규슈 지방의 미야자키 현에 있다. 이 지역은 일본 동남쪽에 위치한 협곡으로 신이 강림하는 산속 깊숙한 곳에 자리 잡은 곳으로 하늘을 찌를 듯 높이 솟아 오른 거대한 바위와 산중 호수가 만나 있는 곳이다. 이곳은 〈가구라〉가 가장 풍성한 곳으로 알려져 있다. 이는 신을 의미하는 '가미(神)'와 즐거움을 의미하는 '다노시무(樂)'의 합성어로 신좌(神坐), 즉 신을 불러들이고 머물게 하는 신의 자리를 의미한다. 그곳에서 신과 만나는 무당은 신과 인간을 연결해주는 매개자로, 동시에 신이고 인간인 무당이라는 신화의 요소로 존재하게 된다. 하늘에서 천손이 강림한 후 협곡에서 내려온 무당은 마을에 들어서면서 마을 사람들이 다양한 모형으로 만든 하얀 종이 위에 염원의 글을 담아 제단과 신전 주위에 빼곡히 걸어 놓은 가옥을 보게 된다. 그리고 신이 내린 무당은 그 집에 들어와서 마을 공동체를 위한 의식을 진행한다. 무당은 부정한 악귀를 쫓아내고 풍작을 기원하며 마을의 안녕을 위해 제의나 의례와 같은 원시 형태의 굿을 한다. 이 굿은 주로 밤에 이루어지는 〈요카구라〉이며,

44 필자는 2006년 일본 현지에서 다카치오 〈요카구라〉 연구를 위해 다카치오 박물관에 소속된 고고학자 슌스키 오카타와와 면담했다.

39. 다카치오 신사 입구

여기서 추는 춤들은 디오니소스적 특징의 광란과 도취를 이끄는 3박 스텝의 스윙 구문을 주로 한다. 이를 통해서 무당은 황홀경의 문턱까지 가게 되고 밤새도록 33연목의 굿을 하고 나면 입신에서 깨어나 액을 짊어지고 다시 협곡으로 들어가 송신을 하면서 굿의 절차를 마무리한다.

〈가구라〉는 신토(神道)로부터 유래되어 조상과 하늘을 숭배하는 일본의 민간 신앙이 되었다. 신토는 일본 신화에 등장하는 수없이 많은 신들의 개념과 그에 따른 종교적 실천과 생활 습관 등을 모두 포괄하는 종교이다. 그리고 삼라만상에 있는 신의 존재를 의식하고 만물에 영혼이 있음을 주장하는 애니미즘과 자연 숭배, 조령 숭배 등 제사를 중시하는 종교이다. 이는 농경 사회의 성립과 동시에 북아시아계의 샤머니즘, 불교, 민중 도교가 접목되면서 토착 신앙과 다신교로서의 특징을 유지한 일본의 자유 종교로 전승되고 있으며, 신에게 제를 올리는 축제인 마쓰리에서 주민들의 공동체 의식을 다지기 위한 목적으로 연행되고 있다.

〈가구라〉는 '암호열기' 신화에서 동굴 속으로 들어간 태양신 아마테라스 오미카미를 굴 밖으로 나오게 하기 위한 제의에서 시작된 것으로 보고 있다. 712년에 발간된 일본 최초의 역사서 『고사기』에서는 이 신화 속에서 무당 신인 아메노우즈메의 춤을 '아소비'라고 기록하고 있다. 이것은 현재 "놀다"라는 의미를 가지고 있지만, 고대에는 진혼 의식에서 행하는 춤과 노래라는 뜻을 가지고 있었다.[45] 이러한 이유로 〈가구라〉의 기원을 아메노우즈메의 춤에서 찾기도 한다. 이후 〈가구라〉는 조상과 하늘을 숭배하는 신토(神道)로 많은 신과 그에 따른 종교적 실천 및 생활 습관 등을 모두 포괄하는 종교가 되어 메이지 시대 이후 일본의 국가적 종교가 되었다. 이는 영혼이나 귀신이 인간과 같은 세계 속에 살고 있다는 믿음으로 신의 존재를 의식하고 만물에 영혼이 있음을 주장하는 애니미즘과 자연 숭배, 조령 숭배 등으로 제사를 중시하는 고유 종교로, 기원전 3세기경 농경 사회의 성립과 동시에 그 과정에서 북아시아계의 샤머니즘과 접복된 종교일 것으로 추정하고 있다. 『일본서기』에 기록된 신화에 나타나는 신들과 일본 고대의 종교, 예술, 관습 등이 서로 관련되어 있다는 점이 이러한 추측을 뒷받침하고 있다. 특히 '암호열기' 신화에서 동굴 속으로 들어간 태양신이 나오도록 주술적인 의식을 행했던 것이나 농작물의 수확에 대한 감사와 풍작을 기원하는 의식을 통해 새로운 생명력을 활성화시키고 사악한 영혼을 물리치고자 했던 제의식 등은 신토가 창세로부터 그 체계가 발전 전승되어왔음을 보여주는 것이다. 이것은 후에 "오셨다"를 의미하는 '왔쇼이, 왔쇼이'라는 구령을 부르며 신에게 제를 올리는 의식 행사인 한국의 마을 굿처럼 주민들의 공동체 의식을 다지는 마쓰리에서 연행되는 〈가구라〉의 기원이 된다.

〈가구라〉에서는 아직까지 일본 창세 신화의 내용을 바탕으로 태양신의 원기를 회복하기 위한 의식과 약해진 영혼에 에너지를 주는 의식 그리고 죽은 사람들의 영혼을 불러내서 달래는 진혼 의식 등이 행해지고 있다. 이는 고대 의식으로부터 전래된 것으로 노래와 춤, 주술적 수행, 산

---

45 최용수 외, "일본 가구라 현지연구", 『음악과 문화』, 10집, 세계음악학회, 2004, p.138.

에 대한 숭배, 불교와 도교의 수행 등을 목적으로 하고 있다.

이중 다카치오에서 행하는 〈가구라〉는 주로 밤에 의식이 행해지기 때문에 〈요카구라(夜神樂)〉라고 한다. 이는 우리나라에서 행하는 굿과 같은 성격의 제의로 33연목을 가지고 있으며, 내용적으로는 의식을 행할 때 많은 신이 등장하는 것이 특징이다. 이 연목들 중 '암호열기'의 신화를 주제로, 동굴 속으로 들어간 태양신이자 창세신인 아마테라스 오미카미와 그를 굴 밖으로 나오게 하는 주술 의식을 맡은 여신, 아메노우즈메가 등장하는 연목이 가장 중심이 된다. 현재 〈요카구라〉에서는 극적이고 다양한 캐릭터를 가지고 있는 여러 신의 성격을 나타내거나 신의 출현을 의미하는 탈을 쓰고 의식을 행하는 것이 보통이지만 신을 청하는 제의성이 짙은 연목에서는 탈을 쓰지 않고, 주로 신이 악귀를 물리치거나 겁을 줄 때에 탈을 쓴다.

다카치오 〈요카구라〉는 길놀이를 시작으로 춤이 추어지는 공간이자 신이 강림하는 신성한 공간인 신악숙에 도착해 춤을 추며 들어온다. 여기서는 이와토비라키의 신화에 등장하는 신들 중 가장 많은 신이 등장하며, 각 연목에 각각 다른 신을 모신다. 이 신들에 따라 도리모노의 종류, 탈의 유무, 출연자의 인원수 등이 달라진다. 이중, 이와토비라키 신화를 바탕으로 한 〈이와토 가구라〉는 일본 신화의 중심인 신토 종교와 아메노우즈메 신화를 바탕으로 하고 있다. 이 신화와 관련한 연목은 이와토비라키의 서곡이 되는 이세카구라, 사카키를 뽑는 시바히키, 강한 다지카라오의 모습을 나타내는 다지카라오, 아마테라스를 동굴 밖으로 나오게 하기 위한 아메노우즈메 연목, 동굴의 문을 제거하는 도토리, 아마테라스가 동굴 밖으로 나온 것을 축하하는 마이하라키 등으로 구성된다. 이 연목들은 이와토비라키 신화가 그렇듯이 극적인 장면을 연출하게 된다. 이 신화의 서곡인 이세카구라를 제외하고는 모든 연목에서 탈을 쓰고 춤을 춘다.

40. 다카치오 요카구라

41. 아메노우즈메의 춤

이중에서 아메노우즈메 연목은 무녀의 신들림에 의한 것인데 기도의 춤으로 되어 있는 '미코 가구라'의 형태이다. 〈가구라〉에 참여하는 연희자에는 음악을 담당하는 악사와 춤과 노래를 담당하는 호시야돈이 있다. 이들은 〈가구라〉에서 중심적인 역할을 하게 되며 각자 다른 직업을 가지고 있지만 〈가구라〉를 연희하고 〈가구라〉 의식에 사용되는 부채, 방울, 고헤이, 귀봉, 사카키, 거울 등과 같은 소도구인 도리모노를 만드는 역할을 한다. 부채와 방울은 신을 청하고 정화하기 위한 것이고 고헤이는 신성한 물건으로서 흰 종이가 달린 막대기이다. 도리모노는 정화의 기능을 하며 신이 내리는 장소이며 곧 신이기도 하다. 사카키는 신의 나무로서 주로 상록나무를 사용한다. 귀봉은 귀신이나 신이 사용하는 봉으로 끝에 종이를 달아 사용한다. 이외에도 스즈키, 사사키, 활과 화살 등과 같은 다양한 도리모노가 사용된다. 이들은 특히 극적인 장면을 연출할 때 사용하는 도구로서 그 기능과 역할이 각각 다르다. 거울과 같은 경우, 〈가구라〉 연목 중 아마테라스가 거울에 비치는 모습을 보고 동굴 밖으로 나오는 장면을 연출할 때 사용된다.[46]

〈다카치오 요카구라〉는 다른 지역의 〈가구라〉에 비해 많은 신이 등장한다. 태양신 아마테라스와 스사오노, 아메노우즈메 등이 등장하는데, 이중 아마테라스가 동굴에서 나오는 '암호열기'의 신화를 주제로 한 〈가구라〉는 가장 중심이 되는 중요한 연목이다. 기원적으로 〈가구라〉에서는 탈을 쓰지 않았으나 오락적인 측면이 강조되고 신화에 등장하는 인물의 성격을 잘 전달하기 위해서 탈을 수용했다. 탈은 신들이 출현한다는 의미를 갖고 있어서 신을 청하는 과정인 제의성이 짙은 연목에서는 탈을 쓰지 않으며 신이 악귀를 물리치거나 겁을 줄 때 탈을 착용한다. 〈요카구라〉의 33연목에서 사용되는 탈은 각각 신들의 성격을 보여주는데, 신화

46 다카치오 박물관 고고학자 슌스키 오카타와의 인터뷰 중 발췌.

의 내용만큼이나 극적이고 다양한 캐릭터를 가지고 있다. 〈다카치오 요카구라〉의 가장 중요한 목적은 태양신의 원기를 회복하기 위한 의식과 진혼 의식이다. 여기서는 신을 흔드는 다마푸리로 죽은 사람들의 영혼을 불러내서 달래거나 약해진 영혼에 에너지를 주는 의식을 행한다. 그리고 고대로부터 전래된 진혼 의식에서 흔드는 것이 매우 강한 효과를 낸다고 믿어왔기 때문에 진혼과 원기를 회복하기 위해서 그리고 의식의 완성을 위해서 노래와 춤을 행한다. 민병훈에 의하면, 이 신화의 내용 중 태양신을 불러내기 위해 춤을 추는 장면은 샤먼 문화에서 무당이 신을 부르기 위한 행위에 해당하는 것으로 볼 수 있으며, 이러한 제의의 절차는 일본은 물론 한국의 굿에서도 나타나는 현상이라고 했다.[47]

일본의 역사서 『고사기』와 『일본시기』에는 '암호열기'의 내용 중 절정에 등장하는 무녀 아메노우즈메가 태양신을 불러내기 위해 동굴 앞에서 황홀한 춤을 추는 내용이 서술되어 있다. 아메노우즈메는 손에 도구를 들고 흔드는 동작과 발을 구르는 동작을 주로 한다. 움직임은 주로 손과 발, 팔과 다리를 흔드는 동작과 발을 구르는 동작이다. 하지만 점차 신이 들려 강렬하게 춤을 출 때에는 몸 전체를 한꺼번에 사용하고 바구니 위에서 손과 팔, 몸통 등 상체를 자유롭게 움직이며 춤을 추었을 것으로 보인다. 또한 아메노우즈메가 신이 들려 옷이 벗겨질 때까지 추었던 춤은 무아지경의 강렬한 춤이었을 것으로 보고 있으며, 이런 점에서 자유로운 호흡 흐름이 강조된다고 할 수 있다. 바구니 위에서의 절제된 움직임에서는 자유로운 흐름과 탄력적인 흐름이 반복적으로 일어나고, 신체 중심으로 끌어들이는 동작이 주도적이다. 또한 발을 세차게 구르는 동작은 매우 강렬한 이미지를 드러낸다. 결과적으로 무녀 아메노우즈메의 춤은 심미적이라기보다 강렬하고 정열적인 단순한 춤으로 구성되어 무아지경

47 민병훈, 『일본의 신화와 고대』, 보고사, 2005, p.13.

에 빠진 황홀경의 춤으로 드러난다. 이 춤은 엑스터시에 이르면서 강하고 빠르며 자유롭고 절제된 탄력적인 동작을 하고, 신체의 내부에서 비롯되는 강렬한 에너지를 이용한 단순한 동작을 반복적으로 사용하는 도취 형태라고 볼 수 있다. 그러나 최근 다카치오 신사에서 추고 있는 아메노우즈메의 춤은 『고사기』에 기록된 춤의 성격과는 매우 다르다. 아메노우즈메가 무대 공간으로 들어올 때 팔을 스윙하면서 도리모노를 든 손을 살짝 때리기로 연결하는 요염한 동작과 미끄러지는 스텝 그리고 손목의 회전으로 마무리하는 몸 전체의 회전이 주를 이룬다. 이 춤은 지속적인 방식으로 이루어지며, 반복을 통해 매우 유동적이고 자연스러운 움직임이 되고 모든 공간을 아우르는 입체적이고 부피감을 강조하는 움직임이 되면서 아메노우즈메의 춤을 새로운 형태로 변형시켰다.

현재 다카치오 〈요카구라〉는 국가 지정 무형문화재로 매년 10월 일년에 한 번씩 추수 감사나 풍년을 기원하고 마을의 잡귀를 쫓고 복을 비는 제의적 기능과 마을 공동체 모두가 즐길 수 있는 연희로서 노래와 춤을 추는 것이 보통이다. 이는 다카치오 마을의 지주로 알려진 가옥에서 지속적으로 열리고 있으며[48] 다카치오 신사에서 매일 재연된다. 다카치오 신사는 일본 황실의 시조가 하늘에서 내려온 곳이자 모든 신이 따라 내려온 곳이다. 이곳에서는 매일 저녁 8시가 되면 인간국보로 지정된 연기자들이 현대판 〈요카구라〉를 공연한다. 이때의 내용은 주로 창세 신화에 등장하는 태양신에 관한 것이며, 종족의 번식과 축원을 위해 씨앗을 나눠주는 행위 등이 이루어진다. 이는 길놀이와 연희 전에 올리는 제의를 제외하고 오락성과 예술성이 혼합된 형식으로 일본인들의 민족의식을 고취시키려는 의도가 짙게 깔려 있다. 즉, 과거의 마을 굿을 남녀노소 모두가 즐길 수 있는 현대의 공연극으로 패러디한 것이다. 일본의 굿 다

48 다카치오 박물관 고고학자 슌스키 오카타와 와의 인터뷰 중 발췌.

카치오 〈요카구라〉는 일본의 고유한 전통으로 민간의 삶과 가장 가까운 곳에 존재하고 있는 것이다.

기독교와 현대 무용: 〈수퍼스타 예수 그리스도〉

〈수퍼스타 예수 그리스도〉는 전 이화여대 교수이자 현대 무용진흥회 이사장인 육완순이 기독교 정신을 고취시키기 위해 창작한 무용 예배 공연이다. 이 공연은 1973년 이화여대 부활절 채플에서 무용으로 예배를 드리자는 서광선 기독교학과 교수의 제안으로 시작되었다. 그는 영국의 젊은 작곡가 앤드루 로이드 웨버(Andrew Lloyd Webber)와 대본작가 팀 라이스(Tim Rice)가 함께 만든 록 뮤지컬 〈지저스 크라이스트 수퍼스타(Jesus Christ Superstar)〉[49]의 음악을 듣고 감동을 받았고, 이 음악과 무용을 접목해 예배드리는 것을 생각했다. 그래서 이화여대의 교목실장 한준석 목사와 협의하여 김옥길 총장 이하 현영학, 강우철, 서광선, 이경열, 한준석, 김상일 등을 기획위원으로 위촉하고 안무가로 육완순 무용과 교수를 초빙했다. 예수 그리스도 역을 맡은 육완순 교수는 무용과 재학생, 대학원생, 졸업생들과 함께 배역을 정하고 예수가 고난당하던 마지막 7일 간의 사건을 전3막으로 나누어 예수의 일대기를 무용으로 안무했다.[50] 그리고 이 무용극은 이화여대 대강당에서 부활절 예배 무용으로 공연되었다.

---

49 록 뮤지컬 〈지저스 크라이스트 수퍼스타〉는 미국 브로드웨이의 마크 헬링어(Mark Hellinger) 극장에서 1971년 10월 22일 초연되었다. 이 작품의 내용은 성서에 등장하는 인물의 특성을 패러디 하여 죽음 앞에 놓인 예수의 인간적인 모습과 유다의 애국심을 강조했다. 이렇게 성서의 의미를 퇴색시킨 이 공연은 보수파 기독교인들의 저항과 함께 논란과 혹평을 불러 일으켰다.

50 이 공연에 대해 경향신문(1973.04.14)은 "이화여자대학교 무용과에서 부활절 기념공연으로 〈수퍼스타 예수 그리스도〉가 육완순 교수의 안무로 공연된다."는 기사를 실었다. 이 공연은 후에 보수파 기독교인들의 공연 불가 저항도 있었지만 한국 사회의 젊은 층에서 좋은 반응을 보여 현재까지 앙코르 공연과 정기 공연 및 지방 공연이 이루어지고 있다.

42. 〈수퍼스타 예수 그리스도〉

〈지저스 크라이스트 수퍼스타〉의 뮤지컬은 서막과 함께 크게 2막으로 구성해 「마태복음」 제 26~27장의 이야기를 배경으로 현대적 해석을 가미시켜 공연했다. 성경에 의하면, 유다는 만인이 따르는 예수의 지도력을 적대시하는 제사장들에게 은화 30전을 받고 예수를 팔아 넘겼다. 이는 예수 그리스도가 십자가의 고난을 당하기 바로 전날 있었던 일을 고발한 정치적 사건인데, 당시 예수 그리스도는 제자들 중 한 사람, 즉 유다가 자신을 배신할 것으로 예언했고 베드로는 세 번 그리스도를 부인할 것이라 예언했다. 그리고 그 자리에서 빵과 포도주는 많은 사람의 죄를 용서해 주고 축복하기 위한 자신의 몸과 피라고 말하며, 이 예식을 영원히 기념하라는 명령을 내린다.[51] 다음날 유다는 제사장에게 이 예식을 폭로하고

---

51 예수께서 이 말씀을 하시고 심령이 괴로워 증언하여 이르시되 내가 진실로 너희에게 이르노니 너희 중 하나가 나를 팔리라 하시니 제자들이 서로 보며 누구에게 대하여 말씀하시는지 의심하더라. 예수의 제자 중 하나 곧 그가 사랑하시는 자가 예수의 품에 의지하여 누웠는지라 시몬 베드로가 머릿짓을 하여 말하되 말씀하신 자가 누구인

겟세마네 동산에서 기도하는 예수에게 입맞춤을 함으로써 그의 신분을 밝힌다. 결국 예수는 병사들에게 끌려가고 채찍을 맞는 고통을 겪으며 십자가에 못 박히는 최후를 맞게 된다. 유다는 돈을 준 제사장에까지 조롱을 받게 되는 상황 속에서 자신의 잘못을 뉘우치고 자살한다.

그러나 뮤지컬에서는 성서에 기록된 내용과는 사뭇 다른 시각에서 이야기를 전개해간다. 하느님의 아들로 인간의 모습을 하고 세상에 온 예수는 초인간적인 예지를 가지고 이스라엘을 통치하는 왕, 메시아로서의 전지전능함보다는 자신이 왜 십자가에 못 박혀 죽어야 하는지 자신의 운명 앞에서 고뇌하는 인간적인 모습을 부각시킨다. 한편, 막달라 마리아는 한 남성으로서의 예수를 지극히 사랑하는 여인으로 등장하고, 만인의 존경을 받고 있는 예수를 모함해 십자가에 못 박히게 한 유다는 자신의 배신이 겨레를 위한 일이라고 주장하며 예수와 대립하는 제자로 등장한다. 이렇게 배역의 성격을 새롭게 해석한 이 뮤지컬의 노래 가사에서는 인물들의 성격에 맞추어 저속하고 거친 가사와 음색 등으로 배역들의 고뇌와 갈등을 표현한다. 이 공연은 전세계의 보수파 기독교인들에게 파문을 일으켰지만 거친 록의 폭발음에 관심을 가졌던 젊은이들에게는 대중성을 지향하는 음악으로서의 매력에 빠지게 했다.

이렇게 세계적인 관심을 끌고 메시아 예수의 최후 순간을 강렬한 비트와 종교적 해석으로 뉴욕의 한 복판에서 인기리에 공연되었던 뮤지컬 〈지저스 크라이스트 수퍼스타〉는 1973년 예배 무용으로 각색되어 현재

지 말하라 하니 그가 예수의 가슴에 그대로 의지하여 말하되 주여 누구니이까. 예수께서 대답하시되 내가 떡 한 조각을 적셔다 주는 자가 그니라 하시고 곧 한 조각을 적셔서 유다에게 주시니 조각을 받은 후 곧 사탄이 그 속에 들어간지라. 이에 예수께서 유다에게 이르시되 네가 하는 일을 속히 하라 하시니 이 말씀을 무슨 뜻으로 하셨는지 그 앉은 자 중에 아는 자가 없고 어떤 이들은 유다가 돈궤를 맡았으므로 명절에 우리가 쓸 물건을 사라 하시는지 혹은 가난한 자들에게 무엇을 주라 하시는 줄로 생각하더라. 유다가 그 조각을 받고 곧 나가니 밤이러라(마태복음 26장 17-31절).

까지 30년의 장기 공연을 했고 70만 명의 관객을 동원했다. 육완순의 안무는 등장인물과 노래 가사에 근거해 창작되었고 서막을 비롯해 전3막으로 재구성되었다. 제1막에서 제3막까지의 내용과 춤은 다음과 같이 진행된다.

오케스트라가 연주하는 '서곡'을 비롯해서 하느님의 아들을 의심하는 유다가 예수 때문에 자신의 민족이 로마로부터 탄압을 받을까 근심하는 '천당을 꿈꾸다'가 진행된다. 서곡에서 무용수들은 다양한 색깔의 타이즈를 입고 음악의 엑센트에 맞춰 순간적이고 강렬한 동작을 반복하며 무대를 시작한다. 이후 제자들이 예수에게 미래의 계획에 대해 집요하게 질문을 하는 장면이 나오면 예수와 제자들이 각자 연기가 섞인 마임과 춤을 춘다. 이에 막달라 마리아는 예수의 발을 어루만지고 머리에는 향유를 부으면서 위로하는 춤을 춘다. 그녀는 꿇어 앉아 예수에게 팔을 들어올려 존경을 표하기도 하고 부드럽고 간절하지만 때로는 엑센트를 이용한 순간적인 동작과 가슴을 수축하는 동작을 하며 춤춘다. '무슨 소란/혼란스러운 이상한 일'에서는 유다가 마리아에게 향유를 받는 예수를 비난하는 춤을 춘다. 강렬하고 거친 동작으로 춤을 추며 비아냥거리는 표정을 짓는다. 그러나 예수는 죄 없는 자만이 그녀에게 돌을 던질 수 있다고 말한다. 이때 예수의 춤은 강하지만 위엄이 있다. 마리아는 '우린 결정 했어', '모든 게 괜찮아질 거야'라고 예수를 위로하고 유다는 가난한 사람을 생각하라고 예수를 비난한다.

한편 대제사장 가야바와 장로들은 메시아로서 예수의 문제를 논의하고 '예수는 죽어야 한다'고 결론을 짓는다. 예수가 예루살렘에 도착하자 군중들은 '호산나'를 부르고 그를 환영한다. 열성당원 '시몬 젤로테'는 예수를 맞이하며 '가난한 예루살렘'이 로마와 맞서 싸울 수 있도록 독려해 달라고 간청한다. 이 장면에서는 예수가 예루살렘에 걸어 들어오고 그를 환영하는 당원들은 팔을 들고 높이 뛰며 그를 환영하는 동작을 한다. 시몬 역시 열성적으로 점프를 하고 팔을 들어 환영하는 동작으로 춤을 춘다. '빌라도의 꿈'에서는 빌라도가 예수의 죽음에 자신이 관련된 것을 본다. 빌라도는 탄력적이면서 느린 동작으로 자신의 꿈의 의미를 표현한다. 예수는 '성전'에 모인 장사꾼을 내쫓고 병자와 가난한 자들이 그를 둘러싼다. 이때 병자들은 다리를 절룩거리는 동작을 하거나 앉은뱅이 자세로 몸을 끌어 예수에게 다가간다. 맹인 역시 몸을 잘 가누지 못하면서 예수에게 눈을 뜨게 해달라고 기도하는 동작을 한다. 화가 난 예수가 큰소리를 내자 마리아가 '모든 게 괜찮아질 거야' 하며 위로한다. 그리고는 잠든 예수를 보며 '어떻게 그를 사랑하나'하며 그를 향한 사랑에 번민한다. 이 장면에서 마리아는 애절하고 사랑하는 마음을 부드럽고 가벼운 동작과 엑센트 구문으로 춤을 추며 예수를 향한 그의 사랑을 표현한다. '영원히 지옥에 떨어진 사람들'과 '피 묻은 돈'에서는 유다가 가야바를 만나 예수의 행적을 고발한다. 여기서 유다는 간접적인 시선으로 몸을 이리 저리 움직이며 마임적인 동작으로 몰래 고발하는 장면을 연출한다.

'최후의 만찬'에서 유다의 배신과 베드로의 부인을 예언하고 자신의 몸과 피를 먹고 마시라 명한다. 이들은 포도주를 마시고 빵을 나누는 동작을 연기한다. 그러나 유다가 예수와 대립하는 장면에서는 남성적이고 강렬한 춤을 춘다. 예수 역시 유다 못지않게 강하고 빠르고 내리치는 동작을 한다. 밤이 되어 유다는 나가고 제자들은 잠이 들지만 예수는 하나님 아버지를 부르며 자신이 가야 할 가시밭길과 죽어야 하는 이유에 대해 눈물을 흘리며 묻는다. 이때 예수는 두 팔을 들어 하나님께 간절함을 나타내는 동작으로 장면을 묘사한다. '겟세마네'에서 체포된 예수는 자신이 하느님의 아들이라고 말하고 '구속'된다. 병정들은 창으로 찌르고 예수는 가슴과 몸을 움츠리며 아픔을 나타낸다. 하지만 예수와 상관없다고 고개를 흔드는 '베드로의 부인'이 진행된다. '빌라도와 예수'에서는 빌라도가 재판을 하고 '헤롯왕의 노래'에서는 헤롯왕이 예수에게 하느님의 아들임을 증명하라고 조롱한다. 헤롯의 동작은 늘쩍지근하고 재즈의 특징과 같이 조롱이 섞인 끈적끈적한 춤이 이어진다. '제발 새로 시작할 수 있을까', '유다의 죽음'에서는 자신이 저지른 배신 행위를 후회하며 수축과 이완이 교차하는 강렬한 동작과 연기로 장면을 표현한다. '빌라도의 재판과 39대의 채찍'에서는 예수가 매를 맞으며 강한 몸의 수축을 하고 일어섰다 넘어지기도 하고 누워서 괴로워하는 동작을 연출한다. 빌라도에게 매를 맞아 쓰러져 있는 예수를 본 유다가 자신이 저지른 엄청난 일을 후회하고 몸을 떨고 흔드는 동작을 하다가 무대 밖으로 나가며 자살을 암시한다. 예수는 십자가에 걸리고 신에게 자신의 처지를 말하며 팔을 벌려 못 박히고 두발 역시 못 박힌 상태에서 고개를 떨어뜨리기도 하고 고개를 들어 하늘을 바라보며 괴로운 심정을 고백하는 장면을 연출한다. 그때 멀리서 유다가 부르는 '수퍼스타'를 듣는다. 무용수들은 수퍼스타의 음악에 맞춰 다양한 그룹이 서로 다른 현대 무용 형태의 동작을 하며 예수에 대한 존경심을 표현한다. 마침내 '십자가의 처형'이 진행되고, 무덤에 묻히면 무용수들은 흰색의 의상을 입고 예수의 부활에 경의를 표하는 탄력적이지만 느린동작으로 고개를 들고 팔을 위로 올리는 동작으로 춤을 춘다.

한국에 미국 마사 그레이엄 현대 무용의 기법을 처음으로 소개했던 육완순은 이 공연에서 미국의 마사 그레이엄의 테크닉을 록뮤지컬과 접목시켰다. 그리고 예수의 최후를 현대 무용으로 창조해냈다. 이 작품은 성경의 원뜻과는 다르게 예수의 신성성을 인간적인 모습으로 패러디한 내용을 담고 있다. 그래서 보수파 기독교인들에게는 혹평을 받았지만 당대 젊은 층이 추구했던 문화 코드와 예술적이고 내성적 표현주의를 효과적으로 드러낼 수 있는 현대 무용 동작들을 활용해 성공적인 공연을 이어갔다.

불교 의식무: 〈영산재〉[52]

재(齋)는 가장 깨끗하고 큰 불공이라는 의미를 지닌 말로 '삼가다, 부정을 피하다'의 뜻을 가지고 있다. 이는 낮 12시를 넘지 않는 공양을 가리키는 말이었다가 나중에는 스님이나 속인들에게 음식을 베푸는 것을 뜻하게 되었다. 우리나라에서는 보살에게 드리는 공양이나 죽은 사람을 하늘로 인도하는 천도 의식을 말하기도 한다. 천도 의식은 일명 49재라고 하며, 유가족이 수명을 다해 돌아가신 사람을 위해 49일 동안 매주 7일마다 법문과 여섯 가지 기본이 되는 법률, 즉 육법으로 공덕을 지어 일곱 번의 재를 올리는데, 이를 칠칠재 혹은 천도재라고도 한다. 칠일에 한 번씩 재를 올리는 이유는 7일 주기마다 염라대왕이 지배하는 세계에서 시왕(十王)이 죽은 자의 업을 심판하러 오기 때문으로 알려져 있다. 이 과정은 예식의 과정으로 점진적으로 상(喪)에서 벗어나는 것이 핵심이다.

〈영산재〉는 신령스러운 산에서 불교 의식의 재를 지내는 것으로 영산회상을 줄인 말이다. 영산재는 석가모니 부처가 영취산에서 설법하던 때에 모인 사람들이 설법을 듣고 환희하는 모습과 하늘에서 만다라 꽃이 날리고 묘음보살(妙音菩薩)이 묘한 음악으로 중생을 구제하는 설법을 하고 있는 모습 그리고 하늘의 아이와 여자가 내려와 꽃과 향, 기악과 가무로 공양했던 당시의 광경을 상징화한 불교 의식이다. 여기서 재를 지내는 목적을 보면, 죽은 자에게는 해탈과 극락왕생을 기원하고, 살아 있는 자에게는 불심을 고취시켜 불법과 인연을 맺고 말과 동작 그리고 마음으로 지은 죄를 깨우치도록 유도하기 위함이다.

〈영산재〉는 야외에 영산회상도, 즉 커다란 천에 불상을 그린 괘불을 정면 한가운데 내거는 것으로 시작된다. 그리고 괘불 앞에 보살을 모시

---

52 유네스코 인류무형문화재 〈영산재〉는 http://www.unesco.or.kr/heritage/ich/list_view.asp?Mode=V&seq=175&schDiv= &Div1에서 볼 수 있다.

43. 〈영산재〉

는 상단, 신의 무리를 모시는 중단, 죽은 자를 모시는 하단 등 삼단을 세운다. 그 뒤 죽은 자의 영혼을 절 밖에서 모셔 오는 의식을 한 다음 대접하고 생전에 지은 독을 씻어내는 의식을 한다. 그러고는 의식 장소를 정화하고 보살에게 공양하고 난 다음 죽은 자가 극락에 가서 잘 살기를 바라는 의례가 이어진다. 이후 재를 치르는 사람들은 자신들의 구체적인 소원을 적은 축원문을 읽고 이것이 끝나면 죽은 자나 영산재에 참여한 모든 참가자에게 공덕을 돌리는 의식이 행해진다. 끝으로 의식에 참가했던 대중들을 돌려보내는 봉송 의례가 이루어진다. 〈영산재〉에서는 이와 같은 절차가 행해지는 동안 범패와 작법무 등 불교 의식무가 공연된다.

범패(梵唄)는 불교 의식을 진행할 때 쓰는 모든 음악을 말하며, 더러움이 없다는 뜻을 가지고 있다. 영산재에서는 범패에 맞춰 작법무와 같은 춤을 추게 되는데, 이는 춤 동작을 통해 부처의 가르침인 불법을 짓는 것으로 작법(作法), 즉 법무(法舞)를 의미한다. 범패는 석가모니의 공덕을 찬탄하는 노래로서, 노랫말은 한문이나 진언으로 이루어진다. 이는 순수 불교 의식 절차로서 불교의 진리를 통해 불교 의식의 목적에 접근하는 안채비와 고차원적인 불교 음악으로 안채비의 준비와 내용을 정리하는 바깥채비, 부처와 보살의 공덕을 찬탄하고 소원을 빌어 법회를 열었던 목적을 이루게 하는 화청으로 구성되어 있다. 화청은 우리말로 소리를 하는 우리 고유의 불교 음악이다. 작법무는 수행의 춤으로서 몸동작을 통해 공양하는 것이며, 입으로는 염불을 외우고, 마음으로는 불, 법, 승의 삼보를 생각하는 깨달음의 춤이다. 이러한 작법무는 범패를 가르치는 스님의 청아한 소리와 함께 어우러져 진행되며, 〈바라춤〉, 〈나비춤〉, 〈법고춤〉, 〈타주춤〉의 형태로 춤을 춘다. 이 춤들은 재의식의 장엄함을 더하고 신앙심을 고취시키는 데 중요하게 사용된다.

〈바라춤〉은 바라를 양손에 들고 빠른 장단에 맞춰 강렬한 춤사위로 추는 춤이다. 그래서 매우 남성적인 인상을 주며, 장삼과 가사를 입고 한 사람이 외바라, 두 사람이 평바라, 세 사람이 쌍바라를 춘다. 이 춤에서는 양손에 바라를 쥐고 서로 번갈아가며 이를 올렸다 내렸다 하기도 하고 좌우로 돌리는 동작을 하며 빠른 동작으로 앞으로 뒤로 가기도 한다. 바라를 치며 회전을 하는 동작과 두 손을 모아 바라를 부딪칠 때 나는 장엄한 소리는 마음을 깨끗이 하는 의미나 도를 닦는 장소를 깨끗이 하는 의미로 실행된다. 〈나비춤〉은 팔을 옆으로 벌리면 마치 나비와 같이 보이는 노란색 장삼과 바닥에 닿을 정도로 길게 늘어진 가사 위에 빨간 끈으로 고정시키고 그 위에 탑 모양의 고깔을 쓰고 모란꽃을 들고 추는 춤이다. 이 춤은 하늘을 날아갈 듯 가볍게 걷는 동작과 스님의 소리와 태징 박자에 맞추어 한 사람이 향나비춤, 두 사람이 쌍나비춤, 그외 다섯 사람이 동서남북과 중앙에 서서 서로 엇갈리어 오행나비춤을 춘다. 〈법고춤〉

은 두 손에 북채를 쥐고 북을 힘차게 울리면 반대편에서 삼현육각과 호적 그리고 스님의 태징 장단에 맞춰 느린 동작을 하다가 점점 빠르게 추는 춤으로, 이때 큰북이 울리는 장엄함과 북을 두드리는 몸짓에서 불교의 덕을 찬양하고 중생의 제도를 기원하며 속세를 물리치는 스님들의 고뇌와 해탈을 엿볼 수 있다. 〈타주춤〉은 공양을 찬탄하는 의식으로 〈나비춤〉 법복을 입은 두 스님이 타주채를 하나씩 들고 추는 춤이다. 스님들은 깨달음과 열반으로 들어가기 위해 여덟 가지의 올바른 길을 의미하는 팔정도(八正道)를 뒤로 하고 앉아 있다가, 경쇠 소리와 스님의 태징과 염불소리에 일어나 서로 마주 보고 춤을 춘다. 이때 타주채를 오른쪽, 왼쪽으로 올렸다가 오른쪽 어깨 위로 채를 올린 후 돌고 서로 마주 보고 서서, 타주채를 다시 오른쪽, 왼쪽으로 올렸다가 서로 등진 상태에서 서거나 앉는다.

〈영산재〉에서 부분적으로 행해지는 작법무는 한국의 전통 민속 음악과 춤으로 그 맥을 이어가고 있으며, 특히 민속춤 형성에 큰 영향을 주었다. 현재 영산재는 봉원사, 청계사, 적석사 등의 사찰에서 행해지며, 극장에서는 불교 의식무로서 전통춤을 공연할 때 추고 있다. 영산재에서 보여주는 작법무는 불교 의식, 죄 씻기, 망자의 천도, 공양, 도 닦기, 해탈과 극락왕생 기원, 쌍나비춤, 법고, 쌍바라춤, 타주춤, 팔정도 등 종교적이고 정신적이며 일상적인 인간의 삶과 열망을 담고 있다.[53] 〈영산재〉는 한국의 중요무형문화재이며, 세계인류무형문화재로 등재되어 있어 한국 불교문화의 전형적 문화 코드를 살펴볼 수 있는 춤이다.

53 유네스코 인류무형문화재 〈영산재〉 동영상은 http://youtu.be/DdU44Z3bees에서 볼 수 있다.

라마교와 춤: 티베트 장족의 〈참〉과 〈나희〉

중국은 한족 이외에 55개의 소수 민족으로 이루어진 복합 민족 국가이다. 구소련, 미얀마, 한국, 베트남, 인도 등과 국경을 이루고 있으며, 지하자원과 천연자원이 풍부하다. 대표적인 소수 민족은 한족 다음으로 인구가 가장 많은 장족으로, 이외에도 만주족, 몽골족, 회족, 나시족, 묘족, 마오족, 뤄뤄족, 카지흐족, 타타르족, 우즈베크족, 조선족, 위그르족 등의 56개의 소수 민족이 있다. 중국에서 공산 정권이 집권을 한 이후 가장 중요한 문제는 제각기 고유한 문화와 신앙을 가지고 있는 다양한 소수 민족을 관리하는 것이었다. 따라서 중국 정부는 여러 나라와 국경을 이루고 있는 소수 민족이 살고 있는 지역의 국방과 안전, 자원 개발을 통한 경제 발전, 사회 민주주의의 실현 및 관광 자원의 개발 등을 위해 각 지역의 소수 민족들에게 자치구 정책을 시행하도록 하고 있다. 즉, 45개의 민족이 살고 있는 지역마다 중국 정부의 자치 기관을 두어 각 민족을 관리하고 있다. 한족 다음으로 인구가 많은 티베트의 장족은 불교와 그들의 민족 신앙이 통합된 라마교를 믿고 있는데, 이 때문에 유물 사관에 뿌리를 두고 무신론을 주장하는 중국 공산 정권으로부터 탄압을 받자 최근 자민족의 독립을 주장하고 있다.

장족은 티베트족이라고도 하는데, 3000~5000m 이상의 티베트 고원 지대에 살고 있다. 티베트 고원은 세계의 지붕이라 불리는 히말라야의 북쪽에 위치하고 있으며, 황하강, 양자강, 메콩강 등의 발원지로서 면적이 170만km^{2}의 방대한 지역이다. 장족의 주거지는 청장고원 서남부에 위치하고 있으며 동쪽으로 사천성, 남동쪽으로 운남성, 북동쪽으로 청해성, 북쪽으로 신강 자치구, 남쪽으로 미얀마, 인도, 부탄, 네팔이 접경해 있다. 이들 지역은 인간이 사는 지역 중 가장 해발이 높은 지역으로 산소가 희박하여 낮은 지역에 살던 사람은 고산병에 걸리기 쉽고 살기에 어려운 지역이다. 습곡이 많으며 빙하의 침식과 퇴적으로 인해 내륙의 건조한 곳에 짠물이 고여 있는 호수 등도 많다. 주로 목축과 농업을 하며 유목생활과 정착 생활을 함께 한다. 그들의 목축은 주로 야크(yak)나 양과 관련된 것으로, 야크는 고기, 가죽, 털, 내장, 젖, 뼈 모두를 이용할 수 있으며 분뇨까지 연료로 쓰이는 유용한 동물이다. 장족의 여성은 이 야크 5마리 정도와 교환될 정도로 사회적 지위가 낮으며, 일부다처제의 생활을 하고 있다.

장족의 기원 신화는 원숭이 토템 설화로서 히말라야가 바다였던 암흑과 혼돈의 시기에 시작된다. 이곳에 찬란한 광휘가 비치면서 불, 물, 나무, 금, 땅 등 5원소의 기운으로 이 세상이 여러 차례 가라앉고 뜨기를 반복했으며 육지와 바다가 자리를 바꾼 다음 중앙에 거대한 땅이 솟아올랐다. 그러고는 서서히 아름다운 산과 계곡, 맑은 물과 울창한 숲, 비옥한 평야가 형성되었다. 이후 몇 차례의 대홍수가 지나갔고 생명체가 살기 시작했지만 그때까지도 인간이 아닌 정령들이 주인이었다. 여기서 특이한 변종으로 태어난 유인원, 즉 원숭이를 유심히 본 남해 바닷가 보타낙가산의 관음보살은 원숭이를 대륙으로 보냈고 계율을 지키며 명상 수행을 하는 원숭이를 얄룽(Yarlung) 계곡의 동굴로 보냈다. 그곳의 정령이었던 나찰려가 나타나 도를 닦고 있는 원숭이를 보고 반해 결합하기를 원했다. 그녀는 거들떠보지도 않는 원숭이에게 자신이 자결을 하거나 마귀와 결혼하여 수많은 생명체의 희생이 있을 것이라고 협박을 했다. 이에 원숭이는 관음보살에게 달려가 조언을 듣고는 나찰려와 결합을 하게 되었고, '투'라는 종족이 생기게 되었다. 이들은 서로 다른 성격과 외모를 가진 여섯 명의 자식을 낳았다. '투' 부부는 이들을 분가시켜 살아가도록 했지만 너무 많이 불어난 식구들이 살기에는 숲속의 자연적인 식량이 모자랐다. 그래서 '투' 부부는 관음보살에게 달려가 도움을 청했고, 이에 오곡종자를 얻어 얄룽 계곡에 심어 잘 살게 되었다. '투' 종족의 후예는 점차 털이 빠지고 꼬리가 짧아지면서 걸어 다니는 인간의 모습으로 변해갔다.

그들은 수렵 생활과 농업 그리고 채집을 하면서 자손을 번창시켰으며 장족의 조상이 되었다.[54]

이들은 7세기 초, 청장고원에 정착했고 송첸캄포(Songtsen Gampo, 569~649) 왕에 이르러 티베트의 수도인 납사(Lhasa)에 강력한 군사력과 세력을 가진 왕조를 건립했다. 당나라에서는 공주를 보내 화친을 맺어 교류를 시작했을 뿐만 아니라 후에는 몽골, 청나라, 한국 등과의 교류를 이끌기도 했다.

장족은 "높은 스승, 교사"를 의미하고 티베트 지역의 불교를 속칭하는 라마교(Lamaism)를 믿는다. 라마교는 서쪽의 인도로부터 온 불교와 티베트 토착의 샤머니즘 민속 신앙, 즉 길흉을 점치고 귀신을 퇴치하는 분교(苯教)와 융합된 것으로 원시적인 성격의 주술성이 강한 특징을 지니고 있다. 이 종교는 원나라의 국교로 채택되어 탄트라 불교(Tantric Buddhism)라는 이름으로 전 세계로 퍼져 나갔다. 라마교에서 달라이 라마는 최고의 귀족 계층이며 경제적인 부를 가지고 있다. 승려도 라마가 되면 높은 지위와 존경을 얻고 경제적 부를 갖게 되지만, 이외에 일반 계층은 유목과 농업으로 살아간다. 우리나라에서는 고려 시대 왕자가 원나라에 체류하면서 탄트라 불교의 라마승들과 교류했을 것으로 추정하고 있다. 현재 장족 문화의 현대화 과정에서 라마교의 영향력은 공산 정권의 국가 정책으로 인해 차츰 쇠퇴하고 있으며 소수 민족의 종교와 문화로서 정책적으로 서서히 관광 상품화되고 있음을 감지할 수 있다.

최근에는 장족의 문화로 〈티베트 오페라〉가 2009년 유네스코 인류무형문화유산으로 등재되었다. 이는 티베트 민족의 민속 드라마로 그들의 민속적 요소가 짙은 민요는 물론 춤과 이야기 그리고 곡예와 전통 의식 등 다양한 장르가 결합되어 티베트 문화의 총화를 담은 종합 예술이 되

54 김규현, 『티베트』, 실크로드 문화센터, 2008, pp.54-70.

44. 〈참〉

었다. 일반적으로 불교의 가르침을 바탕으로 하는 해설자의 이야기를 통해 권선징악과 사회적 교화를 주제로 공연이 펼쳐지며, 이를 통해 민족의 통합과 자부심을 증진한다. 이 공연에 출연하는 배우들은 연기와 춤, 노래와 곡예 등을 하며 전통 가면을 쓰는 것이 특징이다. 이 가면들은 야크(Yaks)를 상징하는 가면무에서 사용하기도 하고, 무당춤, 수건춤, 황소춤, 연꽃춤 등을 출 때에도 사용한다. 박진태의 「동아시아 샤머니즘」의하면, 이는 일종의 종교 무용인 〈참(Cham)〉과 같은 것으로 불교 의식에서 재앙을 물리치고 사악한 기운을 몰아내는 의미로 활용되거나 불교와 라마교의 영향을 받은 민속극 〈장희〉에서 여러 종류의 가면으로 다양한 인물의 성격을 나타내는 데 사용된다.

〈참〉은 '사원 안의 춤', 즉 법무를 뜻하는 것으로 라마교의 승려들이 사원에서 추는 의식춤이자 악을 물리치고 수호신을 숭배하는 의미로 행하는 종교 무용이다. 〈참〉의 원형은 인도 밀교의 행자, 티베트에 불교를 포교한 라마교의 개조, 연꽃에서 태어난 자인 파드마 삼바바(Padma Sambhava, 蓮花生)가 가져온 부처의 공양을 성취하는 〈금강무〉를 기초로,

티베트 고유의 분교 의식과 민간의 동물을 모방한 토템무, 인물가면무, 고고무(古鼓舞) 등의 예술 요소를 흡수하고 무도 형식을 이용하여 마귀를 항복시키는 이야기를 연출한 것이다.[55] 서장, 청해, 감숙, 운남, 사천 등지의 불교 사원에서 시작된 〈참〉은 점차 발전하여 사악한 귀신을 쫓는 내용의 무용극이자 포교극이 되었다. 〈참〉에서는 불법을 형상화한 상징으로 가면을 쓴다. 〈참〉은 근원적으로 티베트의 원시 신앙과 무교 의식에 토대를 두고 형성되고 발전한 불교적인 가면무용으로서, 거의 모든 사원마다 규모는 다르지만 춤사위는 통일되어 있으며 의상과 가면 또한 거의 비슷하다. 〈참〉 의식의 절차는 하루 전에 주술을 행한 다음 곡식 가루를 빚어 만든 마귀 하나를 마을 밖 길가에 버려 새와 짐승이 먹게 하여 귀신을 보내는 송귀 의식을 하는 것으로 시작한다. 의식 장소를 정화하고 야크신과 해골신이 춤추며 끝을 맺을 때에는 출연자 전체가 마을 밖의 한 장소에 가서 재난을 상징하는 것을 태워 버린다. 이러한 〈참〉의 과정은 여러 지상의 신령들과 호법신들을 잔치에 청하고 연희자 전원이 옷차림을 갖추고 정식으로 공연하여, 여러 신의 보우를 기원하는 종교 의식으로, 춤판을 성대하게 거행하여 석가모니의 공덕을 찬미한다. 이는 큰 신을 맞이하고 가 · 무 · 악으로 봉헌하며 무당이 악귀를 내쫓는 샤머니즘적 마을 굿의 절차와 비슷하다. 티베트의 왕실은 분교를 숭상하는 귀족들로부터 왕권을 강화하기 위한 수단으로 불교를 수용했고, 〈참〉은 호법신의 탈을 쓰고서 불교에 적대적인 악귀를 제압하는 제의 무용으로 행해졌다. 이후 〈참〉은 티베트 종파의 불교 사원에 기록된 〈참〉의 극본을 근거로 대중화되면서 신성한 사원의 종교 의식에서 조금 더 광범위한 분야로 수용되는 포교극이 되었다.

55 전경욱, “티베트 가면극의 역사와 연희양상”, 『남도민속연구』 Vol. 23, 남도민속학회, 2011, p.379.

이 춤에서는 형상이 사납고 신비로워 귀신을 항복시키고 불법을 수호하는 흉상 가면과 평화로운 신들의 얼굴을 하고 있는 선상 가면, 여러 짐승들을 상징하는 동물 가면 등을 사용한다. 이중에서 야크 가면은 티베트에서 가장 중요시하는 동물을 그린 것으로 불법을 보호하는 기능을 하고 있다. 티베트의 탈의 모습은 위엄이 넘치고 화가 난 듯 두 눈을 부릅뜨고 있으며 이마에 붙은 또 하나의 눈은 내적 마음을 반영하는 의미로 앞을 직시하며 눈동자 위에는 핏발이 서 있고 커다란 이빨과 송곳니는 날카롭다. 입은 크게 벌려 이빨을 드러낸 채 혀를 오므리고 머리털과 눈썹과 수염은 불길이 활활 타오르는 듯 적황색의 화염상이다. 머리에는 인간의 5가지 번뇌를 상징하는 두개골 다섯 개가 그려져 있는 오골관을 쓰고서 공포와 분노의 모습으로 악마와 적을 제압하는 모습을 하고 있다. 티베트의 탈이 이렇게 무서운 이유는 불교가 무속적인 분교와 격렬하게 투쟁하는 과정에서 공포와 분노, 투쟁성이 극단적으로 강조되었기 때문으로 추정된다. 그러나 이 춤은 지각이 있는 존재에 대한 연민과 관계된 도덕적 지침을 제공하기도 하고, 그것을 인지하는 모두에게 가치를 가져다주기도 한다.

〈참〉을 이끄는 사람은 악기 연주자인데, 그들은 사슴뿔과 같은 호각과 북 그리고 징 등 티베트의 전통 악기를 사용한다.[56] 그들의 음악에서는 쉼이 존재하지 않으며 소리가 없는 긴 시간이 있을 뿐이라고 한다. 장식이 달린 장삼을 입고 티베트의 보호자인 마하칼라(Mahakala)와 신화 속에 등장하는 하얀 사자의 신성한 상을 나타내는 춤을 추기도 한다. 이 춤의 특징을 보면, 주로 신에게 바치는 명상의 형태로 이루어진다. 4~8명 정도의 가면을 쓴 승려가 동물이나 귀신, 아이, 현자를 의미하는 오색

56 E. Pearlman, *Tibetan Sacred Dance: a Journey into the Religious and Folk Traditions*, Inner Traditions/Bear & Co., 2002, pp.21-180.

의 화려한 의상을 입고 다이나믹한 동작으로 춤을 춘다. 이 춤은 악귀를 쫓는 호법신이 지신을 밟듯 뛰어다니거나 질서 정연하게 길을 닦고 정리하는 의미를 담고 있기도 하다.

이 춤에서 움직임은 한 발만 들고 딛는 스텝, 배꼽까지 손을 여미는 동작, 귀 뒤로 손을 감싸거나 사선으로 뿌리는 동작, 춤추는 공간을 감싸고 포용하는 동작 등이 주를 이루고 있다. 발동작에 있어서는 한 박에 발 전체를 바닥에 힘 있게 누르는 동작과 한 다리는 들고 한 바퀴를 회전하는 동작이 많다. 또한 갑자기 발을 빠르게 움직이며 높이 뛰는 활달한 동작이 많다. 팔은 약간 굽혀 움직이는 곡선적 동작을 볼 수 있다. 무대 구성에 있어서는 일렬로 섰다가 원을 만드는 대형을 위주로 제자리에 서서 몸 전체로 큰 원을 그리는 동작을 하는데 이는 불교의 윤회설을 상징하는 대형으로 추정된다.[57]

이처럼 〈참〉은 티베트의 토속 신앙인 분교의 힘을 분산하려는 정치적인 의도로 받아들인 불교와 이 둘의 조화로 생겨난 라마교의 교리를 지키고 전파하기 위한 수단으로서, 티베트의 전통 종교의 의식과 불심이 상징적으로 표현된 춤이다.

한편, 〈장희〉는 티베트의 가면극으로 5세 달라이 라마 때부터 시작된 풍속이다. 이 가면극은 〈참〉과 민간설창 그리고 가무 및 연극이 모두 합쳐져 만들어진 민속극이다. 전경욱에 의하면, 〈장희〉는 11세기 전후 해설, 창, 가무의 발전과 함께 고승 딩동걸포(Tangdon Gyepu, 14세기말~15세기 말)에 의해 성립되었다. 〈장희〉의 공연에서는 산양의 모습을 나타내거나 흰 구름을 의미하는 백색의 탈과 푸른 하늘을 나타내는 남색의 탈을 쓰기도 하고 세속 인물이나 라마 마귀, 무녀 등을 나타내는 평면 가면

57 〈참〉 동영상 1~4는 http://youtu.be/92Vn_IlzqrM, http://youtu.be/3K-yh7Jrnis, http://youtu.be/dOg4b4CMHXE, http://youtu.be/oDXJzZK6RAs에서 볼 수 있다.

45. 〈장희〉

과 입체가두 등의 인물 가면을 쓰기도 한다. 가면의 색은 각종 인물을 상징하는데, 예를 들면 홍색은 공간을 보호하는 법신을 의미하기도 하며, 권력과 위엄을 상징해 국왕이나 대신들의 배역이 쓰기도 한다. 녹색은 자애를 상징해 왕비나 목녀가 쓴다. 대지를 상징하는 황색은 신성을 상징해서 생불이 쓰고, 흑색은 흉악을 상징해서 마귀나 요녀가 쓴다. 또한 반백이나 반흑색은 교활함을 나타내서 어릿광대나 골계역 그리고 무사(巫師)의 배역이 쓴다.[58] 때로는 동물의 역할이 많이 등장하는 불교 고사나 신화를 표현하기 위해 동물 가면을 쓰며, 사원에서 하는 신무에서는 신무 가면을 쓴다. 장족의 의상 역시 오색을 쓰는 것이 보통이다. 이는 음양오행을 나타내는 색깔을 사용하는 것과 유사한 개념으로 우리나라의 〈처용무〉에서 입고 있는 의상과 같은 색을 쓴다.

티베트의 수도인 라싸에서는 매해 6월에 열리는 설돈절(雪頓節)에서 〈장

58 전경욱, 「티베트 가면극의 역사와 연희양상」, 『남도민속연구』 Vol. 23, 남도민속학회, 2011, pp.353-369.

희〉 공연이 펼쳐진다. 설돈절은 '요구르트를 먹는 잔칫날'이라는 의미를 가지고 있다. 이는 승려들이 고된 수행과 독경을 한 후 절 밖의 활동이 허락된 시기에 그들이 좋아하고 즐겨 하는 장극과 가무를 하도록 한 데에서 기원한 것으로 알려져 있다. 〈장희〉의 공연 과정은 놀이, 정희, 고별 의식으로 진행된다. 놀이에서는 백색 가면과 남색 가면을 쓴 인물이 등장해 극의 줄거리를 말하고 신불을 예찬하고 악을 쫓고 복을 기원하는 춤과 노래로 의식을 행한다. 정희에서는 해설자가 각본의 이야기를 서술하면, 이에 따르는 노래를 하고 춤을 추며 연기하는 순서가 진행된다. 고별 의식에서는 관중에게 가무를 보여주는 가운데 감사의 뜻을 전하고 축복하면서 불심으로 헌금을 하도록 진행한다. 티베트의 넓은 지역에서 〈장희〉의 내용은 다양하게 공연되지만, 불심으로 토착 신앙인 뷰교의 힘을 누르고 불교가 주도권을 갖고자 하는 〈낙상법왕(諾桑法王)〉의 이야기와 전처의 아들 대신 자신의 아들을 국왕으로 만들려는 애첩의 만행, 이에 동조하지 않고 세상으로 나간 이복형제 두 왕자가 결국 라마 승려의 도움으로 서로 다른 나라의 국왕이 된다는 〈돈월돈주(頓月頓珠)〉의 이야기는 〈장희〉를 대표하는 이야기로 공연되고 있다.[59]

가무의 형식은 주로 〈미나참(米那羌姆)〉과 〈알파고무(嘎巴鼓舞)〉로 행해진다. 〈미나참〉에는 불심이 가득한 신도의 마음속에서 신을 상징하는 〈경무(梗舞)〉와 호랑이를 토템으로 마을 수호신의 형상으로 만들어진 가면을 쓰고 12명의 민간이 춤을 추는 〈십이상무(十二相舞)〉가 있다. 이 춤에서는 제사에 희생되는 동물의 공포를 보여 주기도 하고 산양과 같은 동물의 동작을 모방하기도 한다. 그리고 웅신을 위한 제사를 위해 나무 가면을 쓰고 춤을 추기도 한다. 〈알파고무〉에서는 역신을 몰아내고 부

59 전경욱, 「티베트 가면극의 역사와 연희양상」, 『남도민속연구』 Vol. 23, 남도민속학회, 2011, pp.369-376.

족 간 충돌을 해결하기 위한 제사 의식을 위해, 머리에 흰 야크의 꼬리를 꽂은 연희자들이 밭을 돌며 풍작을 기원하며 북을 두드리는 〈고무(鼓舞)〉를 추기도 한다. 또한 신의 군대를 의미하는 춤으로 〈신병무(神兵舞)〉를 추는데, 이는 '온파(溫巴)'라는 인물이 흑등룡(黑燈龍) 바지를 입고 겉에는 허리에 소털로 짠 그물을 두른 채 여러 신병들을 이끌고 추는 고무를 말한다.

이처럼 티베트에서는 라마교의 종교 의식으로 큰 의미를 지니고 있는 〈참〉과 〈장희〉가 가면극으로 연행되고 있으며, 이것이 발전하여 티베트의 오페라로 공연되고 있다. 이는 과거로부터 전통으로 이어져 온 라마교, 승려, 가면극, 고무, 역신 타파, 풍작 기원, 〈참〉, 〈장희〉 등 종교적 제사 의식과 연행 형식을 녹여 낸 장족의 예술 문화이자 민족 문화이다. 현재 장족의 문화유산인 〈참〉과 〈장희〉는 무교(無敎)를 지향하는 공산 국가의 제재로 인해 많은 어려움을 겪고 있는데, 교인들은 라마교의 사원에 드나들기 어려운 실정이고, 중국 공산 정권의 이념에 반한다는 이유로 종교 행사로서의 연행도 순조롭지 못한 상황이다. 그럼에도 불구하고 중국에서는 정치적인 차원에서 자국의 소수 민족 중 하나로 티베트 자치구의 문화 보존과 관리를 위해서 티베트 오페라를 유네스코 세계인류무형문화유산으로 등록했다. 세계의 문화로서 〈참〉과 〈장희〉는 티베트의 고원에서 살고 있는 장족의 삶과 문화를 풍요롭게 만들고 있으며 그들의 정체성을 보존하는 춤과 극으로 장구한 역사와 문화를 지키고 있다.

육법 공양: 〈헌무다례〉

〈헌무다례〉는 이화여자대학교 교수이자 늘휘 무용단의 예술 감독 김명숙이 안무한 작품이다. 그녀는 이 작품을 창작하기 위해 한국과 중국의 사찰을 방문해 현장 조사를 했다. 그리고 한국 곳곳에 있는 유명 사찰에서 진행되는 다례 의식에 참관했으며, 무용단 단원들과 함께 묵언 수행과 절하는 법도 배웠다. 이 묵언 수행은 말을 하지 않고 불경을 읽거나 참선을 행하는 묵언 작법 의식(默言作法儀式)이다.

불가에서 이루어지는 육법 공양은 여섯 가지 공양물로 불전에 제물을 바치는 것을 말하는데, 불교의 다례 의식은 향 공양, 등 공양, 꽃 공양, 쌀 공양, 과일 공양, 차 공양 등 육법 공양으로 이루어진다. 공양은 "위로는 수행이 완성된 불보살에 대한 지극한 찬양이요 예정이며, 아래로는 수행의 가능성을 가진 일체의 생명들에 대한 축복이며 비원(悲願)이다. 그리고 자기 자신에게 드리는 헌공이며 회귀(回歸)이다."[60] 이 공양물들은 각기 상징적인 의미를 지니고 있다. 우선 향은 해탈향(解脫香)으로 자신을 태워 주위를 맑게 하므로 희생을 뜻하기도 하고 해탈을 의미하기도 하며, 화합과 공덕을 상징하기도 한다. 등은 반야등(般若燈)이라고 하며, 지혜와 희생 · 광명 · 찬탄 등을 상징한다. 꽃은 만행화(萬行花)로 꽃을 피우기 위해 인고의 세월을 견딘다고 해서 수행을 뜻하며, 장엄 · 찬탄을 상징하기도 한다. 과일은 보리과(菩提果)로 깨달음을 상징하고, 쌀은 선열미(禪悅米)로 기쁨과 환희를 상징한다. 차는 감로다(甘露茶)라 해서 부처의 법문이 만족스럽고 청량하다는 것을 상징한다.[61] 사찰에서는 이와 같은 육법 공양으로 다례 의식을 행한다.

김명숙은 우연히 갔던 송광사의 음악회에서 육법 공양에 대한 내용과 이를 비디오로 제작한 것을 보았는데, 육법 공양으로 제를 올리는 다례 의식을 매우 신선한 것으로 생각하여 의식무, 바라춤, 나비춤, 법고 등을 주로 재구성했던 전래의 전통적 공연 방식을 피하고 보다 더 새로운 차원의 의식무를 창작하고자 했다. 그래서 잘 알려져 있지 않았던 다례 의

---

60 한국문화예술위원회 예술창작지원 선정작 "춤으로 풀어내는 불교의식 〈헌무다례〉" 프로그램, 2008.

61 두산백과 http://terms.naver.com/entry.nhn?cid=200000000&docId=1063472&mobile&categoryId=200000082

식을 창작하기 위해 심도 있는 연구를 시작했다. 강원도에서 제주도까지 100여 군데의 사찰을 다녔고, 중국 항주에서는 유명한 사찰을 방문해 육법 공양에 대한 지식과 그 의례법을 찾아보기도 했다. 그리고 5박 6일 동안 사찰에서 묵언 수행과 절을 하며 하루 종일 앉아 나뭇잎이 날리거나 시간이 변화하는 것을 보면서 고요하게 시간의 개념을 인식했다.

이후 창작 춤의 제목을 〈육법공양헌무의식〉으로 정하고 우선 20분 정도의 작품을 만들어 공연했다. 이 춤을 위한 음악은 황병기 교수로부터 〈영산회상〉을 권유받았다. 〈영산회상〉은 불교 음악으로 궁중과 민간 모두에서 연주되었던 곡이다. 이는 몇 개의 악장으로 이루어진 조곡(組曲)과 같은 형식의 음악으로 주로 상영산(上靈山)·중영산(中靈山)·세영산(細靈山)·가락덜이·삼현도드리·하현도드리·염불도드리·타령·군악 등의 9곡으로 되어 있다. 흔히 이 음악은 줄 풍류인 현악 영산회상을 가리키는데, 악기 편성은 거문고 하나, 가야금 하나, 공명을 줄인 해금 하나, 청아한 소리를 내는 단소 하나, 음량이 적은 세피리 하나, 대금 하나, 복판을 치지 않고 변죽을 치기 위한 장구 하나로 이루어진다. 경우에 따라서는 양금을 편성하기도 한다. 〈육법공양헌무의식〉의 실제 공연에서 음악은 가야금과 양금을 사용해서 불교 음악의 특징적 박자에 맞게 생음악으로 연주되었다. 이 공연은 첨단 IT 기술과 전통 예술의 융합의 시도를 통해 인터넷으로 지구촌 곳곳에서 동시 중개되어 한국 문화를 세계에 알리기도 했다.

이후 〈육법공양헌무의식〉은 2008 한국문화예술위원회 예술 창작 지원 선정작 "춤으로 풀어내는 불교 의식 〈헌무다례〉"로 완성됐다. 이 작품은 춤으로 공양을 드리는 의식으로 약 70분간 공연되었다. 공연은 프롤로그 청사(請詞), 제1장 향화청(香花請), 제2장 반야등(般若燈), 제3장 헌화(獻花), 제4장 공다(供茶) 그리고 에필로그 회향(回向)으로 이루어진다. 김명숙에 의하면, 이 작품에서는 육법 공양을 춤으로 바친다는 의미를 전하

46. 김명숙의 〈헌무다례〉

기 위해 음악, 연극, 춤 등 예술 장르의 크로스오버를 시도했다. 그리고 불가에서 사용하는 공양게(供養偈)를 실제로 읊는 장면을 구성했고, 정적인 불교의식과 공양의 진정성을 표현하기 위해 마치 회전무대가 돌아가는 듯한 깨끼 걸음과 나비춤과 같은 느낌을 모티프로 설정하여 춤동작과 무대 구성을 창작했다. 각 장에 어울리는 공양게는 송광사의 주지 스님이 직접 쓴 6개의 게를 읊는 것으로 연극인 박정자가 이를 무대 위에서 읊었다. 당시 박정자는 무대의 앞에서 뒤를 향해 걸어가며 각 장을 의미하는 공양게를 읊었다.

막이 올라가면 무대 앞에서 뒷막까지 나지막한 언덕처럼 위로 올라가는 듯한 무대 장치가 보인다. 처음 시작인 프롤로그 청사에서는 예불하기 전 스님들이 새벽을 깨우는 게송을 읊는 것으로 시작된다. 여기서 사용된 게송은 공양의 시작을 알리는 소리이다. 이 소리는 송광사 스님의 게송을 녹음한 것이다. 다음에는 스님이 직접 법고를 치며 새벽을 깨우는 의식을 행한다. 어렴풋이 스님의 뒷모습만 보이는 법고 치기가 끝이 나면 어둠이 깔려 있던 무대가 차츰 밝아져온다.

제1장은 향 공양으로 향기로운 꽃을 올리는 '향화청'이 시작된다. 연극인 박정자는 관객에게 몸을 뒤로한 채 무대 앞에서부터 공양게를 읊으면서 아주 천천히 무대 뒤로 걸어간다. 이 때 무용수들은 향을 꽂은 단지를 들고 둥글게 돌리는 동작을 하면서 언덕과 같은 무대 위로 올라가 향을 공양한다. 우리나라에서는 향을 피울 때 대를 하나씩 꽂기 때문에 소품으로서 적당하지 않다. 그래서 이 작품에서는 중국 항주에서 큰 향을 덩어리 채 들고 가 공양을 올리는 것을 참고해 향단지를 들고 공양을 했다. 제2장은 등 공양으로 등을 돌리면서 옮기는 '반야등'이다. 이 작품에서 사용된 등은 스님이 손수 만든 100개 이상의 등으로, 무대 천장에 색깔별로 걸려 있고 의상 색에 맞춰 아름다운 빛을 연출한다. 무용수들은 손바닥 위에 등을 들고 깨끼 걸음으로 춤을 춘다. 제3장은 꽃 공양으로 연꽃을 들고 '헌화'를 한다. 여기서는 작은 연꽃과 함께 커다란 연잎을 양손에 든 두 명의 무용수가 등장한다. 그들은 나비춤의 느낌을 주는 춤사위로 마치 조용한 하와이 해변을 걷는 듯한 모습으로 춤을 춘다. 꽃을 올릴 때 쌀과 과일도 함께 공양한다. 이때 쌀과 과일은 조각가가 떡과 과일 모양으로 만든 도자기 소품을 사용한다. 이 장에서는 춤이 생략되고 천천히 걸어서 제단으로 올라가는 것과 의식을 지내는 제주의 공양게로 이루어진다. 제4장은 '공다'로 차를 공양하는 장면이다. 차 공양에서 사용하는 찻잔도 도자기로 만들어진 것으로 이를 들고 춤을 춘다. 이때의 음악은 황병기 교수의 '차를 달이네. 차를 마시네.'의 뜻을 가진 '차향이제'란 곡으로, 윤인숙 소프라노가 불러 하이라이트를 장식했다. 무용수들은 찻잔을 들고 군무의 대형을 이루어 주로 깨끼 동작과 팔과 상체 그리고 찻잔을 든 손 등이 함께 만들어내는 동작으로 춤을 추었다.

전체적으로 〈헌무다례〉는 각 장의 특징을 살린 동작들로 꾸며졌고 다양한 동작과 대형을 중심으로 구성됐다. 마지막 에필로그에서는 무대에 투명한 앞막을 내려 꽃비가 아름답게 떨어져 내리는 장면을 조명으로 처리하고 그 위에 관세음보살의 자비심을 찬양하는 천수경을 써 내려가며 끝을 장식한다.

무대 공연이 끝난 후 〈헌무다례〉는 리셉션 장으로 이어졌다. 그곳에서 안무자와 무용수는 차와 다식을 먹으며 관객과 소통했다. 차는 연꽃잎을 우려낸 것이었고 도자기 찻잔에 연잎대를 꽂아 차를 들이켰다. 이 작품은 불가의 종교적 신앙심을 보여줄 뿐만 아니라 다례로 공양하는 불가의 의식을 기반으로 안무의 인류학적 접근을 하고 있다. 그리고 원시주의적 표현주의로 춤과 움직임 코드를 제시하고 있다.

3) 민속과 놀이

공동체의 놀이: 〈강강술래〉

〈강강술래〉[62]는 한국의 대표적인 민속춤으로 중요무형문화재 제8호로 지정되어 있고, 유네스코 인류무형문화재로 등재되어 있는 한국의 민족춤이다. 이 춤은 집단무로서 의식을 행하거나 마을 단위의 축제를 행할 때 어른에서 아이까지 여인이면 모두가 즐길 수 있는 놀이로서의 춤이었다. 이 춤의 탄생 배경은 마을을 보호하고 집단의 결속을 다지기 위해 많은 사람들이 한꺼번에 손에 손을 잡고 팔을 흔들고 걷고 뛰면서 춤을 추었던 데에서 찾을 수 있다.

〈강강술래〉의 유래는 크게 두 가지 설로 집약된다. 하나는 기원전 2세기 한반도 서남부에 위치한 전라남도 해남 지역 부근 삼한 중 하나인 마한에서 제사 의식과 수확 의례를 위해 행하던 집단 춤으로 둥글게 원을 만들어 추는 원무로 시작되었다는 설이다. 다른 하나는 1592년에 일어난

---

62 유네스코 인류무형문화재 〈강강술래〉 동영상은 http://youtu.be/6D73WBzzEG4에서 볼 수 있다.

47. 〈강강술래〉

임진왜란 때 이순신 장군이 침공해오는 왜적에게 우군이 많다는 것을 가장하기 위해 많은 부녀자들을 동원해 밝은 달빛 아래 손에 손을 잡고 원무를 추면서 〈강강술래〉를 했다는 설이다. 이 두 가지 설은 시기적으로 멀리 떨어져 있는 것으로 보이나 여러 학자의 의견을 종합해보면, 마한의 원무가 임진왜란 때 전술로 쓰인 것으로 유추된다. 그래서 〈강강술래〉의 어원은 '왜적을 경계하라'는 구호였다는 설도 있고, '강강'이 전라도 방언으로 '원'을 뜻하는 '감감'의 후음이고 '술래'가 '수레'에서 유래됐다는 말도 전해진다. 이는 경상도와 황해도 일대까지 전파되었다가 차츰 쇠퇴한 것으로 기록되어 있다.

〈강강술래〉에서 가장 특징적인 것으로 꼽는 것은 노래를 이끌어가는 선소리꾼의 선창과 후렴을 부르면서 선소리꾼의 템포와 진행에 맞추어 '후렴'을 하는 춤꾼이 있다는 것이다. 여기서는 악기의 연주가 없이 선소리꾼의 앞소리와 춤추는 사람의 받는 소리가 춤의 반주가 되는 것이 특이하다. 처음에 느리다가 차츰 흥에 겨울 정도로 빨라지는 선소리꾼의 선창에 따라 소리춤의 종류가 다양해질 수 있다. 그리고 선창과 후렴의 가사는 음률만 맞게 부르면 되기 때문에 상황에 따라 그 내용이 달라지는 경우가 많다. 그래서 〈강강술래〉를 추는 동안 선창을 따르는 춤꾼들은 매우 역동적이고 즉흥적인 춤의 형태를 이끌어낼 수 있다. 이 춤은 부녀자들이 추는 춤이기 때문에 쪽을 찐 아낙네와 머리를 길게 땋아 댕기를 맨 처녀가 명절 때 입는 깨끗한 평상복을 입지만 개개인이 서로 다른 옷을 입는 경우가 많다. 오늘날에는 부인들은 빨간색이나 검은색 치마에 흰 저고리, 처녀들은 파란색 치마에 흰색 저고리를 입을 때가 많다. 그러나 보통 모두가 함께 위아래 흰색 한복을 입기도 한다.

〈강강술래〉는 13~15명 정도가 추는 춤으로 이루어져 있다. 불규칙한 박사로 노래하고 움직이며 처량한 느낌을 풍기는 '긴 강강술래'는 무용수가 원 안을 보고 서서 오른손을 옆 사람의 왼손바닥 위에 얹는다. 손바닥이 위로 올라가는 것은 지지하는 것을 의미하고 손바닥이 아래로 내려가는 것은 축복을 의미한다. 그래서 두 사람이 손을 위아래로 잡으면서 원을 따라 발디딤을 하며 발 딛는 쪽으로 몸을 기울이고 한쪽으로 계속 돌면서 흥을 돋우기 시작한다. 이때 가사의 내용은 시집살이와 자식에 대한 애정 그리고 이웃에 대한 내용이 주를 이룬다. 중간 단계의 속도로 추는 '중 강강술래'는 긴 강강술래와 같은 대형을 유지한 상태에서 서로 잡은 손을 도닥거리고 흔들면서 약간 빠르게 원을 따라 돈다. 이때에는 발놀림도 가벼워지고 감정적으로 흥이 나며 따라가는 원이 약간씩 벌어지면서 점점 커진다. 이 부분에서 가사는 님과 부모님을 그리는 마음과 한을 담은 내용이 대부분이다. 빠르고 흥겨운 가락으로 춤추는 자진 〈강강술래〉는 본격적으로 흥이 나는 단계로 손을 편하게 잡고 발디딤을 원 밖으로 비껴 같은 방향으로 계속 돈다. 그러면 점점 큰 원을 만들게 되고 어떤 경우에는 원이 두 개가 되는 경우도 있다. 이때의 가사는 시집살이와 노동에 대한 소리로 신나게 뛴다. 다음은 선소리꾼이 두 장단을 메기면 무원들이 두 장단을 받는 '남생아 놀아라'가 뒤를 잇게 된다.

'남생아 놀아라'는 거북과 같은 파충류의 움직임을 흉내 내며 노는 장면이다. 무원들이 원무를 하다가 두 사람에서 네 사람이 원 안으로 들어가 해학적으로 남생이 흉내를 내며 논다. 나머지 무원들이 둥글게 원을 그리며 춤을 추는 동안 남생이가 된 두 사람은 양팔을 어깨 높이로 하고 오른팔과 왼팔의 팔꿈치를 번갈아 구부렸다 폈다 좌우치기를 반복한다. 엉덩이도 흔들 듯 내밀고 뛰고 멈추기를 반복하면서 다산을 기원한다. '고사리 꺾기'는 고사리 꺾는 행동을 모방한 춤으로 뛰면서 원무를 하다가 무릎을 구부리고 앉는다. 선두가 일어나서 왼쪽으로 한 사람씩 꺾어나가면 꺾어진 사람은 제자리에서 앉은 채로 돌아 일어나서 끊어진 손의 손가락을 걸어 잡아 선두를 따라간다. 이는 농경 생활을 모방한 춤으로 자진 중중모리나 느린 자진모리장단을 써서 흥겨운 느낌을 주며, 선두가 원안으로 들어 왔다가 나가 다시 원을 만든다. '청어 엮기'는 선두가 한 손을 놓고 끝에 두 사람 사이를 들어갔다가 다시 나오면서 엮어가는 것으로, 이 춤은 바다에서 많이 잡히는 청어를 엮는 모습을 흉내 낸 것으로 풍어를 축원하는 의미로 춘다. 자진 중중모리나 느린 자진모리장단을 써서 흥겨운 느낌을 준다. '청어 풀기'는 청어를 엮을 때와 반대로 자기의 두 번째 뒷사람 사이로 들어가서 풀어내면서 서로 주고받는 의미를 나타내는 것이다. '덕석 몰기'는 선두가 오른손을 놓고 시작하여 원의 중심까지 나선형으로 감아 들어가며 느린 자진모리장단에 맞추어 흥겹게 추는 것이고, '덕석 풀기'는 감아 들어간 덕석몰이를 안에서 밖으로 풀어 나가는 동작이다.

'지와 밟기'는 지붕의 기와를 올리는 행동을 모방한 춤으로 등을 평평하게 하여 일렬종대로 앞 사람의 허리를 잡고 엎드려 마치 기와를 나란히 얹혀 놓은 것과 같은 대형을 만든다. 그 후 엎드린 사람 위에 가벼운 사람이 올라가 밟기를 하게 되는데, 이때 양쪽에서 두 사람이 떨어지지 않도록 잡아준다. 올라갔던 사람은 다시 내려와 제자리로 간다. 이 춤은 도드리장단을 쓰며 화창한 느낌을 준다. '지와 밟기'에서 엎드려 기와가 된 사람들의 등을 밟으며 걷는 사람을 잡아주었던 선두의 두 사람은 마주 보고 서서 두 손을 맞잡아 위로 올려 '문 열어라'를 한다. 이렇게 두 손을 맞잡아 위로 올려 높이 세운 문을 만드는 것은 부잣집의 권위를 나타내는 것이 된다. 그러면 생활이 넉넉지 못한 서민들이 먹을 것을 얻기 위해 앞 사람의 허리를 잡고 아부를 하듯 엎드려서 일자형으로 그 문 밑을 빠져나가는 동작을 한다. 이때 사용하는 느린 자진모리장단은 역시 흥겨운 느낌을 준다. '쥔 쥐새끼 놀이'는 들쥐의 모의 행렬을 모방한 춤으로 일렬 원형에서 일렬종대로 선 다음 '꼬리 따세' 소리와 함께 엎드린다. 선두 줄의 끝 사람을 잡으려고 반원형의 나선이 그려지는 꼬리따기형으로 빠르게 움직인다. 선소리꾼이 느린 자진모리장단으로 시작하고 점차 중중모리 장단으로 발전하면서 흥미진진한 놀이가 된다. '가마 등'은 가마를 타는 모양을 흉내 낸 놀이로 일렬횡대로 선 후 세 사람이 한 조가 되어 두 사람이 마주 보고 서서 상대의 양 손목을 교차로 잡아 가마를 짜면 나머지 한 사람은 그 위에 오른 후 행진한다. 선소리꾼의 지시로 가마에서 내린 다음 다시 둥글게 원으로 돌아간다. 이 동작은 중중모리 장단으로 하며 매우 화창한 느낌을 준다. 〈강강술래〉의 대형은 원형이 주를 이루기는 하지만 춤의 성격에 따라 나선형, 일자형, 달어가기형, 꼬리따기형 등의 대형으로 춤을 춘다.

〈강강술래〉는 손잡고 걷고 뛰는 동작이나 허리를 잡고 앞 사람을 따라가는 동작, 가마 타는 동작이나 꼬리 따기 동작 등 단순한 춤이지만 한 놀이과장에서 다른 놀이과장으로 발전해 가면서 대형의 변화와 손과 팔의 동작이 다양하게 이루어진다. 특히 연주 없이 선소리꾼과 춤꾼이 가사를 주고받고 춤을 이어가는 형식이며 가사의 내용에 따라 팔 동작과 손잡기, 걷기 혹은 뛰기 등을 하면서 만드는 대형이 달라지기 때문에 가사를 집중해서 들으며 후렴을 잘하는 것이 중요하다. 〈강강술래〉는 기본적으로 원형을 만들며 추는 춤이지만 춤꾼들의 협동심과 결속에 따라 새로운 형태를 만들어내기도 하고 일상과 자연을 동작으로 상징하거나 표현하면서 삶에 대한 상념을 떨쳐버리고 즐겁게 추는 춤이다. 특히 민중의 생활에 대한 다양한 내용을 담아내는 선창과 이에 따른 후렴으로 이루어지기 때문에 한국 여인들의 삶과 일들이 이야기와 춤에 녹아 있으며, 여인들의 놀이 정서가 그대로 묻어나는 것이 특징이다. 뿐만 아니라 이 춤은 다산을 기원하고 풍작과 풍어를 축원하며 주고받는 미덕과 삶의 어려움을 감고 풀어내는 춤이기 때문에 한 민족이 살아가는 역사와 생활이 그대로 드러나는 민족 문화로서의 놀이춤으로 매우 중요한 의미가 있다.

현재 〈강강술래〉는 대규모 집단 놀이에 응용되어 우리의 민족 문화로서 계통을 이어가고 있다. 또한 이 춤을 추면서 공동체의 화합은 물론 신명나게 즐기고 치유할 수 있는 커뮤니티 댄스로서 그 기능을 발휘하고 있다.

민족의 협동심: 가요족의 〈사만춤〉

동남아시아에 있는 인도네시아는 수도인 자카르타 이외에도 수많은 섬을 가지고 있다. 종교적으로는 힌두교를 믿는 사람이 제일 많으며, 민족 중에는 자바 섬에 사는 자바니즈의 숫자가 제일 많다. 파푸아 뉴기니아, 말레이시아, 동티모르에 접해 있고, 필리핀, 싱가포르, 오스트레일리아가 가까이에 있다. 다양한 민족이 함께 살고 있기 때문에 종교도 이슬람교, 개신교, 가톨릭교, 힌두교, 불교 등 다양하다. 인도네시아 수마트라 섬 북쪽에 위치한 아체 지역에 모여 사는 가요(Gayo)족은 전통춤으로 〈사만춤〉을 춘다. 사만은 "떠오르는 아침 해"를 의미하는 스리랑카의 신이다. 오래 전 인도네시아에서는 종교 의식으로 〈사만춤〉을 추었으며, 예언가 무하마드의 생일날이나 이슬람교도의 축제 등 중요한 날을 축하하기 위

48. 〈사만춤〉

한 목적으로 춤을 추었다. 또한 지역 공동체나 종교적인 지도자 및 정부 관료 등 모든 사람이 참여해서 친선을 다지고 사교하며 가요족의 역사적 지속성에 대한 의식을 강화한다. 그러나 최근 경제적, 사회적, 정치적 변화로 인해 문화 공간과 공연의 기회가 적어지고 사라져 갈 위기에 있어 2011년 유네스코에서는 긴급보호 인류무형문화유산으로 지정했다.

이 춤은 인도네시아에서 가장 인기 있는 춤이다. 전통적으로 남자들이 추며, 일사 분란한 몸짓과 리듬으로 춤을 추면서 농작물을 심는 모습과 이슬람교의 기도 모습을 상징적으로 표현한다. 가요족은 하루에 대략 5번의 기도를 올리는 것이 정례이다. 그들은 이슬람교의 의식에서 행하는 다양한 의미의 몸짓을 모방한 〈사만춤〉을 춤으로써 종교의 가르침과 부모의 가르침을 기억하며 민족의 협동심과 평화를 추구한다. 따라서 이 춤을 출 때에는 사회적 지위나 부와 관계없이 협동심이 필수적이며, 이를 통해서 사회 평등과 상호 간의 믿음을 공유한다.

〈사만춤〉은 13세기에 시작된 것으로 추정하며, 가요족이 알라(Allah) 신에게 기도하는 내용의 노래와 함께 춤을 춘다. 이 춤은 꿇어앉아서 엉덩이만 들썩 거리는 동작으로 추며 머리, 팔, 손 등 상체를 사용해서 몸으로 리듬을 만들어내는 것이 특징이다. 무용수들은 자연 현상과 가요족의 일상에서 고상한 가치를 상징하는 모티브가 그려진 문양으로 수가 놓인 검은색 의상을 입는다. 그들이 입는 의상의 색과 무늬는 각각 의미를 지니고 있다. 예컨대, 검은색은 전투력을 의미하고, 빨간색은 끈기와 힘을 의미하며, 노란색은 현명함, 초록색은 푸른 숲과 자연을 의미한다. 머리에 꽂는 나뭇잎은 자연을 지키는 것이 사람들의 몫이라는 뜻이다. 의상에 수놓인 문양은 열대 우림을 뜻하거나 비와 구름을 뜻하기도 하고 고온다습한 기후를 뜻하기도 한다. 산과 산맥과 같은 문양은 밀림을 의미해서 가요족의 자연에 대한 감사와 경외 사상을 엿볼 수 있게 한다.[63]

무용수들이 추는 춤은 주로 손뼉을 치고, 가슴을 두드리며, 손으로 바닥을 치면서 추는 것이 특징이다. 이 춤을 추다 보면, 가속이 붙어 매우 빠른 속도로 추게 되는데, 이때에는 팔과 손의 움직임이 현란하고 일사분란해서 '천 개의 손'이라 부르기도 하고, 마치 신명에 들린 사람들처럼 보이기도 한다. 이 춤의 동작에도 가요족의 상징이 담겨 있는데, 손을 돌리고 가슴을 치는 동작은 협동심을 의미하고, 손을 앞, 뒤, 위, 아래로 움직이는 것은 농작물 심기를 상징한다. 양손으로 바닥을 치다가 손바닥을 위로 드는 동작은 농작물을 심는 농부들의 모습을 나타낸다. 이 춤동작 역시 가요족의 자연에 대한 경외심과 이슬람 의식의 종교 사상을 드러내는 것이다.

이 춤은 대부분 9명에서부터 19명에 이르기까지 홀수의 남자 무용수가 양옆으로 나란히 한 줄로 앉아 시작한다. 일렬횡대로 앉아 중앙에서

---

63 〈천 개의 손, '사만춤', 인도네시아〉 EBS 제작, 2012.

대표가 종교적이고 때로는 유머러스하게 낭만적인 운문을 한다. 점차 춤이 무르익으면 가운데를 중심으로 양옆 무용수의 상체가 앞뒤좌우 대칭을 이루는 구도로 바뀌면서 아주 빠른 속도로 액센트 모티프의 춤을 춘다. 이 춤을 출 때에는 서로의 움직임을 무의식적으로 감지할 수 있도록 양 어깨를 대고 춤을 추기 시작한다. 처음에는 천천히 손바닥으로 넓적다리와 가슴을 치기도 하고 바닥을 치면서 몸으로 소리를 내고 리듬을 만든다. 가속이 붙으면 팔꿈치로 옆 사람을 치는 경우가 있기 때문에 서로 부딪히지 않도록 굉장한 집중을 해야 한다. 머리 역시 각도에 맞춰 흔들고 비틀면서 앞으로 숙이거나 뒤로 재끼기도 하고 사선으로 기울이기도 하면서 빠르게 톡톡 치는 현란한 동작을 계속한다. 그래서 이 춤은 무용수의 굉장한 에너지와 역동성 그리고 조화와 협동이 요구된다.

가요족 공동체는 점점 사라져가는 〈사만춤〉을 보존하기 위해 춤과 노래를 연구하고 영상과 구술로 기록하고 있으며, 초 · 중 · 고등학교에서는 적극적으로 이 춤을 교육하고 있다. 전통적으로 남자들이 추는 춤이었지만 어린아이를 위해서는 라빠이춤을 만들고, 여자들을 위해서는 앉아서 추는 춤을 의미하는 레또둑춤을 가르치고 있다. 이 춤들은 꿇어앉아서 춤을 추는 전통에서 발전되어 이제는 서서 움직이는 대형 변화도 추구하고 있다. 이러한 전통 교육과 그것을 기초로 하는 창작 교육을 통해서 국가의 문화재를 보존하고 전통 예술을 지키고 전승하고 있으며, 이를 통해서 이슬람교의 교리를 설파하는 일도 꾸준히 하고 있다. 특히 농작물을 뿌리고 거두는 몸짓으로 춤을 추면서 열심히 일해야 하는 남성의 의무와 역할을 보여주는 그들만의 전통은 남녀노소 모두의 공동체가 하나가 되는 민족의 춤으로서 그 의미와 가치를 지니고 있다.[64]

---

64 유네스코 긴급보호 세계무형문화유산 〈사만춤〉 동영상은 http://youtu.be/jvkzo4xsB3I 에서 볼 수 있다; 〈천 개의 손, '사만춤' 인도네시아〉 EBS 제작, 2012.

동물 토템 민속놀이: 〈아이누춤〉

일본의 북쪽 홋카이도에는 원주민으로 아이누(Ainu)족이 살고 있다. 이들은 독자적인 언어와 문화를 갖고 있는 소수 민족으로 홋카이도 이외에도 러시아의 사할린이나 쿠릴 열도 등지에 분포해 살고 있다. 아이누는 '인간'이란 뜻이지만 일본인들은 이들을 이민족으로 취급하여 '에조'라고 불렀다. 아이누족은 눈이 깊고 코가 크며 키가 작고 덩치가 크다. 그리고 얼굴이 검고 수염이 많아 일본인 특유의 모습과는 많이 다르다. 그래서 동양과 서양의 혼혈로 보는 것이 일반적이다. 17세기 이후 일본인들은 에조의 땅을 홋카이도로 명칭을 변경했고 민족 동화 정책을 써서 아이누족을 일본인으로 귀속시켰다. 현재 그들의 민족춤인 〈아이누춤〉은 2009년 세계인류무형문화재에 등재되어 있다.

아이누족은 일상적인 행사나 축제에서 아이누 전통춤을 춘다. 이 춤은 종교와 화합을 중요한 모티프로 하며, 그들의 정체성과 지속성을 보여준다. 그래서 아이누 공동체에서는 이 춤을 추는 것을 자랑스러워한다. 특히 아이누의 문화는 홋카이도 근처에 자리하고 있는 러시아와 미국 북부 지역과 가까이에 있어 북방 문화가 조화롭게 접목되어 있다.[65]

〈아이누춤〉은 보통 자연에 대한 감사를 위한 제의에서 춤을 춘다. 이 춤의 전통적인 스타일은 한국의 〈강강술래〉처럼 무용수들이 악기를 사용하지 않은 채 노래를 하는 가운데 큰 원을 그리며 춤을 추는 것이다. 아이누가 춤을 추는 동안 곰, 학, 쥐 등의 동물이나 메뚜기 같은 곤충을 흉내 내기도 하고 검과 활을 사용하는 종교적인 춤을 추기도 하며, 때로는 즉흥적이고 오락성을 보이는 춤을 추기도 한다. 동물을 흉내 내는 춤의 예를 들어 보면, 이 춤의 참가자는 곰의 동작을 모방하면서 곰의 몸 안

---

65 유네스코 인류무형문화재 〈아이누춤〉 동영상은 http://www.unesco.or.kr/heritage/ich/list_view.asp?Mode=V&seq=164&schDiv= &Div1에서 볼 수 있다.

49. 아이누족의 춤

에 먹혀 들어가 곰 안에 체화된 수호신에게 보내진다. 아이누에게 이 춤은 자연과 종교의 세계를 연결하는 의식이다. 학춤은 학을 상징하는 의상을 입고 무릎을 굽혔다 폈다 하면서 팔을 양쪽으로 펴서 날갯짓 하듯 안으로 모았다가 펼치는 동작을 반복한다. 이 동작은 학의 우아하고 고귀한 실제 모습을 닮기보다는 학의 빠른 날갯짓을 모티프로 하고 있다. 여러 명의 무용수가 마주 보거나 줄을 지어 다양한 형태의 춤길을 만들어 학의 생활을 은유한다. 쥐가 먹을 것을 찾아 잽싸게 채가는 모습을 흉내 내는 '덫으로 쥐잡기(Rat Catching)'에서는 아낙네와 아이들이 쥐가 뛰는 모습을 흉내 내며 남녀 두 사람이 끈으로 덫을 만들어 쥐가 오면 잡으려고 기다리는 곳으로 간다. 그러고는 먹을 것을 재빠르게 잡아채 도망간다. 이 춤은 마치 게임을 하듯 재미있는 모습으로 연출된다. 메뚜기춤은 여러 명의 무용수가 상체를 굽히고 앞으로 걸어가면서 뒷발은 뒤로 치고 양 팔의 팔꿈치는 반복해서 앞뒤로 움직여 마치 메뚜기가 뛰는 모습을 흉내 낸다. 이는 바쁘게 일하는 인간의 일상을 묘사한 것으로 보인다. 검무에서는 네 명의 무용수가 나와 검을 쥐고 춤을 추다가 양손으로 검을 잡고 의식을 행하는 춤을 추기도 하고 때로는 두 사람이 박수를 치는 동안 두 사람은 서로 싸움을 하는 모양으로 춤을 추기도 한다.

이처럼 아이누족의 춤은 마치 먼 옛날 자연 속에서 살아왔던 인간의 모습을 그려 놓은 것과 같이 쉽고 풍요롭다. 특히 곰이 신성한 곳으로 인간을 데려다주는 동물로 인식되고 있는 것은 단군 신화의 주인공으로 등장하는 곰의 신성성을 보여주는 것과 같은 맥락으로 보인다. 또한 몽골이나 한국 등 곰을 숭상하는 북방 민족의 신성한 종교적 상징을 아이누족의 춤에서도 활용하고 있음을 짐작하게 한다. 그리고 학, 쥐 등의 동물이나 메뚜기를 흉내 내고 검과 활을 사용하는 춤은 종교적인 의미에서의 인간의 모습을 은유하기도 하고 고귀함이나 오락을 추구하는 인간의 정서, 그리고 경쟁 사회의 단면을 은유하는 춤으로서 의미를 지닌다.

민속춤과 치유: 〈한밝춤〉

이애주에 의하면, '춤은 몸에서 체득돼 생각 · 정신으로 이어지는 것'이며, '삶의 몸짓'이다. 이 말은 위지동이전에 땅을 밟고 하늘을 우러른다는 뜻의 '답지저앙(踏地低仰)'과 서로 조화롭게 손과 발을 놀린다는 뜻의 '수족상응(手足相應)'이란 말로부터 끌어낸 정의이다. 이 뜻을 풀이하면, 농경사회에서 일의 동작이 곧 춤이요, 몸에서 체득되어 생각과 정신으로 이어지는 연결선의 정점이 춤이다. 이와 같은 이애주의 춤에 대한 생각은 그녀만의 독특한 춤으로 〈한밝춤〉을 추게 했다. 이 〈한밝춤〉은 그동안 정의된 우리 춤에 대한 다양한 표현을 통합한 것으로, 이애주는 다음과 같이 설명하고 있다.

> '한'은 너무 많은 뜻을 가지고 있다. 우선 '한밝춤'의 '한'은 하나를 뜻한다. 따라서 '한밝춤'이란 말 그대로 한맥으로 통하는 '하나의 춤' '한춤'이다. 하나는 처음 시작을 뜻하고 첫 번째이고 같음을 말한다. 즉 한민족하면 하

50. 〈한밝춤〉의 영가무도

나의 민족이고 같은 민족이고 첫 번째 민족이다. 또한 전통을 뜻하고 동시에 현대와 미래를 아우르니 전통과 현대는 하나이고 동시에 미래성을 갖고 있다. 그것은 바로 찰나(刹那)와 영겁(永劫)이고 영원함을 뜻한다. 우리 춤은 삶의 온갖 몸짓이 함축되어 과거와 현재뿐 아니라 미래까지 담겨 있어 삼세(三世)를 하나로 꿰뚫는 영원불멸성을 갖고 있다. '한'은 높고, 크고, 깊고, 거대함을 뜻한다. '한'은 끝간 데 없이 무한하고 광대무변하다. '한'은 희고 밝고 눈부시면서 또한 검을 현(玄)을 뜻한다. 그 안에는 밝음과 어두움을 동시에 가지고 있고 담백하면서 찬란하다. 그리고 맑고 순수하다. '한'은 인간의 희노애락(喜怒哀樂)과 생로병사(生老病死)가 담겨 있으니 담담하고 고결한 정신을 담고 있다. '한춤'은 이러한 모두를 아우르는 총체적 개념을 갖고 있어 공동체적이다. 즉 '한춤'은 한맥으로 통하는 하나의 춤이면서 우리 모두 함께 하는 광대무변한 공동체 춤을 의미한다. '밝'은 빛이 이를 데 없이 환한 모습을 표현하는 우리말로, 입술로 이웃하여 소리 나는 '맑'과 통한다. 즉 눈에 보이는 빛의 밝음만이 아닌, 마음에서도 밝고 맑음을 뜻하고, 더 나아가 인간의 감각으로 다다를 수 없는 영(靈)의 세계가 투명함도 일컫는다. 눈부시게 밝은 '한'과 통하되 결(파동)로 이루어지는 빛과 소리의 더할 데 없는 순수함을 상징한다. 이와 같이 우리춤은 '일념즉시무량겁(一念卽時無量劫)'으로서 영겁이 한 맥으로 통하여 하나의 큰 빛을 밝히는 '한밝'의 춤, '한밝춤'이라 할 수 있다.[66]

이와 같이 〈한밝춤〉은 살아 숨 쉬는 모든 것들의 움직임과 일의 몸짓으로 응축된 삶의 몸짓이 형상화된 것이다. 이는 몸 안의 기와 몸 밖의 기의 흐름이 자연스럽게 일치되면서 몸으로 느끼게 하는 기의 춤, 즉 우주 만물의 원리를 깨달아 추는 춤에서부터 나온다. 이 춤은 춤의 바탕사위와 영혼이 담긴 다섯 소리를 통하여 깨달음을 이루어가는 몸풀이, 맘풀이, 삶풀이로 이루어져 온몸을 울리는 소리와 함께, 삶의 몸짓을 상징화한다.[67] 이렇게 춤과 소리로 이루어진 〈한밝춤〉은 춤과 소리 정신이 응축된 형태로 나타난다. 이애주는 「한국의 춤과 소리」에서 춤과 소리는 몸과 정신이 하나가 되어 자연성, 즉흥성, 창조성으로 나타나는 사람의 본성을

---

66 이애주, 「전통과 현대를 아우르는 우리춤 ─ 나라의 몸짓은 있는가」, 전통예술토론회, 2007.

67 이애주, 「한국의 몸짓, 한밝춤」, 『한국정신과학회 학술대회 논문집』 25권, 2006, p.248.

표현하는 것이요, 이러한 몸 정신의 근원은 행위를 행위답게 하는 예(禮)와 낮춤 그리고 비움에서 나온다고 했다. 또한 춤과 소리는 사회적 운동의 생산적 몸짓으로 나타나는 진솔한 사회역사적 표현이요, 이러한 생산적 춤과 소리는 맺고 푸는 역동미와 사회 역사의 함축미로 가시화된다고 했다.[68] 그래서 이 춤의 진정한 의미를 체득할 때 몸은 고루 따스해지고, 마음은 기쁨으로 가득 차 넘쳐흐르며, 삶의 바탕은 맑고 밝아지며, 삶과 마음에서 나오는 춤과 소리가 되어 하늘과 땅과 사람이 하나가 되는 치유의 경지로 들어가게 된다고 했다.

〈한밝춤〉은 바로 이러한 그녀의 생각이 그대로 담겨 있는 춤이자 '움직이는 참선'이다. 이 춤은 우선 읊조리고(詠, chant), 노래하고(歌, song), 춤추고(舞, dance), 뛰는(蹈, jump) 영가무도(詠歌舞蹈)로 이루어진다. 이 춤에서 행하는 영가무도의 형식은 '음·아·어·이·우'라는 다섯 소리를 내며 기(氣)로써 오장을 움직여주는 오행의 기춤으로 이루어진다. 여기서 오장을 움직인다는 것은 몸 안에서 상생의 역동적 운행이 일어나는 질서로, 바로 오장에서 비롯되는 숨에 의한 조화로운 기의 운행 질서를 뜻한다. 이러한 움직임은 춤의 본으로서 모든 춤을 파생시킨다.[69]

영가무도는 전통 음악 연구가인 박상화 옹이 자신의 스승인 창부 선생으로부터 전수받은 민족 문화의 하나로 자연의 질서에서 나는 소리와 인간의 몸에서 나오는 흥겨운 춤이 하나가 된다는 이론이다. 즉, 길게 내는 소리인 영과 짧게 내는 소리인 가, 흥이 났을 때 하는 동작인 무와 흥이 극치에 이르는 도가 어우러진 것이다. 영가는 소리의 기본이 되는 '음·아·어·이·우'의 다섯 소리로 부르는데, 역학자 김일부에 의하면, 이 소리들은 음을 높거나 낮게, 길게 혹은 짧게, 맑고 탁하게 이어 부르면서

---

68 이애주, 「한국의 춤과 소리」, 『민주시민교육논총』 4권, 1999, pp.84-89.

69 이애주, 「전통과 현대를 아우르는 우리춤－나라의 몸짓은 있는가」, 전통예술토론회. 2007.

인간의 비장, 폐, 간장, 심장, 신장 등 오장(五臟)과 조화를 일으키고 몸·마음·정신을 합한 소리가 된다. '음'은 허리로 가는 발성으로 비음이며, '아'는 하복부, '이'는 상부로 가는 발성, '어'는 엉치, '우'는 허리로 가는 발성이다. 무도는 영가의 발성에 맞춰 자연스럽게 손발이 저절로 움직여 춤을 추면서 걷기와 몸을 푸는 몸치기가 이루어진다. 그리고 절정의 순간에 털썩 눕고 난 다음에 다스림의 소리가 시작되면 몸과 마음이 맑고 평온한 상태로 돌아간다. 이와 같은 과정을 통해서 몸·맘·숨이 하나가 되는 수행과 치유의 몸짓이 되며 사유적 존재로서 깨달음에 이르는 비움의 몸짓을 하게 된다.

세계적인 움직임 분석가이자 요법가인 엄가드 바르테니에프는 이 동양의 소리를 통해 오장의 건강을 좋아지게 할 수 있다고 보고 자신이 창안한 바르테니에프 기초(Fundamentals)의 한 방법으로 이를 수용했다. 이는 치유 방법의 하나로, 인간의 움직임이 시작되는 원천이라 할 수 있는 호흡을 훈련하는 과정에서 사용되었다. 등뼈의 가장 아래 부위에서 시작하는 '오오오오오' 소리는 횡격막 최하단 가장 깊숙한 곳을 관리하며 복부 골반 아래 음부의 치골 영역을 울린다. '오' 소리는 배꼽 주위와 등뼈 부위를 울리며, '아' 소리는 갈비뼈 하단의 측면 부위를 울린다. '에' 소리는 명치의 위 중간 부위와 어깨의 올림이 없는 상태에서 갈비뼈를 울린다. '이' 소리는 턱에 긴장을 주지 않는 한 두개골 기저, 목의 앞 부위를 울린다. 그래서 바르테니에프는 소리를 낼 때 울리는 부위를 강화하고 치료하기 위해 숨을 들이키고 아주 천천히 내뿜으면서 소리를 시작하고 소리를 유지하며 그룹 안에서 서로 소리를 나누면서 소통의 느낌을 경험하는 훈련을 한다.[70] 이와 같이 소리를 내기 위해서는 숨을 쉬면서 몸의 내

---

70 I. Bartenieff, *Body Movement: Coping with Environment*, Routledge, New York London, 1980, pp.232-233.

부에 있는 공간을 채우고 비우는 일이 반복된다. 이를 통해서 목 안에 있는 여러 종류의 근육들이 긴장과 이완을 하면서 떨리는 움직임을 하게 되고 온몸으로 퍼져가면서 몸의 움직임으로 발화되고 결국 흥겨운 춤으로 발전하게 된다.

〈한밝춤〉 역시 이러한 춤과 소리로 오장을 튼튼하게 하는 치유의 목적으로 수행된다. 2007년 11월 이애주는 〈한국의 집〉 민속 극장에서 열린 '전통 예술 토론회: 한국 음악과 춤의 근원, 그 기억과 현상'에서 우리 춤, 〈한밝춤〉에 대한 설명과 함께 이 춤을 시연했다. 당시 〈한밝춤〉의 시연은 이애주 교수와 춤 연주단이 춤을 전수받고 있는 제자들과 함께 무대 위에서 생음악에 맞춰 한바탕 춤을 추는 방식으로 행해졌다.

이 춤은 이애주 교수가 눈을 감고 앉아서 두 팔을 옆으로 넓게 펼치고 모아 두 손을 합장한 후 절을 하며 몸 · 마음 · 정신을 통일하는 것에서부터 시작된다. 제자들은 뒤에 앉아 정신 집중(觀)을 하고 있다. 이애주 교수가 영가를 부르면 제자들이 따라서 합창을 한다. 그때부터 숨을 깊고 크게 들이마시고 내쉬면서 '음 · 아 · 어 · 이 · 우'를 순서대로 한다. 몸 · 마음 · 정신이 하나가 되면, 무대 옆쪽에 앉아 있는 악사들의 연주도 함께 이루어지면서 점점 소리를 빨리 내며 몸의 기운이 생동하게 된다. 그러면 앉은 자세 그대로 몸의 깊숙한 곳에서부터 하나가 되어 나오는 움직임이 시작되고 차츰 몸을 일으키면서 역동적으로 신명의 춤을 추게 된다. 결국 음악과 함께 자연스럽게 나오는 흥겨운 춤을 덩실덩실 추면서 엑스터시에 빠지게 된다. 이것이 정신과 마음의 해탈이자 고통의 치유가 된다.

이처럼 이애주는 한국 춤의 본질과 개념을 공동체의 춤을 의미하는 〈한밝춤〉이라는 독특한 언어로 구현해내고, 이를 통해서 몸 · 마음 · 정신에서 비롯된 춤사위의 정신세계로부터 한국 춤을 대하는 법에 이르기까지 그녀만의 춤 보기와 춤 체득법을 제시하고 있다. 그리고 우리 춤을 우리의 문화 경험과 문화 질서로부터 창조되는 것으로 가정하고, 삶 속에서 자연의 섭리를 바탕으로 이루어진 우리 춤의 정통성을 찾는다. 또한 이 춤은 우리의 전통과 현대 그리고 미래의 춤 모두를 아우르는 한맥춤인 '나라의 몸짓'으로, 황홀경의 춤이며 자연스럽게 창조되어 현대의 창작 춤을 만드는 기초가 된다. 이애주는 〈한밝춤〉의 황홀경으로 카타르시스를 경험하면 우리의 몸과 마음이 치유된다고 했다. 이것이 바로 자연의 섭리로 이루어지는 한국의 민족춤이자 치유를 위한 예술춤으로 민족주의적 표현주의의 전형이라 할 수 있다.

탭 댄스의 리듬과 록

탭 댄스는 바닥 앞뒤에 두 개의 쇠붙이를 부착한 구두를 신고 정교하게 움직이는 발놀림과 발 구르기로 경쾌한 소리를 내며 추는 춤이다. 이 춤은 구두 앞뒤에 박힌 징과 마루가 부딪혀 생기는 리듬에 맞춰 추기 때문에 박진감과 리듬감을 경험하는 즐거움과 생기를 주기도 한다.

이 춤은 인간이 환경에 순응하면서 자연스럽게 창작된 것으로 시대에 따라 그리고 지역에 따라 독특한 멋과 리듬을 가지고 발전해 왔다. 수세기 이전 네덜란드 사람들은 추위를 견디기 위해 나무로 만든 나막신을 신고 발을 구르고 다녔으며, 용감하고 말을 잘 타는 터키 민족인 카자흐족은 가죽으로 된 부츠를 신고 초원을 달렸다. 또한 아프리카의 원주민들은 제사와 구애 및 치료의 수단으로 메마른 대지를 맨발로 밟으면서 의식 행사를 치렀고 아프리카로부터 노예로 이주해온 흑인들은 여흥을 위해 그들을 풍자했던 재즈 음악에 맞춰 발을 굴렀다. 이처럼 각 민족과 인종은 자연적 기후와 문화적 조건에 맞추기 위해 자신들의 일상과 관계되는 민족 특유의 색깔로 발을 굴려 내는 소리에 맞춰 춤을 추었고 이를 통해 자연스러운 몸짓과 동작을 갖춘 탭 댄스를 창조하게 되었다. 탭 댄스는 오랜 역사 속에서 다양한 민족의 문화적 특이성과 혼종을 이루면서

51. 지그 댄스

각양각색의 예술춤으로 발전되어, 우리의 삶 가까이에서 친숙함과 대중성을 띄는 춤이 되었다.

역사적으로 탭 댄스의 발전 과정을 살펴보면, 5세기 중엽으로 거슬러 올라간다. 당시 유럽의 농민들 사이에는 양손을 옆구리에 댄 채 앞발굽과 뒷굽으로 탭을 치며 발을 빠르게 움직이는 '지그 댄스(Jig Dance)'가 유행했다. 이 춤은 이미 아일랜드의 섬나라 사람들이 추고 있던 것이었다. 아일랜드 사람들은 을씨년스러운 기후에 적응하기 위해 그리고 추위에 몸을 따뜻하게 하기 위해 딱딱한 구두를 신었고 유쾌하면서 신나게 놀기 위한 목적으로 그들 특유의 기질에 어울리는 스텝과 발동작으로 '지그 댄스'를 추었다. 중세의 산업 혁명 때에는 힘든 노동자들이 추위를 견디기 위해 신발의 앞과 뒤에 단단한 나무판자를 오려 붙였는데, 날씨가 추워질 수록 발을 더 많이 구르게 되어 탭 댄스와 같은 형태로 움직이게 되었다. 이러한 움직임은 차츰 흥미 있는 춤으로 변화되어 작업을 할 때나 공장 밖 또는 거리에서도 탭 춤을 즐기게 되었다. 이것이 영국 민속 무용의 시초가 되는 '크로그 댄스(Clog Dance)'가 되었다. 이 춤 역시 지그 댄스와 마찬가지로 상체의 움직임이 없고 거의 발동작이 주를 이룬다. 이후 '크로그 댄스'는 미국으로 전파되어 템포가 빠르고 복잡한 스텝으로 변화했는데, 19세기 초 산업의 발달로 나무 밑창이 부드러운 가죽 밑창으로 바뀌면서 소리를 내기에 어려운 구두가 되었다. 이로 인해 탭 댄스를 추기가 어렵게 되자 탭의 특징적 리듬과 탭의 소리를 즐기는 많은 사람들을 위해 가죽 밑창 앞뒤 굽에 동전을 부착시킨 구두를 생산하게 되었다. 사람들은 이 구두를 신고 춤을 추면서 새로운 탭 댄스의 효과음을 얻게 되었고 이후에는 동전이 금속제나 징으로 개량되면서 색다른 소리를 내는 탭 댄스의 창조를 이끌었다.

한편 아프리카의 부족들은 맨발로 춤을 추었기 때문에 발이 바닥에 닿는 소리 대신 전신을 흔들면서 부족의 독특한 리듬을 만들었다. 그들은 유럽의 스텝 댄스와는 다르게 온몸을 꼬아가면서 아프리카 흑인 특유의 춤을 추었다. 그러나 아프리카 흑인들이 아메리카 대륙에 노예로 끌려가던 배의 갑판 위에서 미국인 승무원들과 함께 춤을 추면서 아프리카의 토속적 리듬과 미국 춤의 리듬이 섞이게 된다. 아프리카인들에게는 독특한 리듬과 발놀림이 있었다. 흑인들은 백인들을 위해 이 춤을 추었고 그 대가로 맛있는 케이크를 받게 되었다. 그들이 추던 춤은 점차 발전되어 한 쌍의 남녀가 춤을 추는 '케이크 워크(Cake Walk)'가 되었다. 이 춤은 일종의 스텝 댄스로서 으쓱거리며 추는 모습이 마치 거드름 피우는 흑인의 몸놀림을 흉내낸 것과 같다. 19세기 중반에는 뉴욕시가 개최하는 백인과 흑인과의 댄스 경연 대회가 열려 이 춤의 열기를 더욱 가속화시켰고 3/4

박자의 왈츠와 접목되어 '왈츠 크로그 스텝'을 탄생시켰다.

1900년대 초반 미국에서 시작된 탭 댄스는 크게 두 가지 유형으로 발전된다. 하나는 대중적인 탭 댄스로 재즈 탭이고 또 다른 하나는 예술적인 탭 댄스로 브로드웨이 탭이다. 대중적인 것은 흑인들이 재즈를 연주하면서 거리에서 혹은 작은 살롱에서 유쾌하게 추는 춤이다. 이는 스틱으로 드럼을 치면서 나는 소리처럼 부착된 쇠붙이를 이용해 재즈 음악에 기초한 음악적인 요소를 강조하는 소리의 질감, 강세, 리듬 등을 아주 정밀하게 표현하기 때문에 '리듬 탭'이라고 한다. 흑인들은 여기에 재즈를 연주하는 모습과 분위기를 살린 상체 동작을 가미시켜 연주와 춤이 하나가 되는 환상적인 춤을 보이기도 했다. 예술적인 브로드웨이 탭은 춤적인 요소를 강조하기 때문에 뮤지컬의 꽃이라 할 정도로 폭발적인 인기를 누려온 흥겨운 춤이다. 백인들은 흑인들이 추는 '리듬 탭'을 보고 춤적인 비중을 높여 록(rock) 박자에 기초한 록-탭(rock-tap)을 창조했다. 그들은 더욱 더 세밀하고 박진감 넘치는 탭을 자신들의 춤에 응용하기 시작했고 발레나 뮤지컬 공연 등에 활용하면서 많은 사람들의 인기를 이끌어냈다. 이처럼 탭 댄스는 발동작의 콤비네이션이 무수히 많고 일정한 형식을 강요하지 않기 때문에 다양한 방법으로의 접목이 빠르다.[71]

세계적으로 다양한 분야에서 타 장르와 탭이 혼종을 이루는 경우가 수없이 많다. 그중 잘 알려진 탭 댄스를 살펴보면 뮤지컬 탭(Musical Tap), 펑크 탭(Funk Tap), 아이리시 탭(Irish Tap), 리듬 탭(Rhythm Tap) 등이 있다. 뮤지컬 탭은 재즈와 발레가 접목되어 재즈 탭이라고도 하며, 춤은 주로 재즈 댄스의 몸동작과 탭 댄스가 합쳐진 것이 일반적이다. 대표적인

71 F. P. Miller, A. F. Vandome, J. McBrewster, *Tap Dance*, Alphascript Publishing, 2010; 가사히 히로시, 『탭댄스』. 전원문화사 1989; Frederic P. Miller, A. F. Vandome, J. Mcbrewster, *Jazz dance*, United States: Alpha script publishing, 2012; M. Knowles, *The tap Dance Dictionary*, Jefferson, N.C.: McFarland, 1998.

작품으로는 〈빗속에서의 노래(Singin' in The Rain)〉, 〈스테핑 아웃(Stepping Out)〉, 〈브로드웨이 42번가(Broadway 42 Street)〉가 있다. 펑크 탭은 흑인이 노예 해방을 부르짖는 스타일로 힙합적인 느낌의 탭 댄스이다. 펑키 스타일의 의상, 헤어스타일을 하고 거친 발 리듬과 함께 쇠사슬과 철봉 및 양철 그릇 등 소리가 날 만한 쇠붙이를 이용하여 만들어내는 리듬으로 춤을 춘다. 아이리시 탭은 아일랜드 전통의 민속춤에 탭 댄스가 접목된 것으로 일반적으로 만든 탭 슈즈와는 다르게 특수 플라스틱 재질로 만든 슈즈가 특징적인 소리를 내기 때문에 특이한 탭으로 알려져 있다. 춤은 발레를 기초로 하고 있어서 상체가 고정된 상태에서 하체 동작을 주로 한다. 대표적인 공연으로는 〈춤의 신(Lord of the Dance)〉, 〈리버 댄스(River Dance)〉, 〈춤의 영혼(Spirit of the Dance)〉 등이 있다. 리듬 탭은 앞서 설명한 바와 같이 미국 흑인들이 추는 리듬과 즉흥성을 중시하는 춤이다. 이를 소재로 한 대표적인 영화 작품으로는 〈커튼 클럽(The Cotton Club)〉, 〈탭(Tap)〉, 〈백야(White Nights)〉 등이 있다. 이중에서 〈백야〉는 테일러 해크포드(Taylor Hackford) 감독의 영화로 냉전 시대에 정치적인 구속으로부터 예술적 자유를 갈망하던 무용가의 서스펜스와 스릴이 있는 망명을 다룬 작품이다. 소련으로부터 미국으로 망명 온 키로프 발레단의 발레리노였던 미하일 바리시니코프와 거꾸로 미국에서 소련으로 망명을 간 미국의 탭 댄서 그레고리 하인즈가 펼치는 정치적, 예술적, 인간적인 이야기이다. 그들은 발레와 탭 댄스를 추면서 자신의 꿈을 실현하고 우정을 다져가는 이야기를 펼친다.

이처럼 탭 댄스는 민족적 특성과 환경적 요인이 만들어 낸 춤으로 다양한 지역과 공연장에서 분위기에 맞는 장르로 탈바꿈되어 리듬감과 박진감을 제공하는 춤이 되었다.

52. 강원도 사당패

남사당패의 춤

한국의 사당패[72]는 서양의 집시처럼 방방곡곡을 떠돌아다니면서 주로 야외에서 춤과 노래 등 흥행적인 놀이를 팔았던 유랑 연예 극단이자 직업 연예인 집단이다. 사당패라는 이름에서 알 수 있듯이 조선의 억불정책에 의해 사찰에서 기거하던 남자 거사와 여자 사당이 민간으로 내려와 만든 집단을 말하기도 하고, 동네의 천민 계층이 모여 이루어진 집단을

72 1964년 12월 7일 중요무형문화재 제3호로 지정되었고, 2009년 9월 30일 유네스코 세계인류무형문화유산으로 등재되었다. 남사당패의 춤 동영상은 http://youtu.be/abm85AMZSvE에서 볼 수 있다.

의미하기도 한다. 처음에 이들 집단은 엄격한 규율 아래 나름대로 자신들의 예기를 연마했고, 이를 통해서 삶에 지쳐 있는 마을 사람들에게 밝고 흥겨운 노래와 신나는 춤을 선사했다. 때로는 양반집이나 장터에서 풍물놀이를 하면서 악귀나 재앙을 쫓기도 하고 일상에 지친 마을 사람들에게 즐거움을 가져다주기도 했다. 그들 자체로는 걸식과 매음을 하는 등 매우 불행한 삶에 대한 비애를 가지고 있었지만, 그것을 극복하는 모습을 보여주며 삶에 지쳐 있는 마을 사람들의 피곤과 슬픔을 달래기도 하고 자유와 평등에 대한 민중 의식을 일깨우는 역할을 하기도 했다. 특히 탈춤과 인형극을 통해서는 억압 받는 하층민과 남성이 우월한 사회에서 천대받는 여성의 고뇌를 풍자했다.

풍물로 집집을 돌아다니며 축원해주고 돈과 곡식을 얻는 일을 하던 걸립패의 화주 출신은 사당패의 우두머리이자 꼭두쇠인 모갑이라 불린다. 그를 보좌하면서 기획을 맡아 하는 거사들은 곰뱅이쇠라 불리는데, 각각 여사당과 부부 관계를 맺거나 짝을 이뤄 기둥서방으로서 여사당에게 기생을 했다. 이들이 하는 일은 여사당을 업고 다니거나 뒷바라지를 하며 여사당의 수입을 관리하는 것이었다. 그중 일부는 불사를 돕는 데 쓰기도 했고, 사찰에서 내 준 부적을 팔아 그 수입 중 일부를 사찰에 바치기도 했다.[73] 이들 이외에 연희를 전문으로 하는 뜬쇠와 그 밑에서 수련을 하는 연기자, 가열이 있었으며 연기력을 인정받아 가열이 되려는 삐리도 있었다. 저승패, 등짐꾼은 연희자들을 위해 조언을 하기도 하고 잔심부름을 하기도 했다.

조선 초기에는 이들 남녀 혼성의 사당패가 떼를 지어 다니면서 걸식과 매음을 하다가 조선 후기에는 매음이 문제가 되어 남자들만의 사당패인

73 심우성, 『한국(韓國)의 민속극(民俗劇)』, 창작과 비평사, 1975; 심우성, 『남사당패연구(男寺黨牌硏究)』, 동화출판공사, 1974.

53. 〈꼭두각시놀이〉

남사당패가 되었다. 이들은 주로 노래를 하고 춤을 추며 풍물, 버나, 살판, 어름, 덧뵈기, 덜미 등을 시연했다. 풍물은 꽹과리, 징, 장구, 날라리(태평소)를 불고 치며 노는 농악이고, 버나는 막대 위에 얹은 대접이나 접시를 돌리는 기예다. 살판은 '잘하면 살 판, 못하면 죽을 판'이라는 뜻으로 오늘날의 텀블링과 같은 기예이고, 어름은 공중에 매달아놓은 외줄을 타며 재미있는 대사와 소리로 재미를 더하는 줄타기다. 덧뵈기는 탈을 쓰고 재담과 연기를 하는 풍자극이고, 덜미는 인형극과 같은 꼭두각시놀음이다.

남사당놀이는 처음에 장구와 소고를 치고 꽹과리를 치며, 머리를 돌려 모자에 달린 흰색의 길고 가는 선으로 공중에 둥근 선을 그리는 상모돌리기를 함으로써 시작된다. 그리고 아크로바틱의 하나로 남자의 어깨 위에 여자가 올라타고 여자 위에 아이가 올라가 기예를 펼치는 풍물을 한다. 뒤를 이어 버나를 돌리는데, 이때에는 가는 막대기에 접시나 대접을 올려 돌리면서 재담을 하고 우스꽝스러운 몸짓을 하며 기예를 자랑한다. 다음은 살판이 이루어지는데, 여기서 재주꾼들은 앞구르기와 뒤로 구르기, 거꾸로 서기와 무릎으로 균형 잡기 등을 펼치면서 서로의 재주를 뽐내고 경쟁하면서 재미를 더해준다. 이후 줄타기를 하게 되는데, 이 줄타기[74]는 서역에서 중국의 수나라, 당나라를 거쳐 신라로 전래되었으며, 고려와 조선 시대에는 혼인, 생일, 환갑, 과거 급제를 축하하는 놀이로 시연되기도 했다. 줄타기는 나무로 삼각대 줄 받침을 만들고 그곳에 굵은 외줄을 걸어 그 외줄 위를 부채를 든 연기자가 재담을 하며 걸어 다니는 것으로, 그 줄 위에서 뛰기도 하고 다리 사이로 외줄을 타기도 했으며, 두 발로 중심을 잡아 외줄 위에 앉아 묘기를 부리기도 함으로써 참여자의 집중과 감탄을 이끌어 냈다. 요즘에 공연되는 줄타기에서는 남자가 줄을 타는 것이 보통이지만 옛날에는 여자 두 사람이 올라가 마주 보고 걸어 다니다가 춤을 추거나 재주를 부리는 경우도 있었다고 전해진다. 이때 재담은 마을 사람들의 팍팍한 일상과 고위층에 대한 비판 등 풍자하는 내용이 주류였지만 현 시대에 일어나는 새로운 사건을 이야기하며 사람들과 소통하는 경우도 많았다.

이어서 얼굴에 탈과 같은 가면을 덧씌우는 덧뵈기에서는 마치 봉산 탈춤과 같이 연희자가 토속적이고 민속적인 탈을 쓰고 양반의 허세와 고승의 성도덕 및 기존 제도에 대해 천민들의 시각에서 풍자하는 내용으로 연희를 한다. 마지막으로 꼭두각시놀음이 연희되는데, 이 놀음은 인형을 인격화한 인형극으로 때로는 등장인물의 성씨인 '박'과 가면이 된 바가지의 '박'을 따고 여기에 벼슬 이름인 첨지를 합하여 '박첨지(朴僉知) 놀음'이라고도 하고, 성씨 '홍'과 인형이 붉다 하여 붙인 붉은 '홍'에 동지를 합하

74 1976년 6월 30일 중요무형문화재 제58호로 지정되었다.

여 '홍동지(洪同知) 놀음'이라고도 한다. 이 꼭두각시놀음은 민속 인형극이자 한국 전통극으로 1964년 중요무형문화재 제3호로 지정되어 우리의 민속놀이로서 전해지고 있다. 이 놀음은 8장으로 이루어져 있다. 시골 동네 타작마당이나 시골 장터의 넓은 장소에 길고 굵은 기둥 4개를 1개씩 세우고, 포장으로 막을 뻥 둘러친다. 4~5명이 포장으로 가린 막 속에 숨어서 끈을 잡아당기어 높이 세운 무대의 인형을 조종하고 재미난 입담으로 관객을 즐겁게 한다. 악사들은 보통 세 사람으로 장구, 꽹과리, 호적을 하는데, 이들은 무대 앞에 앉아 등장인물에 따라 음악을 연주하고 인형과 대화를 시도하며 재미를 더해주는 역할을 한다.

이 극에 출연하는 인형들은 박첨지와 본처 꼭두각시, 박첨지의 첩 덜머리집, 박첨지의 동생 작은 박첨지, 박첨지의 조카딸과 조카며느리, 박첨지의 조카 홍동지, 상좌, 평안감사, 관속(사령), 포수, 이 세상의 무엇도 잡아먹을 수 있는 능력을 가진 영노, 마을 사람 등이다. 이 밖에 이시미, 매, 꿩, 상여, 명정, 만사, 절, 부처 등이 출연한다.

이 극의 1막에서는 박첨지가 명승지를 찾아 팔도를 유람하며 벌어진 일을 이야기한다. 날이 어두워 여인숙을 찾은 박첨지는 풍물 소리가 들리는 곳으로 가 남사당패와 만나고 그곳에서 한바탕 재담을 하고 춤을 춘다. 2막에서는 상좌중과 소무당이 신나게 춤추는 것을 보고 박첨지도 신이 나서 춤을 춘다. 한참 춤을 추다보니 그 소무당들이 자신의 조카딸과 조카며느리임을 알게 된다. 박첨지는 그들을 꾸중하지만 전혀 말을 듣지 않는다. 그래서 동네에서 가장 힘이 세다고 알려진 조카 홍동지를 불러 이들을 쫓아낸다. 3막에서는 박첨지가 본처인 꼭두각시를 만나지 못하고 첩인 덜머리와 논다. 이를 본 본처와 첩의 싸움이 벌어지고 화가 난 본처는 재산을 나누어 달라고 한다. 박첨지는 본처보다 첩에게 더 좋은 것을 준다. 이에 본처는 원통하고 서러워서 눈물을 흘리며 금강산으로 들어가 중이 되려고 길을 떠난다. 4막에서는 용강(龍江) 이시미가 배가

54. 꼭두각시놀이

고파 곡식을 먹으러 오는 새들을 모두 잡아먹는다. 그때 새를 보러 나온 박첨지도 먹으려 하자 홍동지가 이시미를 때려 죽이고 박첨지를 구한다. 5막에서는 영노가 박첨지 일가족을 잡아먹겠다고 하는데, 박첨지는 할아버지는 잡아먹지 않는다고 하는 영노에게 "내가 너의 할아버지다."라고 말하며 위기를 모면한다. 6막에서는 매사냥으로 새로 부임한 평안감사가 매사냥을 하며 꿩을 잡는 이야기가 전개된다. 7막은 평안감사의 대부인의 상여가 나가는 장면으로 이루어진다. 상여의 뒤를 따라가는 평안감사는 슬프기는커녕 기쁜 일을 당한 사람 같다. 그래서 사람들은 그 모양을 보고 모두 욕을 한다. 그때 상여를 멘 사람이 병이 나서 나갈 수 없게 되자 힘센 홍동지가 상여를 메고 다시 떠난다. 이 극은 평안감사 대부인의 49재(齋)를 위해 명산에 절을 짓고 축원하는 것으로 끝이 난다.

이와 같은 꼭두각시놀음은 무대의 구조, 연출 방식, 인형 조종 방식과 명칭 등이 일본의 분라쿠 인형극과 매우 유사하다. 분라쿠의 인형 역시

나무로 만들어지며, 내용 또한 무가의 사무라이 정신이나 서민들이 사는 세상 이야기가 배경이 되고 있고, 연극이나 무용극을 통해 관객과 소통한다는 점도 비슷하다. 또한 사회상을 풍자적으로 표현하면서 대다수 민중의 지지를 받고 있다는 것도 공통적이다.

이처럼 남사당패는 유랑 생활을 하며 시류에 따라, 장소에 따라 그 내용을 바꾸면서 파계승을 풍자하거나 일부다처의 삼각관계 및 양반에 대한 조롱과 모욕 그리고 죽은 이를 위한 축원으로 사찰의 건립 등을 보여주고 있다. 이는 인종 차별 속에서 노예로 천대받으며 유랑 생활을 했지만 천부적인 재능으로 플라멩코를 창조한 유럽의 집시와 같다. 그들 또한 인간의 슬픔을 기쁨으로 승화시키고 인간이 살아가는 사회 속의 삶과 사건들을 풍자하고 있다는 점에서 남사당패와 매우 유사한 것이다. 현재 집시의 플라멩코와 남사당패의 연희는 유네스코 인류무형문화재로서 세계적으로 인정을 받는 춤이 되었다. 이렇게 민족의 예술춤으로 승화된 플라멩코의 전설, 유럽의 집시나 재주로 공동체를 즐겁게 한 한국의 사당패는 모두 방랑을 하며 춤을 추었다. 중국에서 곡예, 역도, 줄타기, 춤추기 등을 시연했던 백희도 떠돌이 생활을 했고, 일본 에도 시대에 무사가 노를 출출 때 무악을 담당했던 예인들도 원래는 촌락의 공동체로부터 따돌림을 당해 하천에 기거했던 방랑자였다. 또한 다이카구라 집단도 이리저리 떠돌아다니며 한국의 남사당패처럼 액을 물리치는 일을 하고자 춤을 추었다. 이들은 예능을 하는 집단으로 신의 부름을 받아 신의 사랑을 인간에게 이어주는 역할을 했다. 이들은 성스럽고 속된 것을 중개했던 방랑자이자 집시로 따돌림을 당했지만 춤과 음악 등 뛰어난 예능을 창조했고 그것을 자신의 몸에 달고 살았던 예술가들이었다.

민속춤과 커뮤니티 댄스

커뮤니티 댄스는 최근 들어 많은 사람들의 관심 대상이 되고 있다. 커뮤니티 댄스는 생각을 같이하는 사람들이 함께 자유로운 소통의 공간을 마련하고 그들 공동체가 좋아하는 다양한 형태의 춤을 즐김으로써 삶의 가치를 찾아가는 춤이다.

과거에는 커뮤니티 댄스의 한 형태로 다양한 마을의 공동체가 집단적으로 추는 민속춤이 있었다. 이는 인류학자 레드필드(Robert Red-Field)가 말하는 소커뮤니티(little community)가 추는 춤으로서 지속적인 상호 작용을 할 수 있는 소규모의 집단 춤이었다. 이 춤은 다른 집단에 의존하지 않는 자기 충족성을 갖고 일련의 제도와 태도 및 가치를 공유하는 동질 집단의 춤이었다. 또한 공동의 조직과 관심을 갖고 동일한 장소에서 같은 규율 아래 생활하는 일련의 사람들이 추는 집단 춤이었다. 그래서 이 춤들은 사람들 간에 정규적인 제휴에 기초를 두고, 규칙적인 상호 작용을 하면서 행해져왔다. 그래서 커뮤니티 댄스란 대중을 위해 만들어진 춤이자 안무가와 같은 전문가나 일반인 그리고 아마추어 댄서가 함께 작업하여 만드는 넓은 범위의 춤이었다.

이 춤은 영국에서 처음 시작된 것으로 본질적으로 예술적이기보다는 세속적이면서 대중의 기분을 전환하기 위해 추던 것이었다. 그리고 대중 누구나 춤추기에 참여할 수 있는 기회를 가질 수 있고 모든 사람들이 보고 감상하며 창작할 수 있는, 말 그대로 모든 이들을 위한 춤이었다. 그래서 지역 공동체가 그 지역의 지원을 받아 조직되어 다양한 환경을 반영하기 위한 목적을 가지고 춤을 추기도 했다. 또한 극장춤, 뮤지컬, 민속춤을 혼합한 형태를 띠기도 하고 아프로-케리비안 춤, 중국의 수건춤, 신체 요법부터 탭 댄스에 이르기까지 매우 다양한 스타일로 춤을 추기도 한다.[75]

---

75 V. Preston-Dunlop, *Dance Words*, Harwood Academic Publishers, 1995, pp.48-49.

따라서 커뮤니티 댄스의 특징은 한 개인과 개인이 서로 주고받는 소통의 사회적 요소가 다른 무엇보다도 중요하다는 것이다. 최근에는 이러한 커뮤니티 댄스의 성격 때문에 수많은 지역 사회의 공동체가 모여 그들의 삶의 질을 높이기 위한 수단으로 이 춤을 추는 경우가 많다.

20세기 커뮤니티 댄스의 초기 형태는 1920년경 라반에 의해 만들어진 움직임 합창대(Movement Choir)라고 할 수 있다. 노동자를 비롯한 다양한 직종이나 취향을 가진 일반 대중이 모인 공동체 안에서 구성원들은 각자 자신이 주체가 되어 스스로 자유로운 춤을 추며 공동체와 소통을 한다. 그래서 그들이 추는 춤은 스타일이나 장르 그리고 참여하는 사람의 수, 계층에 구애됨이 없이 무궁무진한 형태와 의미를 갖게 된다. 이 공동체에서는 구성원들 간의 교류를 통해 춤을 만들며, 이를 통해 표현하려는 내용을 춤으로써 소통하게 된다. 그들은 공동체로서의 소속감과 즐거움을 만끽하며 단순히 건강과 친목을 위한 운동의 목적으로 공연을 준비하는 데 강조를 두기도 하지만 때로는 사회성을 띤 내용을 표현하기도 한다.

당시 움직임 합창대의 교육 방식은 놀이 형식으로, 라반은 공동체로 하여금 움직이는 기쁨을 느끼고 적극적으로 지역 사회에 참여할 것을 유도했다. 그리고 조화로운 움직임의 경험을 통해서 몸과 정신 그리고 영혼의 조화를 느끼고 이를 삶의 활력소로 느낄 수 있기를 바랐다. 움직임 합창대의 대표적인 공연은 1936년 독일의 뮌헨 올림픽의 개막 공연, 〈따뜻한 바람과 새로운 기쁨(The Warm Wind and the New Joy)〉이었는데, 이때의 출연자는 500여 명으로 대규모였으며, 그 의미는 니체의 『짜라투스트라는 이렇게 말했다(*Also Sprach Zarathustra*)』를 바탕으로 만들어졌다.[76] 그러나 이 대규모 공연은 올림픽 참여에 정당성을 거부당했던 히틀

76 신상미, 김재리, 『몸과 움직임 읽기』, 이화여자대학교출판부, 2010, pp.19-20.

55. 커뮤니티 댄스

러의 나치 정당이 국제적인 청중들에게 자신의 사상과 이념을 공식적으로 보여 주기 위해 만든 자리가 될 뻔했다. 나치 정당의 정치 선전을 맡았던 독일 정치가 괴벨스(Joseph Paul Goebbels, 1897~1945)는 라반에게 나치 정권의 이념과 권위를 상징할 수 있는 공동체의 춤을 제작하길 강요했다. 그러나 라반과 그의 동료들은 움직임 합창대 고유의 목적과 취지로 공연을 제작했고 결국 이에 불만을 품었던 나치당으로부터 해고당했다. 이러한 사건을 계기로 라반은 영국으로 망명을 했고 그곳에서 자신이 추구한 움직임 합창대의 주요 목적을 교육적이고 사회적인 차원의 커뮤니티 댄스로 끌어올렸다.

이후 영국에서는 라반이 생각한 커뮤니티 댄스에서 행하는 표현적인 인간의 움직임에 대한 이론과 실제를 교육적, 사회적 측면에서 교육하고 실천하려는 움직임이 일었다. 세계 유일의 무용 대학인 라반 센터(Laban Centre)에는 지역 사회 무용인 커뮤니티 댄스 전문 과정(PDCDS: the professional diploma in community dance studies)이 개설되었고 이는 현재까지 미국, 캐나다, 호주 등을 비롯한 전 세계에 큰 영향을 미치고 있다. 현재 영국에서 커뮤니티 댄스는 남녀노소를 불문하고 모두가 참여하며, 이를 통해 창의력, 자신감, 감정 표현력을 향상시키는 것은 물론 지역 사회의 정신과 자신의 사회적 위치를 인식할 수 있는 교육적 수단으로 활용되고 있다. 또한 장애의 정도, 나이, 언어 능력, 소통 능력에서 소외된 사람들에게 정신적, 육체적, 사회적으로 통합할 수 있는 능력을 개발하게 하는 데에도 활용되고 있다. 특히 인종 간의 갈등이나 청소년의 일탈, 지역 간 갈등이나 계층 간 갈등으로부터 발아된 다양한 사회 문제를 개선하는 데에도 커뮤니티 댄스가 큰 역할을 하고 있다. 즉, 커뮤니티 댄스는 사회로부터 받은 상처를 치유하기도 하고 자신의 정체성을 찾으면서 긍정적인 삶과 즐거운 삶을 살아가는 기폭제가 되기도 한다. 이처럼 커뮤니티 댄스는 교육적이고 사회적인 차원에서 그리고 치료적 차원에서 그 활용도가 높다.

그러나 최근에는 전화나 TV 그리고 인터넷 등 최첨단의 소통 매체가 등장하면서 커뮤니티 댄스의 개념이 점차 확장되고 있다. 이는 아렌스버그와 킴볼이 주장하는 것처럼 커뮤니티의 개념이 하나의 실체가 아니라 하나의 과정을 중시하는 집단으로 변화하고 있다는 데에서 나타난 현상이다. 이는 같은 장소에 있는 동일한 민족 집단의 범위가 더 이상 유효하지 않다는 것을 말해 주기도 하고 개인들 상호간의 활동과 그 환경 내의 물리적 항목들 간의 상호 작용을 통해서 너무나도 다양한 특성을 가진 집단들이 등장하고 있다는 것을 말해 주기도 한다. 예컨대, 과거의 커뮤니티가 인종 집단, 계급 집단, 정당, 교회 집단, 학교 집단 등이었다면 최근에는 인터넷 동아리나 카페처럼 동일한 장소, 종족, 인종, 계급, 연령 등을 초월한 집단으로 그 개념이 확장되고 있는 데에서 확인된다. 이와 같은 사회 환경의 변화는 과거의 커뮤니티 댄스에서 확장된 새로운 형태의 커뮤니티 댄스의 출현을 가속화하고 있다.

이와 같은 커뮤니티 댄스는 다양한 형태로 그 모습을 드러내고 있다. 모바일 비디오[77]에 올라온 여러 나라의 춤은 각 집단의 개성에 따라 자유자재로 움직임이 만들어지기 때문에 커뮤니티 댄스의 다양화를 볼 수 있다. 각 지역의 공동체가 모여 그들이 가지고 있는 전통춤이나 간단한 동

77 커뮤니티 댄스 동영상은 http://www.wimp.com/mattearth에서 볼 수 있다.

작으로 최근에 유행하는 대중음악의 비트에 맞춰 즐겁고 흥겹게 춤을 추는 경우가 많이 생겨났다. 이 춤들은 추고 있는 것만 보아도 저절로 웃음이 나오고 춤을 추고 싶은 욕구를 분출시킨다. 그리고 이러한 춤을 매개로 한 커뮤니티 댄스는 삶의 의미를 찾을 수 있는 가능성을 보여 주며, 몸을 사용해서 춤추는 능력, 집중력, 소통 능력 등을 향상시키며, 창조적 표현을 경험하도록 유도하고 있다. 호주에서 시작되어 인터넷을 통해 전 세계에 급속도로 퍼져 유행이 된 셔플 댄스, 스페인의 라틴 댄스곡에 맞추어 추는 마카레나, 한국의 댄스 가수 싸이의 말춤 등도 이에 해당된다고 할 수 있다. 이러한 춤들은 공동체가 모여 서로 몸을 부딪치며 즉흥적으로 새로운 몸짓의 창작을 시도할 수 있기 때문에 보는 사람에게도 단결과 협동의 과정에 참여하고 싶은 마음을 누를 수 없게 한다.

이처럼 커뮤니티 댄스는 교육적, 치료적, 오락적, 이념적 성격을 가지고 인간이 살아가는 다양한 환경 안에서 상호 작용하면서 여가선용을 할 수 있는 복지 기능과 건강한 몸과 마음 그리고 정신을 가지고 윤택한 삶을 살아갈 수 있는 자아 관리 기능을 가진 춤이라 할 수 있다. 여기서 보이는 상징적 코드는 공동체, 소속감, 신명, 협력, 소통, 민족성, 여유, 해방감 등이다.

4) 전통과 문화유산

인간문화재의 춤과 처용 신화의 부활

① 인간문화재의 춤

인간문화재란 무형문화재에 지정된 기술과 기능을 소유한 자 혹은 인정받은 사람으로서 한국에서는 중요무형문화재보유자(重要無形文化財保有者) 또는 인간문화재라 칭하고 일본에서는 인간국보(人間國寶)라 칭한다.

문화재보호법 제2조에 의하면, 법률적 의미에서 문화재는 인위적 · 자연적으로 형성된 국가적, 민족적, 세계적 유산으로서 역사적, 예술적, 학술적, 경관적 가치가 큰 유형문화재, 무형문화재, 기념물, 민속자료를 말한다. 문화재는 그 민족이 이룩한 유형 · 무형의 모든 문화적 소산으로서 보존할 만한 가치가 있는 문화유산과 자연 유산을 지칭한다. 이는 민족의 공동체적 정체성을 확인시켜주는 최고의 정신적 가치를 지니고 있으며 전 인류가 함께 공유하는 문화적 자산이다.[78] 문화재라는 말은 1949년 일본 최고의 목조 건물인 호류지(法隆寺)의 금당벽화[79]가 화재로 손실되는 일이 일어난 후 일본에서 문화재보호법이라는 것을 제정함으로써 일반화되었다. 한국은 1962년에 제961호 문화재보호법이 제정되었다. 전 세계적으로 무형문화재를 지정 보호하는 나라는 한국, 일본, 대만, 중국, 북한, 프랑스, 필리핀, 루마니아, 태국 등이다. 한국과 일본에서는 『문화재보호법』, 대만에서는 『문화자산보존법』, 중국에서는 『문물보호법』, 북한에서는 『보물, 고적, 명승, 천연기념물 보존령』, 프랑스에서는 『역사적 기념물 보호법』을 제정해서 문화재를 보호하고 있다. 그리고 `예술의 거장' 제도가 있어 희귀하고 전문성을 가지고 있는 거장에게 정부의 재정적 지원과 전수자를 교육해야 할 의무를 부여하게 된다. 필리핀은 '국가예술가제도'를 선포하고 문학, 예술, 음악 등의 분야에서 국가예술가에 대한 특권과 명예를 법으로 정하고 있다. 루마니아는 지방 차원에서 민속 문화의 창조를 의미하는 인간문화재 제도를 시행하고 있으며, 태국은 국가예술가제도를 도입해 모든 형태의 예술을 보호 관리하고 있다.

이와 같이 역사와 전통이 있는 나라에서는 자국의 문화를 증진하고 인

---

78 문화재관리국, "문화재 행정의 실제", 1997, 21면.

79 금당벽화는 고구려의 승려인 담징이 일본으로 건너가 법륭사 경내에 그린 것이다. 금당은 세계에서 가장 오래된 목조건물로 세계문화유산으로 지정되어 있다. 또한 중국의 원강석굴과 경주의 석굴암 등과 함께 동양의 제3대 미술품의 하나이다.

류의 자산인 한 국가의 문화를 세계 문화의 수준으로 향상시키려는 목적으로 문화재보호법을 제정했다. 이 중에서 한국과 일본이 가장 유사한 형태로 문화재를 관리하고 있다.

문화재 중에서 무형문화재란 그림이나 도자기, 건축 등과 같이 유형으로 남아 있지 않고 연극, 음악, 무용, 공예 기술 등과 같이 형체가 없는 문화재를 말한다. 한국에서는 '개인 종목'과 '단체 종목'으로 구분되어 있고, 문화재청에서 중요무형문화재 기·예능보유자를 지정한다. 전승 체계는 보유자 혹은 보유 단체를 비롯해서 전수 교육 조교, 이수자, 전수자의 4단계로 세워놓고 있다. 일본에서는 유파마다 기량과 경력을 갖춘 사람, 특별히 뛰어난 재능을 보유한 개인을 선발한다. '각개(各個) 인정'과 여러 분야가 조를 이루어야만 연회가 되는 종목에서는 여러 명을 선발하는 '종합(綜合) 인정', '보지단체(保持團體) 인정' 방식으로 일본문화청에서 지정한다. 그러나 한국에서는 지정 기준을 주로 종목을 원형대로 체득 보존하고 이를 그대로 실현할 수 있는 기·예능의 습득 여부에 두고 있기 때문에 이를 개인의 창작품이라기보다 나라의 민족이 공감하고 전승해 온 민족 문화의 유산으로 본다. 그렇기 때문에 어떤 종목의 주인공은 누구라고 하는 인간 위주의 인정 제도를 시행하는 일본과는 개념적으로 차이가 있다. 유네스코는 세계 각국의 전통 문화와 민속 보호를 위한 권고 안에서 무형문화재의 '기록 보존'과 '살아 있는 형태'의 보존 방법을 제안하고 있는데, 한국의 경우는 후자에 속한다.

한국에서 중요무형문화제 제1호로 지정된 종목은 〈종묘제례악〉으로 2008년 타계한 김천흥 선생이 보유자, 즉 인간문화재로 지정됐었다. 〈종묘제례악〉은 유네스코에서 지정하는 세계인류무형문화재로 조선 왕조의 역대 국왕과 왕비의 제사를 지내는 왕실의 전통 제례 의식이다. 종묘의 제향에서는 악·가·무 일체가 되는 악기 연주와 노래 그리고 춤이 행해진다.

56. 종묘 제례악

이외에 한국의 춤 분야에서 개인과 단체로 여러 문화재가 지정되어 있다. 개인 인간문화재로 지정된 것에는 1969년에 지정되었다가 1989년에 해제된 제27호 한영숙의 〈승무〉와 이매방의 〈승무〉(1987), 제92호 강선영의 〈태평무〉(1988), 제97호 이매방의 〈살풀이춤〉(1990), 김숙자의 〈살풀이춤〉(1990 지정~1993 해제) 등이 있다. 단체로 지정된 인간문화재에는 제12호 〈진주검무〉의 김순녀, 성계옥, 정금순, 제21호 〈승전무〉의 한정자와 엄옥자, 제39호 〈처용무〉의 김천흥과 김용, 제40호 〈학연화대합설무〉의 이흥구 등 총 7종목이 지정되어 있다. 개인으로 지정된 〈승무〉, 〈태평무〉, 〈살풀이춤〉은 사원, 궁중, 기방, 굿판 등에서 추었던 춤을 바탕으로 창작된 한국의 대표적인 민속춤이고, 단체로 지정된 〈진주검무〉, 〈승전무〉, 〈처용무〉, 〈학연화대합설무〉는 궁중 무용 형태의 전통춤이다.

한국에서 〈승무〉와 〈살풀이춤〉은 춤의 유파에 따라 춤의 구조와 특질에서 약간의 차이가 있다. 정병호(1999)에 의하면, 김숙자의 〈살풀이춤〉은 경기도 무악(舞樂)인 도살풀이 곡에 맞추어 추는 교방 계열의 고전 춤이다. 김숙자는 조부 김석창과 창우로서 무업(巫業)에 종사한 부친 김덕순이 추는 수건춤을 배웠고, 조진영에게 창우들이 창작한 교방 계통의 〈살풀이춤〉과 〈승무〉를 배웠다. 김숙자의 춤은 이매방의 〈살풀이춤〉과는 달리 2m 가량의 긴 수건을 들고 하는 것이 특징이며, 애원성을 강하게 풍기고 한을 상징하는 흰 천을 뿌리며 승무의 장삼을 뿌리는 듯한 동작으로 한을 풀어낸다. 춤을 추는 과정에서 김숙자의 춤에는 멋과 흥을 내뿜는 신명이 곁들여져 있어 마치 무녀가 추는 듯한 카타르시스의 진함이 다가온다.[80]

한편 이매방의 〈살풀이춤〉은 전라도 남도 지방의 살풀이장단에 맞추어 창우나 권번 기녀들이 춘 춤으로 알려져 있다. 당시 기녀들은 지방 부호들의 생일잔치나 행사 장소의 대청마루와 사랑방에서 판소리와 병행해서 이 춤을 추었다. 이매방은 주로 기녀들이 활동하는 권번에서 춤을 지도한 예인들에게 춤을 배웠다. 이 춤 역시 긴 수건을 들고 느리게 애조를 띤 가락으로 추다가 음악이 빨라지면 빠르고 탄력감이 있는 춤으로 기쁨을 보여 준 다음 조용하게 끝을 맺는다. 강약과 맺고 풂이 분명히 드러나 다른 유파의 춤에 비해 간드러진 맛을 갖고 있는 것이 특징이다. 그가 춤을 출 때 수가 놓이고 달랑거리는 술이 달려 한복과 잘 어울리는 남바위를 쓴 머리를 교태스럽게 까딱까딱하는 모습에서 이매방만의 독특한 애교 춤의 멋을 볼 수 있다.

이매방이 보유한 또 하나의 춤인 〈승무〉는 움직임이 구수하고 엇박으로 추기 때문에 활달한 성격을 가진 춤으로서의 특징이 드러난다. 또한 승무의 마지막에 행해지는 북놀이는 가락이 다양하고 유연한 몸짓으로 탄력 있게 두드리기 때문에 신명나게 흥을 돋우는 것이 특징이다. 이를 통해 "한과 정이 넘쳐흐르고 이것이 발효되어 환희와 자유를 획득한 춤"[81]

---

80 정병호, 『한국의 전통춤』, 집문당, 1999, p.666.

81 정병호, 『한국의 전통춤』, 집문당, 1999, p.676.

의 특징을 보여준다. 한영숙의 〈승무〉는 교방 춤을 정립한 한성준이 창작한 춤을 이어 받아 거기에 자신의 법도를 덧입힌 아주 절제된 중도의 춤이다.[82] 그래서 동작이 우아하고 차분한 면을 보이며, 호흡하면서 장삼을 입은 팔과 손을 위로 벌려 올리는 동작과 옆으로 펼치는 동작은 마치 학이 날개를 펴는 듯 공감각을 확장하는 특징이 있다. 이 춤은 한영숙의 타계 이후 보유자 해제로 이애주와 정재만에게 승계되었고 활발한 전수 활동을 하고 있다.

강선영이 보유자로 지정되어 있는 〈태평무〉는 경기도 무속 음악인 낙궁 가락을 비롯하여 터벌림, 도살풀이 등의 가락을 가지고 있는 무악(巫樂)과 경기도 도당굿에서 행하는 무무(巫舞)의 동작이 주를 이루고 있다. 한성준이 이를 공연 춤으로 재구성해서 손녀인 한영숙과 제자인 강선영에게 전승했다. 이 춤은 남색 속치마에 빨간 겉치마와 연두에 수를 놓은 당의, 흰 바탕에 수를 놓은 대홍원삼과 큰머리를 얹은 화려한 왕비의 모습으로 나라의 태평성대를 축복하는 것이 특징이다. 춤을 곱게 추다가 겉옷인 원삼을 벗고 당의를 입은 상태에서 활발하게 춤을 추는 것이 이 춤의 백미이다. 이때 겹치마를 살짝 올려 하얀 버선 코가 드러나면 빠른 발디딤으로 기교를 부리는데, 이 춤사위가 매우 아름답고 휘몰아쳐서 보는 사람으로 하여금 춤에 집중하도록 만들고 절로 흥이 나게 한다.

이처럼 한국의 무형문화재는 종목으로 지정되기 때문에 인간문화재의 춤은 같은 종목에 여러 명이 지정되어 있는 경우가 많다. 그래서 각 인간문화재의 몸의 형태와 춤사위 및 즉흥적 춤 기법에 따라 춤의 색깔 등 성격이 다르다는 특징을 보이기도 한다. 즉, 한국에서는 춤의 원형이 역사의 흐름 속에서 변형이 되긴 하지만 각 종목에 지정된 인간문화재는 여전히 한민족의 얼을 보존하고 후대에 한국 고유의 전통적인 춤을 전승하

82 정병호, 『한국의 전통춤』, 집문당, 1999, p.678.

57. 강선영의 〈태평무〉

는 사람으로서 매우 중요한 역할을 하고 있다.

② 처용 신화의 부활, 〈처용랑〉

심소 김천홍 선생은 '무용계와 국악계의 대원로', '조선 시대의 마지막 무동', '가면 안 쓴 처용', '가 · 무 · 희의 달인' 등으로 불린다. 그는 13세에 이왕직아악부에 들어가 궁중의 명인들로부터 다양한 악기의 연주법과 춤을 배우면서 조선의 예악 사상을 전수받았고, 무동으로 뽑힌 후에는 궁중정재를 배웠다. 일제 강점기에는 민속악계와 민속춤계 그리고 창작춤계에서 활동하면서 한성준 선생이 교습하던 조선음악연구소와 권번에서 민속 무용을 배웠고, 가곡, 가사, 시조 등도 섭렵했다. 또한 당대 서양식으로 춤의 대중화를 신도한 최승희 춤의 음악을 연주하면서 대중적인 춤을 접했고, 굿판과 사찰에서 연주하면서 불교 의식무를 습득했다. 1950년대 말부터 1960년대 말까지는 〈처용랑〉, 〈만파식적〉, 〈춘향전〉, 〈흥부와 놀부〉, 〈콩쥐팥쥐〉, 〈꼭두각시〉 등과 같이 민속 무용과 한국 전통문화를 기반으로 한 작품을 창작했다. 1968년 중요무형문화재 〈종묘제례악〉과 〈처용무〉의 예능보유자가 되면서 궁중정재의 복원과 재현에 심혈을 기울였다. 당시 김천홍 선생의 전통에 대한 사랑과 창작열은 아악부 시절부터 온몸으로 전수받은 예악을 중시하고, 우리의 문화를 지키고 계승하면서 다양한 춤과 음악적 경험을 신무용의 붐과 함께 꽃을 피웠으며, 이를 통해 전통춤의 보존과 계승, 우리 춤의 철학적 생성 원리를 바탕으로 한 현대화[83] 및 대중화 등 한국 춤 창작의 틀을 확립했다. 그래서 김천홍 선생의 삶과 몸짓은 그 자체로 한국 춤의 역사라 할 정도로 민족적이다.

---

83 강이문, 『한국 무용문화와 전통』, 민족미학연구소 엮음, 현대미학사, 2001, p.267-268.

58. 김천흥과 〈처용무〉의 탈

김천홍 선생의 대중적인 춤 창작 중에서 한국의 전통 설화를 바탕으로 한 것이 〈처용랑〉이다. 이 작품은 1959년 12월 6일과 7일 시공관에서 발표된 《제2회 김천홍 한국무용발표회》 제2부에서 초연되었다. 김천홍 선생이 이 작품을 구상했을 때, 우리나라 고유의 궁중 무용, 〈처용무〉는 춤의 의미를 상징적이고 추상적으로 표현했기 때문에 일반인들이 그 의미와 가치를 이해하기 어려운 면이 많을 것으로 생각했다. 그래서 조상 전래의 전통이 흐르는 궁중 춤과 함께 서민 생활과 깊이 연결되어 있는 자유롭고 신선한 민속춤을 중심으로 〈처용랑〉을 창작했다. 처용 설화를 바탕으로 내용에 맞는 극적인 춤을 창작하기 위해 전통춤의 춤동작을 취사선택하여 다듬어 예술춤으로 승화시켰다. 이와 더불어 궁중 춤을 소재로 한 창작에서는 무대의 구성을, 민속춤을 소재로 한 창작에서는 춤사위의 다양화를 꾀했다.

이처럼 〈처용랑〉은 민족성을 갖는 춤이 바탕이 된 무용극 형식의 춤이며 가 · 무 · 희가 통합된 무대극이다. 〈처용랑〉은 3막 5장으로 구성되어 『삼국유사(三國遺事)』 권2와 「고려사(高麗史)」에 실린 처용신화의 역사적인 소재를 극적인 줄거리로 재창조했다.

〈처용랑〉의 줄거리는 신라 시대 제49대 헌강왕이 집정하던 시기를 배경으로 전개된다. 당시는 나라 전체가 평화로워 온 동네에 음악과 노래가 끊이지 않았고 천재지변도 없었다. 어느 날 헌강왕이 개운포를 거닐고 있을 때 동해의 용이 변화하여 생겨난 비바람과 안개를 만나게 되었다. 원인을 파악한 임금은 관원에게 명하여 용을 위한 절을 짓게 했다. 동해의 용은 기뻐서 그의 아들 일곱과 함께 헌강왕에게 왔고 그의 덕을 찬양하고 춤을 추며 음악을 연주했다. 용의 아들 중 처용은 왕의 정사를 돕기 위해 신라에 남고, 왕은 처용을 위해 아름다운 아내와 관직까지 주었다. 이를 시기한 역신은 처용의 아내와 남몰래 동침했다. 이를 본 처용은 "동경 밝은 달에 밤들어 노닐다가 들어와 자리를 보니, 다리 가랑이 넷일러라. 둘은 내해이고, 둘은 뉘해인고. 본디 내해지만, 빼앗겼으니 어찌할꼬"라 노래하고 춤을 추며 물러나왔다. 이에 감동한 역신은 처용 앞에 꿇어앉아 "이제부터는 공의 모양을 그린 것만 보아도 그 문 안에 들어가지 않겠다"라고 했다. 헌강왕은 역신의 액이 물러난 신라의 태평성대를 축하하는 잔치를 벌인다.

이 줄거리는 김천흥 선생에 의해 〈처용랑〉에 그대로 녹아 극적인 이야기, 춤, 음악, 창사 등 총체성을 담은 무용극으로 탄생되었다. 음악은 춤의 종류와 무대 구성 그리고 춤의 전개에 맞게 창작되었고, 창사는 처용의 애타는 마음을 담아 읊는 것도 포함시켰다. 의상은 신라 시대의 의복을 근거로 제작됐으며, 전통적인 소도구를 사용해 배역의 특징과 무대

59. 김천흥의 〈처용랑〉

60. 김천흥의 〈바라춤〉

장면을 효과적으로 연출했다. 헌강왕은 망해사를 지어 불공을 드리고 동해에 사는 용왕의 화를 달래 나라의 태평성대를 표현했고, 처용은 역신과 아내의 간통을 용서하는 대인임을 표현했다. 등장인물은 내용과 배역에 따라 창작된 〈용의 춤〉, 〈용자의 춤〉, 〈역신의 춤〉, 〈처용처의 춤〉, 〈처용의 춤〉 등을 추었고, 〈동리처녀들의 춤〉, 〈무희들의 춤〉과 〈무애무〉, 〈탑돌이〉, 〈나비춤〉, 〈바라춤〉, 〈타주〉, 〈법고〉의 불교 의식무를 재현했다. 이처럼 〈처용랑〉은 김천흥 선생이 가진 조선의 예악 사상과 그의 춤 경험 그리고 신무용의 붐에서 비롯된 창작 정신을 보여 준 것이며, 처용 신화를 부활시켜 서민들에게 한국의 전통 신화를 이해하고 춤을 즐길 수 있도록 대중화한 민족춤이었다.

한편, 김천흥 선생이 인간문화재로 지정된 후, 그는 궁중정재에 집중했고 더 이상 춤 창작 공연을 하지 않았다. 그러한 이유로 사료로만 남아 있던 이 작품은 초연 이후 53년이 지난 김천흥 타계 5주기 기념 공연에서 한국정재연구회의 김영숙 회장에 의해 2012년 10월 19일 국립국악원 우면당에서 다시 부활했다. 부분적이었지만 〈처용랑〉의 재현이었다. 재구성된 〈처용랑〉은 한국춤문화자료원 원장 신상미의 논문 「김천흥 창작무용극 〈처용랑〉의 복원과 재현을 위한 사료분석」을 바탕으로 시험적으로 제1막 1장의 재현이 시도되었다. 음악 복원은 계성원이 채보했고, 박일훈 전 국립국악원 원장이 채보된 악보를 감수했으며, 홍동기 음악 감독의 〈풀림앙상블 판〉이 연주했다.

처음에 막이 열리면 개운포의 연회 장면이 펼쳐진다. 무대 뒤 중앙에 황룡포를 입은 왕이 용좌에 앉고 양관 제복을 입은 일관과 신하, 단의를 착용한 개 · 작선 · 미선 등 봉위의가 왕을 보좌하는 장면이 연출된다. 이어서 잔잔한 파도 영상이 스크린을 채우면 단의를 입은 궁녀 2명이 등장해 무애무를 추고, 이것이 끝나면 사이키 조명, 포그, 험한 파도 영상과 드라이아이스가 스크린을 채우는 상태에서 헌강왕이 화가 난 용왕을 위

61. 김천흥의 〈처용랑〉 재현

해 절을 짓자는 명을 내린다. 이들이 물러나고 스크린에 절 영상이 투사되면 용왕이 출현하고 잔잔한 파도와 무지개 영상이 스크린에 채워지면서 용자 7인이 처용 가면과 흑장삼을 입고 춤을 춘다. 김영숙[84]에 의하면, 〈무애무〉는 원효 대사가 불교 전파를 위해 방방곡곡을 다니며 표주박을 치면서 춤을 추었다는 역사적인 기록을 근거로 재구성했고, 이를 위해 무원 2명이 표주박을 들고 즐겁게 춤추는 것으로 설정했다. 이때에는 김천홍 선생이 집필한 한국 무용 기본 무보와 〈양주별산대놀이〉 중에서 쉬운 동작을 취해 반복하는 형식으로 춤을 꾸몄다. 〈용의 춤〉은 무음으로 춤을 추었다고 기록되어 있지만 처용 설화의 내용을 근거로 초연 당시에 개운포의 파도 이미지, 천둥, 번개, 안개의 효과를 조명으로 처리했을 것으로 추정하고 이를 영상으로 제작해 춤의 효과를 극대화했다. 〈용자의

84 한국춤 문화자료원 엮음, 『기억 속 김천홍의 예술, 오늘의 예술이 되다』, 심소 김천홍 선생 5주기 추모문화제, 디프넷, 2012, pp.95-97.

춤〉은 용왕과 용자가 함께 추는 것으로 설정했고 처용무와 봉산탈춤 동작을 선별해서 재구성했다.

이와 같이 한국의 처용 설화는 궁중무의 〈처용무〉에서 대중화를 지향한 〈처용랑〉을 거쳐 이를 보존하고 재현하기 위한 공연으로까지 이어져 한국의 전통 신화에서 발견되는 이야기나 활달하고 용맹스러운 용자의 춤, 불교 전파를 위한 〈무애무〉 등에서 발견되는 문화 코드를 새로운 문화 콘텐츠로 재창조했다. 이러한 작업은 궁중에서 이루어지는 의식으로서의 문화 코드뿐만 아니라 대중들에게 한민족의 전통 예술로서 민족주의적 표현주의의 예술 코드 및 전통적인 움직임 코드 등을 체험하고 관람할 수 있는 장을 창조한 것이다.

이에모토 제도와 인간국보: 〈가부키〉와 〈노〉

한국의 무형문화재 제도와는 달리 일본에서는 인간국보의 예능을 전승하기 위해 이에모토(家元) 제도가 시행되고 있다. 이에모토는 집안의 으뜸이나 최고의 권위를 가진 계승자인 당주 개인 또는 유파를 이끄는 그 집안 자체를 의미하며, 일본의 기예, 기능 등을 집안에서 내려오는 전통으로 계승하고 있다.[85] 그러나 양자를 들여 계승하는 경우가 많다. 일본의 대표적인 전통극이자 이에모토 제도가 존재하는 〈노(能)〉는 주연자라 칭하는 시테카타와 조연자라고 하는 와키카타, 막간극의 희극 배우를 말하는 교겐카타, 악기 담당을 맡는 사람을 뜻하는 히야시카타 등에 인간국보가 다수 존재한다. 부요(舞踊, 무용) 분야에서 무형문화재로 지정된 종목은 하나이며 3명이 인간국보로 되어 있다. 일본 무용의 대표적 유

---

85 이장열, 『한국무형문화재정책』, 관동출판, 2005; 김양혜, 「한일 중요무형문화재 보존 및 전승에 관한 비교연구」, 석사학위논문, 숙명여자대학교대학원, 2005; 김순호, 「중요무형문화재 분류체계의 개선방안연구: 예능계열을 중심으로」, 석사학위논문, 고려대학교대학원, 2011.

파로는 하나야기(花柳), 후지마(藤間), 와카야기(若柳), 미시카와(西川), 반도(坂東)류가 있다. 이외에 극의 형태를 띠고 있지만 춤이 행해지고 있는 〈노〉는 7종목과 12명의 인간국보가 지정되어 있으며, 대표적인 〈노〉의 유파에는 간제(觀世), 호쇼(寶生), 곤파루(金春), 곤고(金剛), 기타(喜多) 등이 있다. 이중 간제가 〈노〉의 시조인 간아미(觀阿彌)에 뿌리를 두고 있으며 가장 큰 규모의 가문을 이루고 있다. 간제류에서 인간국보는 가타야마 구로에몬으로 1930년생이다. 역시 극 형태를 하고 있는 〈가부키(家舞技)〉는 5종목과 10명의 인간국보가 지정되어 있다. 가부키를 대표하는 가문은 이치가와(市川)와 오노에(尾上) 등이다.

이처럼 일본의 인간국보는 주로 유파의 춤을 가장 잘하는 사람에게 보유 유파의 이름을 물려주고 전승시키는 방식으로 지정된다. 그래서 한국처럼 종목을 보유한 사람이 본인의 이름을 가지고 있는 경우가 없다. 예를 들면, 성씨가 야마다이고 이름이 하나코인 사람이 니시카와 유파의 이름을 받게 되면 성씨가 바뀌어 니시카와 하나코가 된다. 그래서 이름을 보면 어느 유파의 어느 단계에 있는지 알 수 있다. 특히 어린 나이에 보유 가문에 들어가 그 춤을 형식적이고 기하학적으로 배워 원형을 손상하지 않고 그대로 지키려는 인간국보가 되기 위한 노력을 하고 있다. 이처럼 일본에서는 유파의 수장이 인간에서 인간으로 물려주는 방법으로 후대의 보유자를 지정하고 있다. 그래서 600년의 역사 속에서 56대째 내려오고 있는 궁중 극 〈노〉와 17세기부터 이어져 온 민속극 〈가부키〉의 연기자들은 부친에게서 자식으로 이어지는 전통적인 방식을 따르는 인간국보가 되기 위해 끊임없는 노력을 하고 있다.

그들이 춤을 배울 때 유파식이 그대로 전수되게 하기 위해서 몸을 돌리는 각도나 무릎을 구부리는 정도, 손모양 하나하나의 움직임, 정확한 무대의 방향 어깨 내리기와 팔의 위치 등 몸 부위의 위치 및 부채와 같은 소도구를 사용하는 방법 등을 형식 그대로 유지하려고 혹독한 훈련을 받는다. 예를 들면 '걸음걸이의 예술'이라고 불리는 〈노〉에서는 배우의 간헐 속에 숨겨진 힘을 최소한의 방법으로 표현하기 위해서 발을 바닥에 붙이고 미끄러지는 걸음으로 무대를 이동한다. 이때 발가락 쪽을 약간 들었다 놓는 기법으로 정적인 걸음걸이를 하며 춤을 추는 것이 인간국보의 대표적인 기술이다. 또한 〈가부키〉에서는 남성이 여성 역할을 하기 위해 움직임의 폭을 작게 하고, 몰개성적이지만 가부키 특유의 표정으로 여성을 표현하는 움직임의 체계를 어릴 때부터 익혀 춤을 추는 것도 인간국보의 대표적인 기술이다.

이처럼 인간문화재나 인간국보는 국가의 전통을 지키고 이미지를 보존하는 역할을 하는 것은 물론 인간의 몸 자체에 춤을 기록하고 재현하는 무형문화재라 할 수 있다. 따라서 최근에는 문화재의 가치를 인정하고 각 나라마다 종목으로 지정하거나 사람으로 지정하고 무형문화재를 보존 관리하는 사례가 늘어나고 있다. 특히 유네스코에서는 인류 전체를 위해 보편적 가치가 있는 문화유산으로서 다양한 민족의 삶 속에서 창조된 유형 · 무형의 문화재를 적극적으로 발굴하고 있다. 그리고 이를 세계의 문화유산으로 지정해서 보호 및 관리하고 있다. 또한 사라져 갈 위기에 놓인 문화유산을 긴급보호유산으로 지정해서 특별한 관리를 하고 있다. 이는 과거로부터 전승되어 온 귀중한 인류의 자산으로서 문화의 원형을 보존하고 이를 통해 세계의 문화 수준을 향상시키는 기반을 마련하기 위한 것이며, 이를 가능케 하는 사람들이 바로 인간문화재이자 인간국보인 것이다.

집시의 춤: 플라멩코

집시(Gypsy)는 유럽을 중심으로 이곳저곳을 떠돌아다니며 유랑 생활을 하는 민족이다. 이들은 주로 유럽의 다양한 국가에 흩어져 살고 있으며, 자신들만이 가지고 있는 고유한 문화를 지키면서 잠시 정착한 곳의

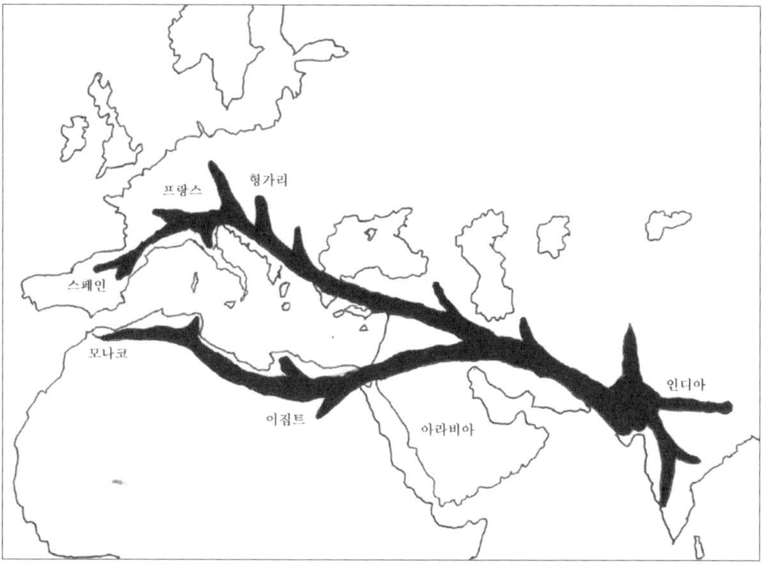

62. 집시의 이동 경로

문화와 교류하기도 한다. 일반적으로 집시의 출현 배경에는 이집트 기원설과 인도 기원설이 있다. 많은 학자들에 의하면, 이집트 기원설은 대부분의 집시가 흑발이나 흑안, 황갈색 피부 등 짙은 피부색을 가지고 있다는 점과 주술가로서의 명성, 그들만의 독특한 생활, 언어, 유목 생활을 한다는 점 등에 그 근거를 두고 있다. 그들이 그리스도교를 믿지 않으며 깨끗하지 않은 영혼을 가진 사람들의 부류에 속해 있어서 이집트인들의 특성과 많이 닮았다는 것도 이집트 기원설이 생겨난 이유다. 한편, 인도 기원설은 집시가 사용하는 언어가 인도의 언어와 방언, 즉 힌두어와 산스크리트어와 유사하다는 점과 집시라는 이름이 현재 인도에 존재하는 종족인 칭가(Cingar) 혹은 챙가(Cengar)에서 유래한다는 점에 근거를 두고 있다.

남부 인도의 집시는 하층민으로 불리던 파리아(paria)보다는 좀 더 상위 계층이었지만 법도 없었으며 춤추고 노래하며 훔치고 속임수를 쓰기도 하면서 여기저기를 떠돌아다닌다는 특징을 가지고 있었다. 이들이 방랑 생활을 하며 이동한 경로는 인도로부터 몰도바로 이어졌고, 짜라 로므네아스크 공국을 거쳐 헝가리와 그 밖의 유럽 지역으로 확산된 것으로 추정된다. 집시가 인도를 떠난 가장 큰 이유는 인류의 시조이자 법에 관한 최고의 권위로 숭앙받는 마누(Manu)의 법 때문이었다. 이 법전에는 힌두인이 지켜야 할 각종 의례 및 생명 주기에 관한 규정이나 종교 성전으로서 힌두교의 관습을 엄격하게 지켜야 하는 마누의 계시가 기록되어 있다. 그러나 집시들은 마누의 법을 따르지 않았으며 그들의 삶 자체가 매우 자유로운 모습을 하고 있었기 때문에 다양한 지역으로 쫓겨나 이주할 수밖에 없었다. 이들은 아르메니아에 거주하기도 했고, 에게 해로 향하기도 했으며, 홍해와 이집트를 거쳐 스페인에까지 이주했다. 또한 소련의 한 지방인 코카서스(Caucasus)나 터키, 루마니아 등으로 이주하기도 했다. 이들은 특히 동유럽에 가장 많이 살고 있는데, 스페인의 칼레, 프랑스의 마누시, 독일의 신티 등에는 여러 종류의 집시 집단이 살고 있다. '인간'을 의미하는 롬(Rom)족이 가장 큰 집시 집단으로 알려져 있다. 이들에 대한 인종 차별은 히틀러가 수십만의 집시들을 살해했던 데에서 극명하게 드러난다.

박정오에 의하면, 현재 집시는 유럽 대륙의 다양한 지역으로 확산되어 그들만의 독특한 삶을 살아가고 있다. 유럽 지역에서 가장 집시가 많이 살고 있는 곳은 루마니아의 수도 부카레스트에서 북서쪽으로 200km 떨어진 곳으로, 루마니아로부터 자치권을 인정받은 새로운 나라다. 오래 전 집시들은 이곳에서 노예로 팔리기도 했고 그리스도교를 받아들이도록 강요당하기도 했다. 특히 프랑스에서는 거리의 무법자로 방랑 생활을 하는 집시의 특성 때문에 이를 이해하지 못했던 지역민과 적대적인 관계로 살기도 했고, 독일에서는 집시 사냥의 공포에 질려 숲속 깊은 곳에 숨어 살면서 사금을 씻고 금세공과 곰을 훈련하는 일이나 나무로 물건을 만드는 일을 하거나 고정된 직업 없이 방랑을 하며 살았다. 그러나 숲 전체를

태워 집시를 몰살하려는 독일인들의 마녀 사냥이 자행되기도 했다.[86]

이후 집시들에 대한 인종 차별적 편견이 약화되고 노예 제도가 폐지되면서 집시의 인권도 보호받게 되었다. 그들은 처해 있는 상황에 따라 그들의 정신세계에 따라 다양한 형태의 삶을 살아가고 있는데, 현재 유럽에 살고 있는 집시는 아직도 미신적이고 유랑 생활을 하는 특성을 유지하고 있다. 그럼에도 불구하고 민족적으로 쾌활하며 음악에 뛰어난 재능을 가지고 있어서 최고의 바이올리니스트나 뛰어난 금속 세공사, 주술이나 점술가 등으로 활약하기도 한다.

특히 스페인 남부의 안달루시아 사크로몬테 언덕에서 로마인들이 살기 위해 파놓았던 동굴에 거주하고 있는 집시들은 자신의 신세와 슬픈 처지를 한탄하며 노래와 춤을 추었는데, 이것이 바로 플라멩코다. 플라멩코는 스페인을 상징하는 문화로, 일상의 소리로 만든 집시만의 독특한 북과 기타 음악에 맞춰 손뼉을 치고 발을 구르는 춤이다. 플라멩코란 말은 원래 플랑드르 혹은 플랜더스 지방을 뜻하는 스페인어의 명사이자 형용사였다. 실제로 스페인어 사전 'el flamenco'의 첫 번째 의미로 "플랑드르 지역"이 등재되어 있다. 이 단어가 언제, 어떤 이유로 현재 우리가 알고 있는 플라멩코의 의미로 사용되었는지는 정확히 알 수 없지만 19세기 중반 무렵부터 "집시의, 집시풍의"라는 의미로 사용되기 시작했다.[87] 현재는 스페인 남부의 안달루시아 지방에서 발달한 집시의 음악과 춤을 지칭하는 말로 사용되고 있다. 또한 "격정적인, 불타는 듯한"을 의미하는 'flammen, flammeant' 혹은 플라밍고 새의 움직임과 유사한 것, 세련되지 못한 행동을 일컫는 말에서 기원이 되었다고 전해지고 있다. 플라멩코는 '바일레 플라멩코(baile flamenco)'라 불리는 춤과 '칸테 플라멩코

---

86 박정오, "집시의 기원과 유럽 이주 그리고 루마니아", 『동유럽 발칸학』 제7권 2호, 2005, pp.378-383.

87 최면호, 『플라멩코』, 살림, 2008, p.23.

63. 인도의 집시

(cante flamenco)'라 불리는 음악 그리고 기타 연주를 가리키는 '토케', 관중의 소리인 '할레오' 등 4가지 요소로 구성되어 있다. 집시를 가리켜 자기의 감정을 억제하지 못하거나 본능적이고 즉흥적인 즐거움을 추구하는 사람들이라고도 한다. 집시들의 일상적인 삶의 모습이라는 측면에서 플라멩코는 이를 지켜오고 발전시킨 집시와 동일어로 쓰기도 한다. 즉, 플라멩코는 집시 그 자체를 의미하기도 한다는 것이다. 이처럼 집시의 민족적 특성이 그대로 담겨 있는 플라멩코는 음악과 춤에서 그 모습을 드러낸다.

음악에 있어서 플라멩코는 비공식적인 파티에서 주로 연주되는 것이 정례였다. 이것을 연주할 때 쓰던 악기로는 현악기인 기타와 타악기인 북을 들 수 있다. 집시들은 이런 악기들을 이용해서 복잡하고 특이한 불협화음을 반복해서 연주했고, 손뼉도 쳤으며, 아름다운 소리를 만들어내기보다는 표현력이 풍부하고 고통을 토해내는 듯한 칼칼하고 거친 소리로 고함을 질렀다. 그리고 서양 음계에는 없는 음과 음 사이를 미끄러지듯 넘어가는 '멜리스마' 방법을 사용해서 연주했다. 이들의 음악은 자신들의 가난한 삶과 존재에 대한 고뇌가 반영되어 염세적이거나 낙천적이며 즐거움이나 슬픔을 표현한다는 것이 특징적이다. 이러한 특징으로 인해 집시의 시와 음악적 표현이 주가 되어 안달루시아 지방의 "노래하는 카바레"란 뜻을 가진 '카페스 칸탄테스(cafés cantantes)'에서 대중적인 오락이 되었다. 또한 세비야(Seville)의 집시 촌과 항구 도시에 거주하던 희곡과 음악 예술가들은 이를 마음껏 적용하기도 했다. 이후 플라멩코는 1936년부터 1939년까지 계속된 스페인의 내전과 함께 퇴폐적인 것을 의미하는 데카당트 개념의 확산으로 점점 쇠퇴해갔지만, 오페라에 적용되면서 극장화되고 상업화되었다. 이때부터 플라멩코는 라디오 및 영화에서 연주자들에 의해 '집시화'되었는데, 다시 창조되고 축제와 경연을 하면서 부흥기를 맞게 되었다.

플라멩코 음악에는 칸테 플라멩코와 칸테 혼도가 있다. 칸테 플라멩코는 흥분과 장엄함을 보여주는 음악이고, 칸테 혼도는 인간 삶의 가장 어둡고 고통받는 면을 노래하고, 고립과 소외, 박해와 구속, 허망한 사랑과 죽음에 대한 슬픔, 격정적인 영혼의 외침 등을 내용으로 심오한 감정을 표현하는 음악이다. 청중과 음악인 그리고 댄서는 서로 교류하며 고무하기 위해 거친 비음의 노래를 부름으로써 열기를 고조시킨다. 이들의 음악은 정해진 박자나 리듬이 없이 자유자재로 부르는 것이 특징이며, 플라멩코 기타로 연주를 할 때 손가락 끝으로 여러 줄을 긁는 기법을 사용한다. 이때 손가락의 테크닉에 따라 소리의 진동이 달라져 서로 다른 리듬이 창출되며 소리의 색깔도 다채롭고 화려하다. 이러한 기교는 발전을 거듭하여 오늘날 고난도의 기타 연주 형태로 연주되고 있지만 플라멩코 기타의 정체성과 소리는 그대로 유지되고 있다. 플라멩코 기타 줄을 튕길 때 나는 소리는 까칠까칠한 목소리처럼 들리고 손가락이나 손마디로 기타 통을 치는 소리는 플라멩코 춤에서 발을 구르는 소리처럼 들린다. 특히 플라멩코 무용수의 손놀림은 연주자가 기타 줄을 긁는 손의 모습과 매우 유사하게 보인다. 흡사 한국의 창과 비슷한 구성진 노래와 기타, 타악기의 소리는 무용수의 내면으로부터 분출되는 춤사위와 발놀림과 조화를 이루며 열정의 에너지를 쏟아낸다. 선율에 맞추어 뒤꿈치로 바닥을 차거나 발을 박차며 소리를 지르고 손뼉을 치는 등 분위기의 고조에 따라 무용수는 내적인 감정을 즉각적으로 반응하여 춤으로 추게 된다. 따라서 이러한 춤은 관객과의 소통에 있어서 가변적이다.

춤으로서의 플라멩코는 남녀노소가 광장에 모여 즐겁게 춤추는 것에서도 볼 수 있다. 이 춤은 주로 땅과 교감하는 발구르기와 우주와 교감하는 격정적인 팔의 움직임으로 이루어져 있다. 남자와 여자가 함께 리드미컬하게 발구르기를 하고 우아하고 매끈한 머리나 허리, 팔과 다리의 춤사위를 매우 정열적이고 격렬하게 표현한다. 또한 손가락을 튕겨 소리를 내거나 팔을 들어 올려 손뼉을 치고 발을 굴러서 박자를 맞추면서 순간순간의 기분에 따라 즉흥적으로 춤을 춘다. 그러므로 이는 어떤 의미를 표현하기 위한 춤이라기보다는 기교적인 춤으로 신나게 추는 춤이다.

이 춤을 출 때에는 '어느 순간 머리 위에 꽂히는 벼락'처럼 몸속에 갇혀 있던 영혼이 몸 밖으로 튀어 나오는 예술적 황홀경, 즉 "귀신" 혹은 "매혹"의 뜻을 가진 '두안데'가 이루어진다. 이는 연민을 폭발적인 감정으로 승화시키는 표정, 손동작, 몸의 균형 등을 중요시하는 춤사위로 구성되어 있다. 예컨대, 팔을 흔드는 동작이나 손과 손가락을 움직이는 '프라세오라', 리드미컬하게 발을 움직이는 '사파데아드', 투우사의 자태처럼 우아하게 움직이는 '파세오', 매 순간 격한 움직임을 멈추고 당당한 모습으로 포즈를 취해 순간의 미를 표현하는 '데즈프랑데' 등이 그것이다. 이러한 춤들은 집시에 대한 스페인 사람들의 멸시와 탄압으로 집시에 의해서만

64. 플라멩코

행해졌으나, 이후 질서와 규범에 맞추어 곱고 아름다운 목소리로 노래하는 유럽의 다른 음악과 차별되어 한국의 판소리처럼 거친 목소리로 감정을 실어 즉흥적으로 노래하는 집시만의 스타일로 그 정체성을 인정받게 되었다.

플라멩코에서 발은 뒤꿈치를 붙이고 양발 끝을 15도 정도로 벌린 상태를 기본으로 한다. 흥이 나거나 음악이 고조되면 무용수는 발바닥으로 바닥을 치며 새로운 음악을 만들어낸다. 또한 발을 차고 재빨리 찍어내리는 등 다양한 변화를 통해 음악과의 조화를 꾀한다. 팔은 발레의 포르드 브라(port de bracs)에서 팔꿈치를 원으로 만들어 한층 더 구부린 상태로 팔을 흔드는 브라세오(braceo)를 행한다. 이러한 가장 기본적인 동작 외에는 플라멩코에서 정해진 법칙은 없다. 무용수의 요구에 따라 손에

캐스터네츠를 들거나 박수를 치고 손가락을 튕기는 등의 멋을 부릴 수 있으며 즉흥적인 동작들을 할 수 있다.

플라멩코는 대부분 전용 공연장이 마련된 술집 등의 '노래가 있는 카페'에서 공연되며, 춤 기법의 창조와 발전은 이를 전문으로 하는 직업인들을 탄생시켰다. 그러나 플라멩코 춤의 특성상 이를 기질적으로 추는 무용수들보다 상업성을 위주로 하는 쇼맨십이 강한 무용수의 수가 많아지면서 집시의 문화적 정체성을 잃고 있다. 또한 즉흥적인 창조가 이루어지지 않거나 혼이 들어간 무용수의 본능적인 기질과 정신이 발휘되지 못하고 있는 실정이다. 최근에는 전통을 고수하는 집시풍의 플라멩코와 현대의 예술 작품에서 볼 수 있는 플라멩코가 과거와 현대를 아우르며 동시다발적으로 공연되고 있다. 예컨대, 플라멩코와 미국의 록을 조합한 록 플라멩코, 플라멩코와 재즈 리듬을 조합하여 "재즈 스페인"의 뜻을 갖게 된 '재즈파나' 등이 있으며, 공식적으로 활동하는 무용단은 스페인 국립 플라멩코 발레단(Ballet National de Espana)과 나초 두아토(Nacho Duato)가 이끌었던 스페인 국립 현대 무용단(Compania Nacional de Danza)이 있다. 이들은 스페인 정부가 설립한 양대 국립 무용단으로 플라멩코의 정통성을 이어가고 있다.

이처럼 플라멩코는 집시로부터 유래된 역사와 전통의 상징이자 자부심이다. 인종 차별을 당하고 노예로 전락해 천대받고 얽매여 살았던 집시의 춤은 이리저리로 쫓기는 보헤미안적인 삶 속에서도 예술로 승화되었다. 기질적으로 천부적인 재능을 가진 민족으로서, '예술춤의 창조자'로서 집시의 명성은 지극히 세계적이다. 어느 민족이든 민족의 고통과 슬픔을 담은 춤을 춘다. 그러나 이를 가장 경쾌하고 정열적으로 승화시킨 집시의 플라멩코는 세계 속의 아름다운 춤으로 역사의 산물로 자리매김된 것이다.

돈황 벽화의 춤: 비천의 도상 〈반탄비파〉

비단길을 따라 가다 보면 불교 문화의 보고인 돈황 막고굴에 다다른다. 이곳은 중국의 서북 지방에서 중앙아시아로 통하는 길목이자 동양과 서양의 문화를 이어주는 곳이다. 그 옛날 이곳에 머물던 사람들은 그들의 상상력과 삶의 표현으로 그들의 신화와 그 시대의 문화를 벽화에 그려 냈다. 그 속에 기록된 다양한 춤들은 중국인들의 종교적인 신념과 그들이 꿈꾸고 상상했던 삶의 이상을 진솔하게 표현했다. 동서양이 만난 자리의 돈황 막고굴은 '벽 위의 도서관', '중국 고대 예술의 보고'라고 불리는 인류의 문화유산이다. 이곳에는 고대의 사회, 풍습, 생활상 및 인도로부터 전파된 불교 사상을 선전하는 벽화와 조소가 묘사되어 있고 불교의 조각상들이 존재한다.

돈황으로부터 70km 떨어진 곳에 자리하고 있는 중국의 끝 옥문관은 동양에서 서역으로 가는 관문으로 긴 사막에 있는 옛 육로 실크 로드에 있다. 동서의 교역 상인들은 이곳을 거쳐 문물을 교환했으므로 이곳은 동서 무역의 중심지가 되었다. 이곳 사막의 모래바람은 긴 세월을 이어오면서 명사산(鳴沙山)을 쌓았고, 이곳에서 동서 문명이 합쳐지는 돈황 문화를 꽃피웠다. 희고 가는 모래로 이루어진 명사산은 관현악기의 소리와 수만의 병마가 두드리는 북소리 그리고 징소리가 들린다는 설에 의해 붙여진 이름이다. 돈황에서 남쪽으로 5㎞ 떨어진 곳에 있는 이 산은 모래와 돌이 퇴적되어 남북으로는 20km, 동서로는 40km의 크기로 솟아 오른 모래산이다. 사막과 같은 모래산에 올라가 부드럽게 쌓여 있는 명사산의 지평선을 따라 석양이 지는 풍경을 보고 있노라면 아름다운 명사산만의 독특한 절경을 볼 수 있다. 낙타를 타고 조금 더 깊은 산 속으로 들어가다보면 초생달 모양의 월아천(月牙泉)이 보인다. 이 연못은 눈이 녹은 물이 지하로 흘러 이곳에서 솟아오른 것으로, 사막의 오아시스라고도 불린다. 월아천의 아름다움은 하루에도 몇 차례 변화한다. 동이 틀 때는 붉은 태양의 빛을 받아 붉은색, 낮에는 하늘의 푸른색이 비쳐 에메랄드 색, 저녁에는 모래의 색이 투영된 잿빛이 된다. 중국인들은 이곳에 신선이 산다고 생각하여 도교 사원을 지었고, 단옷날에는 위그르족 이외에도 많은 사람들이 월아천에 모여 액을 쫓고 장수를 비는 의식을 행한다.

해발이 높은 티베트 고원과 비가 거의 오지 않는 고비 사막에서 가까운 곳에 기련 산맥이 있다. 이 산의 외길을 타고 하서회랑를 지나 주천에서 서쪽으로 달리면 돈황의 막고굴에 다다른다. 이 막고굴은 인도로부터 파견된 불교 승려의 포교 활동 근거지로 명사산 동쪽 끝의 절벽을 파고 들어가 개굴한 진기한 석굴이다. 이곳의 각 굴에 그려진 벽화를 펼쳐 놓으면 50km에 달한다고 하며, 492개의 석굴 안에 중국의 수나라와 당나라 그리고 송나라와 원나라 시대에 그린 벽화와 부처이 조각상이 가득하다.

돈황 막고굴은 5호 16국 시대, AD366년, 돈황 출신의 불교 법사였던 낙준에 의해 문을 열었다고 추측되고 있다. 이후 인도로부터 포교를 하러 온 승려들과 중국 본토의 승려, 지방의 유지들과 관리들에 의해 만들어진 굴의 수가 점차 늘어났다. 4세기에서 14세기 원나라 시대까지 1000여 년 동안 492개의 석굴이 만들어졌고, 석굴 내 모든 벽면은 빈틈없이 풍부한 색채의 벽화가 그려졌다. 초기에는 소승 불교의 대표적인 소재로 석가모니의 본생담과 인연고사 등이 표현되었고, 서위 시대의 독특한 표현 양식으로 여윈 모습의 인물상과 도사의 신선 사상이 소재가 된 벽화가 그려졌다. 불교와 도교의 결합이 새롭게 등장했고, 남북조의 통일 아래 대량의 석굴이 개굴되었다. 수나라 시대에는 70여 개의 석굴이 조성되었고 대승 불교가 소승 불교를 대체했다. 이때 막고굴에는 불경의 내용을 그림으로 풀어놓은 변상도가 한족에 의해 독자적으로 그려졌다. 대표적으로 390굴 연화초화문(蓮花草花紋)은 격정전 중앙에 연꽃이 있고 그 주위에 초화문이 둘러싸여 있는 그림이다.

중국 역사상 정치, 경제, 문화적으로 가장 번성했던 당나라 시대에는

65. 돈황 석굴

서역의 경영에 관심이 커져 돈황은 실크 로드가 지나가는 무역로이자 국제 도시로 성장했다. 이때 492개 석굴의 절반 이상이 개굴되었고, 사원을 장식하는 벽화가 유행하면서 초기의 화통함과 단순함에서 섬세하고 화려한 아름다운 벽화가 탄생하는 예술적 전성기를 맞이했다. 송나라 시대에는 해상 실크 로드의 발달로 육로 실크로드가 쇠퇴하면서 막고굴의 예술도 함께 쇠퇴했다. 원나라 시대에는 소수의 석굴이 조성되었지만 내용적으로는 장밀과 당밀 그리고 양파의 밀교 내용을 그렸다. 그래서 불경을 소재로 한 그림이 점차 자취를 감추었고, 서북 소수 민족의 문화 연구에 중요한 공양인의 화상도 줄어들었다. 이후 돈황 막고굴은 쇠퇴기를 맞아 명사산의 모래 속으로 묻혀버렸다.

1900년대 초 프랑스의 동양학자이자 중앙아시아를 연구한 폴 펠리오(Paul Pelliot, 1878~1945)[88]는 막고굴 17굴 장경동에서 거대한 돈황 막고

---

88 펠리오는 신라의 〈왕오천축국전〉과 앙코르 와트 유적을 발굴하는 데 큰 공헌을 했으나 중국에서는 그들의 고문서 반출을 빌미삼아 중국 최대의 적으로 생각하고 있다. 돈황 막고굴의 역사를 설명하는 게시판에는 그를 비난하는 글이 게재되어 있다.

굴의 고문서를 발견했고 그것을 프랑스로 가져갔다. 이 사료들 가운데에는 돈황 막고굴에 대한 내용을 담은 「돈황 천불동」이나 우리나라 신라 시대의 승려로 당나라에 건너가 인도 승려인 금강지의 제자가 되어 불교 연구와 불경 번역에 심혈을 기울인 혜초(慧超)가 쓴 인도 기행문 『왕오천축국전』도 있었다. 이는 돈황의 막고굴이 세상에 다시 드러나는 계기가 되었고 이로써 동서를 잇는 고대 중국 무역의 요충지였던 돈황의 문화가 화려한 부활을 하게 되었다.

이 막고굴의 벽화에는 중국 창세 신화의 내용은 물론 당대의 예술적 면모가 돋보이는 그림으로 가득 차있다. 그중에서도 많은 벽화에 춤이 기록되어 있는데, 이는 〈비천무〉, 〈호선무〉, 〈호고무〉, 〈장주무〉, 〈기악천〉, 〈무악〉 등 중국 소수 민족의 문화 원형들이다. 돈황 112굴 〈금강경변상〉 무악 벽화에는 당나라를 풍미했던 악사들과 함께 반탄비파를 켜는 한 명의 무용수가 춤을 추고 있는 〈호선무〉가 그려져 있다. 그리고 220굴 〈동방악사정토변〉 무악에는 네 사람의 무희가 조그만 원형 매트 위에 가로로 열을 지어 경쾌하게 춤을 추는 모습이 그려져 있다. 112굴의 한 사람이 춤추는 장면에서는 그 한 사람은 상반신의 하얀 살을 드러내고 비파를 왼쪽 등에 졌으며 왼발은 발끝으로 서서 오른발은 들어 올렸고 금박의 옷을 나부끼며 춤을 추고 있다. 이는 현재의 〈반탄비파〉와 춤의 모습이 흡사하다. 이 춤은 서역으로부터 전파된 아크로바틱한 곡예 동작이 주를 이루고 있으며, 빠르고 역동적으로 춤을 추는 모습을 보여준다. 왕극분에 의하면, 220굴의 네 명이 줄지어 추는 춤은 포즈가 각각 다르고 생동적으로 움직이고 있다는 느낌을 준다. 이 중에서 2명은 비단으로 된 기다란 수건을 공중으로 뿌리고 있으며 치마와 장신구가 바람에 꼬인다. 두 팔은 활짝 펴서 빠른 템포로 한 곳에 머물러 선회하는 동작을 하고 있다. 이는 회오리바람처럼 회전하는 〈호선무〉의 무용적 포즈를 그린 것이다. 중국의 시인 백거이는 『신악부』의 「호선녀」에서 이 춤을 다음과 같이 묘사하고 있다.

> 현고의 소리에 맞춰 두 팔을 올리고 공중에서 휘날리는 눈인 양 미친 듯이 선회하며 춤추네. 좌로 우로 돌아가도 피곤한 줄 모르고 천번 만번 돌아가도 끝날 줄 모르네. (중략) 달리는 수레바퀴는 느려 보이고 회오리바람은 더디어 보이네. 어떻게 사방에 있는 사람이 뒤와 앞을 분별할 수 있겠는가.[89]

이 두 춤은 당대 비파를 연주하면서 춤을 추고 있으며, 긴 수건을 들고 회오리 춤을 추었다는 근거를 제공해줄 뿐만 아니라 당시의 독특한 무용 형식을 추측할 수 있는 사료가 된다. 운강 석굴과 용문 석굴의 벽화에도 춤의 형태가 〈호선무〉와 유사한 춤이 그려져 있는데, 이는 북을 메고 춤을 추는 〈호고무〉로 보인다. 현재 이 춤은 〈반탄비파〉의 상징인 비천상이 세워질 정도로 유명한 춤으로 발전되었고, 돈황의 전통 악무가 되어 많은 사람들이 좋아하는 대표적인 춤이 되었다.

돈황 156굴 〈사익범천문경변상〉 무악에는 쌍인무가 기록되어 있다. 이 춤은 긴 표대를 걸쳐 〈비천무〉를 출 때와 같이 말거나 휘날리게 하여 마치 선녀가 훨훨 날아가는 모습을 하고 있다. 쌍인무의 동작은 두 사람의 동작이 완전히 같거나 서로 조화를 이룬다. 이들은 높낮이로 대비를 이루기도 하고, 얼굴과 등의 방향을 다르게 하기도 한다. 때로는 나란히 서기도 하고 대각선을 이루어 손을 들어 팔을 뻗기도 하며, 앉았다가 일어서는 동작도 하고 있다. 144굴에는 종교적 상징을 나타내는 기악천을 묘사한 것으로 기악도가 그려져 있다. 이 그림에서는 8명의 기악인이 양옆에 앉아 반주를 하고 있으며, 중앙에 긴 수건을 들고 춤을 추는 기악 선녀의 모습이 보인다. 기악 선녀의 상체는 약간 기울어져 있고 왼발은 오

---

89 왕극분, 『중국무용사』, 고승길 역, 교보문고, 1991, p.99.

66. 〈반탄비파〉

른쪽 무릎에 걸쳐 있다. 두 손에는 긴 수건을 들고 한 팔은 위로 하고 다른 팔로는 휘날리는 수건을 잡으려는 듯한 모습을 취한다. 8자의 선을 그리는 이 춤은 비단 수건을 들고 있어 비단꽃춤이라고도 하며 긴 비단을 들고 추는 춤을 말하는 〈장주무〉라 하기도 한다. 257굴 천정에 그려진 비천은 돈황을 상징하는 중국 춤의 원형으로 〈비천무〉가 되어 현재까지 다양한 문화 콘텐츠의 재료로 활용되고 있다.

〈비천무〉는 죽어서도 하늘로 가고픈 인간의 염원을 전달하기 위해 이승과 저승을 날아다녔던 비천의 춤이며, 〈호선무〉는 현고의 소리에 맞춰 두 팔을 올리고 공중에서 휘날리는 눈처럼 미친 듯이 선회하는 춤이다. 이 춤은 사방에 있는 사람이 앞과 뒤를 분별하기 어렵다는 뜻으로 추었다. 〈반탄비파〉는 돈황벽화의 무악 장면을 도상한 것으로 기악천이 비파를 등 뒤에서 타는 모습으로 추는 춤이다.[90] 이 춤들은 인도로부터 돈황으로 전해진 불교 문화의 상징인 비천을 도상하고 재현한 것이다. 현재 돈황 지역의 다양한 곳에서 거의 매일 추고 있는 이 춤들은 그들 문화의 과거와 현재 그리고 미래를 연결하고 있다.

인도의 〈카타칼리〉와 상징적 손동작

인류의 춤은 인간의 몸이 본능적으로 움직일 때 만들어내는 몸짓이나 인류가 살아가는 일상적인 삶과 자연환경의 리듬과 형태를 모방한 몸짓에서 비롯되었다 해도 과언이 아니다. 이러한 춤들은 시간이 흘러가면서 시대, 지역, 문화, 민족에 따라 그 형태가 유형화되었고 서로 다른 기능과 정체성을 갖게 되었다. 전 세계 대부분의 지역에서는 이러한 몸과 몸짓을 통해 자신이 소속된 지역의 문화를 상징하는 춤을 추고 있다. 이 춤들은 주로 각 민족이 나타내고자 하는 상징과 기호를 통해서 몸 전체의 움직임으로 표현되거나 몸의 한 부위를 사용해서 표현된다. 이중에서 손의 동작으로 표현하는 춤은 인류의 요구에 의해 자연스럽게 생성된 비언어가 되었으며, 인류의 역사와 함께 시작된 춤에서도 발견할 수 있다. 프랑수아 델사르트가 말했듯이 "인간의 손은 몸의 부위 중 얼굴 다음으로, 혹은 얼굴과 동등한 정도로 가장 표현적인 부분"[91]이라는 점을 볼 때, 손을 이용한 춤의 창조는 인간의 표현 매체로서 매우 의미 있는 것이라 하겠다.

세계적으로 손동작을 상징적으로 사용하는 춤은 손에 악기를 들고 일렬로 서서 추는 한국의 일무, 통가 왕의 시적 언어인 라카라카나 특정한 사물이나 생각, 느낌 등을 상징적으로 전달하는 하와이의 훌라, 16세기

90 왕극분, 『중국무용사』, 고승길 역, 교보문고, 1991, p.227.

91 T. 숀, 『프랑수아 델사르트의 예술세계』, 육완순 역, 1979, p.68.

의 정치적 언어인 바로크 댄스, 음양의 조화를 표현하는 중국 연극이나 무녀의 손춤, 양손을 어깨까지 올리면서 시간을 역행시키는 자바의 궁정춤, 여섯 방향의 손을 사용하는 〈가부키〉 등 여러 나라에서 나타나지만 특히 인도의 손동작은 그 범위가 방대하다. 인도인들은 시바(Shiva)를 '춤의 신'으로 여기고 숭상할 만큼 춤을 신성시하며 다양한 형태의 춤을 일상에서 추고 있다. 그들의 민족춤 중에서 〈카타칼리(Kathakali)〉는 문학, 무용, 그림, 음악, 연기가 종합된 무용극이자 지화법(指話法)의 하나로, '손짓에 의한 말', '눈에 보이는 알파벳', '표시', '제스처'를 뜻하는 무드라(Mudra)를 사용해서 춤의 의미를 상징적으로 표현한다. 무드라의 손동작은 몸 전체로 움직이는 춤과 함께 이루어지며 언어화하는 독특한 기능을 하고 있다. 예컨대, 다양한 몸짓과 함께 손바닥이 아래로 향하면 축복, 위로 향하면 지지(支持), 앞을 향하면 거부, 검지가 포인트 된 손은 방향 제시, 주먹은 위협과 저주를 의미하게 된다. 따라서 무한하게 만들어지는 손동작을 조합하면 말을 하지 않고도 이야기를 할 수 있을 정도다.

미야로 지로에 의하면, 〈카타칼리〉는 16세기경 남인도 서쪽의 케랄라주에서 생겨난 무용극으로 '카타(Katha)'라는 말은 "전설"을 뜻하고, '칼리(Kali)'라는 말은 "춤"을 뜻한다.[92] 그래서 〈카타칼리〉의 손동작이 만들어내는 언어는 인도의 풍부한 신화와 전설을 극적이고 무한적으로 표현한다. 〈카타칼리〉의 손동작은 인도의 신화와 자연환경 그리고 종교 문화에 따라 다양한 형태를 만들어낸다. 그리고 대부분의 인도 춤이 그러하듯 〈카타칼리〉의 소재는 주로 인도의 신화에 기록된 대서사시에서 찾는다. 기록에 따르면, 태양 종족이 세운 라마야나 왕국과 달의 종족이 세운 마하바라타 왕국의 대서사시가 대표적인 것으로 알려져 있다. 라마'야나'는 왕이자 무사로 불리는 라마의 '이야기'라는 뜻이다. 이는 일곱 편, 2만

---

92 미야오 지료, 『아시아 무용의 인류학』, 심우성 역, 동문선 문예신서 19, 1991, p.66.

67. 〈카타칼리〉

4천 시절의 대서사시이며, 내용은 궁정의 음유 시인들에 의해 암송되었던 세속적인 이야기이다. 라마는 전쟁에서는 용맹스럽고 아내를 사랑하면서 성스러운 의무에 충실한 완벽한 인물이다. 마하바라타 왕국의 대서사시는 10만절 이상으로 이루어진 것으로 적대 관계에 있는 판다바 왕조와 카우라바 왕조가 전쟁을 한 이후 승리한 왕조 이외의 종족 전체가 몰살된다는 이야기로 구성되어 있다.[93] 특히 〈카타칼리〉는 케랄라 지역의 자연환경과 공연 예술의 영향을 많이 받았기 때문에 케랄라의 사람들 대부분이 카타칼리를 출 수 있는 능력을 보유하고 있다. 또한 인도인들의 문화적인 삶에 큰 역할을 한 불교 사원이 산스크리트 극(Sanskrit Drama)의 공연장으로 사용되고 사원 마당이 카타칼리 무용극(Kathakali Dance

93 조승연, 『종교와 문화』, 민속원, 2005, pp.40-45.

Drama)이 행해지는 무대로 사용되는 것으로 볼 때 카타칼리는 종교 문화의 영향을 크게 받은 춤이라 할 수 있다.

〈카타칼리〉에 출연하는 무용수들은 춤의 드라마틱한 효과를 높이고 인물의 성격과 춤의 의미를 효과적으로 전달하기 위해 전통 복식을 입고 특수한 가면을 쓰기도 하며 현란한 색으로 가면에 못지않은 짙은 화장을 한다. 인물의 성격에 따라 화장이 달라지는데, 얼굴에 초록색 칠을 하고 코의 양쪽과 눈썹 위를 빨갛게 칠하는 화장과 코끝과 이마 위에 하얀 얼룩을 한 화장은 잔인하고 사악한 악마를 상징한다. 그리고 얼굴에 초록색 칠을 하고 눈은 검고 입술은 붉게 칠하고 턱과 얼굴 아래쪽에 세로로 홈이 나도록 쌀가루와 석회를 섞어 응고시켜 바르는 하얀 화장은 왕이나 귀족 그리고 영웅을 상징한다. 또한 얼굴을 까맣게 칠하고 눈을 검고 길게 늘어뜨리는 화장은 여자 악마를 표현하며 얼굴에 핑크빛이 섞인 노란색을 칠하고 입술은 빨간색, 눈썹과 속눈썹에 검은색을 발라 눈을 크게 하는 화장은 여성이나 현인들을 상징한다.[94]

화장의 또 하나의 특징은 얼굴에 타디(Tadi)로 수염을 부착하는 분장인데, 검은색 수염은 사냥꾼을 나타내고, 붉은색 수염은 혐오스러운 인물이나 건장하고 맹렬한 성격을 나타내며, 하얀 수염은 선하고 강한 인물을 나타낸다.[95] 그리고 화장 및 분장과 함께 몸에 착용하는 전통 복식은 육중한 의상과 정교하고 화려한 장식물로 구성된다. 토티라고 불리는 바지, 두터운 울이나 면으로 된 상의, 물결 스커트 등으로 대부분 부피가 굉장히 크다. 또한 인물의 유형을 상징하기 위해 의상의 색을 구분한다. 예컨대, 선량한 영웅들은 파란색이나 노란색 상의를 입고, 붉은색을 입고 수염을 달고 있는 인물은 빨간 상의를 입는다. 그리고 흰 수염을 달고 있는

94 최혜정, 「인도의 전통무용에 관한 연구: Kathakali를 중심으로」, 이화여자대학교 석사학위논문, 1990, pp.19-24.

95 히메노 미도리, 『예능의 인류학』, 신명숙 역, 문화가족, 2004, pp.126-128.

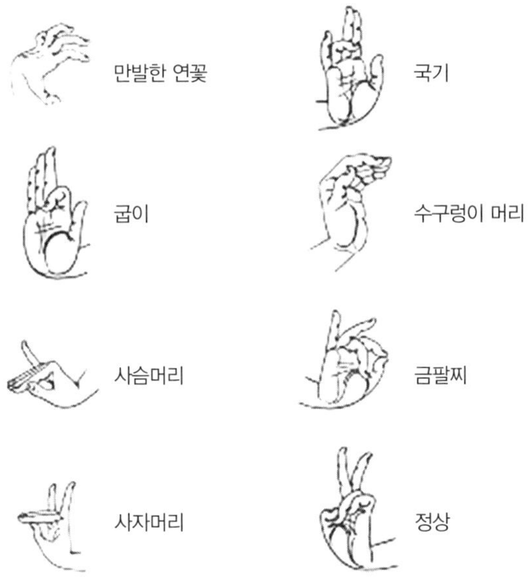

68. 인도의 무드라: 손동작의 의미

인물은 흰색 상의를 입는다. 특히 딱종이로 만든 머리 장식은 인물의 성격에 따라 크기를 달리한다. 또한 무드라의 표현을 강화하기 위한 방법으로 손톱을 기르며, 일본의 가부키나 경극과 같이 남성이 여장을 하고 춤을 춘다. 그래서 여성적인 라사 양식으로 춤을 추기보다는 남성적이고 폭발적인 동작이 주가 되는 탄트라 양식으로 춤을 춘다.

〈카타칼리〉에서 사용되는 손동작인 무드라는 한 손이나 양손으로 하며 낭송자가 말하는 내용을 과장하거나 말을 대신해서 의미를 전달한다. 예컨대, 〈사진 68〉과 같이 인도의 다양한 신을 표현하기 위해서, 동물을 나타내거나 물체를 지시하기 위해서, 행동의 특징을 설명하거나 색깔을 나타내기 위해서 서로 다른 손가락을 굽히거나 펴서 하나의 기호를 만든다. 그리고 몸 전체의 움직임과 조화롭게 섞이면서 강력한 상징적 표현을 유도한다. 이는 손의 정태, 즉 정지되어 있는 손동작은 기호로서 존재하며, 몸의 동태, 즉 몸의 움직임과 움직이는 손동작이 합쳐져야 비로소 비언어로서 의미 전달이 가능하다는 것을 말한다. 또한 발동작에서 특이한 것은 발을 바닥에 붙이고 가끔 뒷꿈치를 중심으로 서기도 하며 발의 양옆을 역동적으로 사용해 공연을 한다. 이것은 발레에서 토슈즈를 신고 발끝으로 서는 것과는 대조되는 동작이다.

이처럼 〈카타칼리〉는 손을 이용해서 상징적인 기호를 만들고 손목 관절의 과도한 신전을 이용한 고난도의 손동작으로 인간사의 모든 관점, 즉 사물, 일, 감정을 표현하며 '진실', '아름다움', '시간'을 은유한다. 무드라는 인도의 신화에 등장하는 수많은 신들을 의미하는 동작이 주를 이루며, 자연, 감정, 행위 등을 표현하는 손동작 단어들이 무한대로 구성된다. 이처럼 인도의 신과 일상을 나타내는 손춤, 즉 무드라의 상징성은 인간과 문화, 문화와 춤, 춤과 인간이 불가분의 관계를 맺고 있음을 확인하게 하는 인도의 춤 문화로서 중요한 의미를 가지고 있다.

5) 정치와 사회

국왕의 춤과 정치

동서양의 무용사에서 한 나라의 국왕이 춤을 춘 기록을 발견하기는 그리 쉬운 일이 아니다. 한 나라의 국왕은 정치 권력의 핵심이자 한 시대의 문화를 압축적으로 보여주는 상징적인 존재이다. 그래서 국왕은 정치 사상이나 이념을 논하는 데에 있어 매우 중요한 위치에 있다. 따라서 왕이 춤을 추었는가 그렇지 않은가에 따라 그 시대와 한 나라의 춤에 대한 사회 문화적 인식 수준을 파악할 수 있고, 춤의 역할과 기능 및 그 가치와 의미를 유추할 수 있다. 여기에서는 동서양의 국왕이 춤을 추었던 사례를 찾아보고 당대 궁중 사회의 춤 문화가 어떠했는지, 왜 춤을 추었는지, 그 춤은 어떤 의미를 갖고 있었는지를 살펴보고자 한다.

원시 사회에서 부족의 족장이 춤을 추었을 것으로 추정되는 사례는 아프리카나 아마존과 같이 현대 사회에 아직 남아 있는 원시 성격을 가진 부족에서 쉽게 찾아볼 수 있다. 족장은 부족의 리더로서 타 부족과의 전쟁 혹은 맹수와의 싸움에 대한 두려움을 떨쳐내기 위한 수단으로 사람들을 흥분 상태로 끌고 가며 춤을 추었다. 이에 따라 솟구치는 군중심리는 승리를 위한 용맹성을 끌어올렸다. 당시의 족장은 부족의 생사화복을 주관하는 왕의 신분이었다. 그러나 의식을 주관했던 왕의 모습은 문명의 변화 과정 속에서 새로운 형태의 춤을 추는 현상을 낳게 했다.

① 조선 시대 국왕의 놀이 정치와 예의 정치

우리나라에서 행해진 왕의 춤은 단군이 제사장으로 존재했던 제정일치 시대 이후 고려조까지 계속 되었을 것으로 추정되지만 역사서에 남아 있는 왕의 춤은 『조선왕조실록(朝鮮王朝實錄)』[96]에서 그 모습을 찾을 수 있다. 이 시기에는 치국의 도(道)로서 도덕적 행위의 기준이 되는 예(禮)와 마음을 조화롭게 하여 화합과 결속을 가져오는 수단으로서 '악(樂)으로 정치를 행한다'는 유교의 정치 이념 아래 악무(樂舞)를 중시했다. 이는 조선 건국의 정당성을 확보하고 왕의 업적을 과시하려는 목적과 국가의 안정과 태평을 유지하려는 정치적 의도를 담고 있다. 기록에 따르면, 조선을 건국한 태조 이성계를 비롯해서 연산군에 이르기까지 왕들은 공적인 행사 후의 연회나 기로연과 양로연과 같은 곳에서 여흥을 위해 혹은 효를 표하기 위해, 위로를 하기 위해 춤추기를 권유하거나 직접 춤을 추었다. 조선 후기에는 이기론(理氣論), 도덕론(道德論), 수양론(修養論)을 강조

---

96 http://sillok.history.go.kr에는 『조선왕조실록』의 원문과 국역 및 해제가 들어 있다. 여기서 용어 춤을 검색하여 왕의 춤 기록을 살펴보았다. 조경아는 "조선, 춤추는 시대에서 춤추지 않는 시대로"에서 『조선왕조실록』 연구를 통해 조선 전후기 왕의 춤 현황을 조사한 바 있다(한국음악사학보, 제 10집, 2008).

한 자기를 위한 학문(위기지학, 爲己之學), 즉 성리학적 유교의 영향으로 왕이나 대신들이 춤추는 것이 쉽지 않았다. 그럼에도 불구하고 『태조실록』에는 태조가 신하에게 춤을 권유한 사례가 여러 차례 있었다. 태조 4년(1395년 10월 30일) 밤에 정도전 등 훈신을 불러 주연을 베푼 내용을 다음과 같이 기록하고 있다.

> 임금이 옳게 여기고, 사람을 시켜서 문덕곡(文德曲)을 노래하게 하고, 도전에게 눈을 껌벅이면서 하는 말이, "이 곡은 경이 찬진(撰進)한 바이니 경이 일어나서 춤을 추라."하니, 도전이 즉시 일어나 춤을 추었다. 임금이 상의(上衣)를 벗고 춤을 추라 하고, 드디어 귀갑구(龜甲裘)를 하사하고는 밤새도록 심히 즐기다가 파하였다.[97]

이 기록에서 신하가 왕의 명을 받아 상의를 벗고 춤을 춘 것으로 보아 왕이 베푸는 연회 자리에서 흥을 돋우고 기분을 즐겁게 하려고 춤을 추었다는 사실을 알 수 있다. 여기에는 태조가 직접 춤을 추었다는 기록은 없으나, 『정종실록』에는 왕이 직접 춤을 춘 내용이 실려 있다. 태조의 둘째 아들이자 2년간 정치 재위를 했던 정종(定宗, 1357~1400)은 아버지인 태조의 장수(長壽)를 위해 헌수(獻壽)한 후 태조와 함께 춤을 추었고, 공식적인 연향이 끝난 이후 예에 어긋나는 일이라고 지적하는 내관의 말을 무시한 채 세자와 함께 여러 차례 춤을 추었다고 한다. 또한 자신의 생일에 신하가 헌수하는 자리에서 하례를 받고 종친, 재상, 세자와 함께 어울려 춤을 추었다. 이는 임금이 헌수한 후에 춤을 춘 경우이며, 연향을 베푼 자리에서 그리고 탄일 축하 자리에서 태상왕인 태조를 기쁘게 하기 위해 춘 춤이다. 정종 1권, 1년 3번째 기사, 정종 2권, 1년 7번째 기사, 정종 5권, 2년 2번째 기사에는 왕이 춤춘 상황을 다음과 같이 기록하고 있다.

---

97 태조 8권, 4년(1395 을해 / 명 홍무〔洪武〕 28년) 10월 30일(경신) 1번째 기사.

임금이 백관을 거느리고 태상전(太上殿)에 조회하고, 연향(宴享)을 베푸니, 태상왕이 심히 즐거워하였다. 임금이 일어나 춤을 추니, 태상왕도 일어나서 춤을 추었다.[98]

옛 제도에는 탄일에 반드시 여러 신하들에게 잔치를 하였는데, 이때는 풍우가 때를 잃고, 변괴가 여러 번 있었으므로 정지하고, 오직 세자와 의안공(義安公) 이화(李和)·영안후(寧安侯) 이양우(李良祐)·좌정승 성석린(成石璘) 이하 여러 대신이 편전(便殿)에 들어가서 조용히 일을 의논하고, 인하여 헌수(獻壽)하였다. 술이 취하니, 종친과 재상이 일어나 춤추고, 임금과 세자도 또한 일어나 춤추었다. 밤이 되어서 파하였다.[99]

당시 정종은 동생인 태종의 대리인에 불과한 왕으로서 정치적인 입지가 매우 불안한 상태였지만 태조를 즐겁게 하기 위해 춤을 추었다. 이때 태상왕이 총애하는 기생 무협아(巫峽兒)를 불러내어 잔치에 참여하게 했던 것[100]으로 미루어볼 때, 춤의 형태는 기생이 추었던 춤과 비슷한 형상을 보이지 않았을까 유추된다. 당시 기생학교인 교방(敎坊)에서 추었던 기생의 춤은 궁중정재의 형태가 대부분이었다. 그 춤들은 왕조의 상서로운 기운을 노래하며 춤추는 〈오양선〉, 동기(童妓)들이 앞에 서고 여기(女妓)들이 뒤에 서서 주악(奏樂)에 맞추어 사(詞)를 부르며 추는 〈연화대〉, 여기(女妓)들이 주악에 맞춰 노래를 부르며 공을 포구문(抛毬門)으로 빠지게 던져 재주를 부리는 〈포구락〉, 두 사람이 손에 박(拍)을 들고 치며 주로 '동동(動動)'을 부르면서 정읍만기(井邑慢機)에 맞추어 춤추는 〈아박〉, 시중(侍中) 이혼(李混)이 영해(寧海)에서 귀양살이할 때 꾸몄다는 북춤 〈무

98 정종 2권, 1년(1399 기묘 / 명 건문〔建文〕 1년) 10월 19일(을묘) 7번째 기사.
99 정종 5권, 2년(1400 경진 / 명 건문〔建文〕 2년) 7월 1일(갑자) 2번째 기사.
100 정종 5권, 2년(1400 경진 / 명 건문〔建文〕 2년) 8월 21일(계축) 3번째 기사.

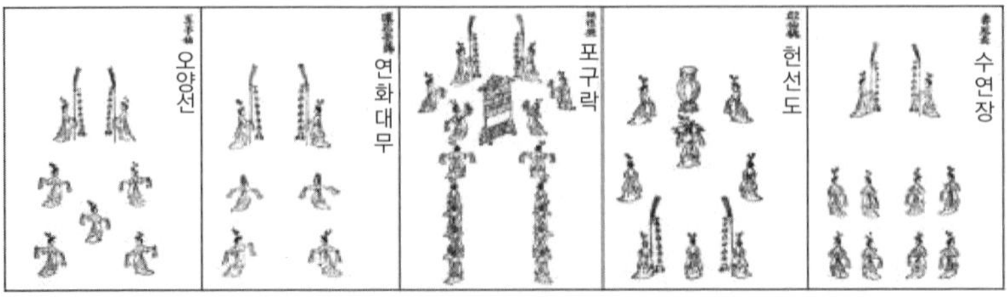

69. 궁중정재 『고종 신축 진연의궤』(1901).

고〉, 여기(女妓)가 주악(奏樂)과 박(拍)의 소리를 맞추어 배열(排列)을 바꾸면서 절차에 따라 구호(口號)·치어(致語)·창사(唱詞)를 부르며 족도(足蹈)하고 춤추는 〈수보록〉, 조선 태조(太祖)의 창업(創業)을 기리어 만든 정재(呈才)춤인 〈몽금척〉 등이었다.[101]

태종(太宗, 1367~1422)은 태조의 다섯째 아들로 강력한 국왕 중심 체제로 정책을 운영하여 세종에게 왕위를 물려줄 때까지 왕권을 안정시킨 임금이다. 그는 정종이 춤을 좋아했던 것 이상으로 춤추기를 좋아했으며, 그 춤은 태상왕에게 헌수하고 모두 일어나 춤을 추고 서로 말을 이어가는 연구(聯句)를 행하는 형태로 이루어졌다.

> 임금이 다시 태상왕에게 헌수(獻壽)하였다. 태상왕이 일어나 춤을 추니, 임금도 일어나서 춤을 추었다. 연구(聯句)로 화답하고, 매우 즐기었다.[102]

태종은 여러 차례 춤을 춘 왕으로서 세종에게 왕권을 물려주고 상왕이 된 이후에는 아버지인 태조와 형인 정종 그리고 세종과 함께 춤을 추었으며, 즐거운 자리, 연회의 자리, 성균관 유생과의 술자리, 문병한 자리에서 춤을 추었다. 당시 성균관에는 '주색(酒色)을 말하는 자는 벌한다'는 규율이 있었지만 왕이 여흥을 즐기며 춤을 추었던 당시를 상기해볼 때, 그

101 태종 3권, 2년(1402 임오 / 명 건문〔建文〕 4년) 6월 5일(정사) 1번째 기사.
102 태종 3권, 2년(1402 임오 / 명 건문〔建文〕 4년) 1월 29일(임자) 1번째 기사.

70. 포구락 〈평양감사 환영도〉 중 〈부벽루 연회도〉의 〈포구락〉과 〈무고〉

리고 태종 36권, 18년 1번째 기사로 미루어볼 때, 유생들과 술을 마시고 노래하고 춤을 추는 일이 자연스럽게 이루어졌을 것으로 보인다.

> 술 50병과 말린 노루와 사슴 고기 각각 5구(口)씩을 성균관(成均館)에 하사하였다. 성균관(成均館)에서 잣[松子]과 생리(生梨)를 바쳤으므로 이러한 하사가 있었다. 임금이, "내가 젊었을 때에 이 관(館)에 있었는데, 술을 마시면 반드시 노래하고 춤추어 흥을 일으켰다. 이제 이것을 마시는 자도 또한 마땅히 그같이 하여야 한다." 하니, 이에 본관(本館)과 예문관(藝文館)·교서관(校書館)·승문원(承文院)의 관리·생원(生員)·유학(幼學) 1백여 인

71. 〈학 · 연화대 · 처용무합설〉

이 모여서 마시고 해가 져서야 파하였다.[103]

태종은 자신의 형 익안 대군(益安大君) 이방의(李芳毅)에게 병문안을 가서도 아픈 몸을 부축 받아 춤을 추는 형의 예에 대한 화답으로 위로의 춤을 추었다.

> "형(兄)의 병이 너무 심하여 초췌하기가 이와 같으니, 내가 일찍이 와서 뵙지 못한 것을 깊이 후회합니다."하고, 또 울었다. 이방의에게 묻기를, "형이 오래 앉아 계시면 수고로움이 심할까 염려되오니 돌아가려고 합니다." 하였다. 이방의가 말하기를, "전하의 거둥이 쉽지 못하고, 신도 또한 병이 심하여 대궐에 나갈 수 없습니다. 오늘 병을 무릅쓰고 앉았으니, 원컨대 신이 취(醉)하여 눕는 것을 보신 뒤에 돌아가소서."하였다. 임금이 이에 그대로 머물러 있었다. 해가 질 무렵에 이방의가 부축되어 서서 춤을 추니, 임금도 또한 일어나서 춤을 추었다.[104]

---

103 태종 36권, 18년(1418 무술 / 명 영락〔永樂〕 16년) 8월 3일(경진) 1번째 기사.
104 태종 6권, 3년(1403 계미 / 명 영락〔永樂〕 1년) 8월 1일(병오) 2번째 기사.

태종의 셋째 아들 세종(世宗, 1397~1450) 대에도 왕의 춤은 계속 이어졌다. 당시는 안정된 왕권과 경제력을 바탕으로 유교적 문화 통치가 절정을 이루었는데, 이를 위해 세종은 악제(樂制)를 정비했다. 이는 악제를 위한 전문가 집단의 활동을 강화하는 것이었지만 효심이 지극했던 세종이 주연을 베푼 자리에서 춤을 좋아했던 태종을 위해 함께 춤을 춘 것은 지극히 당연한 것으로 보인다.

> 상왕이 임금과 더불어 저자도(楮子島)에 행차하여, 중류에 배를 띄우고 주연을 베푸니, 종친들과 정부의 호가(扈駕) 재상들과 대언(代言)들이 모두 시연(侍宴)하고, 양녕 대군도 또한 부름을 받고 와서 각각 차례로 술잔을 드리고, 모든 신하들이 서로 춤추니, 상왕이 일어나서 춤추고, 임금에게 명하여 "일어나, 춤추라."하니, 임금이 그제야 춤추고, 다시 헌수하고 극진히 즐겨하여, 날이 저문 뒤에 파연하고, 강변에서 씨름하는 것을 관람하였다. 상왕이 대신들에게 이르기를 (후략)[105]

세종 역시 정종과 마찬가지로 상왕을 즐겁게 하기 위해 춤을 추었고, 자신의 형인 효령대군(孝寧大君, 1396~1486)의 병을 위로하기 위해 우애의 춤과 위로의 춤을 추었다. 세종 이후 세조는 춤을 많이 추지 않았지만 춤을 권유한 왕이었다. 성종은 어른을 공경하는 양로연과 제사를 마치고 제사에 쓴 술이나 음식을 나누어 먹는 음복연(飮福宴) 등에서 춤을 추었다. 이처럼 왕의 춤은 궁중 문화 속에서 조선 시대의 여러 국왕에 의해 자연스럽게 행해져 왔다. 그러나 연산군(燕山君, 1476~1506)은 이전과는 완전히 다른 의도로 춤을 추었다. 연산군 집권 초기에는 잔치에서 행하는 연향정재(宴享呈才)와 술을 하사하는 자리에서 춤을 추었다. 하지만 집권 후기에는 미친 듯이 노래를 부르면서 일탈된 춤, 희롱하는 춤, 음탕한

---

105 세종 4권, 1년(1419 기해 / 명 영락〔永樂〕 17년) 6월 15일(무자) 1번째 기사.

춤, 무당춤, 수치심과 두려움을 안겨주는 춤, 폭력의 춤 등 광란의 춤을 추었다. "연산군 11년 3월과 4월에는 왕이 말 위에서 직접 〈처용무〉를 추며 노래했고, 같은 해 11월에는 칼을 휘두르며 〈처용무〉를 추기도 했다."[106] 연산군의 폭정과 광기에서 비롯된 광란의 춤은 그 당시가 유교적 이념이 지배했던 시대였음을 상기할 때, 이를 왕조실록에 기록하는 것이 수치스러운 일이었을 것임을 짐작해볼 수 있다. 연산군이 춤을 추었던 기록은 연산 51권, 9년 5번째 기사와 연산 61권, 12년 9번째 기사에서 그 모습이 드러난다.

> 왕이 스스로 북을 쳐 노래하고 춤추며 여러 기생들에게 화답하게 하였다. 모신 여러 신하들을 혹은 노래하고 혹은 춤추게 하며, 더러는 손으로 사모를 벗겨 머리털을 움켜잡고 희롱하며 욕보이기를 극히 무례하게 하여 군신간의 예절이 다시없었다.[107]

> 왕이 풍두무를 잘 췄으므로, 매양 궁중에서 스스로 가면(假面)을 쓰고 희롱하고 춤추면서 좋아하였으며, 사랑하는 계집[嬖姬] 중에도 또 사내 무당놀이를 잘하는 자가 있었으므로, 모든 총애하는 계집과 홍청 등을 데리고, 빈터에서 야제(夜祭)를 베풀었는데, 스스로 죽은 자의 말을 하면서 그 형상을 다 하면 모든 사랑하는 계집들은 손을 모으고 시청하였다. 왕이 죽은 자의 우는 형상을 하면 모든 홍청들도 또한 울어, 드디어 비감하여 통곡하고서 파하였다.[108]

이와 같이 연산군은 기생들과 함께 북을 치고 가면을 쓰고 무당이 행

106 전경욱, 『한국의 전통 연희』, 학고재, 2004, p.293.
107 연산 51권, 9년(1503 계해 / 명 홍치〔弘治〕 16년) 11월 20일(계미) 5번째 기사.
108 연산 61권, 12년(1506 병인 / 명 정덕〔正德〕 1년) 1월 2일(임오) 9번째 기사.

하는 죽은 자의 소리를 행했고 많은 사람들을 비통하게 만들면서 춤을 추었다. 연산군의 희롱하는 춤과 무당춤 등 파행적인 춤은 후에 이어지는 왕조실록에 더 이상의 기록을 불가능하게 만들었다. 특히 연산군의 행적에 따른 결과로 중종 이후에는 왕이 추는 춤은 더 이상 보이지 않게 되었고, 춤을 권유하는 내용만 기록되었다. 이처럼 연산군 이전에는 주로 종친과 함께 우애와 위로를 표현하는 자리나 군신 간의 술자리, 사신과 함께하는 연회, 양로연이나 기로연 등에서 여흥이나 친목 그리고 효를 행하기 위해 이루어졌다. 하지만 연산군의 광기와 일탈로 인해 중종 이후에는 성리학적 유교 이념이 더욱 강조되면서 예기들이 공식 석상에서 춤추는 예악만 이루어진 것으로 기록되어 있다. 이렇게 조선 후기 궁중에서 이루어진 연례악은 문화의 부흥기였던 순조대에 이르러 절정을 이루게 된다. 이 시기에는 궁중정재의 창작과 재창작이 본격적으로 이루어졌고 그 수가 늘어났으며 이에 따라 정리되고 부흥을 가져왔다.

이때 가장 주도적으로 역할을 한 사람은 순조의 명을 받아 3년 4개월 동안 대리청정을 맡아 실질적으로 임금의 역할을 한 효명세자(孝明世子) 익종(翼宗)[109]이다. 그는 효심이 지극한 아들로 정치적인 기반이 단단하지 못한 왕실의 권한과 국가의 안위를 위한 정책으로 예악의 발전을 주도했다. 연산군 이후 왕이 춤추는 것을 기록하기조차 꺼려했던 당시의 궁궐 분위기에서 효명세자가 실제 춤을 추기는 어려웠을 것이다. 그럼에도 불구하고 왕세자는 자신이 정재의 창사를 지어 만든 예제(睿製)[110]를 가야금과 정재의 명인이었던 김창하(金昌河)에게 내려 내용에 맞게 예제정재를

109 익종. 자는 덕인(德寅), 시호는 효명(효명)이며, 순조와 순원왕후(純元王后: 김조형〔金祖淳〕의 딸) 사이에서 순조 9년 1809년 8월 창덕궁 대조전에서 탄생했다. 19세에 대리청정을 시작했으나 3년 4개월 후 급서했다. 그의 성장시기에는 조선 봉건 사회의 모순이 극심하였던 '세도정치기'의 초반에 해당하는 시기였다.

110 조선시대 순조대에만 예제(睿製)가 나타난다, 예제는 왕세자나 왕손이 지은 글을 말한다(조경아, 한국무용사학회논문집 통권1호).

창작하도록 했다. 당시 효를 중시했던 국가의 유교 이념에 따라 정재를 창작하고 정재의 구성을 직접 관리했던 것으로 미루어볼 때, 세자 본인이 혼자 어복을 입고 직접 어머니 순원왕후의 생신을 축하하기 위한 진연에서 기쁨을 선사하는 효의 춤, 〈춘앵전〉을 추지 않았을까 유추된다.[111]

② 당 태종과 현종의 전술 정치

조선시대에 기록된 조선왕조실록 정종 1권, 1년(1399 기묘/명 건문(建文) 1년) 6월 1일(경자) 3번째 기사에 보면, 중국 당나라의 고조와 태종이 춤을 추었다는 기록이 전해진다.

> 임금이 백관을 거느리고 태상전(太上殿)에 나아가 헌수(獻壽)하니, 여러 공후(公侯)와 청성백(青城伯) 심덕부(沈德符)·문하 시랑찬성사(門下侍郎贊成事) 성석린(成石璘)·청천백(淸川伯) 이거인(李居仁) 등이 시연(侍宴)하였다. 성석린이 아뢰기를, "옛날에 당(唐)나라 태종(太宗)이 고조(高祖)에게 헌수(獻壽)하고 일어나 춤추니, 고조도 또한 일어나 춤추었습니다. 원하건대, 성상께서 일어나 춤추소서."하니, 임금이 곧 일어나 춤추니, 태상왕도 또한 일어나 춤추고, 지극히 즐거워하다가 파하였다.

이는 조선 정종시대 성석린이 태종에게 춤을 추도록 권유해서 태상왕인 태조도 태종을 따라 춤을 추게 했다는 기록이다. 이와 같은 기록은 중국 당나라의 태종과 고조도 스스럼없이 춤을 추었음을 말하는 것이다. 중국의 당 태종 이세민(李世民)은 황제에 즉위하고 난 후 〈파진악〉이라는 무용을 창작했다. 이 춤은 120명 규모의 무용수들이 은장식의 갑옷을 입고 손에 창을 들고 대열을 수축하고 팽창하면서 서로 교차하고 만나는 형태로 이루어졌다. 동작은 웅장한 느낌으로 노랫소리와 어울려 지배자

111 정은혜의 『정재 연구 I』, 1993에서는 효명세자가 무용화한 것으로 해석했다.

의 무공을 칭송한다. 이 춤의 의도는 국가를 통일하고 사람들의 이익을 추구하는 당 태종 이세민을 칭송하는 것이다. 이 기록은 당 태종의 안무 능력과 춤 실력이 나라를 다스리는 데 유용하게 활용되었다는 것을 유추할 수 있게 한다.

국가를 통일한 후에 태종의 3대 손인 현종, 이융기(李隆基)는 중국 역사상 가장 유명한 가무애호가로서 스스로 궁전에서 음악과 무용을 창작했다.[112] 그는 중국 고대의 악무로서 곡예, 무술, 환술, 골계희, 음악연주, 가요 및 무용을 포함하고 있는 백희와 최고의 미를 자랑하는 가무로 산악창우(散樂倡優)의 기(技)를 애호 장려했다. 그리고 관립 예능학교인 '이원(梨園)'에서 제자 수백 명을 양성하기 위해 직접 교습했다. 글로벌대백과사전에 의하면, 이는 연극 예능을 장려 보급시킨 공로자로서뿐만 아니라 현종이 직접 춤을 추었다는 것을 의미한다. 당 현종은 인도의 〈파라문곡(婆羅門曲)〉을 부분적으로 편곡하여 가무대곡을 창작했는데, 이는 선녀나 신선이 무지개의 화려하고 아름다운 모양을 한 새의 깃으로 만든 옷을 입고 추는 것으로 악 · 가 · 무를 결합해 만든 〈예상우의(霓裳羽衣)〉이다. 현종은 이 악곡에 바탕을 두고 예술적인 독창성이 있는 〈예상우의무(舞)〉를 안무했다. 이 춤은 궁중이나 귀족, 사대부의 연회석에서 공연되었는데, 현종의 며느리였으나 현종이 아들로부터 빼앗아 소실로 들이며 총애한 양귀비(양옥환, 楊玉環)도 이 춤을 추었다. 초록색 상의와 은백색 치마로 하의를 입고 숄을 걸쳤으며 머리에는 걸을 때마다 흔들리는 보요관(步搖冠)을 썼다. 또한 보석으로 치장한 화려한 선녀 의상을 입고 춤을 추었고 독주나 윤주(輪奏)로 자유롭고 매혹적인 연주에 맞춰 반복해서 춤을 추었다. 그리고 산서(散序)와 느린 박자의 가창과 빠른 리듬으로 기복이 심한 무곡에 맞춰 춤을 추었다. 백거이는 이 춤을 〈예상우의가(歌)〉에

112 왕극분, 『중국무용사』, 노승길 역, 교보문고, 1991, p.180.

서 다음과 같이 표현했다.

> 표연히 선회하는 눈처럼 가볍게, 놀란 듯 유영(遊泳)하는 용처럼 생긋 웃으며 옆으로 움직인다. 소소수(小垂手)를 끝내면 버들가지처럼 힘이 없어, 옷깃을 비스듬히 끌 때에는 구름이 이는 듯하다.[113]

백거이는 이 시에서 〈예상우의무〉의 경쾌한 선회, 부드럽게 흘러가는 듯이 행해지는 발동작, 우아한 무용 자태, 선녀처럼 신비로운 무용 형상 등을 생동적으로 묘사하고 있다. 또한 이 춤은 대형과 배열을 중요시했기 때문에 수많은 사람들이 동원되었다. 이는 중국의 황제가 춤으로 천기를 다스리고 자신의 승리를 찬미하려는 대국정신을 보이는 것으로 전쟁춤을 추었음을 짐작하게 한다. 이처럼 경제, 무역이 크게 발전하고 문화 교류가 활발하여 예술의 번영에 유리한 조건에 있었던 중국 당대의 태종과 현종은 그 시대에 어울리는 화려한 예술의 르네상스를 창조한 왕들이었다. 그들은 직접 참여해 실제 창작하고 춤을 추면서 예술을 완성시킨 중국의 국왕이었다.

③ 쇼군의 예능 정치

일본은 현재까지 천황제를 유지하고 있는 나라다. 천황은, 성리학의 영향으로 장자 중심의 가계 제도와 가부장제도에 의해 세습되는 조선의 왕과는 다른 개념의 왕이다. 설화에 의하면, 일본의 천황은 일본의 창세 신화에 등장하는 태양을 관장한 신이자 신들의 최고 통치자인 아마테라스 오미카미(天照大御神)로부터 삼존신기인 거울, 보석, 칼을 하사받았다. 그래서 천하에 빛을 밝히는 신적 존재로서 의미를 가지고 있다. 천황은 주권을 가진 일본인들을 실질적으로 통치하거나 나라를 다스리기보다는

---

113 왕극분, 『중국무용사』, 노승길 역, 교보문고, 1991, p.116.

일본국의 상징으로 국민의 통합을 상징하는 일왕으로서 의미가 있다. 일본은 천황제를 유지했지만 가마쿠라 시대(鎌倉時代, 1185~1333) 이후 무로마치 시대(室町時代, 1336~1573)의 안정기를 거쳐 에도 시대(江戶時代, 1603~1868)까지 봉건사회의 지배 체제에서 천황의 신하인 쇼군(征夷大將軍)이 나라를 통치했다. 쇼군은 '정벌을 위해 파견된 장군'으로 일본인들에게 상징적인 인물로 존경을 받았던 천황과는 달리 조정을 통제하고 무가를 거느리는 실질적 통치자였다. 그리고 천황으로부터 명을 받은 무가 정권의 정청이자 무가정권 그 자체라 할 수 있는 막부(幕府)의 수장이었다. 쇼군은 공식적으로 예능을 장려하고 좋아하고 즐긴 것뿐만 아니라 자신들의 업적을 상찬하고 권위를 보여주기 위한 수단으로 춤을 추었다.

쇼군 중에서 춤을 즐겼던 대표적인 인물은 아시카가 요시미쓰(足利義滿, 1368~1394)와 오다 노부나가(織田信長, 1534~1582) 그리고 도요토미 히데요시(豊臣秀吉, 1537~1598)와 도쿠가와 이에야스(德川家康, 1543~1616)다. 아시카가 요시미쓰는 무로마치 막부 3대 쇼군으로 중국 명나라 황제로부터 '일본의 국왕'이라는 칭호를 받은 인물이다. 그는 일본 중세의 대표적 문예인 렌가, 한시, 음악, 선(禪) 철학 등 문무를 갖춘 비범한 무장이다. 오다 노부나가는 실력 위주의 인재 등용과 상업 장려 및 경제 안정을 추구한 쇼군으로 무가의 예능으로 정착된 가무극 〈노〉를 즐겼다. 교토에 막부를 두고 임진왜란을 일으킨 도요토미 히데요시와 도쿠가와 이에야스는 〈노〉에 대한 열정이 대단했다. 그들은 〈노〉를 통해서 중병설을 잠재우기도 하고 민심을 수습하기도 했으며 〈노〉에 실제 주인공으로 출연해서 영웅심과 건재함을 발휘하기도 했다. 도요토미 히데요시와 도쿠가와 이에야스의 〈노〉에 대한 열정은 다음과 같은 기록을 통해 확인할 수 있다.

> 1553년 히데요시는 조선 침략을 규슈에서 기다리고 있던 동안에도 〈노〉

를 배우고 있었고, 15배역을 50일간 배웠다고 하는데, 이윽고 사람들 앞에 서도 자신감을 갖고 무대에 오르게 되었다. 아들이 태어났다는 소식을 듣고 황급히 교토로 돌아왔던 때에도, 히데요시는 축제의 일환으로 고요제 천황 앞에서 3일 간 「오키나」, 「마쓰카제」, 「에구치」를 포함한 16종의 〈노〉에 출연했을 정도이다. 또 히데요시가 예술에 정열을 쏟게 되자, 다른 다이묘도 히데요시의 눈 안에 들고자 〈노〉를 배워야 했던 것이지만, 도쿠가와 이에야스도 「노노미야」를 연기하고 둘째 날에는 신작인 소극 「구비히키」를 히데요시와 공연했다.[114]

이들이 최고의 예능으로 삼았고 실제로 즐겨 연기했던 〈노〉는 중세 일본의 전란과 혼돈의 시대에 무가나 무사의 문화로 정착했다. 그래서 감성이나 서정보다는 대부분 무사의 정신을 담고 있다. 때로는 현실 세계에 나타나는 혼령과 죽음의 세계를 꿈으로 설정하고 이를 통해 덧없는 속세를 묘사하며, 특히 그들의 사회적, 정치적, 종교적 환경을 상징적으로 표현한다.

가마쿠라 시대에 성립된 〈노〉는 '말로 형용할 수 없는 여정 혹은 형체가 보이지 않는 미묘한 정취'를 추구했다. 이후 무로마치 시대에 〈노〉는 화려하고 우아하며 아름다운 신체를 통해 매력을 발산하는 극으로 변모했다. 이는 궁중에서는 기대할 수 없었던 자유로운 연기 형식과 자유분방한 표현이었지만 무가의 특권으로 정착되었다.[115]

〈노〉는 황실 귀족들의 고상한 세계와 사무라이가 받아들인 불교의 명상 그리고 정신 훈련으로 선(禪)을 추구한다. 이는 귀인을 가까이에 모시면서 삶과 죽음에 엄격했던 봉건 시대의 무사(武士), 사무라이의 철학과 고요하게 생각하고 내적으로 성찰하면서 내면 깊숙이 선(禪)을 행하는 사

---

114 이용미, "무장과 '노(能)'", 『일본문화연구』 제18집, 2006, p.185.
115 이용미, "무장과 '노(能)'", 『일본문화연구』 제18집, 2006, pp.178-179.

72. 〈노〉

무라이의 종교철학이 반영된 것이다. 보통 〈노〉는 일본 전통의 가무극 형식으로 공연되며 가면을 사용한다. 그래서 '신들 앞에서의 음악'이라 불리는 〈가구라(神樂)〉와 불교 의식에서 가면을 쓰고 추는 무용극 〈기가쿠(伎樂)〉, 불교 의식을 위한 춤, 연주, 노래가 종합된 〈부가쿠(舞樂)〉, 우스꽝스럽고 곡예적인 춤을 추는 〈덴가쿠(田樂)〉 등의 일본의 전통이 종합적으로 담겨 있다.[116]

---

116 〈가구라〉는 일본 고유의 신앙인 신토의 무악(舞樂)이고 〈기가쿠〉는 무용극이다. 〈부가쿠〉는 불교 의식을 위한 춤과 연주 그리고 노래가 종합된 예능이고 〈덴가쿠〉는 풍요를 기원하고 진혼을 의미하는 농부의 춤이다.

〈노〉는 〈가구라〉, 〈기가쿠〉, 〈부가쿠〉, 〈덴가쿠〉의 전통을 이어받아 음악을 창작한 관아미(觀阿彌)와 전래의 내용을 〈노〉의 내용으로 엮은 극작가 겸 철학자였던 제아미(世阿彌) 부자에 의해 발전한 예능이다. 제아미는 〈노〉에 교양과 문학 등을 흡수하여 고차원적이고 비현실적인 전통예술로 완성시켰다. 관아미는 음악 창작과 전설을 〈노〉로 엮어내는 데 뛰어난 재능을 가졌으며 제아미는 가문의 비법을 전수하기 위해 〈노〉의 미학, 수련법, 연기술, 가창법, 연출법, 극단 경영법 등 많은 글을 남긴 예술가이다. 그는 다양한 저술을 바탕으로 〈노〉의 이론을 정립했으며, 매력적인 연출, 관객에게 가장 감동을 주는 연기, 꽃처럼 아름다운 심미 이론을 제시했다. 또한 연기를 위한 훈련법 연구로 세계 최초의 연극 이론서, 『풍자화전』을 저술했다.

국왕에 버금가는 쇼군은 〈노〉에 출연해서 정치적, 종교적, 연희적, 신화적, 연극적인 가무를 시행했다. 그리고 전설이나 이야기 속의 인물로 등장하여 노인이 되고 귀공자가 되었으며 신이 되었다. 또한 황실의 귀족과 불교의 승려가 되었고 귀신이 되기도 했다. 그들의 춤은 명예, 충성, 용기, 선행, 정의, 진실, 성실, 자제심, 군사 훈련 등 사무라이의 도덕 체계와 통치 법전이었던 '부시도'의 예를 갖추었다. 특히 민족적 특성을 지닌 신체언어를 이용하고 음성언어를 통한 가무극의 표현 방식을 사용했다. 그들이 춤을 출 때에는 가면을 착용했기 때문에 얼굴 표정으로 의사 전달을 할 수 없었으며, 느리고 정적이며 극도로 억제된 최소한의 움직임을 사용해서 최대의 효과를 내는 방법으로 춤을 추었다. 그들이 오른손을 아주 천천히 얼굴 쪽으로 가져가는 것은 소리를 내어 우는 것을 표현하며, 얼굴을 약간 위 아래로 움직이는 것은 기쁨과 근심 등 미묘한 감정의 변화를 표현한다. 부채를 쥔 손을 눈높이까지 가지고 온 후 잡고 있던 부채를 숙이는 동작은 먼 곳을 보고 있다는 것을 표현한다. 앞으로 걷는 것은 환희를 표현하고 크게 원을 그리는 것은 추억이나 회의를 표현한다. 그렇기 때문에 하나의 단락으로 구성된 움직임은 구체적인 의미나 이야기, 극의 내용과 주제를 담고 있다. 이처럼 일본의 국왕은 '부시도'를 지키는 자신들의 삶과 정신을 〈노〉를 통해 보여주고자 했다. 결국 쇼군의 춤은 그들의 정치에 반영되어 민중들로부터 그들에 대한 존경을 유도하는 목적이 되었다.

④ 헤라클레스 루이 13세의 은유 정치

한편 서양에서는 프랑스를 중심으로 구체적인 형태를 가진 왕의 춤이 그 모습을 드러냈다. 당시 오페라 발전의 본고장이었던 이탈리아의 공주 카트린느 드 메디치(Catherine de Medici)는 예술을 즐기는 공주로 정평이 나 있었다. 그녀는 자신의 예술단을 이끌고 프랑스의 국왕 앙리 2세에게 시집을 갔다. 카트린느는 아들인 앙리 3세의 아내이자 그녀의 며느리를 환영하기 위해 축하 공연을 준비했는데, 이 공연은 그녀가 이탈리아에서 데려 온 보조와이오(Balthasar de Beaujoyeux)의 제작 아래 발레 코미크(Ballet Comique)로 완성되었다. 카트린느의 예술 사랑은 어린 왕자들과 귀족들이 자연스럽게 춤출 수 있는 환경을 만들어주었다. 프랑스의 헤라클레스로 불리는 루이 13세(Louis XIII, 1601~1643)는 앙리 4세와 메디치(Marie de Medici) 사이에서 태어난 아들로 열렬한 무용 후원자이자 무용수였다. 그는 어린 나이에 왕위에 올랐는데, 어머니인 마리가 국가를 섭정했기 때문에 정치적인 입지가 약했고 소외되었다. 하지만 그는 춤과 음악을 사랑하고 즐겼다. 1617년에는 루브르 궁(Palais du Louvre)에서 〈르노의 해방(Ballet de La Delivrance de Renaud)〉의 주인공으로 출연하여 정치적인 힘을 드러내고자 춤을 추었다. 이는 장엄하면서 엄숙하고, 조형적으로 조화가 있는 춤으로 공연되었으며, 인간의 가능성을 뛰어넘는 비유와 과시가 연출되어 엄청난 활기와 스릴을 느끼게 만들었다. 이 발레는 루이 13세와 그의 총신이자 륀느 공작(Duke of Luynes)인 샤를 달베르(Charles d'Albert, 1578~1621)의 요청으로 제작되었는데, 로마의 시인 타소(Torquato Tasso, 1544~1595)의 바로크 서사시 〈해방된 예루살렘(La Gerusalemme liberata)〉의 일화를 그린 것이었다. 이는 1차 십자군 원정에서 예루살렘을 구한 프랑스 국왕의 승리를 찬양하는 것[117]으로, 루이 13세가 신에게서 직접 하사받았다고 하는 관대함과 절대 권력을 갖고 있다는 내용으로 공연되었다.

〈르노의 해방〉은 기독교 탄압을 주도했던 마술사 아르미다(Armida)에 대항해 예루살렘을 구한 불의 악마 '르노'에 대한 이야기다.[118] 여기서 정

117 M. F. 크리스뚜, 『17세기의 궁중발레』, 도정임 역, 삼신각, 1990, p.12.

118 이 작품은 제1회 십자군의 성지 탈환을 배경으로 용사 르노와 아르미다, 올린도와 소프로니아, 탄그레디와 에르미니아, 아르간테와 클로린다 간의 여러 가지 사랑의 갈등을 관능적으로 묘사했다.

73. 〈빌바오의 미망인〉

치적 야망이 매우 강했던 루이 13세의 어머니는 마술 지팡이를 흔들어 악마를 등장시키는 아르미다로 비유됐고, 루이 13세는 십자군의 기사 '르노'로 비유됐다. 악마는 거북과 달팽이, 가재의 모습으로 각각 두 마리씩 천천히 등장하지만, 이들은 곧 남성적이면서도 늙은 여인의 탈을 쓴 악마로 변신한다. 신격화된 영웅이자 불의 악마인 르노는 14명의 보호자들과 함께 흉갑을 한 아르미다의 여섯 괴물들을 물리친다. 루이 13세는 이 발레를 통해 프랑스를 지배하고 있던 어머니와 그녀의 측근이자 이탈리아의 정치가인 콘치니(Concino Concini) 부부의 만행으로부터 프랑스를 해방시켜 통치하겠다는 정치적 의지를 보여주고자 했다. 실제로 공연 이후 이 작품의 내용은 현실화됐다. 루이 13세는 어머니 마리가 총애하던 콘치니를 암살하기 위해 궁정 쿠데타를 감행했다. 이때 콘치니를 처단하고 그의 부인은 마녀 화형을 시켰으며 어머니는 프랑스 궁정에서 추방시켰다. 이후 루이 13세는 용맹한 기사의 표상이 되었고 어머니의 섭정권 없이 혼자 나라를 통치할 수 있는 강력한 국왕이 되었다.

1626년, 루이 13세는 〈빌바오의 미망인(La Douairiere de Billebahaut)〉에

서도 연예인 마래(Marais), 모렐(Morel)과 함께 춤을 추었는데, 당시에는 궁정의 예법에 따라 대담한 무용보다는 팔과 머리의 우아한 모습으로 가보트, 파반느(Pavane), 쿠랑트, 미뉴에트를 추었다. 이 춤들은 팔과 다리의 섬세하고 조화로운 동작과 스텝이 주로 행해졌다. 이처럼 발레는 루이 13세 때 프랑스 왕으로서의 권위를 확립하고 국가를 통치하려는 수단으로 활용되었으며, 대를 이어 루이 14세 때에는 그 절정에 이르게 됐다.

⑤ 태양왕 루이 14세의 상징 정치

루이 14세(Louis XIV, 1638~1715)는 상공업 발달에 힘썼으며 여러 차례에 걸친 침략 전쟁을 일으킴으로써 영토를 넓혀 전 유럽에 세력을 떨쳤다. 외적으로는 화려한 베르사유 궁전을 지어 궁정 문화의 전성기를 이루었으며, 내적으로는 문화 예술을 보호하여 프랑스 문화의 황금시대를 이룩했다. 어린 나이에 왕이 되어 자신의 역할을 수행하는 데 많은 어려움이 있었는데, 춤과 음악을 통해 왕권을 강화하고 권력을 대변하는 등 춤을 통치의 수단으로 사용했다. 아버지인 루이 13세가 자신의 왕권을 위해 어머니를 추방한 것과는 달리 왕실을 전복시키려 했던 반항군에 대항해서 어머니를 지지하고 왕실의 주권을 확립한 국왕이다.

루이 14세는 어릴 때부터 오랫동안 발레를 했다. 그의 대표작은 1653년에 초연된 륄리의 〈밤의 발레(Ballet de la Nuit)〉로, 그는 이 작품에서 그리스 신화에 등장하는 이성적인 신이자 태양신인 아폴로 역을 맡았다. 여기서 루이 14세는 떠오르는 태양을 상징하는 금빛의 찬란한 의상을 입고 금빛의 곱슬머리를 늘어뜨렸으며 깃털로 화려한 머리 장식을 했다. 그는 우주의 중심인 태양을 의미했고, 절대 권력의 소유자로서 '태양왕'을 의미했다. 이 춤의 무대 디자인은 토렐리(Giacomo Torelli)였으며 방스라드(Issac de Benserade)의 시와 캄브포르(Jean de Cambefort)의 음악 그리고 부분적으로는 륄리의 음악이 함께 했다. 이 춤은 뮤지컬로 이루어져 45개의 앙트레(entrees)로 다양하게 꾸며졌다.

이 춤은 태양을 상징하는 아폴로가 전쟁에서 승리하는 과정을 그린 것으로, 어두운 인물이 돌아다니는 '일몰', 궁정의 여흥을 보여주는 '궁정', 연인으로서의 달을 표현한 '밤의 환상' 그리고 평화를 상징하는 정령들과 함께 '떠오르는 태양'으로 구성되어 있다.[119] 여기서는 밤의 축제가 이어지고 동이 트면서 화려하게 태양이 떠오르는 것을 묘사하고 있는데, 이렇게 떠오르는 태양은 루이 14세를 상징한다. 왕은 명예, 우아함, 사랑, 용기, 승리, 친절, 명성 그리고 평화를 재현하는 무용수들에게 둘러싸여 있는데, 이들의 자세와 제스처는 엄격하고 기하학적인 균형을 이루었으며 주로 중심축으로부터 멀리 펼쳐지는 방식의 동작으로 춤을 추었다. 당시 궁중에서 이루어진 우아한 스타일의 춤은 연회장에서 한 번에 한 쌍만 춤을 추는 사교 무용과 궁중의 여흥이라 할 수 있는 극장 무용으로 공연되었다. 이때 무용수들은 자신의 역할을 상징하기 위해 정교하게 만든 의상을 착용했다. 이 공연에서 중요한 춤의 형식은 궁정무의 기초를 담은 간단한 동작이었으며 바닥에서 발을 떼지 않는 바사단차(bassadanza)가 주를 이루었다. 파반느는 거만하고 느리게 의식의 위엄을 표현하며 추는 춤이고, 알르망드는 아름다운 자연의 전개에 맞춘 우아하고 정확한 춤이다. 지그(gigue)는 쾌활한 성격의 쌍쌍춤이고, 가보트는 약간 빠르게 뛰는 춤이다. 부레(bourree)는 날개를 치는 듯한 생기 있는 춤이며, 미뉴에트는 위엄과 억제된 쾌활함 그리고 고매한 화려함을 보여주는 춤이다. 이 춤들은 화려하고 품위가 있으며 당당한 자세로 추는 춤과 날렵하고 경쾌한 춤이 섞인 것이었다.

한편, 루이 14세의 주위에서는 리베라(Rivera) 공이 캐스터네츠를 치면

119 J. 프뤼도모, 『무용의 역사』, 양선희 역, 삼신각, 1990, pp.92-99.

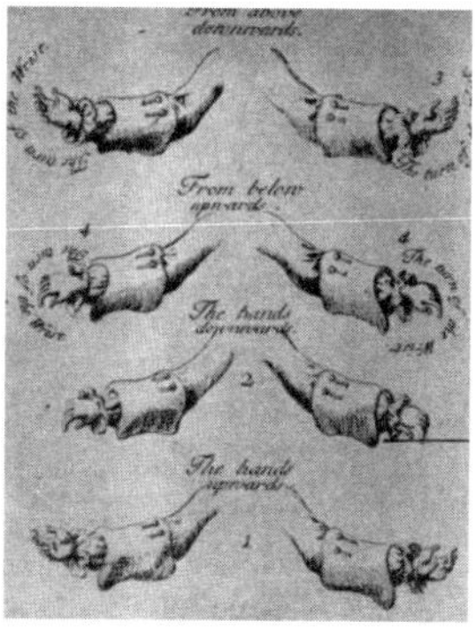

74. 15세기 궁정춤

75. 16세기 귀족의 춤 손동작

서 빨리 뛰거나 점프를 하기도 했고, 아주 느릿느릿하게 추는 구애춤으로 쿠랑트를 추었으며 느린 3박자로 발을 끌며 세속적인 느낌을 주는 사라방드를 추기도 했다. 이와 같이 루이 14세는 귀족들이 즐기던 궁정 발레를 자신의 발레로 변형시켰고 자신을 중심으로 문명 세계가 돌아간다는 의미로 춤을 추었다. 특히 〈밤의 발레〉는 이상적인 통치자로서의 권력 유지에 필요한 이미지를 전달하려는 의도가 짙게 깔려 있는 춤이었다.

이후 루이 14세는 27편의 발레에서 주인공을 맡아 춤을 추었으며, 왕립 무용 아카데미의 설립을 통해 교장이자 음악가인 륄리와 안무가이자 발레 마스터인 보상(Pierre Beachamp)과 함께 체계적인 춤을 개발하여 추기에 이르렀다. 륄리가 제안한 프로시니엄 무대 위에서는 새로운 예술로서의 발레를 했는데, 엉덩이를 보이지 않으면서 두 다리를 턴 아웃(turn out)하여 신체의 조형미를 보여주는 형식이었으며, 무용수와 객석을 분리한 극장에서 자신의 춤이 우아하고 권위 있게 보이도록 수직적인 춤을 추었다. 특히 5가지의 다리 포지션과 12가지의 팔 자세 그리고 몸을 들어 올리는 엘레바시옹, 몸을 똑바로 세워 스텝하면서 도는 피루에트, 몸을 회전하면서 공중에서 뛰는 투르 앙레르 등을 연출했다. 이처럼 루이 14세는 당대의 사회 구조를 신격화하는 질서로 춤을 추었고, 정교하고 위엄을 가진 움직임으로 형식과 권위를 상징하며 통치 계층의 위용을 나타내는 화려한 춤을 추었다.

⑥ 통가 왕의 몸짓 정치

남태평양 폴리네시아에서도 국왕은 춤을 추었다. 영연방 보호령으로 있는 통가섬의 국왕은 왕이 될 권리를 확증하고 국민이 인정하는 안정된 지도자로서의 위치를 확립하기 위해 실제로 춤을 추어야 했다. 춤은 왕의 혈통을 기리고 왕과 왕손들을 찬양함으로써 왕좌에 오를 권리를 확증하는 데 쓰였다.[120] 통가 왕국은 두 개의 당파와 종파로 나뉘어 있는 곳으로, 가톨릭 교파인 튜이 통가 왕조의 후손과 감리교파인 튜이 카노코풀루 후손으로 나뉜다. 감리교파에서는 춤을 금지했지만 통가 왕국의 국왕은 통치 수단으로 춤을 추어야 했으므로 유명한 무용가, 음악가 등과 함께 라카라카(Lakalaka)라는 춤을 만들어 추었다. '라카라카'란 '계속해서 걷는다' 혹은 '성큼성큼 걷다'의 뜻을 가지는 말로 비유적으로는 '전진 혹은 진보'한다는 것을 의미한다.[121] 이 춤에서 가장 중요하게 고려되는 것은 시(poetry)와 움직임(movement)인데, 통가 춤에서 시는 춤의 의미를 이해하는 데 가장 중요한 요소로 기능하며, 반대로 춤은 시를 이해하는 데 매우 중요한 요소로 기능한다. 또한 춤과 시는 통가의 사회 · 정치적 체계와 관계되어 통가 왕의 실현을 통해 정치적인 의미를 상징적으로 표현한다.

이 춤에서 중요하게 사용되는 신체 부위는 다리와 발, 팔과 손 그리고 머리다. 다리와 발의 움직임은 한쪽 다리로 걷고 다른 쪽 다리로 옆에 접촉하는 행위를 계속하는 방식으로 이루어지는데 이는 시간을 지키기 위함이다. 팔의 움직임은 시의 단어를 암시하거나 추상적으로 특정 사실을

120 A. P. 로이스, 『춤의 인류학』, 김매자 역, 미리내, 1993, P.104.

121 D. 윌리엄스, 『인류학과 인간의 움직임: 무용연구』, 신상미 역, 대한미디어, 2002, pp.103-113.

의미한다. 즉, 시가 가사의 몇 가지를 의미하듯 팔의 움직임이 시의 몇 가지를 의미한다는 것이다. 특히 머리를 옆으로 기울이는 파카테키(fakateki)가 매우 중요한데, 이는 개별 연기자들이 관중의 관심을 끌고 유지하기 위해 덧붙여지는 것이며, 공공성을 강조하고 관중들을 위해 의미있는 것을 말하는 것이다. 그래서 라카라카는 '곧장 가지 않음'을 의미하는 헬리야키(Heliyaki)의 미적 원칙에 따라 가사와 움직임에 내재된 의미들을 두 가지 다른 방식으로 전달한다. 이처럼 통가 왕국에서의 춤은 구조화된 체계를 가지고 왕과 왕궁 내의 작위를 가진 모든 사람들에 의해 행해지고 있다. 후에 이 라카라카는 듀이 통가 왕조에서 공인된 정치적 지도자에게 충성을 보여야 하는 경우에 사용되는 춤이 되었고, 튜이 카노쿠폴루 추종자들은 공식적인 행사에서 이를 추었다. 통가 춤에서 가장 핵심적으로 다루어야 할 요소는 왕의 춤, 움직임, 음악, 시와의 연관성, 움직임에 영향을 주는 공연 상황 등이다.

이상에서 한국, 중국, 일본, 프랑스, 통가 왕국의 국왕이 춤을 추었던 사례를 살펴보았다. 조선 시대의 왕의 춤과 중국 국왕의 춤, 일본 쇼군의 춤, 16세기 프랑스 왕의 춤 그리고 통가 왕의 춤은 각기 그 춤의 형태와 의미 그리고 공연되는 방식에 있어 문화 간 차이를 드러내고 있다. 조선 시대 국왕의 경우 다양한 연회의 막바지에 흥을 돋우기 위해 춤을 추는 경우가 대부분이었으며, 국왕으로서 예를 다하기 위한 위로의 춤, 우애의 춤, 효의 춤, 헌수의 춤 등을 추었다. 중국 국왕의 춤은 국왕이 직접 전술에서 쓰일 수 있는 춤을 창작하고 춤으로써 인민의 존경을 유도하고자 한 것이 특징적이며, 일본의 쇼군은 자신의 정치적 위상과 건재함 및 영웅심을 나타내기 위해 춤을 추었다. 프랑스의 왕은 궁전의 연회장에서 귀족 사회의 사교를 위해 춤을 추었고, 프로시니엄 무대 위에서 펼쳐지는 예술로서의 춤을 추었으며 자신의 위용을 드러내는 정치적인 목적으로 춤을 추었다. 통가 왕의 경우는 자신의 정치적인 언어이자 시적인 언어

76. 통가 왕의 춤

77. 통가의 춤, 〈라카라카〉

로써 사람들 간의 의사소통을 위한 몸짓으로 춤을 추었으며, 이 역시 국왕의 위상을 나타내기 위한 것이었다. 그러나 이러한 여러 나라의 왕의 춤에서 가장 두드러지게 나타나는 특징은 국왕의 정치적인 위상이며 문화의 르네상스다. 이외에도 다른 수많은 국왕들의 춤을 찾아보면, 각 지역별, 문화유형별, 시대별로 다양한 춤이 존재하고 있음을 알 수 있을 것이며, 그 춤들을 통해 또 다른 차원의 문화 코드를 발견할 수 있을 것이다.

잉카 제국의 저항: 페루의 〈가위춤〉

중남미 안데스를 지배한 고대 제국 잉카에서 기원된 것으로 알려져 있는 페루의 〈가위춤〉은 고원 지방인 아야쿠초(Ayacucho)와 아프리멕(Apurimac) 그리고 후안카벨리카(Huancavelica) 지역에서 발생한 춤으로 전해진다. 특히 페루의 남쪽 안데스 지역에 살던 잉카족, 일명 케추아(Quechua)족에 의해 시작되었다고 전해진다. 당시 이 춤은 목동들의 제사 형식으로 추기도 했지만 현재는 농작물 재배에 중요한 시기에 맞춰 도시를 중심으로 서로 경쟁적인 성격의 의례로 추는 경우가 많다. 우리나라의 엿장수가 가위놀이를 하며 손님을 끌듯이 페루의 〈가위춤〉도 여러 사람의 시선을 끌기 위해 가위를 사용해 이 춤을 추었다고 한다. SBS 프로덕션 PD인 안동수에 의하면, 16세기 초 페루에 스페인 군대가 침략했을 당시 그들에게 위협적으로 저항하기 위해 이 춤을 추었다고 한다.

잉카족들은 거의 40여 년간 스페인에 투항했으나 결국 마지막 잉카가 처형되면서 이들의 저항은 막을 내렸다.

유네스코에서는 잉카로부터 내려온 〈가위춤〉을 인류무형문화재로 지정했다. 페루에서는 이 춤을 추는 지역마다 팀을 이루어 두 팀 이상이 서로 경쟁하며 리듬에 맞춰 가위의 칼날을 치면서 매우 복잡하고 기예적인 형태로 춤을 추고 있다. 오래 전 이 춤은 종교적인 차원에서 금기시되었다. 천주교 교도들은 이 춤을 이교도들의 우상 숭배로 악마가 추는 춤이라고 생각하고 춤추는 사람들을 박해하고 극형으로 다스리기도 하면서 마치 중세 기독교인들이 춤을 금지했던 것처럼 금기시했다. 그럼에도 불구하고 많은 사람들이 지속적으로 이 〈가위춤〉을 추었기 때문에 기독교의 축제일인 크리스마스 등 천주교 축제에서 예수님을 경배하고 찬양하러 온 〈가위춤〉 춤꾼들을 받아들이기 시작했고 차츰 페루의 축제로 정착하면서 최근까지 인기 있는 춤으로 이어져오고 있다.

이 춤이 현재까지 축제에서 공연되고 있는 중요한 이유는 하프와 바이올린에 맞춰 창작된 안무에 사용되는 테크닉과 기예가 매우 특이하고 선조로부터 전승된 의식으로서 많은 공동체가 즐기고 있기 때문이다. 일반적으로 이 춤은 남자가 추며 아버지-아들-손자로 가계를 이어 추는 것이 보통이다. 또한 5명이 한 조를 이룬 가운데 2명은 하프와 바이올린을 연주 하고, 3명이 춤을 춘다. 화려하게 수를 놓은 것에 유리나 작은 거울을 붙인 조끼와 바지를 입으며, 화려한 술로 장식된 금색 띠를 두르고 형형색색의 장신구와 춤꾼의 이름이 적혀 있는 무거운 모자를 쓰고 춤을 춘다. 이들은 산의 주신과 직접적으로 관련된 사람으로 지혜를 갖고 있으며 기예가 출중하고 강하며 끈기가 있는 사람들로 여겨지고 있다. 최근에는 서양식 악기와 의상을 입고 동시대 페루 문화의 상징과 사상이 가미된 춤으로 변화되기도 했지만 아직도 이 춤을 추는 곳에서는 〈가위춤〉을 선조로부터 물려받은 전통이자 중요한 춤으로 평가하고 있다.

78. 페루의 〈가위춤〉

이 춤에서 가장 특징적인 동작은 오른손에 가위를 들어 쟁강쟁강 소리를 내고 왼손에는 수건을 들고 이리저리 뿌리면서 마치 셔플댄스처럼 발과 다리를 이용해 현란한 발동작으로 바닥을 쓸거나 톡톡 튀는, 일명 스텝 동작을 하는 것이다. 여기에는 다양한 형태의 뛰는 동작 그리고 누워서 다리와 발을 현란하게 움직이는 동작, 누운 상태에서 몸 전체가 뛰어 일어나는 동작과 앞으로 구르는 동작, 뒤로 공중제비를 하는 동작과 긴 의자 위에서 누워서 바닥으로 뛰어 눕는 동작 등이 있다. 그들은 초인적인 능력으로 고통에 개의치 않고 이 춤을 추면서 근심과 상념을 떨쳐버리듯 거의 무아지경에 빠져 신명나게 춤을 춘다.[122]

이 춤은 일반 사람들이 추기에는 난이도가 매우 높다. 그러나 이는 전쟁과 식민 통치를 받았던 페루인들의 경험 속에서 정치적, 사회적 맥락을

---

122 페루의 〈가위춤〉 동영상은 http://youtu.be/JbiOClpya10, http://youtu.be/jJn9o7KQuCE, http://youtu.be/shF3a1Ajv88에서 볼 수 있다.

그려낸 춤으로 잉카 제국이 저항했던 당시의 사회적 상황을 기억하고 역사적 전통을 이어갈 수 있는 춤으로 그 의미를 가지고 있다.

정치적 표현주의: 〈한풀이춤〉, 〈바람맞이춤〉

춤이 정치를 한다? 보통 사람이라면 이해할 수 없는 말일 것이다. 그러나 이애주의 춤에서는 정치가 보인다. '민주화 운동의 불꽃', '민중 춤꾼'으로 불린 이애주의 춤 정치는 '춤이 곧 삶이고 소통'이라는 그녀의 춤 철학에서 기인한다. 이애주가 춤으로 정치를 하던 시대, 7080세대가 살았던 한국 사회는 새마을 운동과 경제 발전 5개년 계획 등을 세워 모든 사람들이 열심히 일하던 시기였다. 그러나 유신 체제, 독재 정권, 군부 통치, 대학가의 학생 데모, 물과 불, 전기고문, 평화와 자유를 외치던 대학생의 죽음, 최루탄, 방패, 몽둥이, 대학의 휴교령 등을 떠올릴 수 있을 만큼 사회적으로나 정치적으로 매우 어지러웠던 시기였다.

예술적으로는 광복 이후 전통을 복원하고 재현하려는 운동에 이어 서양에서 들어온 현대주의의 도입으로 새로운 창작 춤의 형태가 등장했던 시기였다. 1960년대 김천흥 선생의 무용극 〈처용랑〉을 필두로 송범, 최현, 조흥동 등 한국 무용계의 많은 예술가들이 전통춤을 현대화 및 대중화하는 붐이 일어났다. 이때의 무용풍은 한국의 전통적인 이야기가 있는 춤들로 연극적인 것이 대부분이었고 극장 무대의 장치나 음악은 동양풍과 서양풍이 교묘하게 섞인 것이었다. 의상 역시 서양에서 들어온 쉬폰이나 깔깔이 등이 주를 이루며, 궁중정재에서 입는 한국의 전통 의복이나 민속춤에서 입는 광목과는 사뭇 다른 질감의 의상이 무대 위를 장식했다.

한편 대학가에서는 반유신, 반독재, 반고문을 외치는 학생들이 민주화 운동을 하면서 모든 민중과 인권은 평등하다는 선전 구호(catch phrase) 아래 군부 독재에 저항하며 상징적으로 패러디한 탈춤을 추기 시작했고

79. 이애주의 〈한풀이춤〉

군부와 독재 정권의 부조리를 고발하고 반대하는 시위를 하고 있었다. 즉, 시민 정신과 노동, 민주화 항쟁 등을 몰고 대학가의 학생들을 학교 밖으로 뛰쳐나오게 한 것이다. 군정은 이들을 최루탄으로 대응했고, 많은 학생들은 반국가적인 행동이라는 무거운 죄로 끌려갔으며, 물고문과 전기 고문으로 그들의 삶을 잃어가기 시작했다. 이때 학교 교실과 극장에서 밖으로 뛰쳐나와 서울대학교 제자와 연세대학교 민주화 운동 학생의 넋을 달래기 위해 진혼굿 춤판을 벌였던 이가 이애주이다. 그녀는 이 춤에 대해 경기도 진혼굿의 원형을 노천 광장에서 추는 춤 형식으로 바꾼 것이며, 군정의 최루탄과 고문으로 죽어가는 제자와 젊은 청년들의 죽음 앞에서 이 춤을 추지 않을 수 없었다고 회고한다. 서울대학교 제자 박종철의 죽음 앞에서 열린 분단국의 통일을 염원하는 민족 평화 대행진에서는 〈바람맞이춤〉을 추었고, 최루탄의 희생자인 이한열의 추모제에서는 〈한풀이춤〉을 추었다. 이 춤들은 시국춤 혹은 해방춤으로 불렸다. 한국정신문화연구원의 김지견 교수는 이 해방춤의 뿌리를 원효의 무애(해방)

무로 보고 기(氣), 시(時), 공(空)의 논리를 펼친 철학자 소앙의 말을 빌려 무애의 뜻을 해방이라 설명했다.[123] 이 춤들에서 이애주는 바람맞이의 의미를 다음과 같이 표현했다.

> 오늘의 민중이 제아무리 역사의 기둥이라고 하더라도 몰아쳐오는 바람을 이겨내지 못하면 그 기둥은 자기 균형을 잃어 쓰러지고 만다. 그러나 그 어떤 바람이라도 이를 거슬러 물리치면 역사의 기둥은 바로 서고, 따라서 역사를 나아가게 하는 줄기도 있게 한다. 우리 춤은 바로 이러한 역사적 틀의 문화적 품새다.[124]

이처럼 이애주의 춤은 진실과 정의를 추구하는 왕성한 행동력과 창조력을 바탕으로 생사, 시비, 갈등 속에 뛰어들어 지배자로부터의 해방, 예속의 논리에 도전하고자 했다. 그리고 많은 군중에게 죽어가는 제자의 울음과 꺼져가는 삶의 울분과 슬픔을 바람맞이를 통해서 전달하고자 했다. 그것은 생명의 씨앗을 상징하는 '씨춤', 씨앗의 싹을 트게 하는 '물춤', 햇볕으로 자라게 하는 '불춤', 꽃으로 피어나는 '꽃춤' 등으로 형상화됐다.

이애주에 의하면, 씨춤은 "천지가 화합한다. 천지의 움직임에 사람의 힘을 가해서 대립물의 통일성으로 만물을 낳게 하고 가는 것이며, 돌아오고 돌아온 것은 자신 스스로 썩어 새로운 생명을 찾는다."라는 내용이다.[125] 이는 씨의 싹이 트는 힘으로 분단 독재의 판을 깨고자 하는 것이

---

123 원효의 해방춤은 큰 바가지(그릇)를 들고 광대가 큰 바가지를 치면서 희롱하며 춤을 추듯 무롱(舞弄)하는 모양처럼 기묘했다고 전한다. 그 형태를 취해서 이름 부르기를 무애(無碍), 즉 해방이라 하였고, 무애의 뜻은 화엄경에서, 일체에 무애한 사람은 한 길로 나가 생사를 벗어난다. 라는 구절에서 취한 것이다(김지견, "해방춤의 뿌리", 『정신문화연구』 13권 2호, 1990, p.234).

124 이애주, "나의 춤, 나의 칼", 『月刊中央』 5월호, 1988, p.567.

125 이애주 한판춤 〈바람맞이〉, 연우소극장, 1987, 6월 9일-15일.

다. 물춤은 "물은 본디 삶의 세계에 속한 것, 죽음의 세력에 이용되어 죽음을 낳기도 하지만 물의 근원적인 지향점은 삶의 세계이다. 죽음의 세력이 보지 않는 틈에, 그들이 승리를 확신하는 바로 그 순간에 물은 씨앗을 싹 티울 준비를 갖춘다."라는 내용이다. 이는 박종철의 항변을 의미하듯 민중을 유압하려는 세력들에 굴하지 않는다는 것을 표현하는 것이다. 불춤은 "온몸을 뜨겁게 불사르는 이 열기도 본디 삶의 추서에 속하던 것, 일시적으로 그리고 표현적으로는 죽임의 세력에 봉사하지만, 그리하여 우리를 죽이는 하수인이 되지만, 결국은 우리 가슴 속에 뿌리 내린 씨앗을 키우는 따스한 햇볕이 된다."라는 내용이다. 이는 민중의 전기 고문을 표현한 것이다. 꽃춤은 "'바람맞이'로 일어난다. 그것은 죽음을 밑거름으로 해서 시방세계를 다 덮을 만한 곱고 환한 꽃들로 피어난다. 죽었던 삶이 다시 피어남이기도 하지만 우리의 염원의 세계를 이룩해 간다는 보다 적극적인 의미이다."라는 내용이다. 이는 물과 불로 고문당한 많은 이들의 죽음이 승화되어 올바른 길로 나아간다는 것을 비유한 것이다. 전체적으로 이 춤들은 민주화와 저항의 시대정신을 표현한 이애주의 춤 정치를 보여준다.

〈한풀이〉는 1987년 6월 최루탄에 맞아 쓰러진 이한열의 장례식에서 이애주가 춘 춤이다. 이 춤에 대해 『여성자신』에서 김은경은 '이 시대 상황이 만든 처절한 몸짓'이라 했고, 학생 운동 출신 정치가 고 김근태는 '한은 한으로 남되 원한은 남지 않게 하는 춤'이라 했다. 백기완은 〈한풀이 춤〉이야말로 '시대에 대한 분노가 솟구쳐서 온 세상 온 시대를 움켜쥐고 잡아 흔들어 질곡을 깨트리는 몸부림'이라 했다. 이애주 자신도 이 춤에 대해 시대와 사회의 요구에 의해 노제의 진혼무를 암울한 시대의 한 상징인 '시국춤'으로 승화시켜 춘 것이라고 했다. 외신 기자들은 이애주의 춤에 대해 소름이 끼치도록 전율적인 춤이라 했다. 그들은 한국의 정치 상황에 대해 경악을 금치 못했고, 전 세계에 이애주의 정치적 저항과 항쟁을 상징하는 춤에 대해 머리기사로 보도하기도 했다.

이 춤을 추기 위해 이애주는 역사의 상처를 상징하는 붉은 핏자국을 그린 소복, 흰색의 광목 치마저고리를 입고 연세대학교 정문 앞에서 시작해 신촌 로터리를 돌고 아현동 굴레방 다리를 거쳐 시청까지 제(祭)가 행해지는 현장에서 빽빽이 들어찬 군중 앞에서 홍수처럼 흘러내리는 땀으로 흠뻑 젖어 넘어지기도 하고 일어나자마자 다시 탈진한 상태로 쓰러졌다 일어나기를 반복하며 신명으로 춤을 추었다. 사물놀이패가 춤의 장단을 맞추어 전통춤이자 한풀이춤의 무게를 느끼게 했고, 경기도 진혼굿에 기반을 두고 이승과 저승을 연결하는 긴 광목의 가운데를 찢어 가며 죽은 사람의 혼이 이 세상에서 떠돌지 않고 하늘로 승천하도록 길을 안내했다. 이 춤은 민중의 삶, 즉 일상적인 생활과 어우러져 한 사회의 아픔을 격렬하고 자연스러운 움직임으로 풀어 나갔다. 이를 통해 사회와 춤에 대한 새로운 인식은 물론 춤을 통해 우리의 삶을 이야기하고 시대를 읽어 가며 춤으로 사회, 문화, 정치에 민주적으로 동참할 수 있는 민중 의식을 고취시켰다.

이처럼 한 시대의 역사적 사건을 고스란히 풍자하는 이애주의 춤 정치는 내성주의의 감정 표현으로 원시적이고 충격적인 자극으로 표현된다. 그리고 자유로운 방법으로 자기비판과 좌절 그리고 내면의 자아에 맞추어진 형태로 팔꿈치, 무릎, 발, 손 등이 나사 모양으로 비틀어지고 왜곡된 몸으로 바닥을 구르다 실신한다. 이 춤은 당대 정치 문화의 코드를 보여주는 아름다운 예술이 되어 현재까지도 우리의 뇌리에 강한 충격과 함께 격동의 시대를 기억하게 한다.

거리 문화와 비보이의 힙합

힙합(hip-hop)은 1970년대 미국 뉴욕의 거리에서 시작된 새로운 대중문화이다. 힙합이 알려지기 시작했을 당시 힙합은 하위 문화로 인식되었다. 하위 문화는 계급이나 성 그리고 세대 등으로 구분되는 커다란 범주 안에 속하면서 소집단의 독특한 정체성을 반영하는 문화를 의미한다. 일반적으로 하위문화의 주체는 노동자나 프롤레타리아, 흑인이나 청년, 동성애자 등과 같이 기성세대의 기득권자들과는 반대되는 개념의 사람들이다. 이들은 정부로부터 보호를 받지 못하면서 사회경제적인 어려움으로 생긴 슬럼(slum) 지역과 인종 차별의 결과로 생긴 게토(getto) 지역에 살면서 분노와 좌절 및 저항이 기본에 깔려 있는 사람들이다. 이들 중 미국 할렘가의 가난한 흑인과 히스패닉계 청소년들은 거리에 낙서를 하며 백인 사회에 대한 비판을 하거나 풍자하면서 독특한 리듬의 말과 춤으로 자신들의 생각을 전달하려는 새로운 힙합 문화를 만들어냈다. 이는 주로 흑인들이 참여했기 때문에 '블랙 르네상스'라고도 한다.

힙합은 1970년대 자메이카 출신이자 비보이(B-Boy)였던 쿨 허크(Kool Herc)에 의해 탄생되었다. 이는 "엉덩이"를 뜻하는 영어의 'hip' 혹은 "눈을 뜨라", "지식을 스스로 열라"를 의미하는 '히피(hippy)'의 'hip'과 함께 "만세", "뛰다", "들썩이다"를 의미하는 'hop'이 합해진 용어로 정의된다. 최근에는 '힙'이 "지식통" 혹은 "사정에 밝은" 것을 의미하는 것으로 쓰이기도 한다. 그리고 '합'은 미국 흑인들이 히프를 튀기면서 걷는 모습을 표현하는 동사로 사용되거나 댄스파티나 춤 그 자체를 뜻하기도 한다.[126]

이렇게 세대와 형식에 따라 다양한 의미를 지니고 있는 힙합은 디제잉(DJing), 엠싱(MCing), 그래피티(graffiti), 비보잉(B-boying) 등의 독특한 요소로 구성되어 있다. 디제잉은 디제이가 턴테이블을 이용해 음악을 연주하는 것을 말하고, 엠싱은 'Mic controller'의 약자로 힙합에서 랩을 하는 사람을 가리킨다. 그래피티는 흑인 청소년들이 스프레이와 마커를 이용

126 홍희연, 「재즈와 힙합이 우리나라 현대 무용에 미친 영향」, 동덕여자대학교 석사학위 논문, 2001, p.18.

해 지하철 내부나 거리의 벽면에 알아보기 힘든 서명이나 그림을 그리는 것을 말하고, 비보잉은 비보이(beat-boy, break dance-boy)가 곡과 곡 사이, 즉 브레이크(break) 부분을 디제이가 반복해서 틀어줄 때 장기자랑을 하려고 추었던 춤을 말한다.

이와 같이 독특한 특징을 가지고 있는 힙합에 참여한 청소년들은 전철역 내부에 혹은 길거리의 벽이나 건물 벽에 스프레이 페인트로 거대한 그림을 그리고 빠른 비트의 음악에 맞춰 그들의 생각과 삶을 이야기하는 랩을 하며 곡예에 가까운 몸동작으로 브레이크 댄스를 추었다. 그리고 땅에 끌릴 정도로 헐렁이는 바지와 눌러쓴 일자 모자 패션으로 춤을 추기도 했고 레코드 판위에 손을 얹어 앞뒤로 스크래치하고 교묘히 조작하면서 타악기나 기계가 긁히는 것처럼 다채로운 소리를 구성하는 브레이크 믹스를 창안했다. 이렇게 그림과 춤, 랩과 브레이크 믹스 그리고 패션이 종합된 힙합 스타일은 이를 좋아하는 신세대 청소년들이 자유롭고 즉흥적으로 자신의 생각을 표현하는 대중문화로 자리 잡게 되었다. 또한 힙합 음악가이자 랩퍼였던 디제이 할리우드(DJ Hollywood)에 의해 힙합이 정식 명칭으로 사용되면서 대중문화의 자리에 서게 되었으며, 1970년대 후반 힙합 음반이 판매되면서 본격적으로 발전하고 널리 퍼지게 되었다. 1980년 이후에는 테크놀로지의 급속한 발전으로 이들이 창조한 힙합 스타일은 미국 대중문화의 새로운 경향으로 정착되면서 전 세계로 급속히 퍼져나갔다.

힙합 스타일 중에서 힙합 댄스는 디제이들이 간주를 틀어줄 때 일정하게 계속되는 음과 소리에 맞추어 독특한 비트와 리듬을 살리는 랩과 함께 춤을 춘 것이 시초가 되었다. 1970년대 중반에는 마이클 잭슨(Michael Jackson)이 자신의 노래와 함께 무대 위에서 팝핀이나 로봇 춤 등 힙합 댄스를 추었는데, 당시 두 발을 부드럽게 뒤로 밀면서 마치 중력의 끌어당김이 없는 달나라에서 걷는 것과 같은 '문 워크(Moon Walk)'와 몸을 탄력적으로 톡 치고 정지를 반복하는 팝핀은 많은 대중들에게 폭발적인 인기를 끌었고, 세계적으로 크게 유행하기도 했다. 마이클 잭슨 이외에 힙합 비트로 춤을 추며 랩을 했던 엠씨 해머(Mc Hammer), 힙합과 소울을 섞어 비트가 있는 춤을 추던 바비 브라운(Bobby Brown), 유명한 영화배우이자 힙합 가수인 윌 스미스(Will Smith)가 힙합 댄스를 영화에 소개하면서 힙합 댄스의 인기가 절정에 달했고, 최근까지 타 장르의 춤과 융합되면서 많은 사람들에게 사랑받고 있다.

대표적인 힙합 댄스에는 거리에서 생겨난 모든 형태의 춤을 말하는 스트리트 댄스(street dance)와 전형적인 초창기 스타일로 브레이킨, 락킨, 팝핀으로 춤을 추는 올드 스쿨 힙합 댄스 그리고 정형화를 버리고 여러 장르를 섞어서 춤을 추는 뉴 스쿨 힙합 댄스로 나뉜다. 초창기에 힙합은 팔과 발을 주로 사용하는 스타일이었다. 그러나 힙합 비트의 리듬이 극단적으로 빠른 음악과 블루스와 같이 느린 음악이 공존하면서 몸 전체를 사용하는 방식으로 변화되었고 이에 따라 새로운 동작이 개발되었다. 예를 들면, 팔과 상체를 강조하면서 몸을 가볍게 흔드는 스탠딩 류와 발과 하체를 강조하면서 격렬하게 몸을 뒤틀거나 몸 전체에 웨이브를 넣어 휘돌아 감는 비틀기와 회전 등 그라운드 류의 동작이 새롭게 창안되었다. 이 춤들은 탭이나 재즈 그리고 디스코에서는 볼 수 없는 화려한 동작과 박력 있는 고난도의 테크닉으로 구성되어 있다. 거꾸로 선 상태에서 머리의 정수리나 한 손이 바닥에 중심이 되어 스핀을 돈다거나 두 발에서 두 손으로 혹은 한 발에서 한 손으로 회전과 점프를 동시에 하는 이른바 아크로바틱한 동작들이 즉흥적으로 연출된다. 그래서 사람들의 시선을 집중시키고 흥분의 도가니로 빠져들게 한다. 이 춤은 랩에 맞춰 추는 남자 '비보이(B-boy)'와 여자 '비걸(B-girl)'이 춘다. 이중 비보이가 추는 힙합 댄스는 '비보잉(B-boying)'이라고 하며, 이들이 펼치는 동작은 정해져 있는 형태로 버티기와 회전을 요하는 '파워 무브(power move)'이다. 이 춤은 동작이 빠르고 격렬하며 이동 폭이 매우 크기 때문에 춤을 출 수 있는 공간이 넓은 거리의 한복판이 무대가 된다.

이 춤들은 지역에 따라 혹은 선호도에 따라 독특한 특징을 보이고 있다. 더운 기후 때문에 흑인들이 많이 노출하고 추는 마이애미 힙합과 집에서 파티를 할 때 추는 하우스 힙합, 무술 형식으로 흑인들의 탄력성과 테크닉이 돋보이는 브레이크 힙합과 자메이카에서 대중화된 자극적이고 소울적이며 섹스어필하는 레게 힙합, 바비 브라운이 대중화시킨 일명 토끼춤으로 불리는 랩 힙합과 섹스어필하는 재즈 댄스와 혼용된 소울 힙합, 로봇의 움직임을 표현하는 동작으로 이루어진 로보 힙합 등이 그 예이다.

마이애미 힙합은 주로 빠른 동작과 활동적인 춤, 소울(soul)적인 요소와 섹스어필하는 요소가 풍부하다. 하우스 댄스는 미국의 파티 문화에서 탄생한 춤으로 말 그대로 집에서 파티의 분위기를 연상하며 뛰어노는 춤이다. 그래서 미국의 지하 폐공장이나 낡은 지하 건물과 같은 곳에서 클럽 하우스(whole house)의 분위기로 술을 마시며 춤을 즐긴다. 브레이크 댄스는 연기력이 돋보이는 거리 춤으로서 일렉트로 록과 아크로바틱, 로보와 같이 다양한 종류의 춤으로 구성된다. 레게 댄스는 레게 음악의 선구자 밥 말리의 음악에 큰 영향을 받은 춤이며, 주로 여성이 리듬 라인에 맞춰 추는 프리 스타일의 매력적인 춤이다. 랩 댄스는 바비 브라운이 음악적으로 대중화시킨 것이지만 거리 문화에서 발생한 춤이다. 이 춤은 기술적으로나 체력적으로 고난도의 테크닉을 요구하는 어려운 춤이며, 흑인의 느낌이 가장 많이 표현되는 필링 댄스이다. 소울 댄스는 소울 트레인(Soul Train)이라는 흑인 전문 방송에서 흑인 여성 무용수들이 추었던 춤으로 알려져 있다. 이 춤은 몸짓 라인이 매우 곡선적인 특징을 가지고 있어서 여성에게 가장 잘 어울리는 매력적인 춤으로 알려져 있다. 마지막으로 로보 힙합은 거리 춤의 한 장르로 마임과 춤이 적절히 혼합되어 인간의 감정과 로봇의 분리된 움직임으로 동작을 하며, 전자 음악에 맞춰 춘다. 팝핀 댄스가 이 춤의 한 형태이며, 동작과 정지가 분명해 기계적인 것처럼 비인간화되어 보이는 특징이 있다.

원래 비보이가 추었던 힙합은 소위 소외된 약자이자 가출한 청소년들이 지하철역에서 혹은 거리에서 자아에 몰입해 추는 괴상한 '비보잉'의 이미지였다. 즉 비보잉은 청소년의 탈선과 방황 그리고 그들의 사회 비판을 기반에 깔고 나타난 사회 현상이었다. 놀이 문화나 놀이 공간이 거의 없는 현실 속에서 이러한 청소년의 거리 문화의 활성화는 당연한 것이었지만 이들이 추는 춤과 문화는 어른들의 눈에 불량하게 보이는 것이었고 하나의 독립된 장르로서의 춤이라기보다는 미국 할렘가 흑인들의 불량한 몸짓을 흉내내는 것으로 보기도 했다. 그러나 최근에는 비보이의 국제적 명성과 함께 댄스 가수들의 전용 춤이 되어 방송을 통해 많은 대중에게 그 모습이 전해지고 있고 감각적으로 흥을 돋우는 춤으로 사랑을 받고 있다. 한국에서도 진지한 비보이의 활동이 전문화되고 참여하는 인구가 늘어나면서 국제 경연 대회에서 한국의 비보이 그룹이 최고의 그룹으로 평가받는 사례가 늘고 있다.

이처럼 힙합 댄스와 같이 하위 문화에 속했던 춤은 건전한 청소년 문화로 그 가치를 내뿜으면서 더 이상 하류가 아닌 고유의 독립성과 가치를 지닌 대중문화로서 그 위치를 확보해가고 있다. 또한 비보잉 문화는 우리에게 새로운 영감을 주기도 하고, 새로운 예술 장르를 탄생시키는 독창적인 예술의 가교가 되고 있다. 랩을 구사하는 국악인, 발레 작품에 출연하는 비보이, 광고와 드라마에 출현하는 비보이, 댄스 가수들이 추는 비보이의 브레이크나 팝핀, 넌-버벌 퍼포먼스(non-verbal performance)에서 맹활약을 펼치고 있는 비보이, 국악에 맞춰 힙합을 추는 비보이들은 어떤 장르에서도 볼 수 없는 그들만의 독특하고 역동적인 현란한 테크닉과 순수한 열정으로 대중문화의 한 축을 형성하고 있다.

한국에서는 비보이 전용 극장에서 공연했던 〈비보이를 사랑하는 발레

80. 〈비보이를 사랑한 발레리나〉

리나〉를 통해서 대중에게 힙합이 알려졌다고 해도 과언이 아니다. 이 극은 광장에서 힙합 공연에 방해를 받던 한 발레리나가 결국 힙합의 흥과 테크닉에 매료되어 힙합의 세계로 합류하고 이로 인해 힙합 청년과 사랑을 하게 되는 이야기로 전개된다. 여기서 힙합은 현란한 춤 테크닉과 이야기가 들어 있지만 춤을 추는 발레리나에게 하위 문화였고, 자신의 춤 공연을 방해하는 저속한 것이었다. 그러나 그 춤 안에는 고급 발레에서는 보고 들을 수 없는 무언가가 있었는데, 그것은 일반 대중들의 눈과 귀를 즐겁게 하는 것이었으며, 비스듬하게 쓴 일자 모자, 바닥에 끌리는 청바지, 기교 넘치는 몸짓, 압구정 '토끼굴'의 그래피티 아트, 온몸을 들썩이게 만드는 랩과 같은 문화 코드들의 조합이었다. 이처럼 전 세계인들의 가슴 싶은 곳까지 침투한 힙합 문화는 우리가 사는 삶의 표현이 되었으며, 우리 사회의 표현이 된 것이다.

조롱과 항의: 재즈

재즈는 아프로-아메리칸 사회 무용이라 일컬어지기도 하고, 대중춤의 한 형태라 하기도 한다. 루이 홀스트에 의하면, 재즈는 현 시대의 세련됨에서 벗어나 관능적인 분위기를 이끌고 당김 음조의 리듬과 경련적이고 진동하는 동작으로 이루어진다. 이는 악센트를 통해서 문명화되지 않은 사회의 몸짓과 리듬으로 되돌아가려는 인간의 회귀 본능을 '대중적 원시주의'로 표현하는 20세기의 민속춤이라고 했다. 즉, 재즈는 미국의 민속춤의 성격을 갖는 대중춤이라고 말한다. 그래서 재즈라고 하면 발레를 창조한 유럽보다는 미국의 인상이 더욱 진하게 드러난다. 여기서 나타나는 형식은 스피리추얼(Spiritual), 케이크 워크(Cake Walk), 래그 타임(Rag Time), 딕시랜드(Dixieland), 스윙(Swing) 등으로 전개되고 있으며, 조각조각으로 깨진 사람의 속성으로부터 나오는 싱커페이션 기법을 사용하고 있다. 이는 정글의 북소리에서 나온 싱커페이션과 진동 연주로, 박자를 벗어나거나 정상적인 리듬에서는 일어나지 않는 리듬의 강조와 악센트가 있어서 규칙적인 리듬의 흐름을 방해하는 음악 스타일이다. 연주는 블루스에서 나온 '와와(wah wah)'와 애처로운 레가토의 탄식 섞인 '스미어(smear)'로 이루어진다. 그래서 재즈에서는 이러한 음악에 맞춰 노예 생활로부터 파생된 애처로움과 탄식, 권태와 우울함 등을 활력적이고 다면적이면서 창의적이고 즉흥적으로 춤을 춘다.[127]

재즈의 기원은 아프리카 문화에서 비롯되었다는 것이 일반적이다. 이는 밀림 문명으로 불린 아프리카의 원주민들이 유럽이나 미국, 심지어는 타이티와 같은 섬나라에 노예로 팔려 가면서 그들의 애환과 아픔을 달래고 살아남기 위한 수단으로 노래를 하고 춤을 추었다는 기록을 통해서 알 수 있다. 그들은 음과 리듬에 생명력을 불어 넣는 아프리카의 독특한 리듬과 춤의 고유성을 보존하면서 자신들이 노예로 팔려 간 각 지역의 문화적 특성을 받아들여 이를 통해 종교적인 환희를 추구했고 노예로서의 일상에서 탈피했다. 이들은 스페인 춤, 유럽 상류층의 춤과 접촉하면서 이 형식들을 모방하고 자신들의 춤과 결합시켰고, 특히 상류층의 허식을 비웃거나 조롱하는 몸짓으로 항의하는 춤을 추기도 했다.

이 춤의 특징은 어깨, 엉덩이, 팔다리를 갑자기 움직이면서 항의를 표시하는 동작이다. 스턴스 부부(Marshall and Jean Stearns)의 저서 『재즈댄스(*Jazz Dance*)』에 의하면, 재즈는 아프리카 원시 부족의 음악과 춤에서부터 시작되었지만 그들이 타 지역의 노예로 끌려와 타국의 춤과 결합시키면서 유럽의 스퀘어 댄스를 다양하게 변형시켰다. 또한 르네상스 궁전의 스텝과 플로어 패턴을 강조하는 춤에 엉덩이와 어깨 동작을 추가시켜 새로운 형식의 춤을 만들었다. 그 춤은 서서 추는 지그 같은 스텝에 엉덩

---

127 L. 홀스트, C. 러셀, 『현대춤 형태론』, 김태원, 윤양희 역, 현대미학사, 1994, pp.113-123.

81. 현대 무용

이의 움직임이 가미된 주바(Juba) 형식으로 발전했으며, 바닥에 발을 끄는 원무가 되었다. 여기에 싱커페이션 리듬으로 박수를 치고, 발을 구르고, 리듬에 맞춰 바닥을 뒤꿈치로 차면서 즉흥적이고 개성이 짙은 춤을 창조했으며, 서글픈 감정을 표현하는 블루스 재즈, 유연하면서 약동적인 비트를 가진 뉴올리언스 재즈, 경쾌한 리듬의 딕시랜드 재즈, 스윙 재즈, 모던 재즈 및 프리 재즈의 발전을 이끌었다. 이렇게 다양화된 재즈는 캐리비안과 여타 라틴 아메리카인의 춤 스타일에 의해 영향을 받은 것이지만 이후에는 타 장르와 접목되어 크로스오버 뮤직 재즈로 대중문화의 한 영역에서 자리를 구축하고 있다.

당시 재즈의 기본적인 동작은 힘을 모두 뺀 상태에서 늘쩍지근한 방식으로 골반을 위주로 움직이는 것이었기 때문에 매우 관능적이고 성적인 분위기를 보여주고 있다. 하지만 박자에 어긋나는 버니 헉(Bunny Hug),

찰스턴(Charlston), 지르박(Jitterburg), 락앤롤(Rock'n Roll) 등 도시의 긴장감과 유머를 표현하는 재즈의 역동성도 볼 수 있다. 1960년대에는 극장춤에 재즈가 접목되면서 많은 무용가들이 자신의 안무에 도입하기 시작했다. 발레 마스터 조지 발란신과 뮤지컬 〈피터 팬〉, 〈왕과 나〉, 〈지붕위의 바이올린〉, 〈집시〉, 〈웨스트 사이드 스토리〉에 등장하는 춤을 안무한 제롬 로빈스, 영화배우 줄리 앤드류스에게 춤을 가르친 현대 무용가 하냐 홈 등이 재즈 댄스를 자신들의 안무에 도입하면서 고난도의 테크닉을 구사하는 재즈로 춤의 경향을 바꾸게 되었다. 그래서 재즈가 상징하는 코드는 스피리추얼, 우울한 블루스, 재즈광, 매혹, 내가 본 고통, 관능성, 유머, 싱커페이션, 엇박 등으로 조롱과 항의를 풍자하는 춤 코드를 다양화했다.

한편, 미국과 유럽에 정착한 흑인 노예들은 영적이고 종교적인 차원에서 아프리카 고유의 음색과 몸짓 그리고 개신교의 찬송가를 혼합시켜 아프리카인의 방식으로 부르는 흑인 영가를 창조했다. 이는 아프로-아메리카 특유의 느낌과 리듬을 주축으로 한 스윙의 느낌과 가슴 속 깊은 곳으로부터 흘러나오는 에너지가 복합적으로 뒤섞인 음악과 춤으로 발라드와 블루스의 형태를 낳았다. 블루스는 흑인 영가와는 다르게 세속적으로 표현되는 탄식조의 노래와 관능적인 춤으로 느리거나 빠른 템포를 강조한다. 그래서 재즈는 어두운 인간의 마음과 격동의 시대에 어려웠던 흑인의 삶을 잘 대변해주기도 하고 자연스럽게 표현되는 인간의 관능적인 몸짓을 창조하기도 한다. 이 춤은 몸에 힘을 풀고 엉덩이, 어깨, 손목, 발목 등을 자유롭게 움직이는 재즈의 즉흥성과 개성을 강조한다.

루이지(Eugene Louis Facciuto Luigi)의 모던 재즈가 바로 이러한 춤의 특징을 보여주고 있다. 루이지의 『재즈댄스의 기술과 무용』에 의하면, 몸의 중심을 뒤로 하기 위해 한 발로 중심을 지지하고 다른 발은 지지하고 있는 발의 뒤에 몸의 무게를 받치기 위해 앞꿈치로 짚는다. 그리고 양팔은 거대한 우주를 감싸 안듯이 옆으로 둥글게 벌린 다음 양쪽 어깨를 서로 상반되도록 교대로 앞과 뒤로 천천히 탄력적인 움직임으로 미끄러지듯 스트레칭을 하면서 미는 동작을 한다. 루이지가 이와 같은 재즈를 창조한 것은 그의 교통사고 후유증을 치료하기 위함이었다. 이를 통해 움직일 수 없었던 자신의 몸을 치료함과 동시에 독특한 스트레칭 기법을 개발했고 그만의 독특한 재즈의 탄생을 이끌었다. 1951년에 시작된 그의 재즈 클래스는 뉴욕의 중심부에 위치한 그의 스튜디오에서 이루어졌는데, 재즈를 타 예술인이나 일반인들도 쉽게 따라하고 참여할 수 있는 즐기는 재즈로 대중화했다. 실제로 많은 영화와 방송에서 루이지의 재즈가 소개되면서 유명세를 타기도 했다. 사람들은 루이지의 재즈를 통해, 특히 온 세계를 품어 안은 자세로 스트레칭하는 동작을 통해 재즈가 관능성만 가지고 있다는 고정 관념을 깨게 되었고, 이를 매우 신비롭고 멋진 춤이며 누구나 즐길 수 있는 춤이라고 생각하게 되었다.

또 하나의 재즈 동작이 된 신체 분리(isolation) 기법은 캐리비안의 춤을 연구한 흑인 인류학자로 극장 춤의 개척자이자 어머니인 던햄(Katherine Dunham, 1909~2006)이 개발한 것이다. 이는 상체와 하체가 마치 분리된 것처럼 따로 움직이는 동작을 말하는 것으로, 보통 빠른 속도로 행해지기 때문에 앞서 기술한 블루스와는 사뭇 다른 특징을 가진다. 이 춤은 엉덩이를 정지시킨 상태에서 상체만을 강한 비트로 움직이거나 반대로 상체를 고정시킨 상태에서 엉덩이를 움직이는 기법으로 생명력을 느낄 수 있는 박진감이 특징이다.

특히 재즈 댄스는 음악과 밀접한 관계를 가지고 있는데, 이와 관련된 음악은 무수히 많지만 재즈와 오페라의 아리아가 접목된 거슈윈(George Gershwin)의 〈서머 타임(Summer Time)〉이 가장 대표적이다. 거슈윈은 미국 뉴욕 근처의 브루클린에서 태어난 유태인으로 12살부터 음악을 했고 특히 재즈 음악에 심취해 새로운 스타일의 오페라 아리아와 클래식

82. 캐더린 던햄

뮤지컬을 창조한 인물이다. 백인이지만 흑인 음악의 정서를 좋아했던 거슈윈은 어려서부터 재즈 음악을 배웠다. 이후 클래식 음악의 작곡 기법을 터득하기 위해 쇤베르크 등 현대 음악의 거장들을 찾아다니기도 했다. 그러나 그의 천재적인 재능을 알아차린 거장들은 더 이상 가르칠 것이 없음을 인지하고 제자로 받아들이지 않았다. 이후 거슈윈은 자신이 즐겨 했던 재즈와 클래식 작곡 기법을 접목해서 새로운 양식의 조화로운 음악을 창조했다. 〈서머 타임〉은 그의 대표작으로 전 세계의 사랑을 받았던 곡이다. 이 곡은 아름다운 선율을 가지고 있어서 차이코프스키가 작곡한 〈백조의 호수〉의 선율을 많은 사람이 기억하는 것만큼이나 많은 사람들에게 사랑을 받고 있다. 세계 최초로 흑인의 삶과 음악이 클래식 음악과 조화롭게 섞여 오페라 무대에 도입된 이 곡은 〈포기와 베스〉의

제1막에서 흑인 하층민이자 어부의 아내인 클라라가 아이를 안고 재우면서 흑인의 애환과 희망을 블루스한 느낌으로 부른다. 이 곡은 자장가이지만 흑인 노예의 해방과 용기를 상징하는 아리아로 오페라의 역사를 새로 썼다는 평을 받았고 아프리카 리듬과 선율이 주를 이루고 있다. 특히 강박과 약박의 위치가 바뀌어 약박을 강조한 리듬 표현법의 당김음 패턴에 변화를 주면서 단순한 5음계로 되어 있어 슬픔과 한의 정서가 녹아 있는 것이 특징이다. 이는 여러 나라의 민요에서 발견되는 양식으로 인종을 초월해 많은 사람이 즐기는 음악으로 정평이 나 있다. 재즈의 대표곡 〈서머타임〉을 듣고 있노라면 루이지의 스트레칭 재즈 댄스를 연상하게 된다.

이처럼 재즈 댄스는 노예로 살던 아프리카인들의 조롱과 항의를 하는 삶의 표현에서 비롯되었지만 유럽과 미국으로 흘러 들어가 문화의 혼종을 이루면서 음악과 함께 인간이 살아가는 삶의 정서를 몸의 움직임으로 숨김없이 표현해내며 즉흥적이고 새로운 춤으로 그 모습을 드러내고 있다.

파계승에 대한 풍자: 〈대두화상〉

중국 인구의 90% 이상에 해당되는 한족(漢族)의 탈놀이, 〈대두화상(大頭和尙)〉[128]은 신농(神農) 씨족의 원시 신앙에서 기원해 샤머니즘의 세계관과 불교의 제의적 성격이 복합되어 연행되는 탈놀이다. 이는 송대, 원대(1271~1368), 명대(1368~1644), 청대(1644~1911)를 거쳐 오늘날까지 중국 각지에서 전승되는 탈놀이로서 커다란 '가두(假頭)' 탈을 쓰고 일정한 배역으로 분장하여 서사적인 대사나 노래가 거의 없는 무언의 춤과 마임으로 인간이 살아가는 이야기를 전달하는 원시 연극이자 민간 무용이다.

이 〈대두화상〉은 구나의식(驅儺儀式)인 나희(儺戲)로부터 유래한 것으

128 김순희(2007)의 『중국의 탈놀이 대두화상』과 김순희의 중국 현장 조사에서 찍은 비디오 참고.

로 알려져 있다. 나희는 역귀와 재앙을 쫓고 비는 벽사 진경의 원시적 형태인 '나(儺)'와 가 · 무 · 희(歌 · 舞 · 戲) 전통의 굿 놀이가 결합된 민간 의례이다. 이는 신과 소통할 수 있는 대변인으로서 무당이 무무(巫舞)를 통해 진행한다. 여기서 추는 무무는 한대에서 당나라에 이르기까지 차츰 변화되면서 곡예, 무술, 환술, 골계희, 음악 연주, 가요, 무용 등이 포함된 가 · 무 · 백 · 희(歌舞百戲)의 놀이 형태가 되었다. 따라서 '나희'는 액운과 병을 물리치기 위한 것과 연희성을 함께 가지고 있으며, 연희자의 우두머리인 장단사, 즉 나사들이 신을 놀리는 특징이 있다. 또한 이들 나사들은 재를 지내는 동안 희극성을 지닌 인물로 등장하기도 해서 제의와 희극의 두 가지 측면이 공통적으로 연행된다.

〈대두화상〉은 주로 음력 정월 보름날 한 해의 안녕을 기원하기 위해 거리에서 공연되며, 벽사의 기능을 하는 사자무 계통과 풍자성을 지닌 파계승 계통으로 연행된다. 사자무 계통은 신승과 관련되어 탈을 쓰고 마을의 집집을 돌아다니며 잡귀를 몰아내는 길놀이를 하며, 파계승 계통은 '버들가지'를 상징하는 류취가 노래와 춤으로 신승을 파계시키는 희극적인 탈놀이로 연극성이 강하며 제의에서 벗어난 오락적인 형태를 지닌다.

이 〈대두화상〉에 관한 설화는 '포대화상(包帶和尙)에 관한 전설'과 '류취(柳翠)의 전설'에서 비롯되었다는 견해가 지배적이다. 포대화상은 배가 불룩 나오고 웃는 얼굴을 한 승려로 행복을 나눠주고 고통과 불행을 자루에 담아 메어 없애주는 종교적 위력을 상징하는 미륵보살이다. 그는 주로 인간의 씨앗이 들어 있는 주머니를 들고 다니며 아들을 낳게 하고 부와 명예를 안겨주는 일을 하며, 때로는 액을 쫓는 기능을 하는 한두 마리의 사자와 함께 돌아다니는 경우도 있다. 류취는 미인계에 넘어간 옥통선사가 환생한 기녀로서 불심이 돈독하고 선행을 많이 하여 후에 전생의 업을 제도 받는 인물이 된다. '류취의 전설'을 기초로 한 〈대두화상〉에서는 가두 탈을 쓴 승려 월명화상이 류취를 유혹한다. 이는 파계승이 여

83. 류취의 기다림

84. 월명화상

85. 월명과 류취의 만남

86. 노승과 류취에 대한 비난

성을 희롱하거나 그것이 발각되어 비판을 받는 내용으로 익살을 통해 교훈을 주는 극으로 골계적이다.

〈대두화상〉에 등장하는 인물들은 각기 성격에 맞는 탈과 복식 및 소도구를 착용하며, 반주는 대부분 북과 징의 부류인 징, 요, 발, 찰 등의 타악기에 의해 반복적으로 연주된다. 몸짓은 일상적인 마임이 주를 이루며, 배역에 따라 원숭이 춤, 희롱하는 춤, 야단치는 춤, 복을 비는 춤을 춘다. 〈대두화상〉의 탈은 얼굴만 가리는 가면과는 달리 머리 전체에 착용하기 때문에 매우 크며, 방상씨[129]가 쓴 탈과 해학을 표현하기 위해 웃는 모습

129 안원전, www.cheramia.net

을 하고 있는 소면(笑面)을 쓴다. 방상씨의 탈은 한족 신화에 등장하는 철가면의 창시자이자 무신인 치우가 쓴 가면으로 본래의 눈 2개와 가면의 눈 2개의 금색 눈을 가진 황금사목(黃金四目)이며 역귀를 쫓아내기 위해 썼다고 전해진다.

'류취의 전설'에 등장하는 월명화상은 탈을 쓰고 무대를 여기저기 이동하며 절제되고 정적인 동작으로 승려의 권위를 보여주고자 하며, 류취를 유혹하기 전에는 혼자 갈등하고 고민하는 마임을 한다. 한편, 류취가 춤을 추는 장면에서는 대화상을 기다리며 누군가를 찾는 동작이라든지 특정 방향을 가리키는 손짓, 얼굴을 쓰다듬으며 화장을 하는 손짓, 누군가를 부르는 손짓 등 다양한 마임의 형태로 춤을 춘다. 발을 디딜 때와 무릎을 구부릴 때에는 빠른 시간과 함께 톡톡 튀는 동작을 한다. 그래서 리듬감이 있고 경쾌한 분위기를 만들어낸다. 하지만 머리에 무거운 가두탈을 쓰고 있어서 경쾌한 하체의 리듬감에도 불구하고 여성의 요염함이나 유혹적인 동작은 대부분 손을 사용한 단순한 동작으로 표현된다.[130]

〈대두화상〉은 이렇듯 인간의 희로애락을 풍자하는 여타 탈춤놀이극의 이야기와 유사하다. 이 춤은 한족의 원시 사회에서 행한 신을 중심으로 하는 샤머니즘의 전통과 인간의 해탈을 추구하는 불교의 전통 등 그들이 살던 시대의 문화와 그 변화 과정을 그대로 보여주고 있다. 또한 인간의 삶이 자연스럽게 묻어나는 춤을 통해 한 시대의 사상과 사회를 풍자하고 있으며, 신성성과 희극성으로 인간의 본능을 표현하고 있다. 특히 '류취의 전설'에 등장하는 승려의 파계와 류취의 유혹 등은 멋내는 손짓, 검지로 톡톡 치면서 가리키는 손짓, 가볍게 톡톡 튀는 무릎 동작 등의 마임적 몸짓을 통해 골계적으로 표현되고 있다. 여기서 사용되는 움직임의

130 신상미, "동북아시아 춤 문화 찾기 II-한·중·일 탈춤놀이극의 텍스트 해석을 통한 춤 문화 창조론", 『무용학회논문집』 Vol. 52, 대한무용학회, 2008, p.110.

폭은 매우 좁고 가볍지만 강약을 조절하는 악센트 구문으로, 연출하는 등장인물의 걸음걸이는 중국 한족의 독특한 골계성과 희극성을 보여주고 있다.

6) 젠더와 성

신여성의 춤

신여성은 '신여자', '모던 걸(Modern Girl)', 'New Woman' 등으로 명명된, 신교육을 받은 지식 여성을 말한다.[131] 신여자는 영국이나 스웨덴 같은 서구의 여성 운동에 영향을 받아 정치적 사회적으로 여성의 권리와 여성의 자각을 외친 인텔리 층이며 페미니즘운동을 전개시킨 여성을 가리킨다. 한편, 모던 걸은 '모던'과 '소비'의 표층적인 이미지와 외모를 서구식으로 꾸미고 빠른 걸음걸이로 걸어가는 단발머리의 여성으로 묘사된다. 그들은 미디어의 집중적인 주목과 관심을 받는 여성이자 경제적 독립과 성적 자유를 구가한 여성들이다. 이들은 중등 · 고등 교육을 받은 초기 세대로, 19세기 말부터 20세기 초, 전 세계에 나타난 사회 · 문화적 상징이었다. 당시 신여성들은 남성의 지배를 받았던 빅토리아 시대의 가부장적 문화를 뒤로 하고 새로운 여성상으로 새로운 가치와 태도를 추구하면서 자신들의 정체성을 찾으려 했던 신문화 운동의 주역이었다. 이 운동은 영국의 'New Woman' 열풍에서 시작되어 유럽은 물론 미국, 아프리카 지역의 나라들, 서아시아, 동아시아 등 모든 사회에서 나타났고, 여성의 사회적 진출과 여성 해방을 위한 신문화 운동을 일으켰다. 그들은 전통적 가족 제도를 부정하고 신식 교육을 받았으며 새로운 직업 진

131 김수진, "신여성현상의 세계적 차원과 사회적 차이 – 영국, 일본, 그리고 인도와 중국을 중심으로", 『한국여성학』 제22권, 한국여성학회, 2006.

출과 조직적 행동으로 여성 해방과 망국의 위기에 있는 나라의 구국 운동과 애국 운동을 주도했다.

이러한 현상은 대중 매체의 발달로 인해 급속도로 전파되었고, 학교 교육을 통해서 구체적으로 그 형상을 드러냈다. 신여성의 출현으로 여성의 교육은 더욱 더 확산되었고, 사회문화적인 측면 모두에서 눈에 띄는 변화를 이끌게 되었다. 영국에서는 남성성에 도전하는 New Woman이 사회정치적 지위를 확보하려는 현상이 생겨났고, 여성 해방을 궁극적 목적으로 하는 페미니즘의 대중화를 이끌었다. 미국에서는 여성의 참정권 운동이 일어남과 동시에 모더니즘의 문화 현상에 따라 자신의 개성을 맘껏 드러내는 표현주의의 예술 운동이 전개되었다. 일본에서는 여성의 교육 열풍과 글로벌한 모더니티를 확보했으며, 인도에서는 여성을 민족의 문화적 진정성을 담아내는 아이콘으로, 중국에서는 반유교주의나 반전통주의를 실천하는 팜므파탈로 그 모습을 드러냈다. 한국에서 신여성은 일본의 식민지 치하에서 근대 사회로 발전하는 과정에서 구국을 위한 애국 운동과 계몽이라는 신문화 운동에 참여했고, 사회적, 정치적, 종교적, 교육적 차원에서 새로운 여성의 모습을 드러냈다. 이처럼 세계의 각 지역에서 일어난 신여성 운동에서 상징되는 코드는 여성 해방, 남녀평등, 성차별, 인권 보호, 참정권, 개성의 자각, 여자 교육, 교육 보급, 문자 계몽, 자유주의, 공동생활, 계약 결혼, 미혼모, 성의 노예, 개인주의를 바탕으로 한 연애지상주의, 자유 이혼, 아동중심주의를 바탕으로 한 모성주의, 애국 운동, 식민 치하의 구국 운동, 애국 부인, 인종개량주의, 노예 해방, 계급 구조 변동, 사회 개조, 도덕개혁론, 사회주의, 민족주의, 종교 활동 등이다.

이와 같은 신문화 운동과 신여성 운동은 가정에서부터 시작해서 국가는 물론 전 세계 여성들의 잠재의식을 일깨웠다. 여성들은 다양한 분야에서 능력을 발휘하면서 인간적 존재로서는 억압된 성에서 해방된 성으로 자유를 추구했고, 사회적 존재로서는 진취적이고 적극적인 삶을 개척해나갔다. 이들의 중심에서 춤을 추던 신여성들은 그들의 사상을 무언의 몸으로 표현하기 시작했다. 당시 무용계에서는 남성 위주의 안무가 지배적이었고 여성은 허리는 가늘고 목이 긴 가냘픈 몸매를 가지고 있는 무용수로서의 활동이 전부였다. 그러나 전 세계를 강타했던 모더니즘의 물결은 개성적이고 절제된 자유를 추구하고 '생각하는 몸(Thinking Body)'을 강조하는 여성 안무가의 등장을 촉진시켰으며, 여성의 급진적 문화 운동을 주도해갔다. 그들은 '형(型)'을 중시하던 발레에 반기를 든 자연주의적인 춤, 즉 신무용(New Dance)으로 무용 혁명을 일으켰다.

① 서양의 신여성

유럽에서는 모더니즘의 표상이자 현대 무용의 아버지인 라반의 영향으로 움직임의 원리에 근거해 춤이 창작되었다. 라반의 제자 뷔그만(Mary Wigman, 1886-1973)은 우아하고 가냘픈 발레의 여성상에서 벗어나 탄탄한 근육질의 강한 모습으로 인간의 음울한 감정 표현의 자유를 표상하는 〈마녀의 춤(Witch Dance)〉을 추었다. 이는 독일을 지배하려는 나치 정권의 잔혹상과 독재적, 비민주적 성격을 띠는 파시즘의 정치 이념에 대항하는 민족주의적 표현주의를 보여주는 데 충분했다.

미국의 풀러(Loie Fuller, 1862~1928)는 스커트 댄서로 알려진 안무가로 풍자시와 서커스적인 춤으로 뮤직홀을 황홀하게 만들었다. 그리고 세계 최초로 조명 테크놀로지를 이용해 환상적이고 화려한 무대를 연출했다. 그녀는 퀴리 부인의 라듐 발견에 힘입어 색의 조명 과학을 활용해 폭이 넓고 긴 천으로 만든 실크 의상을 입고 마치 활활 타오르는 불과 같은 이미지로 〈불춤(Fire Dance)〉을 추었다. 이 춤에서 풀러의 모습은 시각적으로 인간을 역동 공간으로 확장시켰고 이를 통해서 공감각적인 환영을 창조했다. 1900년경 풀러는 자신의 춤에 새와 나비 그리고 꽃과 같은 환상적인 이미지를 만들어내면서 자연에서 발견된 유기체의 곡선과 호에 영감을 받고, 꽃과 여성적 형식을 주제로 작품을 만들었던 아르누보 예술가들의 연인이 되었다.[132] 던컨(Isadora Duncan, 1877~1927)은 빅토리아 시대의 여성을 상징하는 억압된 몸에서 춤과 서정시를 주관하고 그 자체로 춤의 기쁨을 의미하는 그리스의 테르프시코레(Terpsichore) 여신을 상징하면서 해방된 몸으로 원시주의의 맨발 춤(barefoot dance)을 부활시켰다. 또한 미와 사랑의 여신인 아프로디테를 닮은 여성으로서 평화를 추구하며 바다 위의 하늘을 나는 새를 상징하듯 춤을 추었다.

세인트 데니스(Ruth Saint Denis, 1877~1968)는 음악을 시각화하고 동서양의 철학과 종교를 반영하는 이국적인 주제로 〈라다(Rada)〉, 〈이집타(Egypta)〉, 일본 무용극 〈오미카(O-mika)〉, 〈인도 무희의 춤(The Nautch)〉을 추었다. 그녀는 여성의 몸에 대한 신뢰에서 비롯된 감각적인 관능과 민족적, 사회적 주체를 상징하는 춤을 추었다. 그레이엄(Martha Graham, 1894~1991)은 사랑과 질투, 개척 정신과 강인한 신체, 남성 우월에 대한 여성의 투쟁, 자율적인 여성을 표현하는 〈마음의 동굴(Cave of the Heart)〉, 〈밤의 여행(Night Journey)〉, 〈미궁으로의 사자(Errand into the Maze)〉, 〈개척자(The Pioneer)〉를 창작했고, 이를 통해 억압된 여성의 실체, 위력과 힘을 가진 여성의 몸, 심리를 감추지 않는 여성 개인의 내면세계를 보여주는 능동적인 신여성이 되었다. 험프리(Doris Humphrey, 1895~1958)는 지구의 중력과 관계하는 자연의 법칙으로 몸의 균형과 불균형을 제시한 춤을 추었고, 청교도 사회의 엄격한 의식과 민주주의의 사회 이념을 표방한 〈셰이커교도들(The Shakers)〉과 〈뉴댄스(New Dance)〉의 창작을 통해서 몸의 자유와 남녀의 평등을 부르짖었다.

132 S. H. 프래리, P. 헨스타인, 『무용연구법』, 허영일, 양정수 역, 대한미디어, 2001, p.347.

87. 이사도라 던컨

88. 루스 세인트 데니스 〈라다〉

89. 험프리의 〈셰이커 교도들〉

② 동양의 신여성

동양에서도 춤추는 신여성의 활동은 각 나라마다 여성에게 부여된 전통과 근본을 변화시키고 있었다. 일본에서는 신여성 운동과 함께 전통연극인 〈가부키〉에서 추는 고전 춤을 개혁하는 새로운 일본풍의 춤 운동이 전개되었다. 스보우치 소요(坪內 消遙)가 일본 춤의 개혁을 주장한 『신악국론(新樂菊論)』의 발표는 전통적인 일본 춤에 바탕을 둔 새로운 뮤지컬극(Musical Play)이 탄생하는 계기가 되었다. 이는 모두 〈가부키〉의 고전을 개혁하는 것으로 신무용의 출현을 야기하는 것이었다. 이러한 개혁의 흐름 뒤에는 서양의 모더니즘과 다다이즘 그리고 표현주의가 자리하고 있었지만 일본에는 유럽과 미국의 여성 무용가들과 어깨를 나란히 했던 신여성, 가와가미 사다 야코(川上 貞奴, 1871~1946)[133]가 있었다.

어려서 사다 코야마라는 이름을 갖고 있던 그녀는 유명한 일본의 정치가 이토 히로부미(伊藤博文, 1841~1909)의 관심을 한 몸에 받았던 게이샤 출신으로 사다 야코의 예명을 받았다. 후에 파리에서 연기력을 인정받은 배우이자 무용가였고, 시뇽(Chignon) 헤어스타일로 알려진 히사시가미를 일본 전역에 유행시킨 인물로도 유명하다. 사다 야코는 배우로 활약하고 있던 오토지로 가와가미(川上)와 결혼 후 그가 결성한 '재패니즈 플레이스' 극단의 스타가 되었다. 이들은 유럽의 파리와 미국의 샌프란시스코, 뉴욕 등지에서 공연을 했고, 로이 풀러의 후원으로 이사도라 던컨과 함께 유럽에서 순회공연을 했다. 이는 그녀가 풀러의 계승자로 인정받는 계기가 되었다.[134] 시인이자 극작가인 호프만스탈(Hugo Von Hofmannsthal)은 그녀의 춤에 대해 '율동적이고 양식화된 판토마임 동작의 모범'을 보이는 예술이라 평가했고, 이사도라 던컨은 '위대한 비극 작가'로 극찬하면

133 http://en.wikipedia.org/wiki/Sada_Yacco.

134 S. H. 프래리, P. 헨스타인, 『무용연구법』, 허영일, 양정수 역, 대한미디어, 2001, p.341.

90. 사다 야코

서 '무척 감탄했다'고 표현했다. 세인트 데니스는 1900년 아르누보(Art Nouveau)의 정점이자 극치로 평가되는 파리 박람회에서 사다 야코의 춤을 보고 "그녀의 춤이 몇 년 동안이나 나를 좇으며 예술을 표현해내는 미묘하고 파악할 수 없는 것에 대한 동경으로 예술가가 되려는 나의 영혼을 채워 주었다."라고 말했으며, "내가 아름다운 일본 예술의 엄격함을 처음으로 접하고 이해한 것은 사다 야코를 통해서였다."라고 술회했다. 이는 사다 야코가 서양과는 다른 문화를 표현하는 상징적 존재로 유럽과 미국의 춤추는 신여성들은 물론 그녀의 공연을 목격한 많은 예술가의 상상력을 자극하고 강력한 영향력을 미친 인물이었음을 증명하는 것이다. 이렇게 신여성의 대열에 선 사다 야코는 미국에 대한 인상을 다음과 같이 술회하고 있다.

미국은 자연스러운 것이 최상의 예술이라는 것을 나에게 가르쳐주었다. 우리는 사진에서 볼 수 있는 일본의 여인처럼 얇은 눈썹을 그렸고, 빨갛게 입술을 칠했으며 두껍게 화장을 하곤 했다. 미국평론가들은 얼굴화장이 살아 있는 여성의 얼굴이 아니라 죽은 사람의 얼굴이라고 평가했다. 그 얼굴은 부자연스러움의 극치지만 일본의 미학이다. 또한 일본에서는 춤을 출 때 웃는 얼굴이 금지되어 있지만 미국에서는 웃음과 즐거움으로 나타난다. 일본의 예술은 인형 같아야 하지만 미국에서는 살아있는 여성으로 춤을 추어야 한다. (중략) 그러나 일본의 연극은 시와 함께 인간의 아름다움을 보여주는 신성한 장소가 된다. 바로 심장이다.[135]

신문화 운동의 정점이자 근대화의 소용돌이 속에서 사다 야코는 새로운 세계에 일본의 예술을 최초로 전파한 신여성이었다. 사다 야코는 일본주의와 퇴폐적인 것에서 새롭게 태어난 아르누보의 유행, 20세기 초 여성 연기자의 복잡한 이미지 그리고 매혹적이고 환상적인 상징주의자의 매력으로 당대의 예술적, 문화적 논의의 중심에 서 있었다.[136] 또한 평론가 브리송(Adolph Brisson)은 파리의 주요 일간지 〈오 템스(Le Temps)〉에 기고한 글에서 사다 야코의 춤은 나선형 호와 시각적 디자인을 특징으로 하는 아르누보의 곡선적인 스타일과 향기로운 주제들이 설득력 있게 연결되어 있고, "작은 가지의 꽃처럼 구부리고 꼬불꼬불 감긴 리아나(열대산 칡의 일종)와 나뭇가지 위에서 뛰어노는 벌새와 같은" 동작을 추구했다고 기술했다. 당시 아르누보에서 가장 인기 있는 주제는 꽃과 여성적 형식이었음을 상기해볼 때, 사다 야코의 춤은 매우 새로운 예술로 평

---

135 Yone Noguchi, "Sada Yacco" New York Dramatic Mirror. 17 Feb. 1906. p.11. 인터뷰.

136 S. H. 프래리, P. 헨스타인, 『무용연구법』, 허영일, 양정수 역, 대한미디어, 2001, p.345-346.

가되었음을 알 수 있다. 『좁은문』으로 노벨 문학상을 받은 소설가 지드(Andre Gide, 1869~1951) 역시 사다 야코의 춤에 대해 "율동적이고 정확한 박자로 위대한 고대 연극의 신성한 감정을 우리에게 주고 있다"라고 평했다. 이와 같이 평론가들은 사다 야코가 춤에서 나타냈던 일본 〈가부키〉의 춤 미학을 그대로 전하고 있으며, 이는 당대 예술가들이 신봉한 춤의 미학이었음을 보여주고 있다. 이외에 사다 야코는 불편한 헤어스타일을 개혁해 일본 여성의 청결과 아름다움을 추구한 시뇽(Chignon) 헤어스타일로 유행을 만들어간 신여성으로도 유명했다. 특히 해외의 무용 예술가들, 특히 루스 세인트 데니스에게 강력한 영향을 준 무용가였으며, 아동극 학교와 아동 극장을 창설한 교육자이자 예술가인 신여성이었다.

한국의 신여성 활동은 영국의 'New Woman', 일본의 '신여자' 및 '모던 걸'의 개념이 융합된 형태로 진행되었다. 신여성들은 문학, 미술, 음악, 무용 등 예술적 방면에 뛰어난 인재들로, 여류 문인이자 한국 최초의 여성 잡지 『신여자』를 발간한 김원주와 일본에서 『의심의 소녀』를 쓴 최초의 근대 여류 소설가 김명순, 한국여성화단의 개척자로 일본 유학파이자 서양화가인 나혜석, 조선 최초의 여성 성악가 윤심덕, 신무용의 개척자인 무용가 최승희 등이 있었다. 이들은 전통 사회 제도와 관습에 도전하는 신문화 운동의 주역이었다. 이들의 삶의 모습은 내적으로나 외적으로 일반 여성들과는 매우 다른 모습을 하고 있었다. 이들 대부분은 해외에서 자신의 경력을 쌓아 한국에 새로운 여성상을 전파했던 예술 문화계 인물들이었다. 또한 가부장제의 개조, 성의 해방, 여성의 교육, 여성의 자각 및 신정조론을 외치며 여성의 인간다운 삶을 찾고자 한 여인들이었다.

무용 분야에는 일본에서 신무용을 배운 인물들로 배구자, 최승희, 박외선, 김민자 등이 있었다. 강이문에 의하면, 한국 신무용 운동기에 배구자는 일본에서 유명한 천승마술단의 대표적 여배우이자 아름다운 레뷰

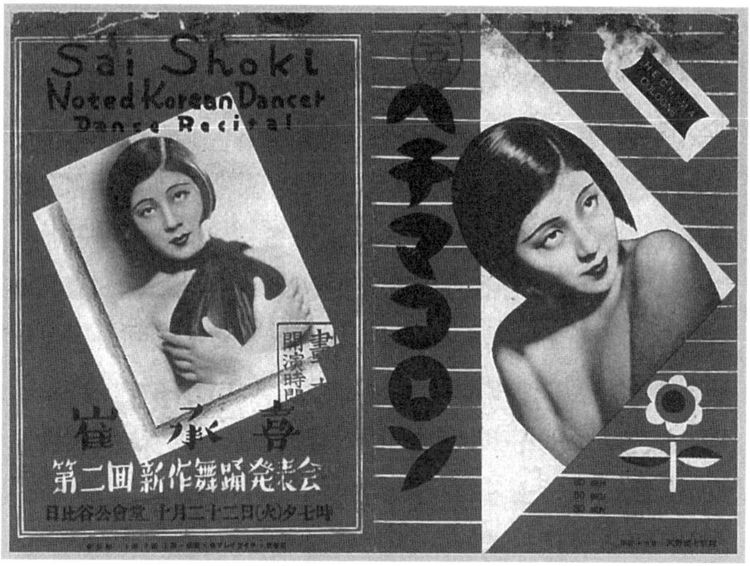

91. 최승희 공연 포스터

92. 배구자

93. 박외선

댄서였으며, 우리나라에 외국 무용을 최초로 유입한 무희였다. 배구자는 당시 조선에 대한 민족적 감성을 살리고 조선의 정조미를 살린 〈아리랑〉을 창작했다.[137] 최승희는 일본에서 유럽의 현대 무용을 배운 후 외국 무용 기법을 한국 춤 안무에 접목한 신무용을 창작했다. 한국 최초로 이화여자대학교에 무용과를 창설한 박외선은 최승희의 권유로 일본 유학을 했고, 당대 유명한 남성 무용가 조택원과 〈만종〉에서 2인무를 하며 신무용가의 대열에 합류했다. 김민자는 최승희의 뒤를 이어 일본에서 이시이 바쿠에게 신무용을 배웠다. 이들은 대부분 예술계, 교육계에 종사하면서 한국 근현대 무용의 기틀을 마련했다.

그중 한국을 대표하는 예술가는 세기의 무희이자 전설이었던 최승희이다. 최승희가 신여성으로서 한국 근대 문화의 표상으로 자리 잡게 된 것은 그녀의 다양한 활동에서 짐작해볼 수 있다. 첫째로, 그녀는 해외 유학파로서 일본에서 배운 서양 춤의 동작 원리와 서구적 미학을 바탕으로 한국적 정서와 춤 정신 등 민족성이 가미된 이국적인 춤을 창조했다. 둘째, 〈반도의 무희〉와 같은 영화에 출연하고, 단발머리로 유명 화장품의 광고 모델을 했으며, 〈이태리의 정원〉 등의 대중가요로 레코드 취입을 함으로써 신여성의 이미지를 각인시켰다. 셋째, 남성이 아닌 여성으로 유럽과 미국 등 해외의 춤 공연 활동을 통해서 한국을 세계에 알리는 데 힘썼다. 넷째, 월북을 통해서 정치적으로 사회주의 이념을 바탕으로 한 사상성이 짙은 춤을 창작하는 데 힘을 기울였다. 다섯째, 체계적인 무용 교육을 위해 『조선민족무용 기본동작』이라는 무보를 만들어 영화로 제작했다. 여섯째, 최승희가 일본, 중국 등의 무용계에 큰 영향을 주었으며, 타국의 무용 발전과 더불어 세계 신무용 예술의 발전을 가속화했다.[138]

137 강이문, 『한국 무용문화와 전통』, 민족미학연구소 엮음, 현대미학사, 2001, p.162.
138 이애순, "최승희 무용 특징에 대한 고찰", 『예술세계』, 예술문화총연합회, 1993, p.12.

94. 최승희의 〈보살춤〉

이처럼 최승희는 자신의 예술적 감각을 드러내기 위해 서양의 신여성에 못지않은 춤 예술 활동을 다각적이고 적극적으로 추진했다. 그녀의 춤에 대한 여성주의적 해석은 '신여성', '신여자', '모던 걸'의 특징을 담은 것이었고, 명랑한 춤 〈초립동〉, 동양의 신비로운 춤 〈보살춤〉, 한량의 즐거움을 표현한 춤 〈에헤라 노아라〉, 전쟁의 비극을 표현한 춤 〈조선의 어머니〉, 정치적 사상을 표현한 춤 〈조국의 깃발〉, 〈여성 빨치산〉, 〈전선의 밤〉 등으로 표출되었다.

이상에서 논의한 동서양의 신여성들은 그 자체로 만민의 평등과 인간의 존엄 및 여성의 자유를 드러낸 상징으로 존재한다. 여성으로 살아가는 데 매우 척박한 환경 속에서 이들의 삶은 어둡고 불행했지만 이 세상의 모든 여성들에게 존재의 가치를 춤을 통해 일깨워준 개혁자이자 선구자였다.

기생의 춤

기생은 무녀로부터 발생됐다는 설과 노예 제도 이후 생겨난 남녀 노비(奴婢)로부터 발생됐다는 설 등 크게 두 가지로 나뉜다. 전자에 따르면, 제정일치 시대 무녀는 신격으로서 정치적인 힘이 막강했고 가무로 신을 즐겁게 하는 역할을 담당했다. 그러나 이후 정치권력의 분화 과정에서 남자 무당이 정치적, 경제적으로 힘을 축적하고 남무(男巫)가 격(覡, 박수무당)으로 토착화되면서 무녀는 무악의 예능을 익힌 예기가 되었고 점차 신에게 봉사하는 기생으로서의 역할을 담당하게 되었다는 것이다. 후자를 따르는 사람들은 노예 제도가 성립된 이후에는 전쟁에서의 패배로 인해 혹은 죄인의 속죄 방법으로 남녀 노비가 된 사람들 중 색과 예에 능한 사람들이 전문적인 교육을 받아 남녀 기생이 되었다고 말한다. 이중 여자기생은 중국의 주(周)나라 여려(女閭)와 한(韓)의 영기(營妓) 그리고 당대의 전문 여악과 같이 춤과 노래, 웃음과 성(性)으로 특정 지배 계층의 남성들을 즐겁게 하는 기생으로 그 모습이 변화되었는데,[139] 이는 중국, 한국, 일본의 전통 사회 제도 속에서 여성의 특수한 직업을 창출하고, 교방, 기방, 화류계, 권번 등 기생 전문 교육 기관의 창설을 이끌었다.

기생(妓生) 혹은 기녀(妓女)는 역할과 생활 방식에 따라 예기와 색기로 나뉘며, 등급과 계급에 따라 일패기생, 이패기생, 삼패기생으로 나뉜다. 예기는 외모뿐 아니라 가 · 무 · 악 등 예술적 소양을 갖춘 기생을 말하는 것으로, 신분 세습에 의한 예기, 일반 가정에서 궁녀가 되기 위해 가무를 배웠거나 부모에 의해 팔려간 예기, 외모가 출중하고 예술적 재능을 가진 예기 등 그 출신 배경이 다양하다. 예기는 보통 시, 거문고, 바둑, 서화 등 기예 훈련을 받으며 각종 연회에서 가무를 했고 성적인 접대를 극히 꺼려했으며 대부분 미와 기예를 겸비한 고급 기생들이다. 이 중에서 재능과 미색을 겸비한 명기는 귀인의 총애를 받아 귀부인이 되기도 했고 선비들의 첩이 된 경우도 있으며, 고위 관리와 사랑에 빠져 부부의 연을 맺는 경우도 있었다. 이와 달리 색기는 성적 접대를 통해 생계를 유지하는 기생으로 기방에서 중하급에 속하는 비천한 기생을 말한다. 그들은 길에 나서서 억지웃음을 팔며 남자들의 환심을 샀던 불행한 여인들이다.[140] 일패기생은 왕의 어전에 나아가 가무를 하거나 전통 가무를 보존하고 전승하며, 예의가 바르고 대개 남편이 있는 경우가 많아 몸을 파는 것을 수치스럽게 여겼다. 이패기생은 관기나 재상의 집에 출입하면서 일패처럼 요조숙녀의 품행으로 행동하기는 하나 밀매를 하는 등 이중생활을 하며 겉모습을 위장하는 경우가 많았다. 삼패기생은 창기를 가리키는 것으로 아

---

139 김동욱, "조선기생사서설", 『아세아여성연구』 5, 숙명여자대학교 아세아여성문제연구소, 1996, p.75; 김용숙, 『한국여속사』, 민음사, 1989, pp.242-553; 이수웅, 『중국창기문화사』, 대한교과서주식회사, 1989, p.47; 「이순양, 한국기생과 일본 게이샤의 예술활동 비교연구」. 한양대학교 교육대학원 석사학위논문. 2009, pp.5-7.

140 루링, 『중국여성: 전족 한 쌍에 눈물 두 동이』, 이은미 역, 시그마북스, 2008, pp.275-329.

95. 일패기생

무에게나 몸을 파는 매춘부라 할 수 있다. 이들은 일패나 이패처럼 능숙한 가무보다는 잡스러운 노래(잡가, 雜歌)로 접객하면서 화대를 받는 기생이다.

이러한 기생들에는 궁중 관아에서 가무기악(歌舞伎樂)을 주로 한 궁기(宮妓)나 관영 기생인 관기(官妓), 귀족과 권세가들이 집에 둔 가기(家妓), 사적으로 성을 파는 사기(私妓), 시작(詩作)을 주로 한 시기(詩妓), 몸을 파는 천한 창기(娼妓)나 창녀(娼女), 나라를 위해 몸을 바치는 의기(義妓), 한 남자만을 사랑하고 수절하는 절기(節妓) 등이 있으며, 직업적으로 기예를 보여주는 예인(藝人)이라 하여 '말을 할 줄 아는 꽃'이라는 뜻의 '해어화(解語花)' 또는 '화류계(花柳界)' 여자, '예술의 꽃'[141]이라 불리기도 했다. 한국에서는 기생으로, 일본에서는 게이샤로, 중국에서는 주로 기녀로 통한다.

---

141 19세기 초 개성의 명문가 출신이자 시인인 한재락(韓在洛)(동아일보 2006. 5월 26일자)은 67명의 유명한 기생을 다룬 자신의 문학서 『녹파잡기(綠波雜技)』에서 기생을 '예술의 꽃'이라 명명했고, 이은식(2010)은 해어화 또는 화류계 여자로 명명했으며, 김영희(2006)는 '대중예술의 꽃'이라 했다.

96. 이패기생

97. 삼패기생

① 한국 기생의 춤

우리나라 삼국 시대에서 조선 시대까지 궁기와 관기는 절개가 있고 기예가 출중한 예술인으로 격조 높은 시를 지으며 춤추고 노래하는 예인이었고, 피부가 곱고 맑으며 겸손하고 아름다운 마음씨를 가진 미인들이 대부분이었다. 이은식에 의하면, 우리나라 기생은 고대 제정일치 사회에서 사제로 군림하던 무녀가 정치적 권력과 종교적 권력이 분화되는 과정에서 기생으로 전락한 것에서 그 기원을 찾을 수 있다. 그는 신라 시대 진흥왕 37년에 젊은 인재의 등용을 목적으로 구성된 단체인 원화(源花)에서 기생이 시작된 것으로 보고 있다. 원화는 초기에 귀족 출신의 미인, 남모(南毛)와 준정(俊貞)이 300명의 젊은이를 거느리고 있었으나 두 사람이 서로 투기하여 준정이 남모를 죽이고 이로 인해 준정이 사형을 당하면서 그 우두머리가 용모가 아름다운 남성으로 교체되어 화랑(花郞)이 맡게 되었다고 한다.[142] 이능화(李能和)의 『조선해어화사(朝鮮解語花史)』에서는 원화를 기생으로, 화랑을 예쁜 남자아이, 즉 미동(美童)으로 보고 있다.[143] 또

142 이은식, 『기생, 작품으로 말하다』, 도서출판 타오름, 2010, p.14-15.

143 이능화, 『조선해어화사(朝鮮解語花史)』, 이재곤 역, 동문선, 1992, pp.18-19.

한 신라 제28대 진덕왕(647~653) 때에는 예악 기관이자 제도화된 음악 교육 관청으로 대사 25인을 둔 음성서(音聲署)를 설치했고, 제35대 경덕왕 때에는 대악감(大樂監)을 설치하여 거문고를 켜는 금척(琴尺), 춤을 추는 무척(舞尺), 소리를 하는 가척(歌尺), 피리를 부는 가척(笳尺) 등 악공[144]을 전문적으로 세분화하여 악 · 가 · 무를 장려하면서 기생이 출현하는 기반을 마련했다. 김부식의 『삼국사기』의 「악지」기록에 의하면, 당시의 기생들이 추었던 춤에는 한 사람의 가야금 연주에 맞추어 세 사람이 노래하고 두 사람이 춤을 추는 〈하신열무(下辛熱舞)〉와 한 사람이 가야금을 연주하면 두 사람이 노래하고 두 사람이 춤을 추는 〈상신열무(上辛熱舞)〉, 한 사람이 가야금을 연주하면 한 사람이 노래하고 거기에 맞춰서 한 사람이 춤을 추는 〈소경무(小京舞)〉, 한 사람이 가야금을 연주하고 다섯 사람이 노래하며 네 사람이 춤을 추는 〈사내금무(思內琴舞)〉 등이 있다. 기생은 평민과 다른 신분을 가진 궁중의 예인들로서 엄격한 규율 아래 가야금과 노래 그리고 춤을 종합한 예악을 전수하고 계승한 것으로 기록되어 있다.[145]

고려조에는 고려 여악이 제정되어 팔관회나 연등회 등에 필요한 가무와 예악에 뛰어난 여자를 뽑아 국가가 직접 관리했다. 이중 하나로 음악 기관 대악서(大樂署)가 세워졌고 가무에 뛰어난 여기들의 훈련이 체계적으로 이루어졌다. 일반적으로 여자 기생은 중국으로부터 전해져온 교방이라는 곳에서 교육을 받았다. 교방은 기생들이 머물던 거처로 주로 무인관청 옆에 있었으며, 기생들이 글쓰기와 음악을 배우고 춤을 전수받았던 곳이다. 고려조의 유명한 기생으로 교방의 여제자, 진경(眞卿)[146]은 12

---

144 신라시대에는 악(樂)을 하는 사람을 척(尺)이라 했다.

145 박지은, "관기제도를 중심으로 한 기생(춤)의 기원 및 변천에 관한 고찰", 『한국무용사학』 제5호, 2006, pp.152-153.

146 『고려사(高麗史)』「악지(樂志)」(1451).

명과 함께 연등회에서 모래를 밟고 돌아다니며 노래하고 춤을 추는 〈답사행가무(踏沙行歌舞)〉를 추었고, 초영(楚英)은 궁녀가 포구문 구멍에 공을 던지며 놀이를 하는 〈포구락〉[147]과 베틀을 메는 재주를 부리는 〈구장기별기(九張機別伎)〉 그리고 송대의 무악(舞樂)인 〈왕모대가무(王母隊歌舞)〉를 추었다고 전한다. 특히 『고려사』「악지」에 전하는 당악정재 〈헌선도〉, 〈수연장〉, 〈포구락〉, 〈오양선〉, 〈연화대무〉, 〈곡파〉 등과 향악정재 〈무고〉, 〈동동〉, 〈무애〉 등이 기생들이 춤추던 주요 무악으로 전해지고 있다.[148]

조선 시대에는 고려의 교방 전통을 이어받아 치국의 도로서 예와 악으로 정치를 행하는 유교 이념 아래 악무를 중시했고, 여악인 기생이 주체가 되었다. 이 시기에 기생은 왕을 모시는 첩이 되거나 옹주가 되기도 했다. 조선을 창건한 태조 이성계는 태상왕이 되면서 김해 출신의 칠점선이라는 기생을 총애해 태상궁인(太上宮人)이라 칭했고 화의(和義)옹주로 책봉하기도 했다. 특히 세종 때에는 내연을 여악이 맡았고 남악을 의미하는 무동이 등장하여 외연을 맡았다. 그러나 세조 이후에는 내연과 외연 모두를 여악이 담당했고, 반대로 순조대에는 외연과 내연에서 모두 무동이 춤을 추었다고 전해진다. 조선조 여악이었던 기생의 수와 그들이 춘 춤의 종류는 다음과 같이 『세종실록』에서 볼 수 있다.

> 의정부에서 예조의 정장(呈狀)에 의거하여 아뢰기를, "서울의 기생이 1백 25인이나 되니 그 수효가 지나치게 많습니다. 무릇 사신 접대와 내연(內宴) 할 때에 여악(女樂)이 40인이니, 비록 1부(部)를 증가시키더라도 80인에 지나지 않을 것이며, 연화대(蓮花臺) 6인에 14인을 보충하여 모두 1백

---

147 『조선왕조실록』, 성종 64권, 7년(1476 병신 / 명 성화〔成化〕 12년) 2월 24일(무술) 1번째 기사.

148 정은혜 편저, 『정재 연구 I』, 대광문화사, 1993, p.54.

인으로 정원(定員)을 삼고, 그 나머지 25인은 이를 혁파하소서."하니, 그대로 따랐다.[149]

이 기록으로 볼 때 기생들이 연화대무를 추었음을 알 수 있다. 또한 화살과 창 그리고 검으로 치고 찌르는 형상을 하고 있는 〈칠덕무(七德舞)〉, 기생 두 사람이 풍악과 박(拍)에 맞추어 구호(口號)와 가사를 부르며 춤을 추되 마주서서 춤을 추거나 등을 마주하고 춤을 추며 들어가고 나감을 반복하는 〈곡파무(曲破舞)〉를 추었다. 세조 때에는 세종대왕이 조종의 무공을 찬미하기 위해 지은 악무로 궁중에서 연희되어온 정재를 여악이 추거나 나라의 제사를 모시는 제향 때 남악이 추었던 〈정대업(定大業)〉을 추었고, 성종 때에는 〈포구락〉을 추었다. 이 춤은 죽간자(竹竿子)가 나아가 마주 서고, 여기(女妓) 하나는 꽃을 들고 포구문(抛毬門) 동쪽에 서고, 하나는 붓을 들고 서쪽에 선다. 그리고 12명이 6조로 나뉘어 제1조 2명이 용의 알을 가지고 음악에 맞추어 노래를 부르며 춤을 추다가 위로 던지어 공을 구멍으로 넘기면 상으로 꽃을 주고, 못하면 벌로 얼굴에 먹점을 찍는다. 이외에 〈가인전목단〉, 〈보상무〉, 〈춘앵전〉, 〈장생보연지무〉 등의 춤을 추었다.

조선 시대 사대부를 상대했던 기생으로는 황진이(黃眞伊), 홍련(紅蓮) 그리고 논개(論介)를 들 수 있다. 황진이는 송도의 시조 시인이자 시기(詩妓)로 유명한 명월(明月)이다. 그녀는 자신의 예술성과 지력을 발휘했으나 그녀의 재능과 미색을 멀리한 학자이자 조선 중기 이기설(理氣說)을 주장한 서경덕(徐敬德)과 사제 관계를 맺고 평생 그를 사모하며 스승으로 모신 일화를 남겼다. 특히 그녀가 30년 동안 벽만 쳐다보고 앉아서 공부했던 지족 노선(老禪)[150]을 유혹하려고 장삼 · 고깔 · 붉은 가사를 매고 요염한

---

149 세종 115권, 29년(1447 정묘 / 명 정통〔正統〕 12년 3월 18일(경진) 1번째 기사.

150 이은식, 『기생, 작품으로 말하다』, 도서출판 타오름, 2010, p.70.

98. 신윤복의 〈연소답청〉

자태로 춤을 추었다는 황진이초연설(黃眞伊初演說)을 상기할 때, 황진이가 당시에 승무를 추었을 것으로 보이며, 노선이 그 유혹에 넘어갔다는 것에서 그녀의 춤추는 능력과 성적 매력 또한 뛰어났음을 추측할 수 있다. 홍련은 서로 사랑을 주고받던 수령 최모(崔某)와의 이별을 아쉬워하며 바위로 올라가 치마를 둘러쓰고 신발을 벗은 채 아래로 투신한 삼척의 관기로서 지조와 절개를 지킨 기생이다. 논개는 의암 바위에서 왜군의 장수를 껴안고 남강으로 뛰어든 진주의 의기이다. 이처럼 논개는 나라를 위해 목숨을 바친 의기로 기록되어 있지만 진주라는 지역이 예로부터 기생이 많이 나는 곳이었고 논개가 관가에서 가무를 주로 했던 관기였던 점에서 볼 때 춤을 추었을 것으로 유추된다. 특히 관기가 궁중과 지방을 오가며 궁중에서 연향되는 정재를 지방으로 전파한 기생이었던 것도 논개

99. 신윤복의 〈주유청강〉

가 춤을 추었을 것으로 유추할 수 있는 근거를 제시해 준다. 진주 교방에서 춘 춤들은 교방의 춤과 노래가 정리된 정현석의 『교방가요』에 정리되어 있으며, 대표적으로 〈처용무〉, 〈항장무〉, 〈진주검무〉, 〈진주 포구락무〉 등이 있다.

후기 조선 시대에 여악은 내연에서만 연향했는데, 이때에는 중앙의 관기보다는 주로 침선비나 의녀가 춤을 추었다. 그러나 근대에 이르러 1907년 순종이 왕위에 오른 후 국운이 점차 기울고 일제 강점 식민 치하에서 문화 말살 정책의 하나로 모든 관청이 폐지되면서 장악원과 관기 제도도 폐지되었다. 갈 곳을 잃은 여악과 남악 등 궁기와 관기는 궁 밖으로 나와 남악은 떠돌이가 되었고 여악은 자신들의 활동 기반이 된 기생조합에 몸담게 되었다. 이른바 한성조합과 다동기생조합이 그것이다. 한

성조합은 남편이 있는 유부기가 모인 곳이며, 다동기생조합은 가곡의 명창이었던 하규일(河圭一, 1867~1937)이 1913년 조선정악전습소 여악 분교의 실장이 되면서 남편이 없는 평양 기생 무부기를 모아 서울 다동(茶洞)에 차린 기생조합이다. 여기서 하규일은 가곡, 가사, 시조를 가르쳤고, 이외에 주로 전통춤과 국악을 가르쳤다.[151] 관기의 해체가 이루어지면서 기생들이 자유롭게 영업을 할 수 있는 허가제가 도입됐고, 1920년대에 이르러 민족 항일기에는 기생조합이 권번으로 바뀌었다. 이곳에서 기생들은 교양, 예술, 일본어를 학습했으며, 주로 요릿집에서 일을 했다. 일본인들의 부당한 화대 착취에도 불구하고 애국심에 불탄 기생들은 재기(才妓), 미기(美妓), 가기(歌妓) 등 명기로서 능력을 과시했고 우국지사들의 울분을 달래는 데 동참했다. 이 때문에 기생의 신분으로 명사의 부인이 된 경우도 있었다. 이후 계속되는 전쟁으로 권번이 폐지되고 생활고를 견뎌내지 못한 기생들은 제각각 지방의 사당패에서 활동하거나 요릿집에서 이패, 삼패 기생으로 전락하기도 했다.

궁중정재를 기본으로 했던 기생들의 춤은 다양한 춤으로 변모하는 모습을 보였다. 구희서(1985)[152]에 의하면 이 춤들은 궁중무와 민속무 전반의 전통춤으로서 일제 시대의 대표적 무용가인 한성준, 조택원, 최승희 춤의 토대가 되었다. 이 춤들은 목포 권번 출신의 이매방(李梅芳) 선생과 남원 권번 출신의 한진옥(韓鎭玉) 선생, 군산 권번 출신의 두한수(杜韓秀), 양산 권번의 김덕명(金德明) 선생, 진주 권번의 김수악(金壽岳) 선생, 광주 권번의 안채봉(安彩鳳) 선생 등에 의해 현재까지 계승 발전되어 현대의 한국춤을 창조하게 했다. 이들의 춤은 전통적으로 낮은 신분의 사람들이 추었고, 주로 여흥을 위한 자리에서 추었기 때문에 사회적으로 춤을 추는

151 김영희, 『개화기 대중예술의 꽃, 기생』, 민속원, 2006, p.34.
152 구희서, 『한국의 명무』, 한국일보사, 1985, pp.26-156.

사람에 대한 시선이 비하되었다. 이에 따라 기생은 더욱 더 음성적으로 활동하게 되었다. 그럼에도 불구하고 기생 춤은 한국 전통춤의 기본 틀을 바탕으로 당대의 정치 이념과 춤 정신 그리고 기생의 예술성이 조화되어 한국 춤 역사의 한 맥을 차지하고 있다고 볼 수 있다.

기생조합이나 권번에서 공연된 춤은 전통적인 맥락과 창작적인 맥락에서 살펴볼 수 있다. 우선 권번에서는 주로 나이가 든 노기(老妓)들이 어린 동기(童妓)들에게 가사, 국어, 수신시조, 잡가, 법무, 거문고, 가야금, 양금, 생황, 단소, 습자, 도화, 내지춤, 사미센 및 교사제씨 등 시서화(詩書畵)와 가무음률(歌舞音律)을 교육했다. 그리고 당시 대표적인 극장인 원각사, 광무대, 연흥사, 단성사 등에서 판소리, 창극, 재래 가무 등을 공연했다. 특히 광무대와 장안사에서는 기생들의 궁중무와 민속무 그리고 창작무가 공연되었는데, 〈가인전목단〉, 〈선유락〉, 〈무고〉, 〈감무〉, 〈학무〉, 〈향장무〉, 〈사자무〉 등의 향악정재와 〈장생보연지무〉, 〈포구락〉, 〈오양선〉, 〈육화대〉 등의 당악정재, 〈승무〉, 〈한량무〉, 〈승진무〉, 〈북춤〉, 〈남무〉, 〈쌍승무〉 등의 민속무 그리고 〈지구무〉, 〈이화무〉, 〈성진무〉, 〈시사무〉와 같이 새롭게 만들어진 창작춤 등이 그것이다.

이처럼 당시의 기생들은 기생조합과 권번에서 약 10년 이상 활동하면서 근대화의 과정에서 민간으로 나올 수밖에 없었던 궁중무를 전승하는데 한몫을 했다. 그리고 민속무와 창작무의 극장화가 자연스럽게 이루어질 수 있는 기반을 닦았다.

② 게이샤의 춤

일본의 기생은 게이샤(芸者)[153] 혹은 게이기(芸技)라 불리는데, 이는 예

---

153 문무에 관계없이 '예능이 뛰어난 사람'을 가리킨 말이었으나 도쿠가와 막부로부터 공인된 유일한 유흥가인 요시와라에서는 연희의 진행을 보조하는 남자 예인을 '게이샤'로 불렀다.

술을 뜻하는 게이(芸)와 사람을 뜻하는 샤(者)가 합쳐진 것으로 예술에 능한 사람으로 일컬어진다. 게이샤 자신은 '예술을 하는 여성'이라는 뜻의 게이코(藝子)로 칭한다. 게이코의 한 부류로 마이코, 즉 '춤추는 여성'은 옷깃을 바꾼다는 뜻을 가진 '에리카에'라는 행사를 치르고 게이코로 승급한다. 이는 게이샤가 필수적으로 갖춰야 할 예능이 춤이었음을 짐작하게 한다. 게이코는 10대 초반 마이코로 데뷔해 아름다운 몸으로 춤을 추면서 퉁소나 장구 같은 악기를 연주할 수 있게 교육받는다. 이들은 춤을 잘 추고 악기를 능숙하게 다루는 예술가인 다치카타와 나이가 들어 데뷔해 춤은 잘 추지 못하지만 현악기인 샤미센(三味線)을 연주하며 노래를 부를 수 있게 교육받은 지카타로 분류된다. 그들은 심미적 쾌락을 향유할 수 있는 가류카이, 즉 화류계(花柳界)라는 지역에서 전문 교육을 받으며 공동체로 삶을 살아가는 여성 예술가들이다.[154] 화류계는 아름다움을 표출하는 꽃을 닮았고, 부드럽고 강하다는 의미에서 비롯된 '꽃과 버드나무의 세계'라는 뜻을 갖고 있다.

일본 게이샤의 기원은 신의 대변자의 역할을 한 무녀로부터 출발했다고 보는 것이 일반적이다. 이는 남자들이 무녀와 관계함으로 신과 교류하고 대를 잇는다는 종교적인 믿음에서 비롯된 것이다. 이는 동굴로 들어가 세상을 어둡게 한 태양신을 유혹해 세상에 빛을 발하게 했던 무녀 아메노우즈메를 떠올리면 쉽게 이해가 된다. 그녀는 옷이 벗겨지는 것도 모른 채 신명을 다해 도무를 추었고 주위에 서서 이를 보고 있던 남성신들의 괴성으로 태양신을 꾀어낸 것이다. 당시 무녀들은 신성한 신격으로서 몸과 영혼이 하나가 되려고 땅을 밟고 뛰어올라 춤을 추었다. 그들은 남성의 구혼에 흔들리지 않았지만 이후 고대의 남성 중심 사회의 출현으로 가무와 매춘을 일삼는 유녀(遊女)가 되었고 호색의 세계를 열게

154 이와사키 미네코, R. 브라운, 『게이샤』, 윤철희 역, 미다스북스, 2003, p.8.

되었다.

나라 시대에는 무녀의 신분을 가진 유녀가 몸을 파는 것이 몸과 마음을 깨끗하게 해주는 작용을 한다는 믿음을 가지고 있었다. 그래서 무녀들은 각지를 돌아다니며 매춘을 했고, 헤이안 시대에는 유부녀도 죄의식 없이 매춘을 했다. 중세 이후 가마쿠라 시대에 기생은 유녀 혹은 창녀로 불렸고, 무로마치 시대에는 직업화되어 우카레메, 즉 노래를 하고 춤을 추며 악기를 연주하는 유녀가 됐다. 에도 시대에는 쇼군 도요토미 히데요시의 명령으로 도시의 발달과 더불어 유녀를 관리하는 공창이 생기면서 요릿집이나 손님이 기생을 불러 유흥을 즐기는 장소로 대합(待合, 마치아이)과 같은 유곽(遊廓)이 생겨났다. 이로 인해 1751년 공식적으로 게이샤가 등장하게 됐다. 게이샤는 에도 시대에 막부의 권력을 유지하기 위한 하나의 제도 속에서 등장했다. 그들은 일정 기간 수련을 받은 뒤 유곽에 전속되어 술자리에 드나들기도 했고 밤무대에서 노래하고 춤을 추기도 했다. 당시 공창 제도는 정계의 하극상을 막기 위한 것으로 처자식을 고향에 두고 단신으로 1년에 한 번씩 영지를 옮겨 다니며 부임해야 했던 무사들을 위한 것이었다.

이러한 유녀 중에서도 여성적으로 몸가짐이 바르고 화류계의 예절 교육을 받은 게이샤는 에도 시대에 대표적으로 생겨난 유곽 지대인 길원(吉原, 요시와라)에서 높은 지위에 있는 '화괴(花魁, 오이란)'로서 엘리트 중 엘리트였다. 그들은 어릴 적부터 예능 교육과 소양 교육을 받은 지식인이었다. 특히 게이샤는 창녀로 몸을 파는 것을 엄격히 제한했으며, 예능과 접대만을 담당했다. 이들은 정치, 예술, 사상을 논할 수 있을 정도로 유식하고 교양과 재치로 남성들과 정신적으로 교감하는 친구였으며, 일본 고유의 전통과 미적 감각을 고수하고 전승하는 데 기여했다. 그들은 게이샤가 되기 위한 하나의 수련 과정에서 춤, 꽃꽂이, 노래, 다도, 정치 등을 습득했다. 그리고 세련되고 품위 있는 자태가 배어 나오도록 고통을 참아내며 변함없는 얼굴 표정으로 매일 몇 시간씩 무릎을 꿇고 앉아 있는 훈련도 마다하지 않았다. 그들은 기생 사회인 화류계에서 주로 요정의 고객을 상대로 전통 음악을 연주하고 춤을 추고 시를 지어 홍을 돋우는 일을 하는 예술의 달인으로, 기모노를 입고 얼굴은 하얗게 색칠했으며 전통적인 모양으로 머리를 장식했다.[155] 이들은 특히 에도 시대의 미적 감각으로 표현되는 기질과 모습 그리고 색채와 무늬 등 세련되고 멋진 취향을 가지고 있었는데, 가는 얼굴, 얇은 옷을 걸친 모습, 날씬한 허리, 엷은 화장, 곁눈, 미소, 맨발 등과 함께 기하학적 도형, 줄무늬, 회색, 갈색, 청색 계통에 속하는 색채가 이들을 대표한다.[156] 이들에게 예능을 가르치는 강사진은 이에모토 제도를 통해서 예술 유파를 계승하는 인간문화재나 인간국보였다.

에도 시대에 존재했던 남성 게이샤는 여성 게이샤가 압도적인 수로 늘어나는 1800년대에 모두 여성으로 대체됐다. 이때에는 춤추는 사람이라는 뜻의 오도리코(踊り子)로 게이샤를 칭했으며, 무사들의 연회석에 초대받을 만큼 인기가 있었다. 또한 당시 시작되었던 가부키의 배우가 되어 춤과 노래를 부르면서 게이샤의 전성기를 이끌었다. 특히 메이지 시대의 게이샤는 첨단 패션을 주도했을 뿐만 아니라 정도를 지키고 정치적 탄압에 굴복하지 않고 목숨을 내던졌으며, '메이지 게이샤'로 불릴 만큼 용감하고 로맨틱한 이미지를 창조해낸 영웅이기도 했다.[157] 그러나 메이지 정

155 김태영, 황혜경, 『일본문화이야기』, 도서출판 보고사, 2010, pp.75-81.

156 게이샤는 불교적인 생활 감정, 즉 내세에 대비되는 개념으로 무상하고 살아가기 힘든 세상을 의미하는 우키요에에 등장하기도 했다. 우키요는 처음에 불교적인 염세관이 반영된 인생이나 애락(애락)의 의미였으나 무로마치시대 말기부터 긍정적으로 변했으며, '현대적', 또는 '그 시대에 맞는', '호색적'이라는 의미가 되었다. 우키요에는 현실 생활과 풍속을 그려낸 것으로 주로 화가들의 판화에서 볼 수 있으며, 그 주제는 현세에서 취하면서 인물의 복장, 머리 모양, 정경까지도 전부 섬세하게 표현되어 이것을 통해 에도 문화의 중요한 일부를 차지하고 있는 화류계 여성의 생활을 엿볼 수 있다.

157 L. 댈비, 『게이샤』, 유용훈 역, 우석출판사, 1999, p.61.

권의 해방법으로 유흥가도 타격을 받아 잠시 게이샤들의 활동에 제약이 따랐지만 새롭게 각성한 게이샤들은 음악과 춤에만 집중해서 교육시키며 자신들이 일을 할 수 있는 뇨코바[158]를 설립했다. 이는 게이샤를 교육하는 기관 가운데 유일하게 지방 정부의 지원으로 전문 교육을 담당했다. 이곳은 실질적으로 사회적 쾌락주의를 목적으로 하는 게이샤들에게 적절한 사회화의 기회를 주고 정상적인 노동을 가르쳐주기 위한 지방 정부의 정책이 반영된 곳으로 화류계의 혁명적 변화를 이끌었다. 또한 게이샤의 활동이 전성기를 맞이했던 기회는 물론 게이샤 문화의 근대화를 주도하는 계기를 만들었다. 이 과정에서 게이샤는 강제적으로 직물짜기, 바느질, 재단법, 독서, 회계, 예절, 꽃꽂이 등을 배웠지만 자발적으로 수업에 참여하게 된 이후에는 춤과 음악 교육이 주가 되었다. 이후 게이샤들은 바이올린을 켜기도 했고 볼룸댄스를 추기도 했다. 하지만 그들은 일본 고유의 전통을 지키는 전수자로서 자신의 역할에 모든 힘을 쏟아부었다. 이러한 게이샤의 활동은 메이지 시대 이후 게이샤의 연회 기업 문화를 크게 유행시켰고 정기 공연과 특별 기획 공연을 통해서 그들의 화려한 예능을 보여 주었다.

현재 게이샤의 활동은 일본 문화의 상징이 되어 댈비(Liza Dalby)[159]나 그레이엄(Fiona Graham)[160]과 같은 서양인 게이샤가 등장할 만큼 세계적

158 조선 정악전습소와 같은 기능을 하고 있는 곳으로 일본 문무성이 인정하는 특수학교였으며, 음악, 무용, 다도를 중심으로 훈련이 이루어졌다.

159 리자 댈비는 10대부터 일본에 거주해 일본어에 능통했고, 스탠포드대학교에서 인류학 박사를 하면서 현장 조사와 실제 경험으로 게이샤와 기모노 등 일본 문화를 연구했으며, 서양 여성으로는 처음으로 게이샤가 되었다.

160 피오나 그레이엄은 15세 때 교환학생으로 일본과 인연을 맺었으며 고등학교와 일본 최고 명문 중 하나인 게이오대를 졸업했다. 이후 영국 옥스퍼드대학교에서 인류학 박사를 했으며, 게이샤 문화에 매료되어 전통춤과 노래, 시 등을 배우는 게이샤의 엄격한 수련 과정을 거쳤다. 이후 2007년 '사유키'라는 이름으로 외국인으로서는 최초로 400년 전통의 일본 게이샤 자격증을 취득했다. 그녀는 대나무 피리 연주에 특히

인 명성을 떨치고 있다. 그러나 성매매 금지, 미성년 보호 정책 등 여러 가지 사회적 규제와 여성의 사회 참여의 폭이 넓어지는 문화의 변동 속에서 게이샤의 수는 점점 줄어들고 있다.

게이샤는 오도리(踊)보다는 마이(舞)를 추었다. 오도리는 한자로 뛸 용(踊)을 쓴다. 이는 인간사의 희로애락을 찬미하며 신사의 여사제가 신에게 바쳐 온 데에서 유래한 신성한 춤이다. 이 춤은 일본의 축제가 벌어질 때 누구나 출 수 있는 춤이기도 하다. 춤출 무(舞)를 쓰는 마이는 말 그대로 특수한 춤 교육을 받은 사람만이 출 수 있는 춤이다. 근대 일본의 대표적인 게이샤이자 최고의 게이샤로 유명한 이와사키 미네코에 의하면, 마이에는 신사의 여사제가 추는 미코마이(巫女舞), 궁정에서 추는 춤인 〈부가쿠〉, 〈노〉 연극에서 추는 '노' 마이(能舞) 등이 있으며, 자신이 이 춤들을 출 수 있는 춤꾼이어서 자긍심을 갖게 된다고 술회했다. 그리고 벚꽃을 보며 봄이 오는 것을 축하하면서 '밤에 만개한 벚꽃'을 의미하는 〈요자쿠라(야앵, 夜櫻)〉를 추었고, 연회 전용 시설이자 찻집인 오차야에서 대중 앞에 모습을 드러내며 〈미야코 오도리(都踊)〉, 일명 체리댄스를 추었다고 술회했다.[161]

미네코(1949~)는 본명이 마사코다. 그녀는 고대 귀족 가문의 아버지와 의원이었던 어머니 사이에서 태어났다. 하지만 가정 형편이 나빠져 11명의 형제 자매 중 4명이 이와사키 게이샤 오키야(치옥, 置屋)에 가게 되었다. 그들은 그곳에서 게이코 훈련을 받았다. 그중 미네코는 게이샤 전통에 따라 키워준 가문의 성(姓)을 따서 이와사키를 받았고 10세부터 오키야의 후계자 겸 상속자가 되었다. 어릴 때부터 혹독한 훈련을 받아

탁월했지만 문화의 차이에서 빚어진 어긋난 행동으로 전통 음악이나 춤 수업을 빼먹는 일이 잦아 아사쿠사 게이샤 협회는 공연할 기회를 주지 않고 게이샤 자격이 박탈되는 위기에 처해 있다.

161 이와사키 미네코, R. 브라운, 『게이샤』, 윤철희 역, 미다스북스, 2003, pp.155-163.

무용수인 마이코로 데뷔했고, 게이코로 승급했으며, 29세에 은퇴하면서 그녀가 머물던 이와사키 게이샤 오키야의 문을 닫았다. 그 후 미네코는 화가와 결혼해서 딸 하나를 낳았고 가정을 꾸려갔다. 그녀의 자서전 『게이샤』는 미네코 자신의 경험을 통한 게이샤의 입문 과정과 훈련 과정을 적고 있다. 그리고 일본 근대화 시기에 급격히 이루어진 화류계의 변모 과정과 그 안에서 세워 간 자신의 철학 등 일본 문화사의 한 단면이라 할 수 있는 게이샤의 참모습을 그리고 있다.

일본 교토의 거리, 폰토초에서 가장 유명한 세 명의 게이샤는 미치코, 고리카, 사토미다. 이들은 동갑내기로서 모두 게이샤였던 어머니를 두었고 결혼을 했다가 다시 폰토초로 돌아온 경력을 가지고 있으며, 끈끈한 동지애를 보여주었던 게이샤들이다. 미치코는 32세의 재력을 가진 후원자를 만나 결혼하여 아들을 두었고 미쓰바로 불리는 연회장을 운영하고 있다. 이치코라는 게이샤 이름을 가진 고리카는 폰토초 최고의 무용가로 우아한 몸매의 이상적인 이미지를 소유한 게이샤다. 21세에 정부의 고위 관리였던 남편을 따라 20년간 화류계를 떠났으나 사별하고 돌아와 찻집을 운영하고 있다. 사토미는 교토에서 직물 가게를 운영하던 남편과 결혼해 17년간 살면서 아들과 딸을 두었지만 이혼하고 폰초토에 돌아와 서양식 술집을 운영하고 있다. 이들 세 사람은 춤을 잘 추는 마이코로 유명세를 탔으며, 게이샤로서는 최고의 삶을 살았던 인물들이자 근대 이후 전형적인 게이샤의 삶을 살고 있다.[162]

게이샤는 전통춤 유파가 보유하고 있는 수백 가지의 레퍼토리를 시연한다. 그들은 전통 의상과 헤어스타일 등 예술적 가치를 지니고 있는 일본 고유의 문화와 사회적 가치관을 표현하는 문화적 상징이자 소중한 문화유산이다. 게이샤의 춤은 크게 꽃의 거리인 기온 지역의 〈벚꽃춤〉과

---

162 L. 댈비, 『게이샤』, 유용훈 역, 우석출판사, 1999, pp.136-145.

100. 〈벚꽃춤〉

게이샤 지역인 폰토초에서 공연되는 〈봄맞이춤〉 그리고 종교적이고 의식적인 춤으로 게이샤가 신에게 바치는 〈새봄춤(세쓰분 오도리)〉 등이 대표적이다. '만개한 벚꽃'을 주제로 하는 〈벚꽃춤〉은 자연 친화적이고 자연 현상을 모방한 춤으로 3월 벚꽃이 만발하는 계절에 축제에서 그 시기를 찬미하는 빨간 초롱을 들고 추며 마이코와 게이샤들에 의해 공연된다. 이 춤은 현악기 샤미센의 반주에 맞추어 벚꽃이 만발한 무대 위에서 설화나 사계절의 변화 등 테마가 있는 이야기를 바탕으로 구성된다. 〈봄맞이춤〉은 교토의 '초여름 풍물시(詩)'라고 불리기도 하는데, 이는 연극적으로 스토리의 전개가 있으며 늦봄 축제에서 게이샤들에 의해 공연된다. 이 춤은 〈벚꽃춤〉과 같이 특별히 정해진 동작이 있다거나 똑같은 내용이기보다는 항상 새롭게 창작되어 공연된다. 그래서 〈봄맞이춤〉은 일본의 모든 춤을 통칭하는 용어이기도 하다.[163] 또한 〈새봄춤〉은 겨울이 끝나는

163 이순양, 「한국 기생과 일본 게이샤의 예술활동 비교연구」, 석사학위논문, 한양대학교, 2009, pp.43-53.

것을 경축하기 위해 봄의 첫날인 입춘에 게이샤들이 종교적 의식을 위해 추는 춤이다. 이 춤은 공연이 끝날 때마다 사람들에게 행운의 정표로 인식되어 있는 콩주머니를 던지기도 하는데, 이를 던지는 이유는 병과 불행을 가져오는 악귀를 쫓기 위해서이다.

③ 중국 기녀의 춤

중국에서는 하, 상 왕조 때부터 가무와 여색을 제공하는 여악창우(女樂倡優)가 등장했으며, 춘추 전국 시대에는 상류 사회에서 널리 유행했다. 진한 시대에는 음탕한 생활을 일삼았던 왕과 귀족 그리고 사대부가 가무에 능한 예인을 두고 향락을 즐겼으며, 한대에는 무역이 빈번해지고 경제 상황이 달라지면서 기생업이 발달했다. 이때의 기생집은 실내를 호화롭게 꾸미고 부잣집처럼 파랗게 칠해 '청루(靑樓)'라 했는데, 이곳에서 기녀들은 술을 따르고 가무와 잠자리를 제공했다. 삼국 시대에는 이것이 보편화되어 중국 기녀의 역사가 시작되었고 당, 송, 원, 명, 청대를 거쳐 근대에 이르렀다.[164]

당대에는 국력이 강해지고 정치적으로 안정되어 경제, 무역, 문화 등의 교류가 활발해지면서 문학과 예술이 크게 융성했다. 특히 춤이 발전하면서 무악 기구가 설치되었고 그곳에서 기악, 가창, 무용, 곡예 등을 관장했다. 평민 출신의 여자들은 궁중에 들어와 비파, 공후, 삼현 등의 연주술 등 궁중속악을 익혔다. 그들은 관인으로서 황제 앞에서 기예를 보이는 최고의 예인들이 모여 있는 교방(敎坊)과 당대 춤을 추었던 현종 자신이 직접 교습도 하며 가무 예술인을 양성했던 이원(梨園), 고대 이후 의례와 제사의 예악을 관장했던 태상사(太常寺) 등에서 교습·관리되었다. 교

164 루링, 『중국여성: 전족 한 쌍에 눈물 두 동이』, 이은미 역, 시그마북스, 2008, pp.275-277.

방에는 관기, 영기 등 가무에 능한 예술인들이 많았으며, 노예의 신분인 가무 예술인들은 차별과 학대에도 불구하고 예술 창작의 꿈을 실현하기 위해 문전성시를 이루었다. 왕극분(1991)은, 궁정의 교방에서 가르쳤던 연무 중에서 〈녹요무(綠腰舞)〉를 추는 왕옥산(王屋山)이라는 무용수가 있었으며 당대에 살았던 이군옥(李群玉)의 시에 다음과 같이 묘사되어 있다고 전한다.

> 난소(蘭筍)처럼 나부끼고 유용하는 용의 움직임처럼 아름답고 느린 움직임이 끝없이 이어지다가 잦은 움직임으로 춤이 끝을 맺네. 구부렸다 빙글빙글 도는 것이 물결을 타는 연꽃 같고, 허둥대는 것이 바람에 흩날리는 눈 같고, 머리를 떨어뜨리며 고운 눈길을 던지고, 긴 옷자락은 하늘로 치켜 오른다. 다만 붙잡지 못함을 걱정하며 놀란 거위(경쾌한 미녀의 자태)를 좇아 날아갈 뿐이네.[165]

이원은 궁중, 장안, 태상사 등에 3개가 있었는데, 그곳에서 예인들을 교습했다. 특히 기녀로는 고대의 예악 제도와 관련하여 왕실과 귀족이 여는 다양한 행사에서 기예를 펼치는 여악(女樂)이 있었다. 이들은 일종의 예인으로 궁중에서 제왕이나 관리의 향락에 봉사하기 위해 가무나 잡기 등을 공연하는 궁기(宮技)와 관기, 귀족이 거느리는 민간의 기생인 민기(民技) 집안의 기생인 가기(家技)가 있었다. 관기는 풍류를 담당하는 악영(樂營)에서 기거했으므로 영기(營妓)라고 했으며, 기생이 모여 있다는 의미에서 축기(蓄技)라고도 했다. 특히 압기(狎技)는 사대부 문화인 문학적 재능과 지식을 겸비하고 입담이 빼어난 기생으로 사대부와 지력(知力)을 주고받은 문화의 주체자였다. 이렇게 다양화된 기녀들은 최하층의 신분으로 가무와 여색을 제공하는 여악창우였지만 사대부의 의식과 사고

165 왕극분, 『중국무용사』, 교보문고, 1991, p.113.

101. 녹요무

를 반영하는 시문(詩文)과 같은 사대부 문화가 성했던 시기에는 상류 문화 속에서 함께 즐기며 당대의 문화를 창조한 매개자였다. 루링에 의하면, 중국의 기녀는 노예 창기에서 시작하여 노래와 춤을 추는 역할을 맡다가 후에 가무와 여색을 함께 했다.[166] 봉건 제도 아래 예교가 엄격해진 이유로 부부 간의 예를 지키기 힘겹고 정숙한 부녀자를 넘보지 못하도록 하기 위해 기생업이 더욱 번성했다. 기녀들은 문인, 선비, 귀족과 교류하기 위해 격이 맞는 뛰어난 문학적 소양과 시부의 수준을 갖고자 했고 개성, 사상, 정신적인 면에서 자유롭고 개방적이었으며 미모가 뛰어나고 가무가 출중했다. 한편, 몸을 팔지 않는 예기의 역할을 하는 기녀 외에 젊고 아름다워 몸을 파는 색기와 같이 가무와 여색, 노래와 춤을 잘하는 기녀들도 존재했다. 이들은 관청이나 귀족의 집에 속해 있었으므로 자유가 없었고 때로는 선물로 바쳐지기도 했다.

명대의 유명한 기녀, 남도금능(南都金陵)의 추향(秋香)은 자신이 사랑에 빠진 가난한 이공자(李公子)에게 그동안 모아 두었던 돈과 재물을 주었는

166 루링, 『중국여성: 전족 한 쌍에 눈물 두 동이』, 이은미 역, 시그마북스, 2008, pp.275-329.

데, 이공자는 이것을 가지고 추향을 기적에서 빼내어 부부의 연을 맺었다고 한다. 이후 추향은 자신을 찾는 사람들에게 부채에 서화를 그려 사랑하는 사람을 위해 수절하는 절기로서의 분명한 뜻을 다음과 같이 전했다고 한다.

> 어제 장대(章臺)에 가는 허리 춤추었으니 누구나 올라 부드러운 가지 꺾었네! 오늘 단청(丹青) 안에 새겨 넣었으니 다시 불어 흔들 수 없다네.[167]

이봉상은 명대 장일영(蔣一英)의 『요산당외기(堯山堂外紀)』에 기록된 내용을 근거로 당·송대의 영기가 군수를 맞이하거나 관가의 행사에 동원되었다고 한다.[168] 또한 당대 시인 백거이(白居易)가 지방 관리인 소주지사로 있을 때 무구사(武丘寺)를 유람하는 모습을 읊은 작품 『야유서무구사팔운(夜遊西武丘寺八韻)』을 근거로 기녀에 대한 기록의 예를 들었다. 그는 당대의 기녀들이 관가 행사의 조력자이자 문인 교제의 조력자였으며, 문인 생활의 동반자였음을 설명하고 있다. 그리고 백거이의 시가에 표현된 기녀의 모습을 인용하여 기녀의 양상을 시인이 그리워한 기녀, 향락을 즐겨하는 기녀, 처지를 한탄하는 기녀 등으로 분류했다. 또한 이민숙(李玟淑)은 『우초신지(虞初新志)』에 나타난 명기의 조건과 역할이 사대부 문인들의 삶에서 지적 파트너이자 정치적 견해를 공유한 예인이었다고 했다.

이처럼 중국의 예기는 가창력도 뛰어났지만 문인과 함께 회유하며 지어낸 시작(詩作)들은 더욱 더 뛰어났다. 대표적으로는 장안(長安)의 양가집 규수였으나 가세의 몰락으로 기생이 되어 재색을 겸비한 명기로서 문인들과 세련된 대화를 하고 시를 지어 정서적 쾌감을 안겨주었던 당나라

---

167 루링, 『중국여성: 전족 한 쌍에 눈물 두 동이』, 이은미 역, 시그마북스, 2008, p.308-309.
168 이봉상, "당대 기녀와 백시 속의 기녀", 『중국문학연구』 제37집, 2008, pp.54-66.

의 설도(薛濤)가 유명세를 떨쳤다. 명나라 말기와 청나라 초의 문학가 장조(張潮)의 책 『우초신지』에 기록된, 규방 여인들 사이에서 아주 중요한 인물이었던 유여시(柳如是), 진소련(陳小憐) 등은 문학에 뛰어난 기녀이자 애국심과 절개를 지킨 명기로 널리 알려져 있다. 그들의 시작은 구전을 통해서 지금까지 내려오고 있다.

한편, 춤을 잘 춘 기녀로 파란만장한 삶을 살았던 조비연(趙飛燕)은 '날아다니는 제비'처럼 춤을 추며 『조비연외전(趙飛燕外傳)』에 기록된 〈비연작장중무(飛燕作掌中舞)〉를 추었다. 이 춤은 서한 말기의 황제인 성제(成帝)의 눈에 띄어 황후가 된 천비 출신의 조비연이 선상연에서 갑자기 불어 닥친 강풍으로 떨어지는 것을 구출한 황제의 손바닥에서도 춤의 삼매경에 빠져 춤을 추었다 하여 붙여진 이름이다.[169] 조비연의 춤에 대한 기록은 왕극분의 『중국무용사』에 다음과 같이 묘사되어 있다.

> 조비연은 기(氣)의 활용에 능했으며 경쾌하고 우아한 무용적 자태와 탁월한 기교를 갖고 있었으며, 빠르고 잦은 걸음으로 달려도 손에 든 꽃가지가 흔들리지 않을 만큼 기교가 있었다.[170]

이 춤이 마치 제비가 하늘을 나는 듯한 형상이었다는 것으로 보아 돈황 지역의 명사산을 파고 들어가 새긴 막고굴 벽화의 〈비천무(飛天舞)〉 형상과 유사할 것으로 보인다. 이 춤은 몇 명의 여자 무용수가 새처럼 구름과 안개가 자욱이 낀 하늘을 비상하는 모습과 활짝 펼친 상태로 가볍고 느리게 떠다니는 에포트를 보여주는 춤이다. 막고굴 벽화의 비천상에서 그 특징적 이미지를 찾을 수 있다.

---

169 이규갑, 민재홍, 오제중, 윤창준, 장재웅 공저, 『중국문화산책』, 학고방, 2006, pp.389-391.

170 왕극분, 『중국무용사』, 교보문고, 1991, p.74.

102. 조비연

103. 예상우의무

이상과 같이 중국의 기녀는 궁이나 관가의 관리가 문인과 함께 외유하는 자리에서 주흥을 담당하는 역할을 했을 뿐만 아니라 기녀들이 기거했던 사설 기관에 자주 출입했던 사대부 문인과의 돈독한 관계 속에서 예기로서, 문인으로서 그리고 엘리트 여성으로서 문인들 세계에서 없어서는 안 되는 존재였음을 보여주고 있다. 또한 황실에 속한 예기는 하례식이나 황제 등극과 귀비 책봉 등과 같은 특별한 행사에 동원되어 각종 가무를 공연하는 축하연을 도맡아 해온 예인이었음을 보여주고 있다. 당나라의 황제, 현종이 편곡한 〈파라문곡(婆羅門曲)〉에 맞추어 그가 총애하던 양귀비가 가장 훌륭하게 추었다고 전해지는 〈예상우의무(霓常羽依舞)〉가 그 대표적인 예다. 이 춤은 선녀 의상을 입은 예기 수백 명이 줄을 지어 추었으며, "우의와 진주, 비취로 몸을 치장한 무용수들은 깃발을 들고 구름 위에서 표연히 비상하는 학처럼 춤을 추었다."[171] 중국의 시인 백거이는 「예상우의가」라는 시에 이 춤의 이미지를 묘사하고 있는데, 왕극분은

171 왕극분, 『중국무용사』, 교보문고, 1991, p.117.

이 춤을 다음과 같이 설명하고 있다.

> 경쾌한 선회, 부드럽게 흘러가는 듯이 행해지는 발의 동작, 우아한 무용 자태, 선녀처럼 신비로운 무용형상을 유감없이 묘사하고 있다. 입파(入破)의 악장에 들어서면 음악의 리듬은 빨라진다. 이에 따라 무용의 동작도 빨라지고 몸에 치장한 장식물은 이리저리 움직인다. 무용은 매우 빠른 리듬을 계속 유지하다가 갑자기 정지한다. 그런 후 길게 끌리는 듯한 느린 리듬의 음악이 연주되는 가운데 무용은 대단원의 막을 내린다.

북송 때에는 선녀들이 하늘하늘한 자태로 오색 옷을 휘날리고 소매를 흔들며 연꽃 속에서 가벼운 발걸음으로 일자로 섰다가 사각 대형으로 열을 이루어 물결이 이는 듯한 〈채련무(采漣舞)〉를 추었다. 청대에는 기녀들의 활동을 공개적으로 인정하는 공창의 등장과 함께 대외무역 개방 이후 상업과 경제가 발전하면서 대도시에 기녀들이 늘어났고, 지방 관료뿐만 아니라 거상들도 기방을 열어 기생업이 성행했다. 당시 글을 모르고 예술적 소양이 낮았던 기녀들은 생존을 위한 수단으로 매춘을 했고 수많은 독신 남성들과의 기형적인 만남을 통해 사회적 혼란을 불러 일으켰다. 이와 같이 청대의 기녀는 기예를 위주로 재색을 겸비한 기녀라기보다 여색이 주가 되는 기녀의 출현을 이끌었다. 더 이상 기예를 통해 예술가로서 문학과 기악 그리고 악무를 담당했던 기녀는 존재할 수 없었던 것이다.

현대인들에게 있어 기생은 수많은 남자를 상대하며, 고급 술집이나 요정에서 술에 취해 즉흥적으로 춤추고 노래하며 심지어는 매춘을 하는 창기로 여겨지고 있을 것이다. 그러나 역사적으로 볼 때 한국, 일본, 중국의 기생은 시대와 환경에 따라 그 역할의 폭이 다양했다. 기생의 노비와 무녀 기원설로 미루어볼 때, 첫째, 노에 창기로서 타의에 의해 가무와 여색을 제공했다. 이때는 노예의 신분이었기 때문에 남성으로부터 성적으로 무방비한 상태에서, 비참하고 어려운 환경 속에서 살아남기 위한 수단으로 성을 팔기도 했다. 둘째, 사회 계급으로는 천민에 속하지만 시와 글에 능한 지식인으로서 대접받는 존재였다. 즉, 사대부, 귀족의 남성들을 즐겁게 하고 그들과 소통하는 문인이자 화가였으며, 가무의 전통을 이어갔던 문화재로서 과거의 춤을 이해하고 당대의 춤으로 재현하는 역할을 했다. 그리고 전통 예술의 맥을 잇는 역할을 통해 현대의 예술이 존재할 수 있는 기반을 만들었다. 셋째, 자의로 기방이나 연회에서 가무와 술로 접대하는 게이샤와 같이 현대의 여성 전문 직업인이었다. 춤추는 여성, 노래를 부르는 여성, 악기를 다루는 여성, 그림을 그리는 여성, 시를 쓰는 여성, 색을 파는 여성 등과 같이 역사 속에서 이들 기생의 역할은 남성과 여성의 사회적 지위와 삶의 유형 및 춤의 특성을 보여주며 한 시대의 문화 코드를 읽을 수 있는 척도를 제공하고 있다.

타란텔라와 구애춤: 〈피치카춤〉

이탈리아의 전통춤인 〈피치카춤〉은 살렌토 반도 지역의 민족춤이다. 살렌토는 이태리 남동부에 위치한 풀리아 지방에 있는 지역으로 수산업과 올리브 그리고 와인이 유명한 곳이다. 이 지역에서 추고 있는 〈피치카춤〉은 중세 이탈리아의 민속춤 〈타란텔라(Tarantella)〉에서 비롯된 것이지만 그 지역민들로부터 '피치카'라는 이름을 얻었다.

이탈리아의 여인이 추는 〈타란텔라 춤〉은 음악의 신이자 태양신인 아폴로와 술의 신인 디오니소스를 위한 의식에서 행해진 춤으로 고대 그리스에 그 기원을 두고 현재까지 이어져오고 있다. 이탈리아의 타렌토(Taranto) 지역에서는 타란튤라(Tarantula)라는 독거미에 물리면 신경질적인 상태가 되어 발작을 일으키고 급기야는 죽음에 이른다고 이를 두려워했다. 그러나 적당한 치료법이 없어 16, 17세기에는 그 희생자들에게

104. 〈피치카춤〉

몸을 격렬하게 흔들어 독을 뽑아내는 일종의 민간요법으로 아주 리드미컬하고 빠른 음악에 맞춰 추는 타란텔라를 추게 했다고 한다. 그래서 당시 타란텔라 춤은 독거미에 물린 사람을 치료하는 춤으로 독이 온 몸에 퍼져 경련을 일으키듯 몸을 미친 듯이 흔드는 모습을 하고 있었다. 현재 이탈리아의 살렌토 지역에서 이 타란텔라 춤은 노래, 연주, 춤이 하나가 되어 남녀가 서로 사랑을 구애하는 커플 댄스인 〈피치카춤〉이 되었다. 축제에 참가한 탬버린 연주자와 함께 춤꾼이 손에 독거미가 중앙에 그려진 탬버린을 들고 춤을 추는 것이 특징이지만 스카프를 들고 사랑의 춤을 에로틱하게 추는 경우도 있다. 대부분 몸을 빠르게 흔들며 열정적으로 춤을 추면서 남녀가 시선을 마주하고 구애하는 장면에서는 상대를 유혹하는 섹시한 몸짓과 뜨거운 시선에 압도된다. 타란텔라는 리스트, 쇼팽, 베버와 같은 유명한 작곡가가 새롭게 창작할 정도로 매력적이고 멋진 리듬을 가지고 있으며, 열정적인 노래와 춤으로 이루어져 있어서 〈몬

테 크리스토〉와 같이 유명한 뮤지컬에서도 유혹적인 춤으로 공연되고 있다.[172]

라틴 아메리카 댄스와 관능적 정열: 탱고의 구애

라틴 아메리카 댄스는 중앙아메리카와 남아메리카 지역에 자리하고 있는 국가로 라틴어를 사용하는 쿠바, 멕시코, 칠레, 브라질, 아르헨티나 등에서 추고 있는 민속 무용으로 알려져 있다. 이 춤은 주로 라틴 아메리카의 흑인들이 추었다. 춤의 리듬은 쿠바의 무곡이자 4분의 2박자의 보통 템포를 가진 하바네라에 기원을 두고 있다. 하바네라는 유럽 남부의 이베리아 반도에 위치한 스페인, 즉 에스파냐에서 발생한 것으로 알려져 있으며, 비제의 오페라 〈카르멘〉에서 그 리듬을 사용하면서 유명세를 탔다. 하바네라는 스페인의 식민지였던 중앙아메리카의 쿠바 공화국에 보급이 되어 쿠바 무곡이 되었으며, 아르헨티나의 수도 부에노스아이레스로 내려와 쿠바 무곡으로 보급되었다.

쿠바는 1492년 이탈리아인 크리스토퍼 콜럼버스가 발견한 섬으로 스페인 공주 '후아나'의 이름을 따 명명된 섬이다. 이 지역은 쿠바의 원주민 타이노족과 백인, 흑인 그리고 혼혈의 인구로 구성되어 복합적 성향의 민족 문화를 가지고 있다. 16세기에 스페인은 쿠바의 전 지역을 정복하고 식민 체제를 확립하면서 쿠바인들을 지배했고 백만 명에 이르는 아프리카의 흑인을 노예로 수입했다. 이들 쿠바인과 흑인들은 참혹한 식민지 생활을 겪으면서 삶을 이겨내기 위한 수단으로 춤을 추었다. 그들은 수갑과 족쇄가 채워진 상황에서도 걸어 다니며 그들의 민족적 몸짓의 리듬을 잃지 않았고 자신들의 고단한 삶을 극복하기 위해 춤을 추었다. 이 춤은 다시 아르헨티나 풍의 무곡과 아프리카 지역의 축제 때 흑인들이 춤

172 〈걸어서 세계 속으로〉 290회. "시간이 머무는 땅, 이탈리아 살렌토" 참조.

105. 탱고

을 추면서 줄지어 거리를 걷는 가장행렬에서 연주된 빠른 음악과 정열적인 춤이 접목되어 밀롱가(Milonga)가 되었다. 후에 밀롱가에 새로운 춤 스텝과 또 다른 음악이 섞여 〈탱고〉가 되었는데, 〈탱고〉는 라틴아메리카 댄스 중에서 가장 매력적인 춤이 되었다.[173]

이와 같은 역사적 배경을 가지고 있는 라틴 아메리카 댄스는 리듬이 흥겨우면서도 중남미 대륙의 원주민인 인디오와 아프리카로부터 노예로 끌려온 흑인들의 애환과 역경 그리고 슬픔을 그대로 담고 있다. 이후에는 중남미 댄스가 주를 이루고 있지만, 이외에도 미국을 포함한 북아메리카와 아메리카 대륙에 이주한 유럽 후손들의 라틴 문화권의 춤 요소까지

173 천샤오추에, 『쿠바: 잔혹의 역사 매혹의 문화』, 양성희 역, 북돋음, 2007, p.161.

흡수하고 있어 다양한 민족의 문화가 상호 접목되어 있다.[174] 그래서 문화의 이동 과정에서 스페인어를 사용하는 쿠바계 리듬과 포르투갈어를 사용하는 브라질계 리듬이 큰 축을 이루게 되었고, 유럽의 순수 라틴계 리듬과 아메리카 리듬이 또 다른 축을 이루게 되었다. 이중 스페인과 아프리카 문화가 혼합되어 쿠바를 중심으로 발전한 춤은 스페인의 기타와 아프리카의 드럼이 어우러진 아프로-쿠바 음악이다. 이는 살사의 기원이 되는 손(son)과 룸바(rumba)에 맞추어 추는 볼레로, 맘보, 차차차 등과 같이 독특한 색채를 드러낸다. 이렇게 쿠바에서 기원한 손은 중남미의 손에 기원을 두고 있으며, 살사는 라틴 밴드 중 하나가 연주 중에 "맛깔스럽게 해봐", 즉 우리말로 하면 "얼씨구"라는 뜻으로 '살사'라는 추임새를 넣으면서 시작되었다고 한다.[175] 이 춤은 보통 마을 축제나 가족 파티 등에서 혹은 일을 하다 잠시 쉬면서 추었을 만큼 대중적이고 공개적인 춤으로 건전하고 율동감이 넘치는 춤이다. 그래서 중남미에 살고 있는 다양한 민족들에게 가장 흥미를 끄는 춤이 되었고, 각 민족 간의 동질성을 추구하기 위해 창조적이고 융합적인 음악과 춤을 만들어 추었다. 이는 쿠바뿐만 아니라 스페인어권의 카리브해 전역 문화권에까지 영향을 미쳐 많은 사람들이 즐기고 있다.[176]

살사는 대부분 손의 음악 패턴을 따르고, 라틴 음악의 복합적인 요소와 미국적 재즈 및 다양한 리듬과 스타일이 섞여 있다. 그래서 살사에서 주가 되는 아프로-쿠바의 아프리카 전통을 따르는 '클레이브(clave)' 리듬은 살사 연주자들로 하여금 다양한 리듬과 스타일의 음악을 창조하도록 이끌기 때문에 살사춤 역시도 매우 즉흥적인 춤으로 창조된다. 따라서 이 춤은 매우 다양한 동작으로 추게 되는데, 예를 들면, 노동자들의 애환

---

174 이왕별, 『라틴댄스』, 김영사, 2005, p.11.

175 변성환, 주소연, 『신나게 배우는 살사댄스』, 시대의 창, 2006, pp.12-13.

176 이왕별, 『라틴댄스』, 김영사, 2005, pp.31-32.

을 묘사한 살사 클레시카, 블루스와 같이 남녀의 사랑을 끈끈하게 묘사하는 살사 로멘티카 혹은 살사 에로티카 등의 형태로 추기도 한다. 살사에서 기본적으로 많이 하는 동작은 남녀가 마주 서서 손을 잡고 밀고 당기면서 기본 스텝을 하는 것과 손을 엇갈려 잡은 후 복잡한 회전을 섞어 신나게 밀고 당기며 회전하는 응용 스텝을 하는 것이다. 기본 스텝은 각 네 박자에 3번 무게중심을 바꾼다. 이 중 한 번은 방향을 바꾸는 브레이크를 하며, 개인과 스타일에 따라 또 한 박자에서는 발을 찍거나 차는 동작을 한다. 미국에서는 라틴 음악의 복합적인 요소와 재즈 및 다양한 리듬과 스타일이 섞여 있는 음악이라 재즈나 록과 같은 포괄적인 의미로도 사용된다.

한편, 쿠바의 손이라는 리듬이 변형된 매혹적인 룸바는 쿠바의 흑인들이 추던 민속 무용으로 세계적으로 가장 많은 사람들이 좋아하는 춤이다. 이처럼 대중적으로 인기를 모을 수 있었던 것은 라틴 아메리카 특유의 타악기인 봉고, 콩가 등으로 만드는 흑인들의 복잡한 리듬, 스페인 사람들의 정열적인 멜로디가 융합된 리듬, 쿠바의 손이라는 리듬을 변형하여 만든 매혹적인 룸바의 음악과 춤이 조화롭게 엮여 있기 때문이다. 아프리카 리듬은 16세기 경, 스페인 사람들에게 노예로 끌려온 흑인들이 쇠사슬에 묶인 상태에서 좌우 삼보밖에 움직일 수 없어 소리를 내지 않고 발을 움직여 리듬을 맞춘 데에서 비롯되었다고 한다. 후에 이 리듬은 북장단에 맞추어 움직이면서 특이한 박자의 동작이 되었고 룸바춤으로까지 발전했다. 그것이 오늘날 룸바의 기본 리듬이다.[177] 오스트리아의 재즈 기타 연주자이자 작곡가인 무슈피엘(Wolfgang Muthspiel, 1965~)은 룸바가 발전하기 이전의 춤을 '스퀘어 룸바' 또는 '아메리칸 룸바'라 했고 새로운 춤을 '큐반 룸바'라 했다. 이 룸바 음악은 '땅콩장수'라는 음악으로

---

177 김정자 외, 『댄스스포츠』, 블루피쉬, 2010, p.192.

영국에 소개되었는데, 각 소절의 네 번째 박자에 두드러진 강세를 가진 4/4박자이다. 1분간 27~29소절로 이루어져 있는 룸바는 반드시 음악 마디의 네 번째 박자에 맞추어 스텝을 밟으면서 춤을 추도록 되어 있다.[178] 이후 영국의 무도 연구가들이 이 춤에 많은 관심을 가지고 새로운 형태로 변화시켜 룸바춤의 모양을 갖추었고, 여성 댄서가 환상적인 리듬과 동작으로 여성의 매력을 표현할 수 있는 춤이 되었다. 현재의 룸바는 원래의 민속적인 춤과는 아주 다른 춤이 되었다. 라틴 아메리카 댄스의 살사와 룸바, 이 춤들은 여성들의 섹시함과 정열을 맘껏 내뿜는 아름다운 춤이 되었다.

여성 사회의 쭈혼과 구애춤: 손바닥 긁기춤

티베트의 넓은 고원에는 양자강을 사이에 두고 나뉜 양쪽으로 장족과 나시족이 살고 있다. 이들은 이 강을 경계로 하여 서로 다른 성격의 문화를 지키고 있으며 상호 교류도 활발하게 하지 않고 있다. 장족의 부유한 남성들은 티베트에서 매우 유용하게 사용되는 동물인 야크를 키운다. 그들은 야크 몇 마리와 여자를 바꾸어 많은 여성을 아내로 맞이할 수 있는 일부다처제를 유지하고 있다. 반면, 나시족은 모계 사회의 풍습이 아직 남아 장족과는 반대로 일처다부제가 대세이다. 남성은 장가가지 않고 여성은 시집가지 않으며, 낮에는 따로 일하고 밤에는 남자가 여자의 집을 방문하는 쭈혼을 고집한다. 쭈혼은 출생 신고를 할 수 없기 때문에 아이들은 엄마의 성을 따른다.

나시족의 여성은 일을 하기 때문에 사회적으로 지위가 높고, 소위 '할머니 방', 즉 한 집안에서 나이가 가장 많은 여성이 사는 방이 있을 정도로 여성의 힘이 막강하다. '할머니 방'에는 선조의 제단이 있으며, 아버지

---

178 김정자 외, 『댄스스포츠』, 블루피쉬, 2010, p.193.

를 정확하게 알 수 없는 미성년자들이 거주한다. 일반적으로 아이들은 엄마, 할머니, 외삼촌이 키우며, 아버지의 개념이 없다. 남성은 일을 하지 않고 가사와 아이를 돌보며 술과 담배를 즐긴다. 나시족의 여성은 커다란 지게를 메고 일을 나가는 것이 특징인데, 때로는 같이 사는 남자를 등에 멘 지게에 태우고 다니는 경우도 있다고 한다. 그래서 가끔 지게에서 연기가 날 때 불이 나는 줄 알고 놀라 여인에게 달려가 보면 한 남자가 지게 안에 앉아 담배를 피우는 경우가 있다고 한다. 현재는 중국 자치구의 하나로 공산 정권의 지배하에서 그들의 문화가 차츰 변화되고 있다.

나시족은 중국 운남성 북서부의 여강(리장)에 살고 있으며, 티베트의 버마제어 족으로 유목 생활과 농업을 주로 한다. 여강의 협곡에는 인류 최고의 교역로로 차마고도가 있다. 이는 마방이 중국의 차와 티베트의 말을 교역하던 길로 높고 험한 산 중턱에 있다. 이 길은 실크 로드가 생기기 전에 동서 교역을 담당하던 길이자 중원과 동남아를 이어주는 무역 통로였다.

나시는 "검다"라는 뜻을 가진 말로 피부가 검은 것이 멋지다는 의미에서 나온 것이다. 고원 지대에서 검은 피부는 일을 열심히 하는 사람을 의미하기도 한다. 종교는 일종의 다신교로 동파교이며, 때로는 샤머니즘의 무술사인 톰바가 의식을 행하기도 한다. 자연 숭배를 중시하고 티베트 탄트라 불교의 영향을 받아 사원을 중요시한다. 그러나 샤머니즘과 비슷하게 산 자와 죽은 자를 위해 기도하는 제단도 존재한다. 나시족의 상형 문자는 세계적으로 유일하게 현재까지 사용되고 있다. 이는 만물의 형상을 보이는 그대로 그려서 기록한 뜻과 음이 겸비된 동파문자로 알려져 있다. 이 상형 문자를 이용해 신화 전설, 종교 의례, 천문역법 등을 기록한 동파경은 2003년 유네스코에 의해 세계기록유산으로 등재되어 있다. 여기에는 신들의 이름과 나이 및 신화가 기록된 『신의 연세(神的年歲)』와 신이 도약하며 춤추는 동파 무용법인 『도신무도규정(跳神舞蹈規程)』이 있어 고대의 춤을 읽을 수 있는 매우 중요한 유물로 파악된다.

신명숙에 의하면, 나시족의 동파 무보에는 다양한 형태의 춤이 기록되어 있다. 이 무보에는 동파 무용의 기원이 황금개구리로부터 배운 것으로 기록되어 있고 동파교 창시자인 딩바스쿠 신의 일생이 무용극으로 표현되어 있다. 또한 나시족과 관련된 동물신, 자연신, 조상신과 관계된 춤과 신성한 법기를 위한 춤 등이 기록되어 있다. 특히 개구리가 춤의 시조가 된 것으로 볼 때, 상측으로 걷는 동작과 뛰는 동작이 나시족 춤의 원형으로 파악된다. 이들 춤 중에서 발을 들어 올려 다시 아래로 밟는 동작들은 귀신을 밟고 죽이는 의미를 나타내는 것으로 보고 있다. 나시족은 이 춤들을 삶에 끌어들여 자연신을 상징하는 춤, 동물을 상징하는 춤, 조상신을 위한 춤으로 추었다. 그것은 뛰기, 돌기, 밟기, 흔들기, 걷기, 차기, 무릎 꿇기, 발을 아래에서 위로 올리는 정각 동작, 상체를 옆으로 45도 이상 기울인 단요 동작, 물 마시는 동작, 주먹 쥐고 팔 들기, 상체를 옆으로 기울인 채 양팔을 벌려 새가 날아가는 동작, 떨기, 웅크리기, 화살 쏘기, 소고 및 북치기, 판령 흔들기 등으로 나타난다. 특히 동파 무용극의 형태, 나시족의 생활에 필요한 동물에 대한 숭배, 다양한 신들의 춤은 춤의 역사와 함께 춤의 기능을 확대하는 효과를 보여주고 있다.

이렇게 동파 무보에 나타난 다양한 춤들은 나시족의 삶에서 여러 가지 형태로 활용되고 있는데, 그중 중심지 여강 고성에서는 구애의 춤이 이루어지고 있다. 이 지역에는 티베트로부터 온 마방들이 쉬어가는 광장이자 차를 사는 무역의 요충지로서 동서남북 네 방향으로 길이 난 사방가(四方街)가 있다. 그곳에서 나시족은 저녁때가 되면 남녀노소를 불문하고 나와 그들의 삶 속에서 태어난 춤을 도상해서 동파 무보에 기록된 춤을 재현한다. 이 춤은 남녀가 구애를 하는 춤으로 형식은 우리나라의 〈강강술래〉와 비슷한 원무이다. 사방가에 나온 사람들은 손에 손을 잡고 춤을 추기 시작하는데, 이때 서로 손을 잡은 남녀가 상대의 손바닥을 3번 긁으면 서로 마음에 든다는 표시이며, 손등을 3번 긁으면 마음에 들지 않는다는 의미이다. 서로 마음이 있을 때에는 여자가 자신의 집을 알려주며, 방문 고리에 리본을 묶어 남자가 들어올 수 있도록 표시를 한다. 밤이 되면 남자는 고기와 칼, 모자를 들고 여자의 집으로 향한다. 고기는 여자의 집 담을 넘어 들어갈 때 집을 지키는 개를 달래는 데 사용하고, 칼은 문고리에 표시한 리본을 잘라내는 데 사용한다. 모자는 문 옆에 걸어 다른 남자가 들어올 수 없도록 표시하는 데 사용된다. 낮에는 따로 지내고 밤에만 만나는 쭈혼이라 결혼과 아버지의 개념이 없다. 그러나 사랑이 계속될 때는 오랫동안 만나는 경우도 있어서 자식을 낳게 된다. 이와 같이 구애를 하기 위해 추는 원무는 나시족의 삶과 종족 번식을 위한 역할을 하고 있음을 알 수 있다.

최근 중국의 영화감독이자 베이징 올림픽 개막식과 폐막식의 총감독을 맡았던 장이모(張藝謀) 감독은 나시족의 신화를 비롯해서 모계 사회의 특징과 남녀의 쭈혼 그리고 다양한 전통춤의 형식 등 나시족의 독특한 문화적 특성을 소재로 총체적인 뮤지컬 〈인상여강(印象丽江)쇼〉를 탄생시켰다. 이 뮤지컬은 노천극장에서 매일 공연되고 있으며, 하루에도 수천 명의 관광객이 이곳에 공연을 보러 오기 때문에 나시족 마을 전체가 풍요롭게 살게 되었다. 그래서 나시족은 가난하고 척박한 삶에 생명을 불어넣어 희망과 행복한 삶을 보장해 준 장이모 감독을 영웅으로 대접하고 있다. 그는 나시족의 문화를 그대로 담은 총체적 뮤지컬을 공연하기 위해 해발 5000m 이상이 되는 여강의 옥룡설산을 배경으로 해발 3100m의 고도에 야외 노천극장을 건설했고, 나시족의 역사와 삶을 표현하는 〈인상여강쇼〉를 창작했다.

이 쇼에서는 차마고도를 통해 무역을 하는 마방의 삶을 표현하고, 민족적 풍습을 담은 이야기를 소재로 춤과 노래, 연극 등이 융합된 형태의 공연이 이루어진다. 이 노천극장의 무대는 입체적으로 만들어져 있다.

106. 〈인상여강쇼〉

107. 〈인상여강쇼〉

둥글게 생긴 노천 광장은 황토색의 벽으로 둘러싸여 있고, 관중석에서 마주 보이는 옥룡설산은 구름이 덮였다 흩어졌다 하면서 자연스럽게 변하는 무대 배경을 연출한다. 광장 맨 아래에는 평평한 넓은 무대가 있고 뒤쪽에는 위로 올라가는 황토색의 길들이 지그재그로 놓여 있다. 이 길에서 500여 명의 무용수들은 춤을 추며 올라갔다 내려오기도 하고 한 줄로 길게 모였다가 넓게 퍼지기도 하면서 장관을 이룬다. 〈인상여강쇼〉의 출연자는 연극인이나 전문 무용수가 아니라 나시족의 농민이나 일반인들로, 민족 특유의 전통 의상을 입고 장이모 감독이 가르쳐 준 내용의 춤을 추고 연기를 하면서 노래를 한다. 이들은 "우리는 농민입니다. 우리는 빛나는 존재입니다. 우리는 이 작품에 마음을 바쳤습니다."라고 외친다. 〈인상여강쇼〉는 나시족의 민속춤과 민속 음악 그리고 민족의 문화를 중심으로 무용극으로 창조되어 그들의 역사와 삶을 표현한다.

이 공연의 제1부에서는 100여 명 가량의 남자들이 말을 타고 차마고도를 따라 가죽과 차를 운반하는 장면이 펼쳐진다. 옥룡설산을 배경으로 노천극장 전체를 둘러싸고 있는 무대 맨 위쪽에 설치된 길을 따라 질서정연하고 절도 있게 말 등 위에 서서 팔을 흔들거나 말을 타고 달려가는 연기자들의 모습은 경기장을 방불케 할 정도로 웅장하고 스릴 있다. 그러나 제2부에서는 여성보다 사회적 지위가 낮은 남성들을 표현하기 위해 술판과 놀이판이 펼쳐진다. 네모난 테이블을 이리저리 옮기며 술을 마시고 홍청거리는 모습, 두 팀으로 나뉘어 서로 경쟁을 하는 모습 등이 100여 명 이상의 남성 연기자에 의해 표현된다. 이때의 춤과 움직임은 남성적이고 무게가 있으며 매우 역동적이다. 발로 힘차게 바닥을 치기도 하고 손으로 테이블을 힘차게 치기도 하며 서로 다른 속도로 올라갔다 내려왔다 하면서 신명을 이끈다. 그래서 관객이 열광하고 무대 위의 분위기에 사로잡히게 된다. 제3부에서는 지상에서 이루지 못한 사랑을 이루기 위해 죽음의 길을 떠나는 남녀를 그리는 장면이 연출된다. 그리고 그들을 끝내 보내지 못하는 가족들의 슬픔을 표현하는 장면이 이어진다. 그들은 천상 인간이 되어 사랑을 이어가고자 한다. 이때는 춤과 함께 연기가 포함된 무용극이 주가 된다. 제4부는 나시족의 노래를 하고 민속춤을 추는 장면이다. 바구니를 들거나 뒤에 지게를 지고 잦은 발걸음으로 일터로 가는 여성의 모습을 보여주는데, 횡대, 종대로 서서 스텝을 하거나 손에 손을 잡고 나시족 특유의 고리춤을 추기도 한다. 제5부에서는 무대 맨 꼭대기에 일렬로 앉아 옥룡설산을 향해 북춤으로 제사를 지낸다. 뒷배경 중간에 앉아 있는 한 남성 연기자가 북치기를 선도하면 무대 위아래에 줄을 지어 앉아 있는 수백 명의 남성들과 관객석으로 뛰어 나온 남성 연기자들은 모두 힘차게 북을 치며 화답한다. 이 북소리는 노천극장의 드넓은 광장에 메아리치며 장관을 이룬다. 제6부에서 연기자와 관중이 모두 하나가 되어 소원을 빌고 서로에게 응답하면서 이 공연은 막을 내린다.

이 공연에서는 전반적으로 화려한 전통 의상을 입은 나시족의 민속춤이 노래와 함께 어울려 그들의 삶과 사회를 풍자하고 이를 통해서 관객에게 나시족의 풍습을 이해할 수 있게 한다. 또한 나시족 민족 문화의 원형이 새로운 무대에서 하나의 문화 콘텐츠가 되어 많은 사람들에게 민족의식을 고취시키고 나시족 문화의 특성을 총체적으로 보여주고 있다. 이 극에서 보여주는 모계 사회와 쭈혼, 차마고도와 마방, 옥룡설산에서의 제의식, 동물신과 사방가, 동파무와 구애무 등은 나시족의 독특한 문화적 정체성을 상징적으로 표현하고 있는 대표적인 문화 코드이다. 특히 인류의 기원이 되는 원시 사회 속에서 동파교 상형 문자로 기록된 춤의 형태와 교리를 따르는 제의적인 춤 그리고 구애를 위한 원무는 세계에서 가장 유일한 문화적 산물로서 그 가치를 지니고 있다고 하겠다.

7) 예술과 상징

그림자놀이의 예술적 진화: 〈열한 번째의 그림자〉

한국에서 독보적으로 그림자놀이에 대한 연구를 하고 있는 연극학자 고승길에 의하면, 세계의 여러 지역에서 행하고 있는 인형극은 인도에 그 기원을 두고 있는 것으로 보이며, 거의 제의적 의미를 가지고 연행되어 왔다. 인형극의 종류로는 손 인형극, 막대 인형극, 줄 인형극, 그림자 인형극, 수상 인형극 등이 있는데, 이중에서 그림자 인형극은 주로 아시아 지역에서 발견되는 공연 양식으로 원초적으로 어둠에 대한 두려움을 가지고 있는 인간의 외경 의식(畏敬意識)에 유희성을 가미한 연극으로 공연되고 있다. 인도의 차야나타카(Chayanataka), 터키의 카괴즈(Karagoz), 말레이시아의 와양 자와(Wayang Jawa), 인도네시아의 와양 쿨리트(Wayang Kulit), 중국의 피영희(皮影戲), 대만의 피후희(皮猴戲), 베트남의 조이 느억(Roi Nuoc), 한국의 만석중놀이가 대표적인 그림자놀이이다.

일반적으로 인형을 만드는 재료는 사슴 가죽, 산양 가죽, 소가죽, 종이, 나무 등이고, 인형의 형태는 둥근 나무나 통나무로 만드는 입체 인형이거나 마분지나 창호지 같은 종이나 동물의 가죽으로 만드는 평면 인형이다. 이 그림자 인형극은 두 가지 형태로 공연되는데, 하나는 인형이 백색의 하얀 막에 투영될 때 그림자가 흑색을 띠는 흑백의 그림자 형태이고 다른 하나는 화려한 색깔이 투영되는 채색의 그림자 형태이다. 이 그림자 인형은 보통 스크린 뒤에서 투영되지만 나무 인형의 경우 때때로 하얀 막 앞에서 춤을 추기도 한다. 한국의 만석중놀이가 유일하게 나무 인형이 하얀 막 앞에서 춤을 추는 예이다.

만석중놀이는 우리나라의 유일한 그림자놀이로 삼국 시대부터 행해졌을 것으로 추정하고 있다. 내용은 불교를 포교하기 위한 것과 인간에게 즐거움을 주기 위한 것 등으로 종교적이고 오락적인 목적으로 행해지고

108. 인도네시아 그림자놀이

있다. 『동국세시기(東國歲時記)』의 기록에 의하면, 이 그림자 연극은 석가 탄신일 연등회 행사의 일부로 공연되었고, 연등이 설치된 곳 앞에 하얀 막을 치고 막 바로 뒤에서 종이를 잘라 만든 다양한 동물의 형상을 비추어 그림자를 투영했다. 막 뒤에 불빛이 자연적인 횃불이나 화롯불일 경우에는 바람에 흔들리는 불꽃 때문에 신비하고 환상적인 느낌의 그림자가 되기도 했고, 채색이 된 인형을 써서 화려한 느낌을 주기도 했다.

만석중놀이에는 평면 종이를 잘라 만든 십장생과 나무를 조각해서 만든 목각 인형이 사용된다. 십장생은 예로부터 오래 산다고 여겨지는 불로장생의 상징물로 해, 달, 구름, 소나무, 바위, 불로초, 용, 호랑이, 학, 거북이 등이 이에 꼽힌다. 그림자극을 위해 이 십장생의 모형을 잘라 채색한 종이 인형을 가느다란 나뭇가지에 붙여 마음대로 움직일 수 있게 한다. 그리고 목각 인형은 채색을 하지 않은 상태의 나무를 어린아이만한 크기로 조각해 마디마디를 끈으로 묶어 연결하고 가슴에는 두 개의 구멍을 뚫어 끈을 넣어 잡아당길 수 있게 했다. 목각 인형을 조종하는 사람이 이 끈을 잡아당겼다 놓게 되면 두 손은 가슴을 쳤다 내려오고 두 다리는 머리 위를 치고 내려가기 때문에 '뚝, 척, 딱'하면서 나무 조각이 부딪히는 소리를 내게 된다. 이렇게 손과 다리로 가슴과 머리를 치는 것은 그림자놀이의 시작부터 끝날 때까지 종종 행해진다. 이는 극 전체를 이끄는 감독이나 해설자로서의 역할을 할 뿐만 아니라 인간의 참회를 상징하는 것으로 매우 중요한 의미를 지닌다.

그동안 우리나라에서는 만석중놀이가 남사당패의 꼭두각시놀음에서 공연된 적이 있었다. 하지만 주로 불교 사원에서 공연되었기 때문에 세간에 잘 알려져 있지는 않았다. 1983년, 민속극회 '서낭당'이 만석중놀이를 복원해서 재현했는데, 이때 1930년경 불교 사원에서 행해졌던 그림자놀이에 참여한 스님의 구술 증언이 있었다. 물론 승려의 춤과 화청의 가사 및 음악이 포함되어 원형의 변화가 있었고, 현대적인 조명을 사용해 그림자극의 효과를 극대화하기도 했다. 당시 고승길은 이와 같은 재현이 문예회관 소극장에서 공연되었기 때문에 원형과는 그 형태가 많이 달랐을 것으로 보이지만 문헌 기록이 없는 상태에서 증언에 의해 복원되고 재현된 공연으로서 의미가 매우 크다고 언급한 바 있다.

당시의 재현 공연은 범종 소리가 울리면서 시작된다. 그러면 사월 초파일을 기념하는 절차 중 하나로 그림자놀이를 시작하는데, 연등을 들고 탑돌이를 하고 만석중 목각 인형이 나타나 하얀 막 우측에 서서 간간이 팔과 다리로 가슴과 머리를 쳐 소리를 낸다. 이때 승려는 계속해서 하청의 가사를 읊는다. 그 다음에는 하얀 막에 십장생이 나타났다가 사라지고 잉어와 용이 여의주를 차지하려고 다투는 내용이 이어지며 하얀 막 앞에 승려가 나타나 운심게작법을 춘다. 잉어가 퇴장한 후 용은 계속해서 여의주를 얻으려 하지만 뜻을 이루지 못하는데, 그때 승려가 작법을 멈추고 바라춤을 춘다. 용과 여의주의 퇴장이 이어지면 범종 소리와 함께 연등이 등장하고 탑돌이가 행해지며, 범종 소리가 계속 울리면서 암전된다.

이와 같은 만석중놀이는 극장에서 재현되었고 이를 보았던 민속학자들은 한국 유일의 그림자놀이인 이를 연구하기 시작했다. 이후 이 그림자놀이는 현대의 안무가에게 창작의 소재가 되었고, 이를 관심 있게 연구한 것을 바탕으로 현대 무용 작품이 창작되었다. 안애순의 〈열한번째의 그림자〉가 바로 만석중놀이를 인류학적으로 연구한 결과 완성된 작품이다. 이 연구 과정에 대해 안애순은 다음과 같이 말하고 있다.

> 프랑스 바뇰레 안무가 대회에 나갈 준비과정에서 유럽의 안무가들이 출품한 작품을 감상했다. 당시의 안무가들은 현대적인 감각으로 음악과 미술, 그리고 테크놀로지가 접목된 영상을 융합한 작품을 출품하고 있었기에 그에 걸맞은 소재를 찾기 위해 고군분투했다. 우연히 민속학자 심우성과 만나면서 만석중놀이를 접하게 되었고 이중 그림자놀이를 보고 가장 최초의 원시적인 영상기법이라 생각했다. 특히 하얀 막에 나타나는 그림자가 화려한 채색형태를 갖추고 있었다. 그리고 만석중의 이야기도 아주 단순하고 동화적이며 교훈적이었고 동양의 철학이 묻어나는 것이어서 그림자를 이용한 한국의 민속과 놀이 문화로서 유일하고 독특하다고 생각했다. 그래서 그림자놀이를 원형 그대로 현대의 춤에 끌어들였다.[179]

이러한 생각으로 창작한 〈열한 번째의 그림자〉가 의미하는 것은 자연과 평화의 상징인 십장생의 그림자 앞에 열한 번째로 등장하는 인간의 탐욕과 죽음이다. 이 작품에서는 인간을 자연과 합일하지 못하는 왜소하고 희극적인 존재로 보고, 탐욕으로 파괴된 덧없는 인생을 또 하나의, 즉 열한 번째의 그림자로 표현하고 있다.

---

179 필자의 안애순 인터뷰. 2013년 1월 16일.

109. 안애순의 〈열한 번째의 그림자〉

공연이 시작되면 무대 뒤에는 하얀 막이 설치되어 있고, 무대의 한가운데에는 열한 번째의 그림자인 무용수 한 명이 조명을 받지 않은 채 조용히 앉아 있다. 10여 분간 하얀 막에 십장생의 그림자가 하나 둘씩 혹은 짝을 지어 지나간다. 이로써 우주가 만들어지고 난 다음 마지막으로 인간이 나타나게 된다. 십장생의 그림자가 지나가는 것은 인간이 소망을 비는 것이며 짧고 덧없는 인간사를 부각시키는 무념무상의 종교적 공간과 시간을 의미한다. 또한 용이 여의주를 취하기 위해 싸우는 것과 끝내 포기하는 장면은 우주의 어떤 규율을 욕망으로 망가뜨렸던 인간의 참회를 의미한다. 때때로 인간의 참회를 상징하는 목각 인형의 움직임과 소리가 무대 전체를 울린다. 몸 전체의 마디마다 끈으로 연결된 목각 인형이 공중에서 흔들리면 손과 다리의 마디마디가 가슴과 머리를 친다. 그러면 나무가 부딪히는 소리를 내고 목각 인형의 독특한 분절 움직임을 만들어낸다. 이 움직임은 무중력과 중력의 조화와 변증을 그려낸다.

이후 한참을 앉아 있던 무용수가 천천히 움직임을 시작하며 목각 인형의 분절된 움직임을 자신의 몸에 덧입혀 실현해낸다. 무용수는 스타카토로 머리, 어깨, 가슴, 엉덩이, 팔, 다리 모두를 따로 움직이며 마치 힙합에서 보여주는 팝핀과 유사한 분절 동작을 한다. 이는 인간의 허무한 삶을 털어내는 듯한 동작이다. 여기서 창조된 분절 동작은 서양의 발레를 기본으로 창조된 여타 춤의 동선과는 차별화된 것으로 안애순만의 독특한 움직임 코드를 보여주고 있다. 안애순은 한국 전통의 그림자놀이를 바탕으로 창조된 작품을 바뇰레 안무가 대회에 출품했고, 참가한 모든 예술가들의 환호를 받았다. 이처럼 〈열한 번째의 그림자〉는 한국의 민속과 놀이에 대한 지성주의적 표현주의의 인류학적 접근으로 태어난 그림자놀이의 진화이자 현대화이며 세계 속의 문화 콘텐츠로서 그 의미를 가지고 있다.

황홀경의 진화

① '무당 예수'의 상징: 〈춤본 Ⅱ〉

춤본은 말 그대로 춤의 법도로서 궁중정재나 불교무, 민속무나 무속무 등 여러 춤동작을 하나의 틀로 모형화하고 우리 춤의 공간적 특성과 신체 움직임의 과학을 보여주는 춤이다. 창무예술원 이사장이자 전 이화여대 무용과 교수 김매자는 춤에 대해 "고전과 현대의 다양한 춤 언어를 자신의 생각과 몸으로 소화 흡수해서 융화 시킨 후 나타내는 것이어야 한다."라고 정의하고, 춤본을 창작할 당시 우리 춤의 근원을 모색하고 한국 전통춤의 모티브를 체계화 및 현대화시켜 새로운 무용 언어를 창안했다고 전한다. 이는 춤이 어떻게 추어져야 될 것인지를 알려주는 춤의 밑바탕이다. 그리고 본래의 생김새를 찾아 묻고 궁리하고 배우고 익히며 갈고 닦은 수련을 통해 창조된 모형이며 한국 창작 춤의 기본 틀이 된다. 즉 전통적 정신을 계승하고 이를 현대적 시각과 조화시킨 현대 전통 기

110. 김매자 〈춤본 II〉 시리즈

법의 한국 춤이다. 그래서 한 동작 한 동작이 의미가 있으며 한국의 미와 기하학적 아름다움이 조화롭게 섞여 있다. 그녀는 춤본을 체계화한 과정에 대해 다음과 같이 설명하고 있다.

> 다소 거창한 표현인 것 같으나 몸과 삶과 우주운행의 길이 하나로 만나는 춤의 길에서는 내용과 형식이 별개의 것일 수 없다고 생각해요. 이런 철학을 바탕으로 우리춤의 근원을 모색해 체계화된 순수 몸짓을 구현해보고 싶었는데 '춤본 시리즈'는 바로 그 같은 바람을 구체화한 것입니다.[180]

또한 그녀에 의하면, 1987년에 발표한 〈춤본 I〉은 우리 춤의 미학과 과학성을 표현하는 데 중심을 두었다면, 1990년 5월 발표한 〈춤본 II〉는 근원적인 우리 춤의 끼와 신명을 담고 있다. 이 중에서 〈춤본 II〉는 한국

180 『연합뉴스』, 1990년 5월 19일 토요일.

전통춤에서 가장 완벽한 산조의 구조 형식과 음악의 일치성을 찾아 내용과 형식이 서로 별개의 것이 아님을 얘기한다. 특히 남도 가락에 따른 즉흥적 몸짓과 의식적인 동작이 적절한 관계를 이루면서 균형을 이루며, 우리 춤의 정중동의 미학과 형식적인 틀을 의도적으로 해체하고 새롭게 엮어 아름다움을 극대화시킨다. 그래서 〈춤본 II〉는 한국 춤의 혼과 내적 충동을 자연스럽게 표출하며 신명을 형상화하는 데 초점이 맞추어져 있다. 즉, 몸과 삶 그리고 우주가 하나 될 때 혼이 살아나 신명의 춤을 추게 된다. 〈춤본 II〉에서 바로 이러한 춤을 보여준다.

공연 현장에서 이루어진 〈춤본 II〉는 그녀가 표현하듯이 마치 '무당 예수', 즉 무당이 살아난 듯 황홀경에 빠진다. 이에 대해 김매자는 산조의 원류를 찾아가다 보면 시나위와 살풀이의 연원에 맞닿게 되고 사람으로 춤추지 않을 수 없는 곳에 다다른다고 했다. 이때 진도의 진양과 엇모리, 흘림과 살풀이가 몸에 붙으면 그칠 수 없게 사무쳐 오는 울음바다에 몸을 던져 무당의 신들림으로 자유로움과 신명, 즉흥을 한가락 추게 된다. 이렇게 치솟고 멈추며 자지러지고 휘휘 돌면서 회오리 지전 놀음으로 하늬바람 춤바람을 타고나면 춤쟁이, 춤무당이 된다고 회고한다.

이 춤에서 김매자는 옆단을 터서 그 속에 금색으로 겹장식한 검은색 치마를 입고 버선도 벗고 저고리도 벗은 채 속살이 비치는 검은색 투명 속저고리만 입고 나온다. 두 팔을 들어 올리고 고개를 약간 숙여 한 발로 몸을 돌리는 춤으로 입신을 하고 있다. 이는 산조의 원류에서 경험할 수 있는 황홀경을 예술로 끌어들인 내성주의적 표현주의였다.

② 자기 서사: 〈지금 여기〉

〈지금 여기〉는 한국무용가 김영희의 자기서사(Self Narrative)로 이루어진 창작품이다. 2013년 6월 27~20일 아르코예술극장대극장에서 초연된 이 작품은 그동안 그녀 자신이 안무한 작품의 모티프로서 자기 내면의 정체성을 찾는 작업 중 하나이며, "60을 바라보며 살아온 만큼의 한 순간에서 춤을 왜 추는가에 대한 나의 대답과 내가 느끼고 경험하고 생각했던 것 등 마음에 있는 것을 무대 위에 솔직하게 표현한 것"이다. 그리고 이를 통해 미래를 바라본다고 했다. 이화여대 교수로 20여 년간 무용단 〈뭍(Mut)〉에서 창작한 작품도 〈나의 대답〉, 〈어디만치 왔니〉, 〈마음을 멈추고〉, 〈후회〉, 〈돌이킬 수 없는 걸음〉과 같이 지나간 과거를 되돌아보며 회상하고 지금 현재 자신이 서 있는 곳에 대한 자기서사를 충격적이고도 과감한 춤 언어로 풀어내고 있다. 〈지금 여기〉는 시간의 지점만 다를 뿐이다.

그녀의 춤에서 가장 중요한 요소는 춤의 원천이 되는 호흡이다. 그래서 모든 춤은 한국의 전통적 호흡과 창작 호흡이 상호 연결망 속에서 무한대의 깊은 호흡을 만들어낸다. 여기에는 즐겁고 편안한 호흡과 맹렬하고 급작스러운 호흡, 사랑의 호흡, 열정의 호흡 등 인간의 희로애락은 물론 모든 삶의 호흡을 담은 것들이다. 이 호흡들은 미래를 말하는 새로운 동작을 만들기도 하고 열정적으로 사용된 지친 몸에서 신선하고 새로운 몸을 만들기도 한다. 그래서 과거의 것과 유사해 보이지만 항상 새로운 호흡으로 신선한 몸짓이 탄생된다. 그녀의 춤에서 또 하나의 중요한 요소는 영감과 즉흥이다. 김영희에 따르면 일단 영감이 떠오르면 모든 작품은 일사천리로 술술 풀린다고 했다. 그리고 떠오른 영감은 자신을 비롯해 자연과 놀이, 회상과 미래의 희망으로 춤이 말하고자 하는 모티프의 연속을 즉흥으로 이어가게 한다. 그래서 이와 같은 호흡과 영감 그리고 즉흥이 맞닿으면 〈지금 여기〉와 같은 새로운 세계가 무대 위에 펼쳐진다고 했다.

〈지금 여기〉는 3장으로 구성되어 있다. 1장 '돌아보다'에서는 과거의 자신을 회상하는 시간이다. 2장 '멈추어 서서'는 과거를 회상하며 현재의 자신을 발견하는 시간이다. 3장 '지금 여기'에서는 땅에 서있는 자신의 먼 미래를 바라보는 시간이다. 이 장들은 하나의 묶음으로 이어진다. 처음

111. 〈지금 여기〉

무대의 막이 오르면 400그루가 넘는 흰색으로 장식된 대나무 숲의 화려함과 그 너머 가느다란 잎사귀의 부드러움이 한 눈에 들어온다. 매우 환상적이고 아름답다. 대나무 숲의 한가운데에는 원형의 잔디가 파릇하게 생기를 주고 있고 한편에는 그네가 매달려 있다. 이곳에 형형색색의 조명이 이리 저리 움직이며 과거, 현재, 미래를 투영하는 분위기를 띄운다. 김영희에 의하면 이 대나무 숲은 자연을 의미한다. 그리고 원형의 잔디는 숲속의 놀이터를 상징하기도 하고 지금 이 땅 위에 서 있는 현재 자신의 모습을 상징하기도 한다. 여기서 추는 무용수들의 움직임은 과거의 김영희 자신이기도 하고 춤추는 무용수의 과거이기도 하다. 그래서 다양한 형태의 인간상을 그려낸다. 춤과 함께 대나무 숲속에서 간간히 모습을 드러내는 박장수, 박정민, 강제효, Milind Date가 피아노, 첼로, 타악과 소리, 피리로 강렬하게 합류하며 영적이고 즉흥적으로 이 춤을 상징하는 생음악을 연주한다.

작품의 시작은 기억 속에 스쳐가는 그림자와 같은 과거를 '돌아보며' 잠시 모든 것을 멈추고 미래의 걸음을 준비하는 내용으로 이루어진다. 여기서의 춤동작은 자신의 과거를 회상하는 몸짓으로 강하고 충격적이며 때로는 돌발적으로 표현된다. 대나무의 색과 대조되는 검은색의 원피스를 입은 무용수들의 동작은 캐논형식으로 자신이 살아온 과거를 상징적으로 표현한다. 한쪽에서는 물속의 정경이 투영되는 그네를 타면서 과거를 회상한다. 이는 안무가 자신이자 무용수 개개인들 자신이다. 그래서 이 춤 동작들은 과거의 어두움, 밝음, 외로움, 그리움, 행복, 아련한 어린 시절의 꿈 등 과거의 자신을 상징한다. 그리고 무용수들은 천천히 숲속으로 사라진다. 이어서 화려한 대나무 숲은 천천히 하늘공간으로 올라가고 밝고 환한 연두 빛 원형의 잔디 위에 새로운 시간과 공간을 만들어나간다. 빨간색 원피스를 입은 무용수들은 이 잔디 위에 누웠다 일어나고 원의 주위를 돌았다 멈추기를 반복하며 우주의 윤회를 상징하기도 한다. 그리고 "이것이 바로 나고, 나는 지금 여기 '멈추어 서서' 오늘을 살아가고 현실에 몸을 담아 나 자신의 모습 찾기"를 상징하기도 한다. 이때의 동작은 인간의 탄생과 죽음의 호 사이에서 우주의 만물과 소통하는 몸짓이다. 그 동작들은 깊은 호흡으로 천천히 우묵하게 긴장감으로 구르는 강하고 원시적인 동작이지만 거기서 이루어지는 호흡은 다양하다. 그리고 점점 몰입의 경지로 빠져들어 마지막 정점에서 하나의 무당으로 태어난다. 그 무당은 다시 꿈이 있으며 그 꿈 너머의 미래를 볼 수 있는 힘과 지금 여기에서 잠시 쉬면서 나만의 생각을 정리하고 더 오래 걸어 나갈 수 있는 힘을 갖게 된다. 이때 다시 대나무 숲이 내려오고 절정에 이른 생생한 음악과 함께 물이 떨어지며 카타르시스를 이끈다. 이는 안무가 자신의 정화에 대한 은유이자 타인의 몸속에 들어가 춤을 추는 춤꾼 자신을 상징한다. 결국 미래를 보고 있는 무용가 자신을 상징한다.

이 춤의 모티프는 자기서사이다. 그러나 이 작품에서 보여주는 다양한 춤의 형태와 무대구성은 한국 샤머니즘의 문화 코드와 그것을 현대적으로 재해석한 한국창작춤으로 김영희 만의 예술세계이며 춤꾼 자신을 상징적으로 표현한 현대 예술춤의 한 형태이다.

관능과 지성적 춤

① 관능적 몸과 지성적 몸짓: 〈피에로〉과 〈아폴로〉

누레예프(Rudolf Nureyev, 1938~1993)는 타타르족 출신으로 1938년 몽골 근처 바이칼 호숫가를 따라 달리던 기차 안에서 태어났다. 그의 아버지는 그가 군인이나 학자가 되길 원했지만 그는 오페라 발레 〈백학의 노래(The song of the Cranes)〉에 매료되어 발레리노로서의 꿈을 키워 나갔다. 아버지의 강한 반대에도 불구하고 바쉬키(Bashkir) 지방의 민속춤 그룹에 참여하기도 했고, 지방교사에게 발레 교습을 받으면서 15세 때 발레단 견습생이 되었다. 이때부터 공연하면서 모은 돈으로 전문적인 발레 수업을 받았고, 모스크바에서 개최된 바쉬키리아 예술 축제에 참여하는 기회를 갖게 되었다. 그곳에서 그가 꿈에 그리던 〈백학의 노래〉의 솔로를 맡게 되면서 볼쇼이 최고의 교사 아사프 메세르의 눈에 띄게 되었다. 이를 계기로 평소 니진스키와 안나 파블로바를 존경한 누레예프는 레닌그라드의 키로프 발레 학교에 입학하여 3년간 푸쉬킨(Alexander Pushkin)의 지도를 받았다. 1958년 학교를 졸업한 뒤에는 키로프 발레단의 솔로 발레리노로서 중요한 역할을 맡았다. 당시 누레예프는 예술성이 뛰어난 무용수였지만 단원들 한 사람 한 사람의 개성을 살리지 못하는 키로프의 학제를 비판하면서 싸움과 반항으로 투쟁했다. 그는 정치적으로 자유로운 서방 세계의 춤에 관심을 보이면서 영어를 배우고 미국 소설 등을 읽었으며 다양한 지역의 무용수들과 가까이 하면서 새로운 세계의 춤에 대한 열망을 품었다. 또한 비엔나에서 열리는 인터내셔널 유스 페스티발의 순회공연 중 정부 정책에 대한 불만을 표시하고, 러시아 공산 청년 동맹인 콤소몰(Komsomal)에도 가입하지 않는 등 사회주의 체제에 대한 반항적 기질을 보였다. 이와 같은 정치적이고 반항적인 행동 때문에 정부의 감시와 압박을 받기도 한 누레예프의 자유로운 사상은 다음의 글에서 나타나고 있다.

> 아주 어릴 때부터 내가 원한 것은 오직 춤추는 것뿐이었다. 나는 춤추는 무용수들을 지켜보면서 내가 춤을 추기 위해 태어났다는 절대적인 확신감을 갖게 되었다. 나는 누레예프입니다. 댄서이며 그 이상 아무것도 아닙니다. 나는 매물(賣物)입니다. 그건 자유로운 기업이지요. 마음에 드신다면 사세요. 만약 싫다면 내버려 두시지요.[181]

181 이덕희, 『불멸의 무용가들』, 문예출판사, 1989, p.390.

누레예프는 키로프 발레단의 주역으로서 대단한 성공을 거두었다. 그의 타고난 자유로운 성향, 예술적 감수성, 고집스런 성격은 사회주의 국가의 이념과 대치된 상황에서 심적 갈등을 심화시켰다. 결국 1961년 6월, 그는 그의 자유분방한 행동에 귀국 명령이 떨어지자 파리 순회공연을 하고 런던으로 이동하는 중 공항에서 보안 요원의 감시를 피해 프랑스로 망명했다. 미국의 『타임』지는 20세기 무용계의 가장 극적이고 아슬아슬했던 당시의 상황을 다음과 같이 묘사하고 있다.

> 파란 버스의 문들이 쫙하고 열리더니 레닌그라드-키로프 발레단의 120명 단원들이 파리의 르 부르주 공항 대합실로 열을 지어 입장했다. 모두들 안으로 들어오자 두 명의 '경호원'들 중 하나가 출구 옆에 험상궂게 버티고 섰다. 그러자 어울리지 않는 회색 양복을 입은 시무룩한 표정의 젊은 댄서 하나가 단원들 무리에서 빠져나와 갑자기 걸음을 재촉해서 여행자들 인파 속으로 모습을 감추었다. 두 번째 경호원이 미친 듯이 군중 속을 헤치며 그를 뒤따라 가다가 마침내 기둥 뒤에 숨어있는 그를 찾아내었다. "나는 안 가겠어요!" 댄서는 비명을 질렀고 둘은 맞붙어 싸우기 시작했다. 겨우 몸을 빼낸 댄서는 공항의 방책 안으로 도망쳐서 두 사람의 놀란 프랑스 경찰에게 몸을 던졌다. "나는 여기에 있고 싶어요." 그는 고함쳤다. "여기에 있겠다구요."[182]

이는 그의 망명이 순간적인 결심에 의한 것이 아니라 자유로운 영혼으로 예술적인 춤을 지향하는 서방 세계에 대한 열망에서 비롯되었음을 알 수 있다. 영화에서만 볼 수 있을 것 같은 스릴과 위험으로 이루어진 그의 망명은 유럽을 비롯한 전 세계를 떠들썩하게 했고, 이는 무용사에 있어서 최고의 이슈가 될 만큼 획기적인 사건이었다. 망명 이후 그의 일거수일

182 이덕희, 『불멸의 무용가들』, 문예출판사, 1989, p.385.

투족은 '누레예프가 코를 풀면 그것은 헤드라인이 된다'는 말이 있을 정도로 뉴스거리였다. 유럽의 대중에게 열렬한 호응을 받기 시작한 누레예프는 영국에서 폰테인(Margot Fonteyn)과 만나게 되면서 인생의 절정기를 맞게 된다. 영국 최고의 발레리나였던 폰테인에 의해 1961년 코벤트가든의 갈라 콘서트에 초대된 누레예프는 이후 로열 발레단의 영구적인 객원 예술가가 되었다. 특히 그의 폰테인과의 파트너십은 유럽 발레계에 러시아 발레를 소개하고 남성 발레리노의 지위를 상승시키면서 발레의 붐을 조성하는 계기가 되었다. 누레예프, 폰테인, 로열 발레단의 만남은 누레예프가 서방 세계에 몸을 던졌던 것만큼이나 유럽 역사에 있어 중대한 일로 평가된다.

당시 로열 발레단의 애쉬톤(Frederick Ashton)이 누레예프와 폰테인을 위해 안무한 〈마르그리트와 아르망〉, 〈햄릿의 프렐류드〉에 두 사람이 출연한 이후 그들은 모든 사람들의 관심을 받으며 최고의 파트너로서 세계 발레 역사에 기록된다. 둘은 서로에게 완벽한 상대가 되기 위해 많은 노력을 했다. 1960년 초 42세의 나이로 춤이 생명력을 잃어가면서 은퇴 위기에 놓여있던 폰테인에게 누레예프와의 만남은 최고의 파트너를 얻어 발레리나로서의 수명을 연장시키는 계기가 되었다. 폰테인은 누레예프와의 만남을 훗날 다음과 같이 회고하고 있다.

> "나의 긴 이력의 공연에 신선한 생기를 불어 줄 신성한 영감을 발견하는 것이 큰 문제였는데, 루돌프는 내게 바로 그런 신선한 공기를 불어 넣어주었다. 나는 그와 함께 춤추는 걸 좋아한다. 그에게서 많은 것을 배웠다. 그와 함께 춤추면서 아무것도 배우지 못하는 사람이 있다면 그는 대단한 바보임에 틀림없다."[183]

183 이덕희, 『불멸의 무용가들』, 문예출판사, 1989, p.39.

누레예프는 폰테인과 함께 주로 고전 발레의 대표작인 〈백조의 호수〉의 지그프리트 왕자 역과 〈호두까기 인형〉 등을 비롯한 〈레이몬다〉, 〈라 바야데르〉, 〈지젤〉, 〈로미오와 줄리엣〉, 〈잠자는 숲속의 미녀〉, 〈돈키호테〉, 〈파우스트〉 등 러시아 고전 발레의 주역으로 출연하면서 그의 찬란한 춤의 역사를 기록하게 된다. 또한 이후에는 자신이 창작한 작품보다 고전 발레 개작품에 주로 출연했고, 포킨과 니진스키가 안무한 〈장미의 정〉, 〈셰헤라자데〉, 〈목신의 오후〉, 〈봄의 제전〉 등 현대 발레를 부분 개작 혹은 전체 개작한 작품에 출연했다. 미국으로 건너와 현대 무용가 마사 그레이엄의 〈밤의 여행〉과 〈애팔레치아의 봄〉에 출연했으며, 조지 발란신의 〈아폴로〉와 〈피에로〉 등에 출연했다. 이외에도 호세 리몽의 현대 무용, 폴 테일러의 작품 〈후광(Aureole)〉 등에 출연했다.

발레 영화로서 헬프만(Robert Helpman, 1909~1986)과 함께 감독한 〈돈키호테〉에서 주역을 맡았고, 〈발렌티노(Valentino)〉와 〈노출(Exposed)〉에서는 배우로서 그의 예술적 감성을 드러냈다. 그는 자신의 동료이자 러시아에서 캐나다로 망명한 바리시니코프(Mikhail Baryshnikov)와 프랑스 출신으로 영국 로열 발레단의 예술 감독을 하고 자신의 뒤를 이어 파리 오페라 발레단의 예술 감독을 지낸 파트릭 뒤퐁(Patrick Dupond), 덴마크 출신으로 미국 뉴욕시티 발레단 수석 교사가 된 피터 마틴스(Peter Martins) 등과 함께 현대의 발레 스타로 그 명성을 떨쳤다. 그는 말년에 파리 오페라 발레단의 예술 감독을 맡아 〈라 바야데르〉 전체를 개작 및 재구성해 그의 유작으로 남겼으며, 1993년 후천성면역결핍증(AIDS)으로 생을 마감했다. 누레예프는 평소 자신의 예술을 방해하는 어떤 것과도 연루되는 것을 혐오했으며, 잦은 독설을 퍼붓는 폭발적인 기질을 지녔다. 그는 예술적으로 완벽한 지성미의 소유자였지만 여성에 대한 그의 생각은 남달랐다.

112. 〈피에로〉

"여자들이란 하나같이 어리석어. 그러면서도 해병들보다 강하거든. 그들은 단지 당신이 고갈될 때까지 마시고 싶어 해요. 그런 다음 당신이 쇠잔해서 죽도록 내버려두는 거지. 결혼? 뭣 때문에? 내 삶을 망치려고? 어떤 소녀의 삶을 망치려고?"[184]

이처럼 누레예프는 사회주의의 감시 속에서 자유로운 삶을 위해 서방세계의 문을 두드린 발레의 천재로서 그의 삶과 춤에 대한 철학은 그의 몸과 몸짓에 그대로 반영되어 다양한 작품 속에서 표출됐다. 많은 출연작 중 솔로로 연기를 보여 준 조지 발란신 안무의 〈피에로〉와 〈아폴로〉에서 그가 보여준 몸과 몸짓 코드는 감각적인 관능과 이성적인 지성으로 관객의 시선을 사로잡았다.

---

184 이덕희, 『불멸의 무용가들』, 문예출판사, 1989, p.393.

〈피에로〉는 현대 무용과 발레가 한데 섞여 광대를 표현하는 주제에 맞게 희극적 움직임으로 창작된 발란신의 작품이다. 누레예프는 철봉으로 만들어진 정육면체 세 개가 탑처럼 서 있는 무대 장치 오른쪽 맨 꼭대기에서 춤을 시작한다. 그는 철봉에 몸을 실어 위로부터 아래로 내려오면서 현란한 움직임과 얼굴 표정으로 피에로의 개성을 표현한다. 누레예프에 의하면, 〈피에로〉는 발란신과 자신이 함께 만든 작품으로 움직임을 가지고 장난치듯 춤을 추었다고 회고했다. 이 작품에서 그는 몸과 팔 그리고 온몸을 사용해 〈피에로〉를 묘사하는 움직임과 기쁨과 슬픔이 교차하는 얼굴 표정으로 춤을 추었다. 그의 시선은 간접적으로 무엇을 보는지 모르게 하기 위해 멍하게 처리하고, 입은 벌려 웃고 있지만 모자라는 듯한 모습을 하며, 고개를 갸우뚱거리고 얼굴을 들어 여기저기를 둘러보면서 에포트가 같은 강도를 유지하면서 단조롭게 움직였다. 몸은 흐느적거리며 몸의 양쪽 옆을 번갈아 우묵한 형태로 만들면서 흔들거리기도 하고, 팔은 위에서 아래로 지그재그로 흔들면서 에포트의 강도가 점차 감소되는 움직임을 사용했다. 또한 온몸은 두 가지 형태의 에포트가 번갈아 연출되는 탄력 구문을 사용해서 특히 허리를 앞으로 내밀며 머리를 뒤로 제쳐 휘어지는 움직임을 반복했다. 이렇게 입과 허리를 주로 사용하는 움직임을 통해서 육적인 관능으로 피에로의 애환을 그렸고, 현대 무용과 발레의 조화를 통해 문학적인 배경 및 극적인 상상력, 새롭고 거리낌 없는 대담한 움직임으로 피에로의 극성과 선정성의 이미지를 춤으로 보여주었다.

〈아폴로〉는 나무로 만든 직육면체의 공간 옆에 계단이 왼쪽으로 붙어 있는 무대 장치 앞에서 아폴로인 누레예프가 양팔을 탄력적이고 강하게 가슴을 지나 위로 올리는 동작을 하는 것으로 시작된다. 몸은 수직으로 길게 늘이고 옆으로 넓게 펴서 상승하는 자세와 곧고 직접적인 시선으로 모든 움직임을 추진해 간다. 빠르고 가벼운 회전과 순간적인 점프가 이어지고 양팔을 앞뒤로 뻗어 끝에 강세를 두는 충격 구문의 움직임이 실행된다. 이어서 정확하고 악센트가 있는 간단한 스텝과 함께 살짝 때리는 손의 움직임도 행해진다. 이처럼 누레예프는 그의 분석적인 테크닉과 역동적이고 경쾌하면서 절도 있는 몸으로 만드는 기하학적인 자세 그리고 제스처로 우아함을 표현하면서 지성적인 몸짓으로 춤을 추었다. 특히 그의 테크닉과 견고하고 균형 잡힌 몸은 절정에 달한 지성미를 발휘하는 환희의 세계를 보여 주었고, 그의 강하지만 섬세한 발동작과 유연성을 갖춘 완벽한 회전 그리고 위로 솟아오르는 도약 등 드라마틱한 몸짓은 그가 갖고 있는 지적인 몸의 연장선상에서 아폴로적인 몸짓을 보여주었다. 이는 흠이 없는 춤의 완벽한 힘으로 표현된 도발적인 카리스마가 지성적인 몸짓으로 표출된 것이다.

춤의 천재가 된 누레예프, 그는 아마 세계의 역사상 가장 잘 알려진 남성 발레 스타일 것이다. 그는 고도의 뛰어난 기교와 극적 연기의 표현력을 동시에 가지고 당대의 대중 스타로서의 매력을 발휘한 발레리노이다. 그는 세기의 발레리나와의 만남을 통해서 예술 세계를 구축했고, 몸과 몸짓을 사용하는 데에 있어서는 강하고 유연하며 드라마틱한 관능적 동작과 조각 같은 몸으로 정확한 자세와 제스처를 보여주는 아폴론적인 지성으로 그만의 독특한 개성적 몸짓을 구사했다. 〈피에로〉에서는 관능적 이미지로, 〈아폴로〉에서는 지성적 이미지로 그의 춤을 환희의 세계로 이끌었다. 당대의 관객들에게 문화적 충격을 주고 동경의 대상이 된 그가 창조한 몸짓의 절정과 환희 그리고 관능과 지성은 한 세기의 '예술 코드가 된 몸과 춤'으로 발레의 혁신이자 예술의 극치였다.

② 역동적 지성: 〈갤러리〉와 〈누메논〉

니콜라이(Alwin Nikolais, 1910~1993)는 멀티미디어를 활용해 새로운 예술 형식을 창안한 무용가이자 안무가로 1950년대에는 상상할 수 없었던 공상 과학 예술의 토대를 마련한 인물이다. 그는 독특한 상상력으로 멀티미디어와 통합할 수 있는 능력을 가진 기술자이자 교육자였으며, 철학자이자 창작자였다. 그래서 그의 작품은 조명 기술과 창조적인 의상 그리고 전자 음악과 춤을 통합한 비구상 예술의 새로운 형식이 특징이다.

니콜라이가 가장 초점을 두고 중요하게 생각한 것은 움직임을 통해 공간에 그려지는 모션(motion), 즉 춤의 어휘이다. 그는 이를 창조하기 위해 감정 표현이 배제된 춤에서 그려내는 모션을 시각 예술로 그리고, 비언어적 의사소통으로 인식하는 것을 매우 중요시했다. 그래서 그의 작품에서는 스토리텔링보다는 무대의 캔버스에 마치 그림을 그려 관객의 상상력을 이끌어낼 수 있는 움직이는 추상화를 선호한다. 니콜라이는 자신의 춤 철학을 "나는 움직임이 시각화되는 것과 마찬가지로 시각 예술로서의 춤을 만드는 것을 좋아한다."라고 말한다.

그가 창조한 많은 작품 중에서 〈갤러리(Gallery)〉는 안무, 소리, 조명 디자인, 가면, 의상 등을 함께 조화시켜 무엇이 매달려 있는 듯한 그로테스크한 풍의 댕글 댄스(dangle dance)를 추는 광대의 모션을 희극적으로 그려낸다. 광대는 해골이 그려져 있는 의상을 입고 얼굴에는 우스꽝스러운 가면을 쓴 채 무대 안으로 걸어 들어온다. 한 손에는 굴렁쇠의 바퀴를 연결한 막대를 잡고 바퀴를 굴리며 여러 명이 한 줄로 서서 등장한다. 무대 전체에 빛이 없는 어두운 상태에서 해골, 가면, 굴렁쇠의 바퀴는 야광색을 하고 있다. 따라서 사람의 몸은 보이지 않고 해골과 가면 그리고 바퀴만 야광으로 빛난다. 무용수들은 바퀴를 굴리면서 걷는 동작과 가면을 갸우뚱하는 동작, 엎드려 누워서 팔과 가면만 움직이는 동작과 구르는 동작, 일어서서 해골 모양만 움직이는 그로테스크한 동작 등으로 기괴하고 코믹한 형태의 움직이는 추상화를 만든다. 그는 이처럼 공상 과학을 토대로 지성주의적인 예술을 창조했다.

한편, 〈누메논(Noumenon)〉에서는 또 다른 형태의 비인간화를 시도하고 있다. 〈누메논〉은 본체, 실체, 혹은 이성에 의해 사유되는 절대적 실체를 의미한다. 이 작품에서는 무용수가 커다란 포대에 들어가 온몸을 길게 늘이고 굽히기, 다리나 팔을 펴고 오므리기, 상체를 기울이기 등의 동작을 통해서 포대의 형태를 움직이는 조각으로 만든다. 여기에 다양한 조명의 색을 입히고 전자 음악의 기계적인 소리를 혼합해 감정을 제거한 현대적이고 추상적이면서 지성주의적인 예술 작품을 만들어낸다.

이와 같이 니콜라이는 멀티미디어와 테크놀로지의 활용을 통해서 움직이는 신체의 모션을 시각 예술의 개념으로 부각시켰다. 그의 움직이는 추상화와 움직이는 조각의 개념은 정적인 시각 예술을 역동적인 시각 예술로 탈바꿈시켰고, 지성주의적 표현주의를 창조했다. 이러한 니콜라이의 창작 세계는 후에 윌리엄 포사이드와 같은 미래의 후기 현대 무용가들에게 지성주의적인 예술 경향을 창조할 수 있는 기반을 마련해주었다.

③ 관능적 지성주의

포사이드(William Forsythe)는 초현실주의 무용의 대가로 후기 현대 무용을 이끌고 과학과 기하학, 움직임의 원리와 무용수 간의 상호 작용, 디지털 예술 작업과 애니메이션, 그래픽과 영상 등 다양한 매체의 통합을 통해 융합적인 예술 작품을 창조한 무용가이자 안무가이다. 어릴 때부터 그는 항상 음악과 춤 등 예술과 가까이에 있었고, 사람들 앞에서는 자신이 가장 잘할 수 있는 끼를 보여 주며 즐거워하는 순수한 아이였다. 그의 아버지가 광고 회사를 운영해 유복한 집안에서 살았으며, 할아버지는 천재적인 바이올리니스트였기 때문에 자유로운 음악 환경에서 자랐다. 어려서부터 바이올린, 바순, 플루트 등을 연주했으며, 무용가의 흉내도 많이 냈다고 한다. 10세 이전부터 춤을 추었던 그는 전학하면서 새로운 환경에 적응하기 위한 노력을 하기 시작했다. 전학한 학교에서 친구들의 관심을 끌기 위해 어느 누구도 흉내 낼 수 없는 그만의 독특한 방법으로 춤을 추었고 인기를 얻기 위해 댄스 경연 대회에 나가 우승을 하기도 했다. 당시 그는 미국에서 인기를 끌고 있던 트위스트와 같은 춤의 모티프를 자신의 춤에 덧입혀 새롭고 독특한 스타일의 춤을 창조했다. 그 춤은 예술적이라기보다는 희극적이고 오락적인 춤의 선이 중심을 이루었다. 많은 친구들은 몸의 각 부위가 독립적으로 움직이거나 신기하게 몸을 꼬면서 신나고 우스꽝스럽게 움직이는 그의 춤에 매료되었다. 이는 그의 삶 속에 자연스럽게 묻혀 있던 문화와 예술성의 발현이었고 그것을 순수하게 받아들여 자신의 삶 속에서 복합적으로 녹여낸 창의력의 발현이었다.

그의 춤에 대한 열정은 곧 발레 배우기로 이어졌다. 조프리 발레단 학교에서의 발레 훈련과 조프리 II의 입단 그리고 슈투트가르트 발레단에서의 안무 경험은 그에게 획기적인 춤의 창조를 이끄는 기반을 마련해주었다. 그는 〈태초의 빛(Urlight)〉, 〈갈릴레오의 꿈(Dream of Galileo)〉, 〈사건(Event)〉, 〈오르페우스(Orpheus)〉 등과 같은 실험적 작품을 쏟아 냈으며, 〈안녕이라고 말해 줘(Say Bye Bye)〉, 〈보행(Gange)〉, 〈가공물(Artifact)〉 등으로 질서정연한 안무기법을 버리고 전통 연극의 요소를 무질서하게 나열시켜 춤 소재의 폭을 넓히고 허무주의나 초현실주의의 특징을 최대화하는 작품을 창조했다. 그의 작품 속에서의 허무주의는 이전에 행해졌던 춤 구성의 절대적인 형식은 존재하지 않는다는 입장으로 나타났고, 그의 공상과 환상의 세계는 사실의 극치를 보여주거나 무의식의 세계나 꿈의 세계를 표현하는 초현실주의로 나타났다. 20세기 후반에 들어와서는 신체와 공간에 관한 탐색 방법으로 코레오그라픽 오브제(Choreographic Object)의 개념을 많은 작품의 안무에 적용했다.

포사이드는 안무에서 스텝이 중요하지 않고 구성이 중요하다고 했다. 즉 안무는 육체와 육체, 육체와 환경 간의 관계 속에서 틀을 짜는 것으로, 마음으로 느끼고 테마를 이해해야 구성이 가능하다고 했다. 공연 전날까지도 어떤 작품으로 구성이 될지 모르는 난해한 춤이지만 고전 발레의 형식에서 느낄 수 있는 기쁨보다는 굴절된 대위법에 기초한 구성이 작품의 핵심이 된다. 이러한 그의 작품들은 민첩한 시각을 요구하는 춤일 뿐만 아니라 한 무대에서 여러 군데에 초점을 두고 안무를 하기 때문에 마치 복잡한 현대 사회를 집약적으로 상징하는 것과 같은 느낌을 준다. 예를 들면 〈작은 부분의 상실들(The Loss of Small Detail, 1991)〉[185]의 한 여성 무용가는 힘을 다 뺀 상태에서 몸을 저절로 가는 대로 맡겨버리고 느림과 빠름의 조화로 트위스트와 스트레칭을 조화롭게 펼쳐나간다. 또 다른 무용수들은 그 여성과 시선을 달리 한 채 그들만의 시공간을 초현실적으로 풀어낸다. 이러한 움직임들은 때로는 개인적이고, 정치적이며 때로는 사회적인 것으로 안무의 다각적인 시각을 제공한다. 또한 발레와 현대를 과감히 포용해서 강력한 음향과 충돌감을 주는 것과 같은 실험성이 강하고 야심적인 무용 구성을 하고 있다. 대표적인 그의 작품은 〈작은 부분의 상실들〉 이외에 〈재생된 하나의 평면(One Flat Things Reproduced 2000)〉[186], 〈솔로(Solo, 1997)〉[187], 〈흩어진 군중(Scattered Crowd, 2002)〉[188] 등이 있다.

이러한 작품의 움직임에서 보이는 특징들은 전통 발레의 기본을 바탕으로 하고 있지만 발레 테크닉의 관례를 뒤엎고 자유로운 방법으로 새로운 형식의 춤을 만들고 있다는 것이다. 이는 포사이드의 예술적 지성의 산물이자 예술적 본능의 창조이다.

〈작은 부분의 상실들〉에서는 작곡가 톰 윌렘스(Thom Willems)와 디자이너 이세 미야케(Issey Miyake)와 함께 공동 제작을 했다. 이 무대에서는

---

185 http://youtu.be/P4xH96Oikos, http://youtu.be/cJx_nB5LdLQ

186 http://youtu.be/cufauMezz_Q

187 http://youtu.be/hDTu7jF_EwY, http://youtu.be/zfg1W-JgQhE

188 http://youtu.be/oV70LwHQVw4

앞이 보이지 않을 정도로 하얀 눈이 내리고 필름이 돌아가는 스크린과 TV 상자 그리고 얼굴을 하얗게 칠하고 표범 무늬의 의상을 입은 남성의 관능적인 움직임과 몸이 드러나는 흰색 원피스를 입은 여성의 트위스트 움직임, 눈을 쓸고 치우는 사람들 등이 이전의 무대에서는 볼 수 없었던 백색의 진귀한 사실주의적 초현실주의의 풍경을 연출한다.

〈재생된 하나의 평면〉은 포사이드가 다양한 관점에서 움직임을 연구한 것으로 자신이 창안한 안무적 어휘와 공연의 질서는 관객으로 하여금 안무에 대한 새로운 통찰을 보여주고 있다. 이 작품의 창작 이후 포사이드는 오하이오 주립 대학의 첨단 예술 디자인 컴퓨팅 센터(Adavanced Computing Center for Arts and Design, ACCAD)와의 합작 프로젝트에서 컴퓨터 웹 환경에서 무용수의 움직임이 중심이 되어 비디오, 디지털, 애니메이션, 그래픽 등 다양한 매체들이 상호 작용하는 것과 이들을 통합적으로 활용하면서 무용수들의 움직임을 분석하고 영상으로 기록하는 작업을 시도했다. 〈솔로〉는 포사이드가 혼자 춘 춤을 흑백 필름에 담은 것으로 트위스트에 발레의 테크닉을 접목하여 포사이드만의 독특한 움직임을 창작한 것이다. 〈흩어진 군중〉에서는 수천 개의 흰색 풍선이 부풀어 오르는 소리와 함께 부유하는 가운데 공간 간 거리, 인간과 빈 공간, 융합과 결정, 숨 쉴 수 없는 공간, 정지와 속도, 비율과 시간에 대한 감각, 관객의 끊임없는 이동의 형상 등 황홀한 세계를 그리고 있다.[189] 이와 같은 그의 작업은 "무용은 그 자체의 움직임으로 묘사된다. 이것이 과정이며 원리이다. 결론 없이 읽어 내려가는 것이다.", "무용에서 움직임이 가장 핵심적인 매체이며, 그 자체로 의미를 갖는다."라고 말하는 그의 무용 철학에서 비롯된 것이다.

그의 춤 구성 기법은 컴퓨터를 적용해 자신의 즉흥 기법을 설명한 〈즉

189 http://www.williamforsythe.de/installations.html?&no_cache=1&detail=1&uid=22

흥 기술, 실례를 그리는 방(Improvisation Technologies, room writing example)〉[190]에서 흥미롭게 볼 수 있다. 이는 그의 즉흥 안무가 어떤 방식으로 창조되고 있는지 그 사례를 보여주는 것이다. 그의 즉흥 안무의 결과물은 점, 선, 면, 입체 등 기하학적 형태의 움직임으로 창조된다. 예컨대, 하나의 선을 피해서 움직이는 동작에서 기존에 행해졌던 움직임과는 아주 다른 형태의 몸과 움직임의 형태가 시선에 들어온다. 또 2차원의 선을 바닥에서 위로 들어 올릴 때 만들어지는 면, 그것을 바닥으로 눕힐 때의 면 그리고 그 면을 회전하거나 트위스트 할 때 달라지는 면 등이 우리가 알아채지 못하는 사이에 기하학적으로 공간을 채우고 있다. 또한 바닥에 글자가 그려져 있는 것을 상상하면서 몸으로 바닥의 글자를 그려보는 방법, 몸 앞에 직면해 있는 문(door)을 눕히고 열고 밀어버리는 방법, 원의 변형 형태로 몸을 움직이는 방법 등 그가 창조하는 다양한 움직임은 기하학적이고 예측 불가능한 동작으로 우리의 시선을 사로잡는다.

그의 독특한 안무 및 즉흥 기법은 1987년 이사도라 던컨상을 시작으로 1996년 국제 비디오 댄스 그랑프리상 수상, 1998년 뉴욕타임즈 선정 최고의 발레 작품에 등극, 2004년 포사이드 컴퍼니 설립, 런던 라반 센터 명예 기금 수상 및 뉴욕 줄리아드 스쿨 명예 박사 학위 수여로 이어졌다.

이와 같이 윌리엄 포사이드는 자신이 살았던 당시 유행했던 트위스트를 발레에 접목하고 기하학적 공간 연구와 테크놀로지 그리고 날카로운 금속성 음악 등과 융합해 21세기의 지성적인 춤을 만들어가고 있다. 이렇게 긴장감이 넘치는 에너지와 역동성, 공감각적 이미지, 감각 기관을 통한 사물의 이치 등을 지적인 사고에 근거해 인간 활동으로 만드는 그

---

190 http://youtu.be/ogsdGjAtyDc, http://youtu.be/9-32m8LE5Xg, http://youtu.be/zt1mEwgdCh0, http://youtu.be/cqGyFiEXXIQ, http://youtu.be/V_U6UyocBwc, http://youtu.be/e_7ixi32lCo, http://youtu.be/n8-N2gZ-TuE, http://youtu.be/0P_4D8c2oGs, http://youtu.be/_zt95yXWLX4

의 천재적인 작업은 그를 춤의 개혁자로 만들었고 포스트 현대의 무대를 새롭게 꾸며내는 수학자이자 과학자로 만들었다. 그의 작품은 감성에 대한 반작용, 기계와 과학의 영향을 받은 예술, 무음조 형식과 자유로운 대위법, 건축학적인 매끈한 선과 기하학적인 형태를 지닌 시적인 이미지 등 현대 예술 사류의 대표적이고 지성적 코드로, 예술의 비인간화, 인간의 비감성이 깃든 현대의 문화 코드이자 예술 코드로 창조되고 있다.

8) 시뮬라크르와 소비: 미디어 속의 춤 이미지

K-pop 댄스: 듣는 음악에서 보는 음악으로

한국에서 1980년대 후반 TV 스크린을 채웠던 댄스 가수의 출현은 많은 시청자의 눈을 즐겁게 해주었다. 그 대표적인 가수가 박남정이다. 그는 30년이 지난 지금도 순발력 있고 재빠른 몸의 움직임과 끼를 보여주는 인물이다. 그는 〈널 그리며〉라는 댄스곡을 부르면서 머리의 위아래 혹은 옆에서 손으로 한글의 ㄱ(기역)과 ㄴ(니은)을 그리는 춤을 추었다. 이 춤은 아직도 많은 사람이 흉내를 내고 있을 만큼 재미있고 독특했다. 이후 다양한 댄스 가수들의 출현이 본격화되었고, 그들은 자신을 대표하는 독특한 춤동작을 부각시켜 노래를 히트시키거나 자신의 이미지를 각인시켜왔다. 1990년대에는 서태지와 아이들이 팔을 휘두르며 '난 알아요'를 연속적으로 반복하면서 춤을 추는 회오리춤이 사람들의 시각을 자극시켰고, 박진영은 섹시한 남성미를 부각시킨 엉덩이춤을 추며 많은 곡을 히트시켰다. 그의 춤은 머리부터 발끝까지 강렬한 움직임을 사용하며 섹시코드라 불릴 만큼 현란한 춤으로 많은 사람들의 시각을 자극했다. 예컨대, 팔을 허리 뒤로 뒷짐 지고 윗몸을 흔들며 엉덩이춤을 추면서 역동적인 춤과 노래를 불렀다. 그리고 얼굴표정은 그의 강한 얼굴 이미지 못지않게 섹시한 표정을 하며 춤의 흐름에 동참했다. 또한 박진영의 제자로 세계적인 가수가 된 비 역시도 건장하고 늘씬한 근육질의 남성미를 내세워 그의 노래를 전달했고, 관객들은 그의 화려한 남성미에 홍분되어 그의 뒤를 구름처럼 떼 지어 몰려들었다. 이처럼 80년대 후반부터 현재 까지 한국의 대중음악계가 듣는 음악에서 보는 음악으로 바뀌면서 K-pop의 탄생을 알리기 시작했다. 현재는 HOT 이후 카라나 브라운아이드걸스, 원더걸스, 동방신기, 소녀시대뿐만 아니라 전세계에 말춤의 열풍을 이끈 싸이 등 수없이 많은 댄스 가수들과 남성, 여성 그룹으로 구성된 댄스 가수들의 출현이 끊임없이 이어지고 있다.

이러한 현상은 시대의 감성 코드를 읽어낼 수 있을 만큼 음악적으로 실력을 갖춘 댄스 가수들이 제작자로 변신하여 끼가 많은 청소년을 대상으로 오디션을 하고 거기에서 뽑힌 예비 댄스 가수들에게 춤과 음악을 철저하고 혹독하게 훈련시키는 기획사의 출현을 이끌었다. 이들은 신선하고 강력한 이미지를 가진 새로운 댄스 가수의 출현을 위한 아이돌 제작 시스템을 가동시켰다. 여기서 만들어진 아이돌은 대중이 선호하는 감성 트렌드를 기반으로 창조된 춤으로 관객의 시선을 집중시키고 있다. 이들 중 대표적으로 꼽을 수 있는 비는 탄탄한 몸과 탄력적인 춤으로 그의 음악에 힘을 실어주었고 그의 인기는 미디어 매체를 통해서 전 세계로 퍼져나갔다. 다른 많은 댄스 가수들 또한 각각 또 하나의 색다른 아이콘이 되어 자신을 대표함과 동시에 방송이나 광고 등 다른 대중 매체에까지 영향을 미치면서 새로운 대중문화의 흐름을 이끌고 있다.

① K-pop의 여성 댄스

한국 여성 댄스 가수 그룹인 카라의 엉덩이춤(Hip dance)은 한국에서뿐만 아니라 일본에서도 굉장한 화제를 불러일으킨 춤이다. 이 춤은 카라의 〈미스터〉라는 노래에 맞춰 추는 춤으로, 〈미스터〉는 이 엉덩이춤에서 절정을 이룬다. 이는 그룹 카라의 멤버들이 관객과 카메라를 향해 몸을 돌려 등을 보인 상태에서 살짝 뒤로 뺀 엉덩이로 탄력적으로 원을 그리며 돌리는 동작으로, 선정성 논란과 함께 큰 화제가 되었다. 이 춤은 버라이어티 쇼뿐만 아니라 뉴스에서도 그 인기가 보도될 정도로 시청자의 시선을 집중시켰다. 이와 함께 대중음악계에서는 이에 못지않은 많은 걸 그룹의 활동이 두드러졌다. 걸 그룹들은 하나같이 노래의 가사를 상징하는 대표적인 춤동작을 개발해 그들의 정체성을 각인시켰다. 그중 브라운아이드걸스의 일명 시건방춤 또한 폭발적인 화제를 낳았다. 이는 두 다리를 어깨넓이로 벌리고 양손으로 서로 반대 팔꿈치를 잡고 선 상태에서 양쪽으로 제자리 스텝을 하면서 탄력적으로 골반을 좌우로 밀어 튕기는 골반춤 동작으로, 얼굴을 살짝 들어 올린 채 시선을 아래로 향하는 건방진 표정과 함께 행해진다. 이 춤의 동작은 브라운아이드걸스를 대표하는 아이콘이 되었고 대중들은 이들의 춤을 보고 매료되었다. 또한 원더걸스의 가슴춤과 찌르기춤도 폭발적인 인기를 끌었다. 이 춤은 '텔미 텔미'라는 가사에 맞춰 손가락으로 방향을 가리키며 찌는 팔 동작과 약간 앞으로 숙인 상체를 트위스트하며 둥글게 흔드는 동작으로 이루어진다.

카라의 엉덩이춤이나 브라운아이드걸스의 시건방춤 그리고 원더걸스의 가슴춤과 찌르기춤 등은 여러 가지 요소들이 함께 작용하면서 다양한 이미지와 상징들을 강화하고 있다. 엉덩이춤의 동작은 발랄한 여성의 잘록한 허리와 엉덩이의 굴곡을 극대화시키며 여성의 몸을 상품화하고 있다. 또한 관객의 시선을 향해 엉덩이를 돌리는 움직임을 하면서 섹시미로 시선을 이끈다. 하지만 이런 노골적인 동작 이외의 다른 요소들은 이와 상반되는 이미지를 보여주기도 한다. 예컨대, 이 춤을 추고 있는 카라라는 그룹의 구성원들은 모두 20세 전후의 어린 여성들이다. 귀엽고 어린 외모의 그녀들은 예쁘고 사랑스러운 소녀의 이미지를 보여준다. 어리지만 말이나 행동에서 심각하거나 진지한 모습보다는 자신들의 감정과 생각을 대담하고 솔직하게 표현하고 언제나 밝고 장난스러운 모습을 보여준다. 의상으로는 반팔 배꼽티에 밝고 강렬한 색의 긴 트레이닝 바지를 입고 한 쪽의 바지를 걷어 올려 활동적이고 건강한 이미지를 더해 주고 있다. 음악도 경쾌한 분위기이며, 가사의 내용은 관심이 가는 남자에게 다가가려는 여자의 마음을 귀엽게 표현하고 있다. 이처럼 춤동작 자체는 섹시코드를 내포하고 있지만, 그 춤을 추는 가수의 표정과 몸의 움직임에서는 소녀의 발랄함과 즐거움 등 청순한 이미지의 청순 코드를 내포하고 있다.

한편, 골반을 튕기는 시건방춤은 양손으로 서로 반대쪽의 팔꿈치를 잡고 제자리에 서서 엉덩이를 양쪽으로 씰룩거리는 춤이다. 이 춤에서는 앞서 언급한 카라의 엉덩이춤에서 드러나는 섹시함의 노골성이 축소되어 보이지만 몸짓을 하는 과정과 표정에서 섹시한 이미지와 함께 소녀들의 당차고 시건방진 이미지를 보여준다. 이 시건방 코드는 아직까지 남아 선호 사상과 남성 우월주의가 지배적인 한국 사회에 살고 있는 젊은 여성들에게 독립체로서의 성 정체성을 드러내며 자유를 추구하는 움직임 코드가 된다. 그리고 이를 보는 젊은 여성 관객에게 대리 만족의 기쁨을 줄 뿐만 아니라 신나게 흥을 돋우며 카타르시스를 느낄 수 있게 한다. 이 춤은 김연아의 피겨 스케이팅 공연에도 등장해 대단한 환호를 받았는데, 이는 브라운아이드걸스의 시건방춤이 그만큼 우리의 눈에 각인된 것이라는 반증이다.

또한 원더걸스의 춤은 복고풍의 노래에 맞춰 뒷짐을 지고 어깨와 가슴을 양옆으로 둥글게 누운 8자 모양(∞)으로 돌리는 동작과 오른쪽 손을 들어 오른쪽 위의 허공을 찌르고 양손을 번갈아가며 아래를 찌른 다음 주먹을 올리고 다시 아래를 찌른 후 허공을 또 찌르는 디스코풍의 동작으로 이루어진다. 이 춤은 원더우먼이 팔로 총알을 튕겨내는 모습을 응용한 것으로 일명 찌르기춤으로 불린다. 이 춤은 엉덩이를 통해서 성적인 코드를 드러내는 앞의 두 그룹과는 다르게 가슴을 누운 8자 모양으로 그리며 여성의 섹시함과 즐거움을 보여 주기도 하고 원더우먼의 총 쏘기를 상징하며 사랑받고 있는 여성의 당당함을 보여주고자 한다.

이러한 춤들은 왜 시청자나 방청객 그리고 여성 관객들에게 대리 만족과 카타르시스를 주게 되는가? 이 춤들을 롤랑 바르트의 기호학적 모델과 프랑소아 델사르트의 응용 미학에 적용해보면 흥미롭고 새로운 현상이 감지된다. 외형적으로 카라의 엉덩이춤은 노골적으로 섹시함을 강조하는 성적인 춤이다. 그러나 이것에는 유쾌함과 즐거움을 전하는 건강한 섹시미가 내포되어 있다. 즉, 엉덩이춤은 일차적 의미 작용으로 엉덩이를 돌리는 동작에서 섹시 코드의 기의가 나타나지만, 이차적 의미 작용으로는 섹시한 엉덩이춤이 건강한 아름다움이라는 코드로 나타난다. 또한 브라운아이드걸스의 시건방춤은 엉덩이를 골반 양쪽으로 흔드는 것에서 성적인 코드로 기의가 나타나지만 양팔을 깍지 끼고 건방진 시선과 함께 머리부터 허리까지 꼿꼿한 자세로 엉덩이만 흔드는 것에서 여성의 시건방 코드가 나타난다. 원더걸스의 가슴춤 역시 뒷짐 지고 가슴을 돌리는 동작에서 일차적으로 섹시함을 나타내지만 팔로 총알을 튕겨내는 모습을 하고 있는 찌르기춤에서는 복고풍의 디스코 춤으로 여성의 강인함을 보여주고 있다.

다시 말하면, 이 춤들을 보는 과정에서 드러나는 의미 작용은 실제 춤을 추는 과정의 그것과 공감각적인 차이가 있다는 것이다. 바르트의 사진 분석과 델사르트의 신체 부위 분석의 경우, 엉덩이와 가슴이라는 시각적 대상이 지시하는 신체 부위 그리고 의상에서 섹시함과 건강함을 나타내고 있다. 하지만 이들이 조합된 춤의 입체성과 연속성을 보게 되는 경우, 시각적 대상이 지시하는 엉덩이나 가슴을 돌리거나 흔드는 움직임과 가슴을 둥글게 돌리는 움직임의 연결 과정에서 동시적으로 섹시하다고 느끼는 역동감각을 지각하게 된다. 이 감각은 여성의 엉덩이와 가슴은 성적이라고 언어적으로 표현하기 이전에 이미 춤을 통해 감각적으로 인지되는 역동감각, 즉 일차적, 이차적 의미 작용 배후의 삼차적인 의미 작용을 일으키고 있다.

② 말춤

최근 한국과 미국에서 대중의 시선을 사로잡은 싸이의 말춤은 인간의 성적 관능을 보여주는 앞의 춤들과는 다르게 한 지역의 문화 코드를 콘텐츠화하여 많은 사람들이 쉽게 따라할 수 있는 춤동작과 함께 코믹한 몸짓으로 인기몰이를 하고 있다. 싸이는 이 춤을 추면서 한국의 부촌을 상징하는 강남의 지역적 특성을 가진 청춘 남녀를 떠올리는 랩으로 "오빤 '강남'스타일"을 계속해서 외친다. 그의 말춤은 말고삐를 잡는 것과 같이 두 손을 앞으로 모아 서로 X자를 그리고 마치 말을 탄 것과 같은 자세로 턴 아웃을 한 상태에서 두 다리를 양옆으로 벌려 추는 춤이다. 이후에는 말이 걸어갈 때의 몸의 흔들림을 상상할 수 있는 스텝을 세 번 하고 마지막으로 말발굽 소리를 들려주듯 서 있는 발과 다른 발을 바닥에 찍는 동작을 한다. 이어지는 또 다른 동작으로, 팔 하나를 몸 앞으로 굽히고 다른 팔은 굽힌 상태에서 손을 위로 들어 올려 말을 채찍질하듯 둥글게 팔을 돌린다. 그리고 앞으로 뛰어가면서 혹은 옆으로 뛰기도 하면서 코믹한 말춤으로 패러디한다.

이 동작을 안무한 이주선은 싸이의 말춤을 만드는 과정에서 처음에는 80년대에 유행했던 몸을 밀착시키는 '부비부비 스타일'의 말춤을 떠올렸다가 지금의 '신 말춤'을 새롭게 창안했다고 했다. 이 춤은 '말들이 힘차게 달리는 모양을 무릎과 골반을 흐느적거리는 듯 힘차게 돌리는 것으로 표현하고, 두 팔을 겹치거나 한쪽 팔로 동그라미를 그리는 식으로 채찍질하는 동작'[191]을 고안했다고 설명했다. 그리고 여기에 싸이의 독특한 몸짓과

---

191 『조선일보』, 2012년 9월 7일 금요일 51판, A2면.

코믹한 캐릭터가 덧입혀져 의도보다 훨씬 더 큰 반응을 얻은 것이라고 설명했다. 이 춤을 추는 동안 뮤직비디오의 뒷배경에는 강남 스타일을 나타내는 다양한 이미지가 화면에 뜨고 강남 스타일의 오빠를 흠모하거나 대응하는 강남의 미혼 여성들, 심지어 어린아이도 주인공과 함께 똑같은 춤을 추며 흥을 돋운다.

싸이의 노래 가사, "오빤 '강남' 스타일"은 보수적이지만 진취적이고 자유로운 사고를 가진 강남에 사는 미혼 남성임을 말하고자 한다. 그리고 남성이 선호하는 이성 스타일도 이에 못지않음을 이야기한다. 점잖지만 울퉁불퉁한 사상을 가진 남자와 정숙하지만 심장이 뜨겁고 야한 여자 등 반전이 있고 감각적인 남녀의 모습을 솔직하게 표현한다. 이러한 가사의 내용에 맞추어 싸이가 추는 말춤은 '강남'이라는 한 지역에 사는 미혼 남녀의 특성을 시각적으로 보여준다. 가사에서 이야기하는 청각적인 것 이상으로 코믹하고 때론 섹시하지만 매우 건전한 건강춤으로 시각적인 즐거움을 주고 있다. 말춤의 스텝은 매우 단순하고 반복적이며 많은 사람들의 시선을 끌 정도로 코믹하다. 중간 중간 등장하는 섹시한 춤들은 가사가 말하듯 말춤의 코믹함과 함께 강남 스타일의 미혼 남녀를 은유한다. 그리고 다양한 지역이나 집단의 특정 스타일과 기업 스타일 광고의 콘셉트가 되어 홍대 스타일, 대구 스타일, U+ 스타일 등의 콘텐츠로 패러디되고 있다.

싸이의 "오빤 '강남' 스타일"은 많은 나라의 언어로 번역되어 한류의 새로운 열풍을 이끌고 있다. 어떤 사람은 이 춤이 제2의 마카레나가 될 수 있다고 말하기도 하고 말춤에서 보여주는 싸이의 몸 개그가 세계를 강타했다고 말하는 사람도 있을 정도로 사회 전반에서 이슈가 되고 있다. 또한 부산 북부 만덕동의 석불사라는 절에 있는 석탑의 말춤 조각은 마치 싸이의 춤과 같은 손동작과 뛰기 동작들이 새겨져 있다. 이 석탑의 조각에서 팔을 X자로 한 자세가 재앙을 물리친다는 의미를 나타낸다고 한다. 그리고 팔을 들어 올린 것은 기마민족의 기운을 상징하는 것으로 해석된다고 한다. 이처럼 오래 전부터 악을 물리치는 두 신들이 말춤을 추면 자기장이 강해져 악을 물리칠 수 있는 기운이 나온다고 하는 것으로 볼 때, 싸이의 말춤은 어둠에서 밝음을 지향하는 신나고 경쾌한 용맹 코드와 코믹 코드가 조합된 춤이라 할 수 있다. 싸이의 '강남' 스타일은 영국 싱글 차트 음반 순위 1위, 미국 빌보드 차트 2위 및 MV 차트 1위에 오르는 등 유럽과 미국에서도 대단한 인기를 끌었는데, 이러한 현상은 인간의 움직임에서 보여주는 역동적 이미지 그 자체가 듣는 음악에서 보는 음악으로 대중문화의 변화를 이끌게 하는 원동력임을 입증하는 것이라 볼 수 있다.

이와 같이 키리와 브라운아이드걸스 그리고 원더걸스와 싸이의 춤에서는 순간적인 포즈가 아닌 연속성과 역동성을 갖는 공감각적 특성을 인지할 수 있다. 즉, 몸의 움직임을 통해 나타나는 이미지에서 전해지는 보는 음악의 또 다른 의미 작용은 표현하고자 하는 내용을 듣는 음악이라는 문화 텍스트보다 보는 음악이라는 문화 텍스트로 생산해내고 있다. 그리고 이런 춤들의 의미 작용은 그 전달이 매우 즉시적이고 지속적이며, 언어보다 초고속으로 인간의 눈을 자극하기 때문에 보는 사람으로 하여금 순간적으로 역동감을 감지하게 한다. 이렇게 입체적으로 의미 작용이 이루어지는 춤의 특성으로 볼 때, 빠른 속도로 문화의 변동을 이루고 국경과 민족을 넘어서 전 세계를 대상으로 하는 한류의 대중문화 현장에서, 듣는 음악에서 보는 음악으로의 변화가 우리의 시선을 사로잡는 것은 지극히 당연한 현상이며, 그 중심에서 춤은 중요한 문화 코드이자 문화 콘텐츠로 주목받고 있다.

광고와 춤: 사진에서 영상으로

광고(廣告)는 '널리 알리다'라는 뜻을 가진 말로 영어로는 'advertising'이다. 이는 광고주가 수용자에게 의사 전달을 하기 위한 수단으로 다양한 매체를 이용해 단방향으로 소통하는 것을 말한다. 광고는 거의 문자가 발생되었을 때부터 시작되었다. 나폴레옹의 이집트 원정군이 발견한 로제타석은 이집트의 프톨레마이오스 5세의 권위를 많은 사람들에게 널리 알리려는 의도로 제작되었다. 현재 이 로제타석은 정치적 홍보의 선구적인 형태이자 광고의 초기 형태로 보고 있다. 이후 종이를 이용해서 현상금을 내건 광고, 상표의 이름을 쓴 광고, 상점의 이름과 상표를 아울러 표시한 광고 등 다양한 형태의 광고가 출현했고, 인쇄술의 발명과 교통수단의 발달로 포스터 광고, 출판물 광고, 신문 광고, 잡지 광고 등 한층 더 발전된 형태의 광고가 등장했다. 최근에는 TV, 인터넷 등 대중 매체의 발달에 힘입어 장소와 시간에 구애 받지 않고 어디에서든지 영상 광고를 통해 원하는 메시지를 초고속으로 전달할 수 있는 시대가 되었다.

오인환에 따르면, 광고는 정부나 사회단체들에게도 필요한 존재가 되었으며, 우리 사회의 문화를 반영하고 대중문화를 이끌어가는 역할을 한다.[192] 또한 이두희는 광고가 대중의 내부에 존재하는 감정, 태도, 신념 등을 형성하는 사회적 기능을 하며, 그 사회의 문화 현상을 보여 주기도 하고 문화를 선도하고 창출하는 역할도 한다고 했다.[193] 바르트는 이러한 광고가 어떤 방식으로 의미 작용을 하는지에 대해 연구했다. 그는 기호가 기표와 기의로 이루어진다는 소쉬르의 언어학적 모델을 이용하여, 프랑스 대중문화의 텍스트와 실천 행위들 속에 함축되어 있는 것들을 밝히는 연구를 했다. 그의 연구에서 주목할 점은 하나의 기호가 복수의 의미

192 오인환, 『현대광고론』, 나남, 2001, pp.51-52.
193 이두희, 『광고론: 통합적 광고』, 박영사, 2002, pp.16-17.

를 가지고 있다는 것이다. 그는 자신의 주장을 증명하기 위해 〈파리 매치(Paris Match), 1955〉 잡지의 표지를 분석했다. 이 표지 분석 사례는 수많은 학자들과 논문 등에 인용되고 있다. 예컨대, 이 잡지의 겉표지에는 프랑스 군복을 입은 젊은 흑인이 프랑스 국기를 향해 거수경례를 하고 있는 사진이 실려 있다. 바르트는 이 사진에서 색깔과 모양으로 구성된 기표가 경례를 하는 흑인 병사이며, 이는 일차적으로 나타내는 기의가 된다고 했다. 그리고 프랑스 국기에 경례를 하는 흑인 병사는 다시 기표가 되고 프랑스주의와 군국주의가 이차적으로 형성된 기의가 된다고 했다.

이에 덧붙여 바르트는 "프랑스는 큰 제국이고 프랑스의 아들들은 그 피부색에 상관없이 프랑스 국기 아래서 충실히 복무한다는 것과 또 다른 하나는 이 흑인 병사가 소위 억압지들에게 봉사하는 열정만으로도 식민주의라는 프랑스의 정책을 비난하는 자들에게 충분한 반격이 된다"라고 해석했다. 그리고는 국기에 경례하는 흑인 병사의 사진이 사회주의 비평지에 실렸다면, 독자들은 사진에서 프랑스의 긍정적 이미지보다는 제국주의적 착취와 조작이라는 기호로 읽었을 것으로 보았다. 또한 〈파리 매치〉의 표지를 보는 사람이 사회주의자일 경우 역시 긍정적인 기호로 읽지는 않았을 것으로 보았다. 즉, 이 사진의 내포적 의미는 그것이 놓인 위치, 역사적 시기, 독자의 문화적 배경에 따라 달라질 수 있다는 것을 말한다. 이와 같은 바르트의 설명을 통해서 볼 때, 춤이 등장하는 광고는 앞서 언급한 카라의 엉덩이춤이나 브라운아이드걸즈의 시건방춤 그리고 원더걸스의 찌르기춤이나 싸이의 말춤 이미지 이상으로 춤의 즉시성과 상징성이 적극적으로 활용될 수 있는 가능성을 보여주고 있다.

① 광고의 섹시춤과 흔들기춤

춤을 통해 섹슈얼리티를 부각시키는 TV 춤 광고 중 하나로 이효리와 에릭이 출연하는 삼성의 애니콜 핸드폰 광고가 있다. 이 광고에서는 시청자의 눈을 자극하기 위해 춤의 역동성을 최대한 활용하고 있다. 이 광고의 이야기는 춤을 추는 한 젊은 여성이 자신이 꿈꾸는 춤 단체에 들어가기 위해 오디션을 보는 장면으로 시작한다. 그러나 그녀는 춤의 의도를 충분히 살리지 못하고 중도에 실수를 하면서 오디션에서 탈락한다. 낙심한 여성은 마트에서 일하며 어려운 삶을 살아가다 핸드폰을 통해 한 남성을 만난다. 그 사람은 그녀의 꿈을 실현할 수 있는 기회를 핸드폰을 통해 전해준다. 그 여성은 그와 함께 춤에 대한 도전의 기회를 다시 갖게 되고, 결국 오디션에 합격한 후 두 사람이 기뻐하는 내용으로 구성되어 있다. 여기서 이효리의 춤은 섹시함을 그대로 표출하는 엉덩이춤을 춘다. 이효리는 오디션 장소에서 힙합 바지에 가는 허리의 맨살을 드러내고 엉덩이를 약간 뒤로 빼면서 S자 곡선으로 늘쩍지근하게 탄력적으로 엉덩이를 돌리며 섹시 웨이브를 시연한다. 이 춤에서 보이는 그녀의 엉덩이와 가는 허리는 여성의 섹시함을 상징하는 신체의 부위가 되고, 이를 통해 만들어지는 움직임은 매우 표현적인 3차원의 성적 코드로 시선을 사로잡는다. 이 광고에서는 두 가지 요소를 통해 광고의 효과를 최대화한다. 하나는 핸드폰을 통해 청춘 남녀의 소통을 보여주고 있다는 것이며, 다른 하나는 짧은 시간 안에 최고의 감각을 불러일으키고 시청자의 시선을 끌어들이는 섹시한 춤의 이미지를 활용하고 있다는 것이다.

최근에는 이효리의 섹시 웨이브를 코믹하게 패러디한 소주 광고가 시청자의 눈과 귀를 모으고 있다. 이 광고에서 이효리는 여성의 섹시한 엉덩이춤을 발랄하고 코믹한 흔들기춤으로 패러디한다. 음악은 미국의 록앤 롤의 개척자인 로메로(Chan Romero)가 작곡하고 비틀즈도 불렀다고 알려진 〈엉덩이를 흔들어라(Hippy Hippy Shake)〉가 사용되었다. 머리는 펑키 스타일에 의상은 엘비스 프레슬리가 입었던 연주복과 같이 복고풍이지만 여성의 가는 허리를 드러내고 있다. 프랑스의 사회학자이자 인류학자인 부르디외(Pierre Bourdieu, 1930~2002)의 말을 빌리자면, "의상은 상징적 자본의 한 유형으로 개인의 사회문화적 지표를 반영한다." 이 말을 토대로 이 소주 광고가 주는 메시지를 해석하면, 소주를 먹는 세대는 복고풍의 세대지만 현대에 사는 이 시대의 여성들은 다른 방법으로 소주를 더 즐길 수 있다는 것이다. 그래서 이 광고에서는 한 여성이 '소주도 흔들면 더 부드럽다'는 의미에서 '흔들어라'를 콘셉트로 음악에 맞춰 강렬하게 온몸을 흔들어 댄다. 그러고는 코믹한 표정과 몸짓으로 소주를 흔들어 댄다. 여기서 이효리는 복고풍의 의상을 입고 코믹한 엉덩이춤으로 광고의 내용을 은유하고 있으며, 시청자에게 소주를 맛있게 마실 수 있는 방법으로 흔들어 마시라고 엉덩이를 흔든다.

이와 같이 핸드폰 광고를 위해 활용된 섹시하고 관능적인 엉덩이춤과 복고풍의 의상을 입고 코믹하게 흔드는 엉덩이춤은 이야기의 전달 이전에 아주 짧은 시간에 보는 사람의 눈을 사로잡는 광고로 그 효과를 톡톡히 해내고 있는 것이다.

커뮤니케이션과 춤 경연

① 춤 경연: 〈유캔댄스〉

〈유캔댄스(So You Think You Can Dance)〉는 미국에서 방영하고 있는 춤 경연 리얼리티 쇼이다. 심사 위원들은 미국 각지를 돌며 예선 후보들을 선발하고, 선발된 후보들은 라스베이거스의 극장에서 약 일주일에 걸쳐 본선 진출권을 놓고 경쟁을 벌인다. 라스베이거스에서의 오디션은 지정 안무자에게 춤을 배운 후 심사 위원 앞에서 발표하는 식으로 이루어진다. 이 과정을 통과한 참가자들은 그룹으로 나뉘어 주어진 음악에 맞춰 춤을 창작, 발표하는 심사를 거친다. 최종적으로 남은 참가자들은 심사 위원들과의 면담을 통해서 최종 당락을 결정짓게 된다. 이렇게 해서 뽑힌 남녀 10명씩 총 20명의 참가자는 남녀 두 명이 한 팀이 되어 매주 생방송 무대에서 공연을 한다. 이때 TV 시청자들의 전화 투표와 심사 위원들의 심사를 통해 한 명씩 탈락하게 되며 최종 우승자를 가리게 된다.

오디션 응시는 누구에게나 열려 있고 현장의 심사를 바탕으로 하기 때문에 참가자들은 이름 없는 스트리트 댄서부터 전국 무용 대회의 우승자들까지 다양하게 구성된다. 참가자들이 추는 춤 스타일 역시 브레이크 댄스부터 발레까지 다양하다. 이 프로그램은 성인을 대상으로 한 시청률 조사에서 1위를 기록하기도 했고, 안무상을 포함하여 총 7개의 에미상을 받았다. 이 프로그램은 아메리칸 아이돌과 함께 명실상부한 미국 최고의 방송 프로가 되었다. 현재 여러 나라에서는 이와 유사한 프로그램을 제작하여 방영 중에 있다.

〈유캔댄스〉가 이렇게 흥행을 기록하게 만든 첫 번째 요인은 화려하고 감각적인 안무와 뛰어난 테크닉을 가진 댄서들이 보여주는 매력적인 춤이다. 그리고 시청자가 춤을 잘 춘다고 생각하는 후보자에게 직접 투표하는 시청자의 참여이다. 이는 대중들의 지속적인 관심과 시청률을 보장해주는 방식이기도 하다. 이 프로그램이 사람들의 시선을 끄는 또 한 가지의 요인은 춤을 통해 춤추는 사람을 보도록 한다는 점이다. 어떤 뮤지션의 콘서트를 갈 때, 대부분의 사람들은 그 뮤지션의 팬으로 그 뮤지션을 보러 간다. 이렇게 하여 공연자와 관객의 소통과 교감이 현장에서 이루어진다. 하지만 무용 공연의 경우 대개 무용수는 관객으로부터 먼 존재이고 전체 공연의 부속으로 보게 되는 경우가 많다. 이는 무용 공연에 솔로 공연보다는 여러 명의 군무로 이루어지는 경우가 많은 이유이기도 할 것이다. 극장에서 공연되는 대부분의 무용 공연에서 무용수는 안무자의 전체 안무를 그려내는 데 충실할 뿐, 무용수가 무대의 주인공이 되는 경우는 드물다.

그런데 〈유캔댄스〉에서는 무용수가 방송의 주인공이므로 춤에서도 무용수의 존재감이 매우 크다. 안무가들은 무용수가 잘 표현할 수 있는 주제를 잡거나, 무용수가 오디션에서 보여 줬던 동작들을 안무에 넣기도 하는 등 무용수가 최고의 기량을 발휘하도록 배려한다. 반대로 무용수가 새로운 테크닉과 표현을 소화하여 발전된 모습을 보이도록 종용하기도 한다. 몇 개월에 걸친 오디션에서 무용수들을 지켜보면서 시청자들은 그 무용수의 배경, 성격, 춤 등의 캐릭터를 알게 되고, 방송이 진행되는 동안 그들이 다양한 안무가들을 만나고 다양한 파트너들과 다양한 춤, 무대를 경험하며 변화하는 모습을 보게 된다. 예를 들면, 마이애미 시티 발레단에서 활동하는 발레리노로 완벽한 기교로 〈유캔댄스〉의 관객을 열광시켰던 알렉스 웡(Alex Wong)[194]은 어릴 때부터 재즈와 탭 댄스를 추며 그의 재능을 펼쳤고 이를 본 스승의 권유로 발레에 입문한 재원이다. 그는 대회 시작부터 고도의 발레 테크닉으로 관객의 시선을 사로잡았고, 그에게 춤은 마치 행복이라 할 정도의 느낌에 더해 겸손하고 온화한 인상으로 호감을 주며 심사 위원의 기대와 시청자들의 지지로 강력한 우승 후보의 대열에 서게 되었다. 그러나 그가 컨템퍼러리 댄스를 추었을 때는 관객들로부터 굉장한 찬사를 이끌어냈지만, 재즈 무대에서는 재즈의 특징적 내적 에너지 표현의 부족함을 지적 받았다. 하지만 몇 주 뒤 힙합 안무를 선보인 무대에서는 완벽한 비보이로 변신해 관객과 심사 위원 모두를 열광시켰고 극장 전체의 관객과 시청자들을 흥분시켰다.

② 댄스 스포츠 경연: 〈스타와 함께 춤을〉

한국에서는 프로그램의 형식은 다르지만 〈스타와 함께 춤을(Dancing with the stars)〉이라는 제목으로 춤 경연을 벌이며, 공중파에서 시즌을 정해 생방송으로 진행한다. 이 프로그램은 영국 BBC 프로그램인 'Strictly Come Dancing'과 미국 ABC 방송국의 'Dancing with the stars'를 리메

194 알렉스 웡 http://youtu.be/4IjP9IV2S7g http://youtu.be/FOZdCpw7K90

이크 한 것으로 영화감독, 디자이너, 소설사, 운동선수, 유명 CEO, 아나운서, 배우, 가수 등 춤 전문가가 아닌 사람들이 국가 대표 댄스 스포츠 선수들과 한 팀을 이루어 점수에 따라 매주 한 팀씩 탈락하는 서바이벌 게임의 형식으로 공연을 펼친다. 이와 같은 춤과 경연 대회의 결합은 관객에게 새로운 재미를 주고 있는데, 실제 경연장에서는 2인이 팀을 이루어 사교무용, 볼룸 댄스, 스포츠 댄스 등 룸바, 차차차, 지르박, 살사, 월츠, 미뉴에트, 폭스 트로트, 탱고 등의 특성을 갖는 춤을 추게 된다. 일주일마다 새로운 안무와 장르의 춤을 추게 되기 때문에 새로운 춤을 접하는 유명 인사들은 익숙지 않은 동작에 어려움을 겪고 고통스러워한다. 하지만 전문가인 파트너에게 평소에 춰보지 못한 양식의 춤을 훈련받으면서 익숙해져가는 자신의 모습에 카타르시스를 느끼기도 한다. 또한 그들은 잠시 자신의 전문 분야를 벗어나 새로운 분야에 도전함으로써 시청자들에게 희망과 도전 정신을 일깨워주고 시청자들이 모르는 또 다른 이미지의 자신을 보여주게 된다. TV를 통해 이 과정을 보는 관객들은 각 팀의 피나는 노력을 보게 되며, 인기도가 반영되는 전화 문자 투표를 통해 심사 위원의 평가와 더불어 승부를 가리게 된다.

시작 단계에서 유명 인사들의 춤은 아마추어 수준으로 관객이 즐기기에는 부족하지만 회차가 늘어나고 경연이 치열해질수록 테크닉의 향상과 감각적인 표현력 향상이 눈에 띄게 나타난다. 노력의 결과로 춤은 유연하고 리듬감 있게 발전되고, 이에 대한 관객의 환호와 재미는 점점 더해진다. 출연자 가운데 한 남성 댄스 가수는 그의 파트너와 함께 듀엣의 완벽한 조화와 완성도 있는 테크닉, 춤의 주제에 맞는 감정 표현을 자유롭게 구사하는 전문가 수준의 춤을 추게 되면서 우승을 거머쥐었다. 그의 우승 결과를 보고 있던 관객은 인간 승리의 순간을 보듯 환호했다. 이러한 점들로 인해 이 프로그램에서 차용하고 있는 댄스 스포츠는 매우 빠른 속도로 대중과 소통하면서 춤의 사회적 기능과 홍미를 이끌고 있다.

이 경연이 우리에게 시사하는 것은 춤이 자신의 감정을 표현하고 즐기는 것이기도 하지만 이를 통해서 남들의 눈을 즐겁게 하고 마음을 움직이게 한다는 것이다. 또한 무용수의 작은 동작 하나에까지 그 무용수가 실리기 때문에 그가 받아온 훈련, 스타일, 신체적 특성, 성격 등이 춤을 통해 표현된다는 것이다. 〈유캔댄스〉와 〈스타와 함께 춤을〉 역시 미디어의 환경 속에서 댄서들의 춤 훈련 과정, 경연 과정, 파트너와의 상호 작용, 춤의 스타일 완성 등을 다각도에서 보여주고 있으며, 이를 보는 시청자들은 이들의 춤을 통해 그 사람의 감춰진 모습과 열정을 이해하고 자연스럽게 즐기며 환호하는 소통의 경험을 하게 되는 것이다.

서커스와 춤: 〈퀴담〉

서커스는 마술, 곡예, 묘기 등을 공연하는 것을 뜻한다. 아크로바틱은 서커스의 한 요소로서 사람이 몸을 평범치 않은 기이한 형태로 만들어 곡예를 하거나 특출한 기술로 묘기를 부리는 것을 말한다. 원시 시대부터 존재해 왔던 아크로바틱은 고대의 이집트, 그리스, 로마의 도자기에 그려진 그림이나 인도의 불교가 전파되면서 서역의 문물 교역이 이루어졌던 돈황 벽화 등에 그 형상이 기록된 것을 볼 수 있다. 또한 그리스의 술의 신 디오니소스를 섬기는 반인반수의 사튀로스들이나 미내드, 로마의 원형 극장에서 공연되었던 곡예, 마술, 춤, 풍자적 촌극의 오락적 요소 등이 아크로바틱의 기원과 역사를 말해 준다. 과거 원시와 고대 사회에서는 아크로바틱이 보여주는 비범함이 초월적인 신성함과 연결되어 의식의 한 형태로 행해졌다. 로마 시대 이후에는 사람들에게 오락을 제공하는 유랑 연예인들에 의해 이어졌고, 19세기 이후에는 뮤직홀로 진출하여 큰 인기를 모았으며, 상설 곡예관이나 이동 서커스 막사에서 곡마, 요술, 익살 및 짐승들의 곡예 등과 함께 어울려 공연되었다. 이후 서커스는 사양길을 걷게 되었지만 현대에 들어서 거대 자본에 의한 스펙터클을 제공하기 시작했고 캐나다에서 시작된 〈태양의 서커스〉는 총체극의 모습을 띤 서커스 쇼로, 전 세계적인 흥행에 성공했다.

1984년 〈태양의 서커스〉는 캐나다 퀘벡주의 몬트리올 북부 지역에서 10명의 단원으로 시작됐다. 이곳은 석회석 채석장과 독성 화학 쓰레기 매립장이었기 때문에 악취가 마을에 가득했고 지하수의 물이 오염되어 버려진 땅이었다. 사람이 살기에 적당하지 않았던 이곳은 주민들의 항의에 쓰레기 매립을 중단하고 새로운 땅으로 개간되기 시작했다. 그리고 라토우(La Tohu)라는 기업을 세워 지하에 쌓인 쓰레기에서 발생하는 메탄가스를 연료로 쓸 수 있도록 공사를 진행해 전기를 생산해냈다. 또한 이 지역 사람들의 삶을 윤택하게 하는 방법으로 문화생활을 할 수 있도록 〈태양의 서커스〉 본부와 공연장을 지었다. 이후 국립 서커스 학교까지 세워 이 지역의 청소년을 대상으로 직업 교육도 하고, 서커스도 가르쳤다. 당시 이 지역에는 유랑 극단 정도의 서커스가 있었고, 작은 마을에서 소규모의 공연으로 생계를 유지하고 있던 단체가 있었다. 근교의 작은 마을에서 길거리 극단이었던 젊은이들은 'The High Heels Club'이라는 조직을 만들었고 축제와 이벤트에서 공연을 하면서 사람들의 주목을 받게 되었다. 이들 단원 중 한 여성 무용가였던 기 랄리베르테(Guy Laliberte)는 동료들과 함께 퀘벡 주를 대표할 서커스단을 만드는 것을 목표로 하고, 새로운 예술의 마을을 만들자고 몬트리올 시에 제안했다. 이것이 공연의 제목이자 회사의 이름인 〈태양의 서커스〉가 되었다.

〈태양의 서커스〉는 '뉴 서커스(New Circus)' 또는 '아트 서커스(Art Circus)'라고도 한다. 그래서 이 단체에서는 전통적 서커스의 화려한 기교에 테크놀로지(technology)를 접목하고, 여기에 드라마, 세련되고 표현적인 춤, 정교한 세트 디자인, 오페라와 뮤지컬, 코미디 등을 혼합하여 최상의 총체적 예술과 환상적인 쇼를 예술적으로 만들고 있다. 이들은 라스베이거스에서 상설 공연과 세계 순회공연을 계속하고 있으며, 새로운 주제의 공연을 만들어 선보이면서 구성의 혁신, 표현의 혁신, 디자인과 기술의 혁신을 이루며 상업적으로도 세계적인 흥행에 성공했다. 이들의 성공에는 공연의 운용에 대한 전략과 캐나다 정부의 지원이 있었지만 특히 인간의 한계를 넘어서는 몸짓을 현대적인 감각으로 다시 살려낸 아크로바틱의 예능성이 다양한 예술과 종합되어 대중들의 시각과 감각을 자극했던 것이 크게 작용했다.

이 단체에서 공연한 〈퀴담(Quidam)〉은 라틴어에서 유래한 용어로 이름을 모르거나 밝히기 싫어하는 사람을 의미하지만, 이 작품에서는 익명의 사회와 소외된 세상을 희망과 화합이 있는 곳으로 바꾸어 놓는 여정을 그리고자 한다. 이 작품은 세계의 곳곳에서 공연할 때마다 최고의 예술로 찬사를 받았으며 국내에서도 공연된 바 있다. 〈퀴담〉에서 관객에게 전달하고자 하는 것은 가족 간의 사랑과 갈등 그리고 화해 등이다. 그리고 공연의 내용과 형식은 인간의 삶 속에서 드러나는 보편적인 감정을 표현하는 스토리와 이들로 구성된 뮤지컬이다. 여기서는 아름다운 라이브 음악, 서커스의 아크로바틱, 예술적인 움직임과 춤, 테크놀로지, 화려하고 매혹적인 디자인 등이 서로 얽히고설켜 상상을 초월하는 무대를 만든다.

〈퀴담〉의 줄거리는 자신들의 일에만 열중하는 아버지, 어머니와 함께 살고 있는 소녀 조이(Zoe)가 천둥소리와 함께 트렌치코트를 입은 머리가 없는 퀴담이 떨어뜨린 파란 모자를 쓰고 환상의 세계로 여행을 떠나는 것으로 시작된다. 여기서 파란 모자는 퀴담의 세계로 인도하는 것을 상징한다. 여행 중 조이는 곡마단장 존과 타겟을 만난다. 그들은 조이의 여행에 동참해 친구가 되고 그녀를 묘기가 펼쳐지는 곳으로 안내한다. 그곳에서는 철제 바퀴 속에서 곡예를 하는 저먼 휠, 공중팽이 서커스, 허공에서 펼쳐지는 비단천 묘기, 에어리얼 후프, 핸드 밸런싱 등이 펼쳐진다. 조이의 가족은 환상적인 세계를 경험하며 그동안의 무관심과 소외에서 벗어나 서로를 껴안고 서로의 존재를 소중하게 생각하게 된다. 이를 통해서 가족 간의 사랑을 회복한다.

현대의 피폐한 사회를 풍자하는 내용에 못지않게 〈퀴담〉에서 보여주는 인간의 몸과 몸의 한계를 뛰어넘는 몸짓 그리고 춤의 세계는 다양한 물체와 테크놀로지, 색감이 있는 조명 등과 조화되어 믿기지 않을 정도로 진귀한 균형과 묘기 및 화려함을 보여준다. 특히 신체적 한계를 뛰어넘는 춤동작들과 인간의 몸이 만들어내는 스펙터클은 역동적 공간 감각을 경험하게 하고 매우 강한 인상을 남기는 여흥이 되어 대중의 시각을 집중시키면서 세계의 관객들에게 신비한 경험을 제공하고 있다.

영화와 춤: 공통 감각과 공감각

미디어 이론가이자 문화 비평가이며 의사소통 전문가인 맥루한(Marshall Mcluhan)은 "매체는 메시지다(The medium is the message).", "필름은 많은 정보를 저장하고 있다."[195] 그리고 "필름은 메타매체로서 인간의 감각을 확장시키는 수단이다."라고 했다. 이는 필름이 인간이 표현하려는 정보를 전달하는 수단으로서의 매체일 뿐만 아니라 인간의 시각, 미각, 청각, 촉각, 후각 등 특정 감각과 구별되는 공통 감각(common sense)을 느끼게 하는 매체이고 하나의 감각이 다른 영역의 감각을 동시에 일으키는 공감각(synesthesia)을 느끼게 하는 매체라는 것을 말하는 것이다. 이는 소리를 들을 때 색깔을 연상하는 현상이나 냄새를 맡을 때 맛을 연상하는 현상 그리고 자신이 영화 속에 등장하는 인물이 된 것처럼 느끼는 경험이나, 등장인물이 밥을 먹을 때 과거에 보았던 그림 속의 색깔을 동시에 연상하게 되는 감각적 경험과 유사한 개념이다. 한편, 무용학자 도스(Dodds, S)에 의하면, 영화는 극적 이야기와 사회적 상황을 필름이라는

---

195 M. 맥누언, 『미디어의 이해(인간의 확장)』, 김성기 역, 민음사, 2002, p.120.

매체에 저장하고 기록한다.[196] 이는 음악 인류학자 로맥스(Alan Lomax)와 움직임 분석가 바르테니에프(Irmgard Bartenieff)가 필름이라는 매체에 기록된 세계의 춤을 분석하고 춤과 사회의 상호 관계를 탐색했던 것에 비유할 수 있다. 이 두 사람은 로맥스의 음악 측정표(Cantometrics)를 기초로 안무 측정표(Choreometrics)를 만들었다. 그리고 이 측정표를 기준으로 200여 개의 춤 필름을 분석했다. 이들이 분석한 많은 춤들은 다양한 문화의 독특한 성격을 드러냈고, 각 춤의 구조적 형태와 특질 등 그 안에서 보여주는 춤 코드를 드러냈다. 이를 통해서 춤의 특징을 비교하면서 한 사회에서의 춤의 기능과 춤이 상징하는 의미 등을 파악했다.

이와 같이 필름을 매체로 하는 영화는 보는 이들에게 그 속에 담은 메시지를 전달할 뿐만 아니라 공통 감각적으로 혹은 공감각적으로 메시지와 사회 환경과의 상호 관계를 이해하고 소통할 수 있는 매체로서 가능성을 보이고 있다. 따라서 이 절에서는 확장 개념을 근거로 영화 속에 등장하는 춤이 인간과 사회와의 상호 관계 속에서 어떤 감각적 의미를 주고 소통을 하고 있는지 살펴보고자 한다.

① 댄스 스포츠와 사랑: 〈더티 댄싱〉과 〈댄서의 순정〉

역사적으로 춤의 사회적 위치를 규정지었던 사례가 많이 있었다. 아리스토텔레스는 춤의 유형에 따라 노블한 춤과 이그노블한 춤이 있다고 했고, 뒤르켐은 성스러운 춤과 속된 춤이 있다고 했다. 또한 고요하고 위엄이 있는 로마네스크 양식을 추구한 중세의 엄격한 춤과 빅토리아 시대의 도덕적 이상을 추구했던 춤 그리고 시대의 이단아이자 저속한 춤을 추었던 이사도라 던컨의 춤 등이 있었다. 시대의 변화와 문명의 변동 속에서 춤은 인간이 가지고 있는 성속의 본능 모두에서 출발했지만 주로 속된

196 S. Dodds, *Dance on Screen: Genres and Media from Hollywood to Experimental Art*, Hampshire: Palgrave MacMillan, 2004, p.5.

것으로 인식된 경우가 많았다. 〈더티 댄싱(Dirty Dancing)〉과 〈댄서의 순정〉에서 보여주는 춤들도 제목에서 보이듯이 저속하다는 뉘앙스가 짙게 깔려 있다. 그럼에도 불구하고 이 두 편의 영화는 춤을 통해서 인간의 아름다운 사랑이 결실을 맺는 내용으로 전개된다. 과연 이 영화에서 추는 춤은 저속한 춤이었는가?

'춤을 추는 사람들은 저속하다'라는 의미의 〈더티 댄싱〉은 1987년 아돌리노(Emile Adolino)가 감독한 미국 영화이다. 그는 1992년 〈시스터 액트(Sister Act)〉와 같이 댄스 음악 영화 흥행에도 성공했고, 러시아에서 망명한 발레리노이자 영화에 도전한 미하일 바리시니코프에게 연기를 지도한 감독으로도 유명하다. 이 영화를 통해 주인공이었던 스웨이지(Patrick Wayne Swayze)와 그레이(Jennifer Grey)는 톱스타의 반열에 올라 유명세를 탔으며 폭발적인 인기와 함께 전 세계에 라틴 댄스의 열풍을 일으켰다.

이 영화는 주인공의 가족이 간 피서지에서 생긴 일을 그린 것이다. 그곳에서 주인공은 저녁마다 열리는 댄스파티에서 남녀가 신나게 추는 커플 춤에 매료되고 댄스 경연 대회까지 나가게 된다. 남녀 주인공은 다양한 라틴 댄스를 추기도 하고 살사 음악과 춤으로 환상적인 호흡을 맞추고 연습을 거듭하는 과정에서 서로 사랑하게 된다. 청춘 남녀의 사랑을 주제로 한 이 영화는 화려한 영상에서 들리고 보이는 모든 음악과 춤을 유행시키면서 사람들에게 라틴 댄스에 대한 강렬한 인상을 남겨준다. 이에 힘입어 댄스 스포츠가 대중적으로 큰 인기를 끌 수 있는 계기도 마련했다. 당시 이 영화를 흥행할 수 있게 한 대표적인 요소는 살사 음악과 춤이었다. 이는 미국뿐만 아니라 전 세계적으로 많은 사람들에게 환호를 받았으며, '더티 댄싱 2'의 인기를 이끌어내기도 했다.[197]

---

197 http://www.youtube.com/watch?v=WpmILPAcRQo

2005년 한국에서 개봉된 〈댄서의 순정〉은 박영훈 감독의 작품으로 영화배우 문근영과 뮤지컬 배우 박건형이 출연한 영화이다. 극 중에서 중국에서 건너 온 문근영은 무용수인 친언니를 대신해 댄스 스포츠 선수로 변신한다. 이 영화에서 문근영은 한때 최고의 무용수로 촉망 받던 박건형에게 춤을 배우고 성장해가면서 이 둘은 서로 신뢰하게 되고 결국 사랑에 빠지게 된다. 그들이 추던 춤은 두 사람의 신뢰를 바탕으로 형성되고 이 과정에서 일어나는 다양한 해프닝은 신체 접촉이라는 매개를 통해서 이루어진다. 주인공들은 춤을 배우고 훈련하는 과정이 고통스럽고 힘이 들지만, 댄스 스포츠 경연 대회에서 환상적인 이인무의 완벽한 무대를 공연해냄으로써 기쁨과 환희를 맛본다. 이와 동시에 영화는 행복한 결말을 맺는다.

이 영화에서 전달하고자 하는 것은 영화의 줄거리 이면의 낳은 징보, 즉 인간의 사랑, 도전의 미학, 성취감의 카타르시스 등이다. 예를 들면, 영화를 찍기까지 힘들게 연습해왔을 과정들, 그들의 완성도 있는 춤을 위한 땀과 노력이 연기와 완벽한 조화를 이루게 되는 과정, 몸과 몸이 부딪히는 과정에서 창조되는 사랑 등을 춤이라는 매체를 통해서 관객에게 전달하고자 한다. 이 영화에서 춤을 추는 주인공들의 이야기는 이를 보는 대중에게 감동과 재미를 주기도 하지만, 룸바, 차차차, 탱고, 살사와 같은 라틴 댄스가 카바레에서 성인 남녀가 추는 불건전한 것이라는 사회적 인식을 긍정적으로 바꾸는 데에도 큰 역할을 한다. 또한 라틴 댄스 및 댄스 스포츠에 대한 관심과 열기를 불어 넣어 주기도 했고 경험해 보지 못한 새로운 춤에 대한 매력을 느끼게 해주기도 했다.[198]

이 두 편의 영화가 우리에게 시사하는 것은 그동안 저속하다고 생각했던 춤이 주인공의 구애와 사랑을 표현하고 이어주는 매체가 되고 있다는

198 http://www.youtube.com/watch?v=Vzqul2zobls

것이다. 이는 춤이 인간의 삶을 윤택하고 신명나게 하며 인간의 행복을 이끌게 하는 매개로서 큰 역할을 하고 있음을 인식하게 한다. 또한 역사적으로 일반 대중에게 불건전한 행위로 인식되어왔던 춤이 등장인물의 구애와 사랑의 수단으로, 그리고 춤 경연을 통해 발전되는 인간의 성취감으로 표현되고 있음을 보여준다. 또한 춤을 추는 행위가 사람들의 마음을 감동시키는 매체로 다가가면서 곱지 않은 시선으로 보아왔던 춤에 대한 사회적 편견과 의미의 변화를 이끌고 있다. 이와 같이 영화는 공연 극장이라는 작은 공간에서는 불가능한 춤의 대중화와 사회적 위치를 필름이라는 매체를 통해서 그 의미를 확장하고 있다.

② 탱고의 기억: 〈여인의 향기〉

알 파치노(Al Pacino) 주연의 영화 〈여인의 향기〉에는 시각 장애인이 된 퇴역 장교 알 파치노가 한 레스토랑에 들어온 무명의 여성과 함께 탱고를 추는 장면이 나온다. 알 파치노의 탱고는 매우 섬세하고 부드럽게 표현되었는데, 이는 알 파치노가 아카데미 남우주연상을 받는 데 크게 기여한다. 이 영화에서 알 파치노는 철학적이면서 시적인 분위기를 풍기는 괴팍한 성격의 소유자이자 지난 사랑의 향기를 느끼고 기억하는 진실한 사람으로 등장한다. 여행을 떠나는 그의 가족들은 앞을 보지 못하는 알 파치노를 위해 크리스 오도넬을 도우미로 채용한다. 그는 하버드 대학을 가기 위해 준비하고 있는 모범생으로 잠시 알 파치노를 돌보는 일을 맡게 된다. 이 두 사람은 멋진 레스토랑에 가게 되고 그곳에서 알 파치노는 자신이 기억하는 여인의 비누 향을 가진 아름다운 여성을 만나게 된다. 알 파치노는 그녀에게 다가가 탱고를 추자고 권한다. 머뭇거리던 그녀는 앞을 보지 못하는 알 파치노의 이끌림에 무대로 나서게 되고 이 두 사람은 멋진 탱고를 추게 된다. 이를 지켜보던 오도넬은 알 파치노의 여성관과 인생관을 지켜보며 시각 장애로 자신의 어두운 삶에 대해 비관하고 자살을 시도하는 그에게 새로운 삶의 의미를 인지하게 한다. 이 둘은 서로를 이해하고 알게 된다. 이후 알 파치노는 오도넬이 다니는 학교에서 힘든 상황에 처해 있음을 알게 된다. 그는 오도넬의 아버지 자격으로 학교에 가 어려운 상황을 풀어준다. 집으로 안전하게 되돌아 온 알 파치노는 그의 가족과 함께 다정스럽게 이야기한다. 이처럼 이 영화에서는 전쟁에서 시각 장애인이 된 한 사람의 인생 여정을 잔잔한 이야기로 그려내고 있다.

로이스에 의하면, 춤은 운동 감각적인 소통 외에도 시각, 청각, 촉각, 후각 등 다중 경로를 통해 소통이 이루어진다고 했다. 그렇기 때문에 조금 더 강력한 의사 전달 체계를 가지고 있다고 했다. 영화 〈여인의 향기〉는 바로 이러한 춤의 힘을 완벽하게 실현시킨 영화로 모든 관객의 시선을 끌었다 해도 과언이 아니다. 이 영화에서 탱고를 추는 장면은 단 한 번밖에 없다. 그럼에도 불구하고 이 장면은 영화의 이야기 못지않게 관객의 시선을 끄는데, 그것은 바로 인간의 본능적 감각인 후각의 기억과 촉각에 의지한 몸의 운동 감각으로 춤의 의미를 확장한 알 파치노의 탱고가 있었기 때문이다. 이처럼 인간의 슬픔과 사랑의 열정이 녹아 있는 춤은 많은 사람들을 감동시킬 수 있는 소통을 하고 있다. 이 영화가 바로 그것을 증명해주고 있다.

③ 무용수의 꿈: 〈블랙 스완〉

〈블랙 스완(Black Swan)〉은 아로노프스키(Darren Aronofsky, 1969~) 감독의 미스터리 스릴러 영화이다. 극 중에서 나탈리 포트만은 주인공이자 프리마돈나인 니나 역을 맡았고, 뱅상 카셀은 뉴욕 발레단의 예술 감독 역을 맡았으며, 밀라 쿠니스는 흑조 역의 적격자인 릴리 역을 맡았다. 이 영화는 훌륭한 퍼포먼스를 위해 자신을 희생하는 무용수의 삶을 그려낸 작품으로 무수한 영화제에서 여우주연상, 촬영상, 음악상 등을 휩쓸었고 전 세계의 대중들에게 폭발적인 인기를 끌었다. 이 영화에서는 발레단에서 프리마돈나로 활동하고 있는 무용수를 대상으로 최고가 되려는 욕망과 이 과정에서 겪게 되는 갈등을 심리적인 관점에서 다루고 있다.

일반적으로 블랙 스완은 진귀한 것, 존재하지 않는 것, 불가능한 것, 발생 가능성이 없는 것처럼 보이는 것이 일단 발생하면 엄청난 충격과 파급 효과가 나타난다는 것을 의미한다. 이는 오스트레일리아에서 모든 백조는 흰색이라는 생각을 뒤엎었던 흑조의 발견 이후에 생겨난 의미이다. 즉, 흑조가 나타난다는 것은 극단적으로 예외적이기 때문에 발생 가능성에 대한 예측이 거의 불가능하다. 그러나 일단 흑조가 나타나게 되면 엄청난 충격과 파장을 일으키기 때문에 발생 후에나 적절한 설명이 가능해진다는 것에서 생긴 의미이다. 한편, 프로이트의 계승자로 인간의 욕망 이론을 정립한 라캉(Jacques Lacan, 1901~1981)은 정신 분석학적 개념인 '오브제 아(Object petit a)'라는 용어를 창안했다.[199] 이는 욕망의 근원이자 가상할 수 있게 만들어주는 에너지의 원천으로 나와 닮은꼴, 즉 제2의 자아(alter ego)를 말한다. 프로이드는 제2의 자아, 즉 내면화된 타자가 자아에 대해 파괴적 작용을 하기도 하는데, 이때 타자의 갈등이 내면화되고 자기 자신과의 갈등 관계로 전화되어 결국 자아의 빈곤과 자기 공격성으로 이어진다고 했다. 이 영화에서는 사악한 흑조 역을 소화하지 못하는 주인공 무용수가 흑조 역을 훌륭하게 연출해내는 친구를 자신 속의 타자로 끌어들여 흑조 역을 거침없이 해내면서 자신의 욕망을 채우고 소진하는 것으로 표현된다.

이는 구자룡의 논문에서 자세하게 묘사되고 있다. 그는 라캉의 '오브제 아(Object a)' 개념을 적용해 영화 〈블랙 스완〉에 나타난 대타자의 파괴적 욕망에 대해 설명했다. 그리고 〈블랙 스완〉에 등장하는 인물들의

---

199 J. Lacan, *Ecrits: a selection*, Trans. from the French by Alan Sheridan, London: Tavistock, 1980.

대화를 분석하면서 타자를 통해 얻고자 하는 욕망의 불가능성에 대해 구체적인 사례를 들어 설명했다. 그에 따르면, 영화 〈블랙 스완〉에서는 바로 불가능한 것을 가능하도록 하는 인간의 심리적 자아인 '오브제 아'가 주인공인 니나는 물론 어머니와 예술 감독을 통해서 재현된다.[200]

이 영화에서 발레리나 니나는 〈백조의 호수〉의 주역인 백조와 흑조의 1인 2역을 훌륭하게 소화할 수 있는 무용가를 꿈꾼다. 이렇게 두 가지 역을 함께 하기 위해서는 피나는 노력과 고난도의 테크닉 수련 그리고 몰입이 된 감정 연기가 필요하기 때문에 훌륭한 발레리나가 되기 위해서는 혹독한 훈련 과정을 거쳐야 한다. 그리고 주역이 된 발레리나는 배역의 삶 속에 파묻혀 자신의 자아를 거의 소멸시켜버린다. 〈블랙 스완〉의 주인공 발레리나인 니나는 자신의 삶 속에 깊숙이 들어온 어머니와 예술 감독에 의해 지배당한 자아를 찾기 위해 고군분투한다. 그러나 최고의 발레리나가 되지 못한 니나의 어머니, 그리고 백조와 흑조 역을 동시에 훌륭하게 소화해 낼 수 있는 무용수를 찾던 예술 감독은 자신의 내면에 숨어 있는 '오브제 아', 즉 자신의 욕망과 닮은꼴이자 그들의 욕망을 채워줄 제2의 자아를 실현하기 위해서 니나를 그 대상으로 선택하여 조종하려 한다. 어머니는 자신의 실수로 발레리나의 꿈을 접은 상태에서 예전에 이루지 못한 자신의 '오브제 아'를 찾고자 그녀의 딸이 프리마돈나가 되어야 한다고 종용한다. 예술 감독 역시 백조와 흑조의 역할을 동시에 완벽하게 소화해내는 니나의 숨은 끼가 발휘되기를 원한다. 그리고 니나는 '오브제 프티 아'로서 완벽한 흑조 연기를 향한 제2의 자아를 흑조의 특성을 완벽하게 소화하는 다른 무용수인 릴리에게서 찾으려고 한다.

영화 속에서 니나는 연약하지만, 정교한 테크닉으로 순수하고 우아한

200 구자룡, "영화 〈블랙 스완〉에 나타난 대타자의 파괴적 욕망: 라캉의 'Object a' 개념 및 욕망의 불가능성을 중심으로", 『영어권문화연구』 4권 1호, 2011.

백조를 연기하는 데에는 최고로 꼽히는 발레리나이다. 따라서 예술 감독은 자신이 새롭게 각색한 〈백조의 호수〉의 공연을 앞두고 니나를 주역으로 발탁한다. 그러나 니나는 백조와 흑조의 1인 2역을 하는 데 있어서 백조를 연기하는 것과는 달리 무대를 압도하는 카리스마와 관능적인 매력을 뿜어내는 도발적이고 차가운 흑조 연기를 하기에는 매우 부족하다. 그러나 흑조 연기를 잘하는 다른 무용수 릴리의 닮은꼴인 제2의 자아가 우여곡절 끝에 성공적으로 연출되면서 내면에 감춰진 어두운 면을 서서히 표출하게 되고 불가능하다고 생각했던 흑조 역을 성공적으로 연출해 낸다. 그러고는 숨을 거둘 정도로 탈진한다.

이 영화에서 관객에게 전달하고자 하는 것은 최고의 프리마돈나가 되고자 하는 욕망, 인간이 성취하지 못한 것을 타자에 의해 성취하려는 욕망, 이를 거부하지만 발레리나 역시도 자신이 추구하는 제2의 자아를 찾으려는 욕망과 같이 인간의 무의식 속에 존재하는 심리적 욕망은 끝이 없다는 것이다. 그리고 발레라는 매체를 통해서 불가능한 것이 가능한 것으로 무섭게 전이되는 과정을 보여주고자 한다. 또한 자신이 대상으로 하는 제2의 자아를 통해 최상의 흑조 역으로 발레 예술을 승화시키면서 완전히 소진되어 최후를 맞는 예술가의 삶을 보여주기도 한다. 이를 통해서 영화는 춤을 통해 또 다른 차원의 심리적 감각을 확장시키고 있다.

④ 태양의 상징: 〈왕의 춤〉

영화 〈왕의 춤〉은 17세기 프랑스를 배경으로 궁정 무용의 르네상스를 존재하게 했던 루이 14세가 음악가이자 정치가인 륄리와 극작가 몰리에르(Moliere, 1622~1673)와의 관계 속에서 겪게 되는 사건을 풀어낸 시대극이다. 이는 벨기에 출신 코르비오(Gerard Corbiau, 1941~)가 감독을 맡은 작품으로, 음악과 연극을 매개로 인간의 욕망과 콤플렉스를 밀도 있게 다루고 있다. 제라르는 다큐멘터리 작가로 유명하며, 〈가면 속의 아리아〉

로 화려하게 데뷔한 인물이다.

영화 〈왕의 춤〉은 루이 14세의 어머니와 그녀를 따르던 재상 마자랭 그리고 대지주의 권력 투쟁으로 일어난 프롱드 난에서부터 시작된다. 어린 나이에 어머니의 섭정을 견제하는 귀족들의 반란을 목격한 루이 14세는 불신과 두려움으로 누구도 믿지 못하는 고독한 군주가 된다. 그의 고독을 달래주는 것은 춤추는 것이었다. 그는 왕실 악단의 지휘자이자 작곡가인 륄리와 왕실 극단의 연출자이자 극작가인 몰리에르와 친분을 쌓으며 자신의 두려움을 춤으로 달랜다. 이들과 함께 제작한 그의 춤은 화려한 의상과 무대 장치, 음악과 연극을 총동원한 스펙터클로 루이 14세의 권력과 위엄을 드러내는 정치적인 것이었다. 이렇게 웅장한 공연을 만들어 낸 륄리와 몰리에르는 혼신을 다해 음악과 연극으로 춤추는 루이 14세를 절대 권력자를 상징하는 태양왕의 자리에 오르게 한다. 그들은 왕의 야심을 은밀하게 대변하는 신랄한 풍자극을 만들었고 궁정 발레를 왕의 발레로 각색해서 왕이 장악한 사회와 권력을 상징적으로 보여주고자 했다. 즉, 춤추는 왕은 곧 국가임을 천명하고자 했다.

영화에서 그려지는 루이 14세의 춤은 태양이 그려진 금빛 의상을 입고 온몸을 금빛으로 칠한 상태에서 왕으로서 존귀함과 정치적 입지를 보여 주듯 거만하고 힘이 있는 군주의 모습으로 표현된다. 그의 발은 무대 바닥에 강하게 그라운딩된 상태이고, 그의 몸은 곧고 바르게 펴진 상태에서 손은 명령하듯 직접적이고 탄력적이며 차분하게 움직인다. 이 춤은 어두운 세상에 빛을 가져다주는 떠오르는 태양의 상징이었으며 우주의 중심을 상징하는 것이었다. 이 영화의 소재가 되었던 루이 14세의 춤과 륄리의 음악 그리고 몰리에르의 문학은 한 국가를 지배할 정도로 시너지 효과가 대단한 위력을 지닌 것으로 표현된다. 이 영화에서 묘사하는 륄리의 권력에 대한 집착과 몰리에르의 종교인들의 권력에 대한 비판은 그들의 정치적인 입지를 지키고 루이 14세의 예술성과 권력을 옹호하기 위한 것이었다. 그러나 절대 왕권을 쥔 루이는 더 이상 귀족과의 대립을 피한 채 이 두 예술가를 배신한다. 처절한 왕에 대한 사랑과 기다림에도 불구하고 륄리와 몰리에르는 루이의 정치적이고 실리적인 판단과 냉혹한 권력 앞에서 처참하게 무너진다. 그럼에도 불구하고 이 영화에서 보여주는 그들의 예술에 대한 사랑과 감성 그리고 욕망은 루이 14세의 춤과 정치를 존재하게 하는 근원으로 상징된다. 그리고 춤이 인간의 불안한 심리를 치유하는 의미이자 권력을 쟁취하는 수단으로 그 의미가 확장된다.

⑤ 사교춤과 삶의 활력: 〈쉘위댄스〉

〈쉘위댄스(Shall We Dance)〉는 1996년 일본의 스오 미사유키가 감독과 각본을 한 영화이다. 이 영화는 일본인 중산층 가정의 일상을 그린 작품으로 40대 샐러리맨이 춤을 통해 삶의 활력을 되찾는다는 이야기가 전개된다. 이 영화는 일본인들이 일상에서는 접하기 어려운 사교춤을 소재로 이야기를 담아냄으로써 대중들의 관심을 불러일으켰다. 미국에서는 2004년 피터 첼섬 감독이 이 영화를 리메이크해서 하와이 국제 영화제에서 초연되었고, 인기리에 상영된 바 있다.

〈쉘위댄스〉는 남편과 아내, 딸 등 3명의 식구와 사교춤 강사 및 탐정 등에게 일어나는 해프닝을 그려낸다. 남편은 결혼 후 가족을 부양하기 위해 그리고 집을 사기 위해 회사 일에 파묻혀 산다. 그러나 집을 사고 난 후 반복되는 삶에 권태감을 느끼고 허탈감에 빠져 그의 무료함을 달래기 위해 사교춤을 추면서 한 여성을 만나게 된다. 그 여인은 사교춤을 전문적으로 가르치는 아리따운 강사로 목표 지향적이고 자기주장이 분명하다. 중년의 가장으로 무력함을 고백하는 남편과 꿈의 좌절로 방황하고 있던 강사는 서로를 이해하게 되고, 춤 경연 대회에 파트너로 참가하는 과정에서 매우 친한 친구가 된다. 그의 아내는 남편과 아이의 뒷바라지를 하던 전업주부로 지내다가 중년의 나이에 직장에 취직하여 새로운 삶에 대한 기대감으로 충만해 있지만 남편의 일탈에 괴로워한다. 마침내 탐정에게 남편과 강사의 일탈을 추적하도록 제안한다. 딸은 아버지와 어머니의 서먹서먹한 관계를 개선하기 위해 아버지로 하여금 어머니에게 사교춤을 가르쳐주도록 제안한다. 결국 이 두 사람은 사교춤을 춤으로써 딸을 위한 한 가정의 가장과 어머니로 거듭난다.

이 영화의 주요 소재가 된 사교춤은 화려한 의상을 입고 두 남녀가 몸을 서로 밀착해서 추는 것이 특징이다. 그래서 파트너와 호흡을 맞추는 것이 매우 중요한 요소가 된다. 사교춤은 남자의 리드에 따라 추는 것이 일반적이므로 여성은 보통 남성의 리드에 따라가게 된다. 이런 점에서 사교춤은 남성과 여성이 함께 친밀감을 느낄 수 있는 수단이 되기도 한다. 하지만 이 영화에서는 여성들의 사회 진출에서 비롯된 성 역할 구분의 모호함 때문에 상대적으로 작아진 남성의 일탈 수단으로 표현되기도 했고, 부부 간의 애정을 확인하는 수단으로 표현되기도 했다. 결과적으로 이 영화에서는 중년층 일본인들에게 비일상적인 사교춤을 통해서 평범한 부부의 일탈과 애정 그리고 자식에 대한 끈끈한 사랑을 표현하면서 춤의 의미를 확장하고 있다.

⑥ 뮤지컬 영화: 〈사운드 오브 뮤직〉

〈사운드 오브 뮤직(Sound of Music)〉은 제2차 세계 대전 중 나치를 피해 미국으로 망명한 마리아 본 트랩의 자전적 소설〈트랩가 가수 이야기(The Story of the Trapp Family Singers)〉(1949)을 배경으로 와이즈(Robert Wise, 1914~2005)가 감독한 뮤지컬 영화이다. 그는 또 다른 뮤지컬 영화 〈웨스트사이드 스토리(Westside Story)〉로 유명세를 타기도 했다.

줄리 앤드류스와 크리스토퍼 플러머가 주인공으로 출연한 이 영화에서는 가정 교사로 들어온 수녀가 아내를 잃고 아이 일곱을 엄격하게 키우는 대령과 애틋한 사랑을 나누는 이야기가 전개된다. 가정 교사인 수녀는 아버지를 두려워하는 아이들을 춤과 노래로 밝고 명랑하게 돌보며 아름다운 가정을 꾸리게 된다. 또한 대령은 오스트리아의 장교로서 나치의 점령에 굴복하지 않는 애국정신을 표현하고 있다. 이 영화는 이렇게 딱딱한 분위기에 춤과 음악을 매개함으로써 전 세계적으로 가장 큰 사랑을 받은 사상 최고의 뮤지컬 영화가 되었다.

이 영화에서 손꼽을 수 있는 요소들은 알프스를 배경으로 하는 아름다운 풍경과 음악 그리고 춤이다. 영화의 시작은 마리아가 자신이 들어갈 수도원을 찾아가는 장면에서부터 시작된다. 그곳에서 기도를 하던 마리아는 미사 시간을 놓칠 정도로 노래를 좋아하고 춤을 좋아했으며 알프스의 아름다운 자연과 풍경을 즐기는 순박한 소녀와 같다. 순수하고 밝은 성격을 가진 마리아는 수도원장의 귀여움을 받는다. 이후 원장은 수도원 생활에 어울리지 않는 마리아를 7명의 자녀를 둔 명문가로 알려진 트랩 대령의 가정 교사로 추천한다. 트랩 대령은 홀아비로 아이들을 군대식으로 엄격하게 키우기로 유명하다. 그래서 아이들은 가정 교사로 들어온 마리아의 밝고 명랑한 성격을 좋아했고 그녀가 즐거운 노래와 춤을 가르쳐주는 시간이 매우 즐겁고 행복했다.

얼마 후 마리아는 트랩 대령을 사모하게 되지만 그는 약혼녀를 맞이하기 위해 빈으로 떠난다. 마리아는 트랩 대령의 약혼녀가 방문할 것을 대비해서 그들을 맞이하기 위한 공연을 준비한다. 그녀는 자연의 아름다운 풍경 속에서 아이들에게 노래와 춤을 가르치고 대령이 그의 약혼자와 돌아오는 날 깜짝 공연을 한다. 마리아와 아이들은 인형 놀이를 위해 맡은 역할에 맞는 노래와 몸짓으로 인형의 움직임을 조종한다. 이에 감동한 대령은 아이들의 공연에 화답하는 노래를 한다. 이는 아내를 잃기 전 그의 모습이었고 아이들은 그의 모습에 감동한다. 트랩 대령은 그의 약혼을 위한 파티를 열고 즐거운 시간을 갖는다. 그리고 마리아와 파트너가 되어 서툴게 춤을 추는 아들을 대신해 그녀와 함께 춤을 춘다. 이 춤은 바로크 시대의 춤을 기본으로 발전된 오스트리아의 왈츠로 이를 통해 두 사람은 감춰두었던 서로의 애정을 확인한다. 이들이 사랑의 눈빛으로 춤추는 모습을 본 약혼녀는 마리아에게 수녀로서의 본분을 잃지 말라고 비난하고 마리아는 자신의 마음을 숨긴 채 몰래 수도원으로 떠나버린다. 이에 아이들과 트랩 대령은 마리아를 그리워한다. 수도원에 돌아온 마리아의 고민을 알게 된 원장은 마리아에게 아이들과 대령에 대한 사랑을 지켜가길 권유하고 용기를 낸 마리아는 다시 트랩 대령의 집으로 돌아온다. 사랑이 없는 새어머니를 맞이해야 했던 아이들은 마리아가 돌아오자 기쁨을 감추지 못하고 트랩 대령 역시 마리아의 귀환에 자신의 어렴풋했던 사랑의 마음을 확인한다. 이를 본 약혼녀는 결혼을 포기하고 떠나고, 마리아와 트랩 대령은 모든 사람의 축복을 받으며 결혼한다. 신혼여행 중 나치가 오스트리아를 점령하고 트랩 대령은 나라를 잃은 슬픔에 잠긴다. 그에게 나치에 충성할 것을 강요하고 체포하려 하자 타국으로의 망명을 결심한다. 망명의 순간은 트랩가가 합창 경연 대회에 참여해 나치의 감시를 따돌리는 긴박한 상황 속에서 이루어지고 알프스 산을 넘어 자유를 찾아가는 트랩가의 모습으로 영화는 막을 내린다.

이 영화에서 우리에게 감동을 주는 것은 실화를 바탕으로 이루어진 정치적인 애국과 한 가정의 행복을 이끄는 인간의 사랑이다. 그리고 이러한 이야기를 아름답게 풀어가는 마리아와 트랩 대령의 오스트리아 민속춤 그리고 아이들의 노래와 춤이다. 알프스의 아름다운 풍경을 배경으로 아이들이 즐겁게 부르는 〈도레미〉송과 오스트리아에 대한 사랑을 나타내는 〈에델바이스(Edelweiss)〉 그리고 수도원 원장이 마리아에게 불러주는 〈산 위로 올라(Climb Every Mountain)〉도 재미와 감동을 확장시켜주고 있다. 그러나 마리아와 트랩 대령의 사랑을 확인하게 해 준 오스트리아 엘리트 집단의 민속춤과 파티에서 마지막 인사를 하는 노래에 맞춰 아이들이 추는 일상적인 춤 등은 영화가 대중에게 전달하고자 하는 의미를 더욱 확장시키고 있다. 이처럼 필름이라는 매체 속에 다양한 요소들을 융합해 표현하고자 하는 내용을 녹여내고 있는데, 그중에서도 음악과 함께 보이는 무언의 춤이 영화를 보는 눈과 귀를 한층 더 즐겁게 하고 있다. 이를 통해서 춤이 영화에 등장하는 배역의 감정을 소통하고 확인할 수 있는 수단으로 그 의미를 확장하고 있음을 볼 수 있다.

⑦ 3D 무용 영화: 〈피나〉

〈피나(Pina)〉는 영화감독 벤더스(Wim Wenders, 1945~)가 바우쉬(Pina Bausch, 1940~2009)의 춤을 기록한 디지털 3D 영화로, 2011년 제61회 베를린 국제 영화제에서 초연한 작품이다. 벤더스는 독일의 후기 현대무용가 피나가 무대 위에서 공연한 〈카페 뮐러〉를 보고 감동과 충격을 받았고 그녀의 춤에 매료되었다. 빔은 한 시대와 지역의 문화를 경이롭게 읽어내 아름다운 몸짓과 독특한 안무 기법으로 포스트 예술 시대를 선도한 피나의 공연을 보고 큰 문화적 충격을 받았고, 그녀의 현대 예술에 대한 경외심으로 서로의 만남을 추진했을 것이다. 그는 피나가 타계하기 전, 그녀와 함께 아름다운 춤의 세계를 영상 스크린에 담기로 약속했다. 당시 빔은 피나의 작품을 담은 최상의 영화를 만들고 싶었지만 3차원의 역동적인 춤을 제대로 기록할 수 있는 영화 기법을 찾지 못했다. 그 이유는 춤은 현장에서만 느낄 수 있는 묘한 매력을 가지고 있고, 3차원의 무대에서 역동적이고 입체적으로 볼 수 있는 특성 때문에 평면 스크린에 투영되는 영화로 담아내는 데에는 많은 어려움이 있었기 때문이다. 그러던 중에 피나의 갑작스런 죽음을 접했고 그녀와 약속했던 영화 제작의 계획은 자연스럽게 무산되고 말았다.

그러나 몇 달이 지난 후 피나가 창단한 탄츠테어터 부퍼탈(Tanztheater Wuppertal) 단원들은 빔을 찾아가서 피나를 추모하고 그녀의 춤을 기록하기 위해 그녀와 함께했던 시간에 대한 자신들의 기억과 춤을 모아 영화 제작에 참여하겠다고 했다. 빔은 피나와의 약속을 지키기 위해 가장 효과적으로 현장감과 입체감을 나타낼 수 있는 3D 영상 기법으로 두 사람이 계획했던 영화 제작에 돌입했다. 빔은 피나의 작품 중 가장 인상적인 작품을 선정해서 그녀의 삶과 무용관을 기억하는 단원들의 진솔한 구술과 그녀의 작품을 설명하는 내레이션과 함께 다큐멘터리 형식의 아름다운 영상을 만들기에 이른다. 이 영화에 기록된 피나의 작품은 〈봄의 제전(Le Sacre du Printemps)〉과 〈카페 뮐러(Cafe Muller)〉 그리고 〈콘탁트호프(Kontakthof)〉와 〈보름달(Vollmond)〉 등 과거부터 현재까지 관객들에게 가장 인기 있던 작품들이다.

피나는 유럽 현대 무용의 대가였던 라반의 탄츠테아터(Tanztheater) 개념을 자신의 춤에 그대로 적용한 인물로 평가되고 있다. 탄츠테아터는 춤과 연극의 극적 요소가 통합된 독일식 표현주의 무용으로, 유럽 현대 무용의 아버지 루돌프 라반과 그의 제자, 마리 뷔그만, 쿠르트 요스로 이어져 요스의 제자, 피나 바우쉬와 뷔그만의 제자, 수잔 링케 등 후기 현대 무용가들의 작품에 지대한 영향을 미친 현대 예술의 한 형태이다. 피나가 창단한 탄츠테아터 부퍼탈의 공연 형식은 일상적이거나 추상적이고 즉흥적인 춤과 사건을 이야기하는 극적 요소, 멜로디가 있는 노래나 이야기, 자연을 배경으로 한 무대 장치와 독특한 의상, 세계 여러 나라나 도시의 문화적 정체성과 인상, 동시대의 상황, 전위적인 표현 방식인 해프닝, 무용수와의 상호 작용 등을 몽타주나 콜라주 기법으로 결합해 총체적인 무용극으로 가시화한다.

한편, 벤더스는 독일의 영화감독이자 사진 작가, 극 작가로 동서로 나뉜 독일의 이념 대립 상황에서 인간이 살아가야 하는 이유와 인간의 존재 이유에 대한 성찰을 통해 독일식 현대 영화를 만든 감독으로 알려져 있다. 그의 대표작으로는 〈사물의 상태(State of Things)〉, 〈파리, 텍사스(Paris, Texas)〉, 〈베를린 천사의 시(Wings of Desire)〉, 〈세상이 끝날 때까지(Until the End of the World)〉 등이 있으며, 3D 영화의 새로운 장을 연 방송 다큐멘터리 〈피나〉 이후 〈제목 없는 3D 건축 다큐멘터리(Untitled 3-D Architecture Documentary)〉를 제작했다.

3D 영화 〈피나〉에서는 춤과 디지털 영화 제작 기술의 만남으로 춤을 입체적으로 볼 수 있다. 이 영화에서 관객은 영화를 보면서 공연 무대 위에서 숨 가쁘게 움직이는 무용수의 몸짓과 표정 그리고 움직임의 역동성을 생생하게 볼 수 있다. 이는 마치 극장의 공연 무대 현장에 있다고 착각할 정도로 무용수의 호흡과 근육의 떨림 하나하나를 바로 눈앞에서 보는 듯하다. 또한 극장에 앉아 있는 좌석이 마치 무대 위의 한 공간을 차지한 듯한 것은 물론, 좌석 바로 옆에서 무용수들이 뛰어다니는 느낌마저 든다. 그래서 그동안 보아왔던 2차원의 춤 영화에서 입체적으로 볼 수 있는 영상으로 혁명을 이루어 몸과 몸짓의 가상성이 실제와 같이 확장되어 보이는 효과를 주고 있다.

이 영화는 4가지 작품의 부분들을 순서대로 나열하여 영화 전체를 구성한다. 여기서 무용수들은 피나의 교육법, 안무법, 무용 인생의 조언자, 미묘한 관찰력과 창작력 등을 이야기하며, 자신들이 피나의 안무 개념을 어떻게 받아들이고 그것을 어떻게 발전시켜 새로운 창작을 했는지 설명한다. 그러면서 한 사람 한 사람 자신이 탄츠테아터 부퍼탈에서 피나와 함께 호흡을 하며 일궈 낸 다양한 춤의 형태를 실제로 보여준다.

이 영화의 시작과 함께 처음 보여주는 작품은 〈봄의 제전〉이다. 이 작품은 발레뤼스의 안무가 니진스키가 러시아의 신화에 근거해 봄을 맞이하기 위해 처녀를 제물로 바치는 의식을 배경으로 창작한 것이다. 스트라빈스키의 작곡은 변박자, 러시아의 민요, 두 개의 조성이 동시에 존재하는 복조, 반복 기법, 즉흥적 연주, 조성을 파괴한 무조적 기법 등을 사용하여 원시인들의 그로테스크한 의식의 단편들을 민족주의적 원시주의로 강렬하게 표현한다. 이 작품의 안무 내용은 제1부와 제2부로 나뉜다. 제1부

113. 피마바우쉬의 〈카페 뮬러〉

에서는 대지의 찬양으로 바위를 숭배하는 원시 부족이 대지를 두드리며 봄이 오는 것을 축하한다. 춤을 추다 흥분한 청년들은 처녀들에게 구애 동작을 하고 쌍쌍이 전쟁놀이의 춤을 춘다. 부락의 장로들이 나타나 이들을 진정시키고 대지를 경배하는 예식을 한 후 대지의 춤을 추게 한다. 제2부에서는 희생의 제사로 젊은 남녀들이 모여 봄을 맞이하는 제물 의식을 시작한다. 아름답고 순결한 처녀가 간택되면 젊은 남녀들이 처녀의 주위를 돌며 격렬한 춤으로 봄을 찬양한다. 간택된 처녀는 신에게 바치는 희생의 춤으로 광란의 춤을 추면서 엑스터시로 몰아가다 숨을 거둔다.

영화 〈피나〉의 〈봄의 제전〉에서는 위와 같은 내용을 표현하지만 안무

구성과 움직임의 형태는 극장 공연과 차이가 있다. 영화는 처음에 손수레에 가득 채운 흙을 무대 전체의 바닥에 뿌리고 삽으로 고르며 덮는 장면으로 시작된다. 이는 대지의 찬양을 준비하는 의식이다. 살색 원피스를 입은 처녀들이 반복적인 구성과 움직임의 강약을 강조하며 인간이 황홀경에 빠지는 대지의 춤을 춘다. 그러면서 제물이 되기 싫어하는 처녀들의 춤과 의식을 주관하는 남성에 의해 한 여자가 간택되는 장면으로 이어진다. 간택된 처녀의 얼굴 표정은 두려움이 그득하고 그들의 신체는 떨림과 악센트가 공존하는 동작들로 구성된다. 간택된 여성이 대지 위에 빨간 천을 깔고 넋을 놓은 상태로 누워 삶을 포기한 듯 축 처져 죽어가는 동안 주위에서 의식을 행하는 사람들은 빠르고 강한 충격적인 동작들을 끊임없이 반복하고 있다. 이 춤은 마치 무당이 입신한 듯 엑스터시의 성격을 띠고 대지 위를 대각선으로 뛰어 나가거나 휘돌면서 극치에 다다른다.

〈봄의 제전〉[201]이 끝나면, 〈카페 뮐러〉[202]의 무용수 두 명이 테이블과 의자로 가득 채운 넓은 홀의 한 벽에서 기대어 춤을 춘다. 이 카페는 피나가 어릴 적 가끔 들어가 보았던 곳이라고 전해진다. 벽에 붙어 움직임을 시작하는 무용수들은 앞을 보지 못하는 한 여인이 되어 어두운 카페의 벽에 붙어 자신의 외로움을 표현한다. 벽에 몸을 기대거나 슬픔에 잠겨 우울하게 걷거나 넘어지는 두 여인이 대각선으로 혹은 지그재그로 흔들거리며 걸어 다니면 한 남성이 들어와 그녀들이 홀을 가로질러 걸어가거나 몸을 가누지 못하며 움직일 때마다 의자를 치우며 춤길을 만들어 준다. 하이힐을 신은 여성 무용수가 카페의 입구로 들어와 코믹한 탭으로 적막을 깬다. 두 여인은 부드러운 동작과 격렬한 동작의 조화로 공간에 두 여인의 내적 충동을 아름답게 그려나간다. 이어 남녀 무용수의 듀

201 http://youtu.be/NOTjyCM3Ou4

202 http://youtu.be/pEQGYs3d5Ys

엣에서는 또 다른 남자에 의해 수동적으로 움직임을 하면서 타인에 의해 지배되는 인간의 반복된 삶을 표현한다. 이는 똑같은 움직임의 구문으로 이루어졌지만 처음에는 느리게 하다가 점점 빨라지면서 거칠게 호흡이 이루어지는 단계까지 발전된다. 이 작품에서 표현하고자 하는 내용은 인간의 갈망, 외로움, 반복된 삶, 참견 등이다. 이 작품의 무대 배경은 미니멀하고 사실적이다. 그리고 여성 무용수들의 의상은 일상복과 긴 원피스 등이고, 남성들은 신사복, 평상복 등 현실감을 주는 포스트 현대풍이다. 작품 전체에서 느껴지는 분위기는 고독, 허탈감, 사랑 등이 지배적이다.

다음으로 이어지는 〈콘탁트호프〉는 2011년 1월 〈피나 바우쉬의 댄싱 드림즈〉로 상영된 영화의 소재가 된 작품이다. 이 영화는 춤을 모르는 평범한 소년소녀가 춤을 배워가는 과정에서 변화되는 모습을 감동적으로 보여주는 다큐멘터리로 엮어 낸 작품이다. 그들은 우연히 만나 춤을 추는 과정에서 서로의 문제를 공유하고 고통과 희열을 느끼며, 화합의 장을 만들어 나간다. 그리고 자신의 슬픈 가족에 대한 이야기, 사랑하는 사람에게 버림 받은 고통, 사회의 부조리 등을 춤을 통해 극복한다. 그러면서 자신들의 일탈이나 거친 행동, 폭력, 어두운 삶 등이 춤을 배우고 추는 과정에서 정제되고 변화되어가고 있음을 인식한다. 춤을 배우는 과정에서 청소년들은 자기 자신에 대한 발견과 희망을 찾을 수 있었다는 이야기를 하며, 자신이 생각하는 춤으로 표현한다. 그들의 움직임은 각 소재별, 개성별로 독특한 움직임을 창조한다. 〈피나〉에서 이 춤들은 여러 세대의 그룹들에 의해 다양한 지역에서 다양한 시간에 다양한 카메라 기법으로 촬영되어 각 공연자의 서로 다른 능력을 강조하는 춤으로 창조된다. 그 지역은 부퍼탈의 주변 곳곳에 있는 장소로 풍경이 특이하다.

마지막에 공연된 〈보름달〉[203]에서는 무대 위에 거대한 바위가 올라간

203 http://youtu.be/mFlTjWsK5tE

다. 그리고 그 바위 아래에는 실제로 물이 차 있고 비도 온다. 물 위에는 의자도 놓여 있다. 무용수들이 움직일 때마다 물방울이 아름다운 형태로 퍼져 나간다. 그들이 돌고, 뛰고, 미끄러지고, 바위 위에서 뛰어 내리고, 수영을 하면서 격렬하게 진동하는 움직임과 함께 만들어내는 물보라는 마치 무대 위에서 무용수들의 움직임이 확장되어 춤을 추는 것과 같다. 무용수의 격렬한 움직임에 물방울도 격렬해지고, 바위 위에서 뛰어 내릴 때에는 그 속도에 따라 다양한 모양의 물보라가 힘차게 튀어 올라간다. 무대 위에서 나타나는 움직임의 확장은 빔 반데스의 3D 영화 속에서 시각적 공감각과 움직임의 역동성으로 가시화되어 아름다움과 극적인 연출이 우리의 눈에 입체적으로 각인된다. 물에 젖은 머리카락과 의상이 휘날릴 때 물방울도 몸이 움직이는 연장선상에서 머리카락과 의상의 끝에서부터 진귀한 형태의 살아 있는 수선(水線)을 만들어낸다.

3D 영화 〈피나〉에서 보여주는 극적인 현대 무용에서 이들이 하는 행위는 춤인가, 연극인가, 삶인가, 놀이인가? 이는 춤과 인간의 움직임에서 비롯된 결과로 나타나는 극적 현상, 무대 장치와 의상, 상징적 이야기 등이 통합되어 탄츠테아터 부퍼탈의 정체성을 드러내며 관능과 지성으로 우리에게 다가온다. 빔 벤더스의 3D 영화는 피나 바우쉬의 작품 세계를 감각적으로 보여주고 있다. 마치 피나가 살아 있듯이. 영화 〈피나〉에서 보여주는 입체적 영상, 피나를 기억할 수 있는 구술, 주제와 내적 충동에 근거한 따뜻하고 격렬한 움직임, 일상적이고 화려한 의상, 자연과 삶을 상징하는 무대 장치, 독일식 음악과 다양한 국적의 무용수 등은 피나가 왜 춤을 추는지에 대한 답을 제시하면서 춤의 공감각적인 확장을 유도하고 있다.

이상에서 본 영화에서의 춤은 다양한 방식으로 인간의 감각을 확장시켜주고 있다. 〈더티 댄싱〉과 〈댄서의 순정〉에서는 춤을 통해서 인간의 구애와 사랑 그리고 성취감 등의 공감각을 느끼게 해주고 있다. 〈블랙 스완〉에서는 인간의 대리 만족과 불가능을 가능하게 하는 '오브제 아'의 파급 효과 그리고 배역의 심리로 빠져 들어가야 하는 예술가의 '오브제 아' 등으로 인간의 공감각을 이끌어내고 있다. 〈왕의 춤〉에서는 춤의 정치적인 의미와 음악과 문학 등 타 예술의 재매개를 통한 확장으로, 〈쉘위댄스〉에서는 일상에서의 탈출과 부모와 자식이 혈연으로 맺고 있는 가족 관계의 표현으로 한 시대를 살아가는 인간의 생각과 행동에 대한 공통 감각과 공감각을 제공하고 있다. 〈사운드 오브 뮤직〉에서는 애국과 사랑을 표현하는 음악과 함께 춤의 인간적, 정치적, 사회적, 예술적 의미를 확장시키고 있다. 마지막으로 피나 바우쉬에 관한 3D 영화 〈피나〉에서는 춤의 공감각적 확장과 입체적 영상, 무용수의 말, 자연과 조화된 춤, 인간의 내면 표현 등과 함께 자연을 상징하는 무대 장치, 독일식 음악과 다양한 국적의 무용수가 참여하는 탄츠테아터가 된다. 그리고 이를 통해서 인간의 삶과 사회의 문화를 이해할 수 있는 아름다운 세계를 창조하고 있다.

MEANING of DANCE

제4장

춤의 의미와 힘

POWER of DANCE

인간의 춤은 한 사회의 시대적 상황과 문화적 특성에 따라 그 의미와 형태가 달라진다. 왜냐하면 문화 유형의 주요한 결정 요인은 인간 사회 그 자체의 특성이 어떠한가에 달려 있기 때문이다. 또한 춤은 사회적 유대가 어떻게 유지되는가, 춤의 사회적 위치는 어떠한가에 따라 그 중요성이 결정된다. 왜냐하면 춤은 특수한 형의 사회집단에 의해 사용되고 그 문화유산으로부터 파생되기 때문이며, 그 집단의 요구와 미적 기준에 의해 결정되고 특정한 시대와 지역에 한해서 유용하기 때문이다. 따라서 모든 민족의 역사와 전통이 그 민족의 춤 문화를 형성하는 데 있어 매우 중요한 의미를 지니게 된다. 따라서 앞 장에서는 인간의 춤을 읽기 위한 인류학적 접근을 통해서 인류의 다양한 사회 안에서 발견된 서로 다른 춤의 문화 코드를 읽어보았다. 그리고 세계의 곳곳에서 이루어지는 춤의 양상이 민족이나 개인의 사회와 문화를 그대로 반영하고 있는지 알아보았다. 이 장에서는 앞 장의 문화 코드 읽기를 통해 드러난 내용을 근거로 인간이 추는 춤의 의미와 거기서 뿜어내는 힘이 어떤 위력을 가지고 어떤 방식으로 영향을 미치는지 알아보고자 한다. 그리고 다시 처음으로 돌아가 '인간은 왜 춤을 추는가'에 대한 답을 생각하면서 춤의 의미와 힘에 대한 보다 높은 이해의 폭을 넓히고자 한다.

1. 춤의 의미

1) 본능 표출과 카타르시스의 경험

본능은 인간의 고유한 행동으로 번식과 개체의 유지를 위해 적응하려는 행동이자 유전적으로 확립된 행동이다. 프로이트는 본능을 충동으로 해석하면서 본능은 내적인 충동이 관여하는 행동이자 연습이나 모방 없이 할 수 있는 행동이라고 정의했다. 인간은 내면 깊이 숨겨져 있는 본능, 즉 충동을 춤을 통해 나타낸다. 라반은 이것을 에포트(Effort)라 표현했다.

인간은 언어가 존재하기 전부터 본능을 표출하는 구애와 구혼의 수단으로 춤을 추었다. 이 춤들은 원시사회에서는 혼인을 위한 필수조건이었으며, 문명화된 사회에서도 성적 본능을 표출하는 유혹의 수단이자 탄생과 할례의 수단이었다. 〈봉산탈춤〉에서 영감의 애첩이 춤을 추는 모습이나 〈볼레로〉에서 남성의 춤이 표현한 황홀경 그리고 클럽에서 매혹적으로 춤을 추는 젊은 남녀의 춤들은 이성에게 성적 본능을 자극하려는 매력을 발산하며 구애하는 행위였다. 인간에게 있어 본능적으로 춤을 추는 것은 가장 자연스러운 행위이자 원초적인 행위이며 인간이 춤을 추는 이유이다.

한편, 카타르시스는 종교적 의미에서 정화를 의미한다. 아리스토텔레스는 인간의 비참한 운명과 비극을 보는 사람들에게 두려움과 연민의 감정을 유발시켜 어떠한 형태로든 이것이 순화되는 것을 카타르시스라 칭했다. 심리학자인 융은 이를 무의식적으로 내재되어 있는 억압된 감정이나 콤플렉스 등을 말이나 행동을 통해 외부로 표출함으로써 안정을 찾게 하는 방법이라 했다. 카타르시스에 대한 이들의 견해를 춤에 대입해보면, 춤을 추면서 절정에 이르게 되면 내면에 싸여 있던 욕구불만이나 심리적 갈등 그리고 억압된 자신의 불안을 경감하거나 해소시키고 고통으로부터 해방을 가능케 하는 카타르시스를 경험하게 된다. 즉, 마음을 정화하는 치유의 과정에 들어가게 된다. 따라서 인간은 종교적이고 영적인 힘에 이끌려 생사화복을 위한 의식에서 춤을 추었다. 그곳에서 이루어진 춤은 신과 인간을 이어주는 매개였고, 인간과 자연의 합일을 염원하면서 신성성에 접근하는 엑스터시였다. 인간은 이 춤을 추면서 본능적으로 느끼는 감정을 표현했고 춤을 통해 자신의 의지와 희로애락의 감정을 효과적으로 표출하며 카타르시스를 경험했다. 인간은 스스로 춤추기에 참여했고, 그 속에서 즐거움을 찾았으며, 서로 간의 정을 싹틔웠다. 이렇게 인간은 본능을 표출하고 카타르시스를 경험하면서 정신과 육체의 일상에서 해방되었고 춤의 세계와 하나가 되었다. 이 춤들은 숨이 차게 하는 춤, 진을 빼는 춤, 소용돌이치는 춤, 제자리에서 도는 춤, 원을 그리며 추는 춤, 몸을 틀어 회전하는 춤과 같이 평정과 균형 감각이 흔들리는 춤이 대부분이었으며 탈혼 상태에 이르는 쾌락적인 춤도 이에 해당된다. 이와 같은 속성은 샤머니즘의 전형으로 초자연적인 정신 상태에서 카타르시스를 통한 치유를 이끌고 있다.

2) 민족과 사회 문화의 표현

인간은 자신의 민족과 사회의 문화를 표현하기 위해 다양한 형태의 춤을 추었다. 그 춤들은 다각적인 문화 표현으로 다양한 민족의 문화적 표현이나 서로 다른 움직임 그리고 개성적인 사회에서 특별한 종교문화와 성문화 그리고 정치문화 등이었다. 그들이 추는 춤은 전통과 현대를 이어주는 가교 역할을 했고 한 민족이나 한 개인의 정체성을 확인할 수 있는 척도로 작용했으며 공동체의 의식을 실현하는 의미의 소통이었다. 그리고 춤을 통해서 공동의 문제를 인식하고 새로운 에너지를 얻기도 했으며 독특한 방식의 춤 문화를 창조하기도 했다. 예컨대, 태평양의 키리위나 섬에서 정숙한 소녀들이 상반신을 드러내고 춤추기를 했던 것은 그 민족의 문화이자 전통춤이었기에 가능했다. 유랑생활을 하던 집시의 롬족은 플라멩코의 정열로 떠돌이의 애환을 달랬다. 이 춤은 그들의 삶과 문화의 결정체로 롬족의 보헤미안적 자유 사상과 소외된 민족으로서의 애환을 동시에 그리며 민족의 정체성을 보여주는 춤이 되었다. 모계 사회를 유지하고 있는 나시족의 원무에서는 여성이 남성에게 손바닥을 긁으며 구애하는 행위를 하고 있다. 부계 사회에서는 흔하지 않은 문화 현상이자 현재 지구촌 전체의 보편적 현상과는 차별화된 사회의 모습이다. 이는 과거 모계사회에서의 여성관과 남성관을 볼 수 있는 또 하나의 척도가 된다.

원시 사회부터 현재까지 존재하는 스와힐리 사회에서 키아테제아 응고마는 '춤을 추다'를 의미한다. 그래서 응고마는 스와힐리의 사회적 계층을 표시하는 춤 중의 하나로서 그 민족의 문화적 특성과 춤의 사회적 역할을 보여주는 사회 문화의 표현이다. 칼룰리 사회에서 '기사로'는 아름다운 무용수를 태우는 의식이다. 그들은 죽은자에 대한 슬픔과 울부짖음을 무용수의 몸을 찌르고 태우며 정화시킨다. 무용수의 춤은 칼룰리 사회에서 가장 아름답고 슬픈 것이며 그 사회에서 무용수의 사회적 위상을 보여준다.[1] 중국의 〈비천무〉는 인도로부터 전해진 불교문화의 꽃이며, 돈황벽화의 상징이다. 중국인들은 〈비천무〉에서 천상과 현세를 연결하는 불교의 신념을 표현했다. 그리고 그들의 문화 표현은 동쪽으로 이어져 한국과 일본에 영향을 주었고 이후 새로운 문화 콘텐츠로 창조되어 상호 교류를 가능케 했다. 한국의 〈만석중놀이〉는 한민족이 가지고 있는 십장생의 전통철학을 그림자놀이로 표현한다. 이는 무념무상의 동양철학을 표현한 것이며, 인간사의 허무함을 분절된 동작으로 표현한 것이다.

---

1 D. 윌리엄스, 『인류학과 인간의 움직임: 무용연구』, 대한미디어, 2002, p.171-203.

이처럼 인간은 자신의 민족적 전통과 사회문화를 표현하며 춤의 의미를 확장시키고 있다.

이와 같이 민족과 사회의 문화표현은 점차 전 세계적으로 민족적 고유성을 의미하는 독특성, 인류사회의 가치와 춤의 본성을 구현하는 것을 의미하는 보편성을 동시에 존중하는 방향으로 재창조되고 있다.

2. 춤의 힘

춤은 인류의 삶과 생각 그리고 정신을 몸의 움직임을 통해 비언어적으로 소통하는 유일무이한 문화이자 예술 중의 예술이며, 인간을 생명체로 존재케 하는 근원이자 본질이다. 인간은 몸을 기본 도구로 사용해서 춤을 추며, 춤은 몸 자체가 도구이자 표현 수단이어서 창작자가 창작물 그 자체가 되어 즉각적인 반응을 불러일으킨다. 그래서 의사 전달적인 면에서는 타예술과 완벽하게 구별되는 몸짓의 운동 감각[2]을 수단으로 소통할 뿐만 아니라 이외의 다중 경로로 의사를 전달하기 때문에 막강한 힘을 가지고 있다. 그리고 춤은 인간이 사는 사회에서 창조되는 서로 다른 문화의 상징성과 사회성 때문에 같은 동작이라 할지라도 지역마다 사회마다 독특하고 색다른 의미를 내포하고 있다. 이 절에서는 이러한 춤의 의미와 힘에 대한 논의를 위해 춤의 의사전달적인 측면에서는 즉시적 현장성과 다중적 감각성에 대해 살펴보고, 춤의 사회 문화적 맥락의 측면에서는 문화적 상징성과 소통의 사회성에 대해 살펴보고자 한다.

---

2 감각이란 감각기관을 통한 자극의 지각이며, 이는 감각기관의 자극에 의해 생기는 모든 의식적 경험 — 시각, 소리, 냄새, 촉각 및 체내 감각 — 을 포함한다.

1) 즉시적 현장성과 다중적 감각성

의사 전달의 측면에서 그림이나 음악은 물감으로 칠하거나 악기를 연주하며 도구를 사용해서 의사를 전달한다. 즉 창작자와 분리된 표현 양식으로 이루어진다. 이와는 다르게 춤에서는 인간의 몸짓 자체가 전달 매체가 되기 때문에 춤추는 몸짓을 보고 감지할 수 있는 즉시성을 가지고 있다. 그렇기 때문에 인간의 몸으로 이루어지는 춤은 일시적으로 추어지는 동안에만 존재하며 현장에서 보는 이로 하여금 즉각적인 반응을 불러일으킨다. 또한 춤은 운동 감각, 시각, 청각, 촉각, 후각 등 다중 경로로 전달이 이루어지기 때문에 다중적 감각성을 가지고 있다. 로이스는 이러한 몸의 즉시적 현장성과 다중적 감각성은 시각적으로 전달하는 미술이나 청각적으로 전달하는 음악보다 전달 경로의 수로 볼 때 매우 강력한 힘을 발휘한다고 했다. 특히 운동 감각적 측면은 타예술과 차별화된 춤의 특성이자 힘이라고 설명하면서 무용평론가 앤더슨(Jack Anderson)과 무용역사학자 코헨(Selma Jeanne Cohen, 1920~2005) 그리고 한나의 생각을 예로 들고 있다.[3]

앤더슨은 춤의 운동 감각적인 특성들이 관객에게 공감을 불러일으키며, 이와 같은 반응을 불러일으키는 춤의 힘이야말로 어떤 것에 비유될 수 없는 실제적인 의사전달 방법이라고 했다. 코헨은 언어와 춤의 차이를 비교하면서, 말로 이해되는 관념과 감각으로 느껴지는 감성을 구별했다. 그리고 언어로 관념은 이해할 수 있으나 감각적으로 느껴지는 감성을 이해하기는 힘들다고 했다. 그리고 춤이 감성적인 면을 다룬다는 측면에서 큰 의미를 지니고 있다고 했다. 또한 한나는 춤이란 감각기관을

---

3 A. P. Royce, *Anthropology of Dance*, Indiana University Press, Bloomington & London, 1977, pp.194-200.

향한 다차원적인 현상이라고 하면서 춤의 사회심리학적 기능에는 인지적인 것과 감정적인 것이 있다고 했다. 여기서 인지적 기능은 우리의 경험을 정리하고 분류하는 방법으로 어떤 정보를 전달하는 것이며, 감정적 기능은 질적인 경험과 현장감, 즉시성과 감정의 휩싸임을 제공하는 것이라고 했다.

이와 같은 춤의 운동 감각적 특성은 라반이 말하는 외형적인 의미와 감정적인 의미로 의사전달을 하기 때문에, 몸이라는 강력한 전달 매체의 상징적인 표현수단을 얻게 될 뿐만 아니라 보는 사람들로 하여금 즉각적인 운동 감각적 반응을 불러일으킬 수 있다. 로크(John Locke, 1632~1704)[4]는 이 운동 감각적 감각으로 춤의 의미를 파악할 수 있다고 했고, 베스트(David Best)는 운동 감각적 감각이 춤의 미적 의미를 구성하고 있어서 이런 의미전달은 공연자의 움직임을 보는 관객의 감정이입에 의해 이루어진다고 했다.[5]

예컨대, 제의를 행하는 무녀들을 보면 그들의 몸을 사용해서 격렬한 점프나 휘몰아치는 돌기 등을 계속하면서 황홀경에 빠진다. 보는 사람들은 이를 보고 발장단을 맞추고 어깨를 들썩이며 춤추는 무녀에게 매료되어 함께 황홀경에 빠져든다. 또한 싸이가 말춤을 추면 보는 사람도 몸을 들썩거리다가 급기야 뛰기와 팔돌리기를 하면서 신나게 춤을 추게 된다.

---

4 존 로크에 의하면, 단어는 그것을 사용하는 이의 생각 외에는 아무것도 의미하지 않는다고 말했다. "모든 의미 있는 단어는 그것이 지시하고 있는 생각이나 아이디어가 있다. (중략) 그러므로 어떤 언어적 표현이 의미가 있으려면 어떤 의미 있는 아이디어를 불러일으켜야 한다. 그렇지 않을 경우 단어들은 '의미없는 소음 외에는 아무것도 아니다.' 내가 말을 할 때 나의 단어들은 다른 이들에게 동일한 생각을 불러일으키기 때문에 의사소통이 가능하다." 이에 대해 베스트는 로크의 언어적 의미에 대한 관점이 춤에서 미적 의미가 운동감각적 감각의 문제라는 이론과 얼마나 유사한지를 볼 수 있을 것이라 했다. 데이비드는 이를 운동감각적 감정이입이론이라 했다(D. 베스트, 『움직임과 예술에 있어서의 표현』, 김말복 역, 현대미학사, 1995: 168-169).

5 D. 베스트, 『움직임과 예술에 있어서의 표현』, 김말복 역, 현대미학사, 1995, p.168.

이를 통해서 춤추는 사람과 보는 사람 사이의 감정이입과 보는 사람에게 전달되는 운동 감각적인 메시지가 존재하게 된다. 이것은 니진스키가 외설적인 몸짓으로 전달했던 관능적 이미지와 누레예프가 절제된 몸으로 전달했던 지성적 이미지를 즉시적이고 감각적으로 감지하는 것과 비교될 수 있다. 또한 뭍 남성들이 상체를 드러낸 타히티 여인의 엉덩이춤을 보고 매혹성에 이끌려 성적으로 흥분하는 것과도 같은 것이라고 할 수 있다. 그리고 세계의 관객들이 K-pop 스타의 노랫말보다 춤을 더 잘 기억하고 완벽하게 따라하는 것도 운동감각에 이끌려 반응하는 것과 같은 맥락이라 할 수 있다. 이러한 현상은 현대를 살아가는 우리 모두에게 본능적이자 감각적으로 감지할 수 있는 운동 감각이다. 쿠르트 작스는 인간에게 춤이 필요한 이유와 인간이 춤을 갈망하는 이유를 말하면서 운동감각과 관련된 춤의 힘에 대한 그의 견해를 다음과 같이 피력했다.

> 춤이 필요한 이유는 생명에 대한 고조된 열정이 인간의 팔 다리를 가만히 있게 내버려 두지 않기 때문이며, 춤을 갈망하는 까닭은, 춤을 추는 사람은 마력(magic power)을 얻게 되고 그 마력은 그에게 승리와 건강과 생명력을 가져다주기 때문이다. 서로 손을 잡고 군무(choral dance)를 출 때의 부족을 단결시키는 신비로운 친화력, 그리고 자기 자신에게 완전히 몰두하고 있는 개개인의 제멋대로의 춤 — 이러한 것들을 그처럼 포함하고 있는 예술이란 없다.[6]

로이스는 또한 춤은 본질적으로 운동감각적인 전달수단 이외 공간을 점유하는 인간의 춤을 보는 시각과 몸이 부딪치는 소리를 듣는 청각, 몸치기와 사람간의 접촉에서 느끼는 촉각과 몸에서 발산되는 냄새를 맡는 후각 등 인간의 모든 감각을 동원해 의사전달을 하고 있다고 했다. 그래

6 K. 작스, 『춤의 세계사』, 박영사, 1992, p.2.

서 다중경로의 전달체계를 가지고 있는 춤은 시각을 자극하는 미술이나 청각을 자극하는 음악 그리고 관념적으로 이해하는 언어보다 훨씬 더 강력한 메시지를 남긴다고 했다. 이는 "아프리카의 춤은 표현을 위해 다른 모든 예술을 사용한다. 그리고 그것은 또 다른 차원의 어떤 예술적 기교의 현장이 된다."[7]라는 헬렌 토마스의 글에서도 확인할 수 있다.

예컨대, 옛 궁정에서 휘장막을 치고 왕과 귀족만 볼 수 있었던 춤들이 있었다. 과연 그 춤들은 휘장막 밖에 있던 사람들에게는 어떤 것이었겠는가? 그들은 무용수가 걸을 때 내는 소리와 숨소리만 들었을 것이다. 관객이 텝댄스를 추는 무용가의 뒷꿈치와 발끝으로 내는 탭핑 소리만 듣는다면 과연 탭댄스의 완벽한 리듬 감각의 역동성을 경험할 수 있을까?, 우리가 플라멩코를 추는 여인들이 기타를 긁어내는 듯한 손짓과 몸을 뒤로 재끼고 도도하고 섹시한 얼굴로 움직이는 몸을 보지 못한다면 상징적으로 드러내는 플라멩코의 정열과 성적 코드를 이해할 수 있을까? 그리고 왈츠에서 이루어지는 남녀 간의 접촉이나 〈강강술래〉의 손잡기, 〈사만춤〉의 어깨접촉과 〈피치카춤〉의 구애를 위한 시선접촉을 보지 못했다면 접촉을 보기 때문에 생길 수 있는 우애와 단결, 결속과 안전을 상징하는 춤의 힘을 이해할 수 있을까? 또한 현장에서 춤추는 무용수가 발산하는 땀 냄새나 관객들의 열기에서 발산되는 냄새를 맡지 않고 춤 전체를 이해할 수 있을까?

이와 같은 예를 통해 볼 때, 춤은 운동감각 이외의 다양한 감각적 요소들과 함께 춤의 힘을 발휘한다는 것을 알 수 있다. 움직임으로 인해 생겨나는 공간상의 실루엣이나 잔상과 같은 시각적인 요소들, 무용수가 숨 쉬는 소리나 바닥에 부딪히는 발소리, 의상이 바스락 거리는 소리 등의 청각적 요소들, 그리고 춤추는 사람들 간의 신체접촉과 공연자와 감상자 간

---

7 H. Thomas, *Dance, Gender and Culture*, Macmillan Press Ltd, 1993, p.187.

의 신체접촉, 춤이 추어지는 공간과 시간의 특수성 등이 모두 몸짓과 어우러져 함께 보이게 된다. 이와 같이 인간의 모든 감각을 파고드는 다양한 요소들이 모두 하나의 메시지를 향하고 그것이 전달될 때 춤이 줄 수 있는 메시지는 어떤 것보다 강력한 것이 된다. 그리고 이러한 요소들과 어우러진 춤의 힘은 춤을 바로 현장에서 보았을 때 즉각적으로 인식할 수 있게 된다. 우리가 춤을 보고 난 후에 머릿속에서 맴도는 움직임의 잔상, 음악과 절묘하게 맞아 떨어지는 몸짓, 춤추는 이들의 호흡과 스침과 같은 춤의 효과는 춤이 얼마나 강한 전달력을 가지고 있는지를 잘 알게 해준다.

이처럼 춤은 의사 전달 수단이 독특하고 다양하기 때문에 춤의 의미를 발휘하는 힘은 어떤 예술보다 강력하다고 볼 수 있다. 즉 춤은 인간이 가지고 있는 모든 감각을 동시에 침투할 수 있는 능력이 있기 때문에 그리고 짧은 순간에 많은 정보와 감정을 전달하기 때문에 폭발력을 가진 힘이 있고 때로는 위협적이기까지 한 표현의 수단이 되는 것이다. 그래서 중세의 무도광이나 현대의 춤바람 등이 종교 집단과 사회 집단에 의해 금지되고 규제되어온 이유가 되었다. 또한 루이 14세가 보여준 발레의 권위적 상징은 정치적 표현의 이유가 되었고, 최승희의 춤에서는 여성의 억압된 몸이 자유의 몸이 되는 이유가 되었다. 이렇게 다중 경로를 가진 춤의 전달매체로서의 특성은 춤의 즉시성과 현장성과 다중적 감각성 그리고 이를 통해 발견되는 역동성과 확장성의 기반 아래에서 사회 공동체의 문화 코드를 창조하고 있다.

2) 문화적 상징성과 사회적 소통성

앞서 말했듯이, 상징은 춤이나 그림, 조각이나 언어 등 무엇으로 표현되든지 간에 상징과 상징되는 것 사이에 필연적이거나 혹은 인과적인 관계는 없다. 상징은 임의적인 것이다.[8] 즉, 다양한 사회의 문화적 특성에 따라 상징하는 내용이 달라질 수 있기 때문에 춤을 읽을 때 민족이나 지역의 특수성을 고려한 사회 문화적인 맥락을 아는 것이 중요하다. 또한 의사소통은 항상 사회적이며, 소통을 하는 사람, 소통을 하는 데 사용하는 상징기호, 그 기호를 해석하는 사람 의 세 가지 요소를 포함하고 있다.[9] 그래서 춤의 상징적 언어와 문화적 기호는 사회적이고 관례적이며 공유된다. 그리고 춤의 사회화는 인간을 문화의 일원으로 만들 뿐만 아니라 춤으로 소통을 할 수 있는 완전한 인간으로 만든다. 따라서 사회적 소통을 통해 개인에게서 나오는 특별한 몸짓과 민족의 독특한 스타일은 그 힘을 발휘하게 되는 것이다. 즉 춤은 소리 없이 사회를 반영하고 몸으로 풀어내는 사회의 그림자이다. 인간은 역사 속에서 이것을 통해 그 사회를 이해했고, 때로는 중독이 됐으며, 마음을 움직이는 응집력을 경험하기도 했고, 문화적으로 학습된 생각과 관념을 소통했다.

예컨대, 인도 사회에서 손춤의 상징과 기호는 인도인들의 삶과 철학 등 문화적 개념들을 상징하고 있기 때문에 의사전달의 수단으로 매우 중요한 역할을 한다. 동시에 그들을 사회 안에서 결합시키며 사회적 집단을 응집시키는 태도와 감정 그리고 가치를 공유하도록 만든다. 인도의 3대 신 중 구원과 파괴를 상징하는 시바가 신비로운 리듬에 따라 회전하는 모습은 세계의 창조를 의미한다. 그리고 카타칼리의 손춤에서 손가락으로 모양을 만들어 나타내는 상징적 기호는 그들에게 공유된 사회의 질서와 규약 그리고 문화적 맥락 안에서 의미 있게 전달되고 해석된다. 또한 페루의 〈가위춤〉에서 육체의 고통에 개의치 않고 초인적인 능력으로 신명나게 가위질을 해대는 행위는 잉카제국의 식민지화에 대한 저항정

---

8 D. 윌리엄스, 『인류학과 인간의 움직임: 무용연구』, 대한미디어, 2002, p.219.

9 R. Ross, *Symbol and Civilization. Science, Morals, Religion, Art*, New York: harcourt, Brace & World, 1962, pp.155-157.

신을 전달하려는 상징과 기호가 된다. 그들은 이 춤을 추면서 그들 공동체의 아픔을 공유하고 믿음 속에서 결속을 다진다. 윌리엄스는 이러한 결속에서 사회나 집단의 본질적인 의미가 발견된다고 설명한다.[10]

한편, 작스에 의하면 전설과 춤이 결합되어 연극으로 공연된 철기시대의 춤은 넓은 의미의 예술 작품으로 생산되어 일반적인 위력을 가지고 있었다. 그러나 고도의 문명 시대에 예술춤이 등장한 이후 좁은 의미의 틀 안에서 구경거리로 전락해버린 춤은 그 위력이 깨어졌고 산산조각으로 분해되었다. 그럼에도 불구하고 "풍부한 전통과 문화를 지닌 곳에서는 과거로부터 물려받은 정신적인 유산이 춤이다."라는 고상한 관념을 아직도 지니고 있다.[11] 이처럼 인간은 춤추며 즐기고, 구애하고, 심신을 정화하고, 제의를 하고, 생존을 위해 추는 삶 그 자체이자 살아가는데 없어서는 안 되는 춤을 예술춤이라는 좁은 틀에 묶어 보편적이고 위력적이었던 춤을 우리로부터 빼앗아버렸다. 그래서 춤은 더 이상 삶 그 자체가 아닌 것이 되었으며 인간이 살아가는 데 없어서는 안 되는 것으로서의 가치도 없어졌다. 이는 동물과는 달리 인간만이 행할 수 있는 춤의 문화적 상징성과 사회적 소통성의 무한한 가치를 상실해버린 것이다. 예컨대, 춤은 저속해서 고상한 사람들은 춤을 추면 안된다는 고정관념이라든지, 춤을 추면 성적으로 부정하다고 생각한다든지, 고지식해서 춤이라는 장르는 나와 어울리지 않는다든지 등의 생각과 말을 하면서 진정한 춤의 가치와 춤의 심오한 의미를 숨겨버렸다.

그러나 아직까지도 세계의 곳곳에서 춤은 춤이라는 전달 매체의 특수성과 다양성 그리고 사회 문화적 특성에 따라 생성되는 상징과 기호, 그것의 전달과 해석의 관계 안에서 국가별, 지역별, 집단별, 개인별로 독특

---

10 D. 윌리엄스, 『인류학과 인간의 움직임: 무용연구』, 대한미디어, 2002, p.226.

11 K. 작스, 『춤의 세계사』, 박영사, 1992, p.5.

한 형태와 의미로 창조되고 있다. 또한 춤은 사회적으로 구성되고 문화적으로 형성된 코드로 생성되어 강력하게 의사를 전달할 수 있는 표현 매체가 되고 있다. 20세기 최고의 천재 철학자로 평가되는 비트겐슈타인은 "우리가 진실을 깊게 파헤쳐야만 발견할 수 있다는 것은 오해에 불과하다. 우리에게 가장 중요한 사물의 측면들은 그것이 단순하고 친근하다는 사실 때문에 감추어져 있고, 사람들은 무엇인가가 항상 자신의 눈앞에 있기 때문에 그것을 알아차리지 못한다. 그렇기 때문에 가장 놀랍고 가장 강력한 것을 한번 보고는 생각이 떠오를 수 없다."라고 말했다. 이 말은 춤은 인간과 가장 친근한 것이고 우리의 눈앞에 늘 있기 때문에 그 의미와 힘이 얼마나 놀랍고 강력한 것인지 알아차리지 못한다는 것을 대변해주는 것이라 할 수 있다. 즉 현대의 인간은 춤의 문화적 상징성과 사회적 소통성을 충분히 이해하지 못한다는 것을 대변해준다고 할 수 있다.

결론적으로 춤은 인간의 문화로서 우리가 의식하지 못하는 사이에 과거, 현재, 미래를 연결해주는 힘을 가지고 끊임없이 수용되고 변화되고 있으며 인종, 문화, 민족, 국가의 모든 장벽을 넘어설 수 있는 상징과 소통의 힘을 가진 강력한 소통 매체로 존재하고 있다.

3. 인간은 왜 춤을 추는가?

여기에서는 앞서 논의한 춤의 의미와 힘에 대해 상기하면서, "인간이 왜 춤을 추는가"라는 물음에 대해 생각해보고자 한다. 이는 춤의 의미와 힘에 대해 좀 더 구체적인 이해를 이끌 수 있을 것이며, 최종적으로는 춤을 추는 인간과 사회를 폭넓게 이해할 수 있는 기초가 될 것이다.

태초부터 현대까지 인간은 때와 장소를 가리지 않고 춤을 추었다. 그리고 자신의 솔직한 감정을 드러내고 삶을 표현하며 춤을 추었다. 그래서 수천 년의 역사 속에서 춤이 없었던 적은 없었으며, 오대양 육대주에 사람이 사는 곳이라면 어디에서나 춤이 있었다. 기쁠 때, 슬플 때, 외로울 때, 괴로울 때, 희망에 차 있을 때, 우울할 때, 기도할 때, 두려울 때, 힘들 때, 사랑할 때, 만날 때와 헤어질 때, 기대고 싶을 때, 싸울 때, 행복할 때, 즐거울 때 등 인간의 모든 감정과 심정들을 표현하고 소통하며 춤을 추었다. 그러므로 몸, 마음, 정신이 하나가 되지 못한 춤은 죽어 있는 춤이었으며, 상징이 없는 춤은 동물의 춤과 같았다. 그리고 문화적인 춤이 되지 않고는 의사소통을 할 수 없었으며, 개인과 사회의 정체성도 드러낼 수 없었다. 즉 인간의 춤은 리드미컬한 동작의 형태, 조형적 공간 감각, 환상과 상상으로 생생하게 재현되었다. 그리고 인간의 몸과 몸짓이 만드는 상징과 문화적 특성이 합쳐져 문화가 된 춤[12]으로 완성되었다. 2세기 그노시스교도의 찬송가(Gnostic Hymn)〈그리스도 Christ〉 중 "춤추지 않고서야 어찌 인생을 알리요."[13]라는 문구는 인간이 추는 춤이 얼마나 의미 있고 힘이 있는가, 인간은 왜 춤을 추는가에 대한 이유를 잘 말해주고 있다.

인간은 왜 춤을 추는가? 다시 한 번 인간이 살았던 과거로 돌아가 삶의 원형 속에서 이루어진 춤과 그 전형들을 기억해보고 현재 일어나고 있는 보편적인 춤의 혁명 등을 상기해보면 그 해답을 찾을 수 있을 것이다.

---

12 『문화 코드, 어떻게 읽을 것인가?』에서는 문화가 된 몸을 설명하기 위해 몸의 사회적 구성, 구체화된 도구성, 몸에 대한 규제와 제약, 문화의 묘사, 표현과 일탈의 도구로서의 몸, 사이보그주의, 파편화, 몸의 종말?을 주제로 논의한다. 여기서는 인간의 몸을 물질적인 것 이상으로 다문화적 다양성, 문명화 과정상의 발달, 권력형태의 변형으로 인한 역사적 진화를 설명하고 있다. 이에 덧붙여 몸의 재현이라는 문제, 몸의 표현양상, 기술문명에 끼치는 영향 등 사회문화와 관련된 몸에 대해 논의하고 있다. 이 책에서 제시한 문화가 된 몸이란 물질적인 몸을 말하는 것이 아니라 몸의 외모, 조건, 활동과 같이 문화적으로 형성된 몸을 말한다(E. 볼드윈 외, 『문화 코드 어떻게 읽을 것인가? 문화의 이론과 실제』, 조애리 외 역, 도서출판 한울, 2008, p. 125).

13 K. 작스, 『춤의 세계사』, 박영사, 1992, p.1. 재인용.

1) 춤을 추는 이유

기도를 위해 춤추다

태초부터 인간은 종교적이고 영적인 힘에 이끌려 춤을 추었고, 부족의 존속과 안녕을 위해 춤을 추었다. 제사장이었던 단군도 춤을 추었고, 디오니소스신을 따르던 마이네드도 춤을 추었다. 아프리카의 피그미족도, 인도네시아의 가요족도 그들의 종교적 신념을 표현하려고 춤을 추었다. 영적인 힘에 강하게 이끌려 미친 듯이 열광하고 방방 뛰며 춤을 추던 무당들은 접신을 통해 하늘과 땅을 연결했고, 그렇게 추어지던 춤은 신과 인간을 이어주는 매개가 되었다. 춤이 억압받았던 중세에도 면죄부의 하나로 춤을 추었으며, 교회의 엄격한 종교의식에서도 인간은 춤을 추었다. 불교가 전파된 다양한 지역에서 이루어지는 의식이나 기독교의 예배의식에서도 춤은 존재했으며, 이를 통해 천상으로 가고픈 인간의 마음을 담아냈다. 이처럼 신화 속에서도 역사 속에서도 춤은 늘 인간의 중심에 있었으며, 인간에 의해 부흥했고 인간에 의해 제한됐다. 그만큼 춤은 인간을 엑스터시에 빠지게 하고 홀리는 힘이 있었으며, 다른 어떤 표현 행위로도 대체할 수 없는 춤의 독특함으로 예배를 드리고 제의를 행했다.

몸과 마음의 정화와 치유를 위해 춤추다

인간은 자신의 감정에 이끌려 그것을 표출하거나 또는 억누르기 위해 춤을 추었다. 이러한 경우에 인간은 춤을 통해 슬픔과 불안, 괴로움과 어두움 등의 감정들을 억누르고 조정하며 마음의 정화를 경험했다. 이를 통해 치유(healing)의 경지로 들어가기도 했다.

즐기기 위해 춤추다

사람들은 즐기기 위해 춤을 춘다. 관광버스 안에서 춤을 추는 아저씨,

아주머니들이나 잔치에서 어깨춤을 추는 어르신들, 콘서트 장에서 감상하며 춤을 추는 젊은이들의 춤이 이에 해당된다고 볼 수 있다. 또 이러한 춤들은 보는 사람으로 하여금 같이 어깨를 들썩이며 춤추게 한다.

사랑을 위해 춤추다

사람들은 생물학적 본능으로 춤을 춘다. 언어가 존재하지 않았을 때부터 춤은 남녀 간의 구애나 구혼에 가장 흔히 쓰였다. 아직 문명화가 되지 않은 사회일수록 구애의 춤이 두드러지게 나타나지만 바로크 춤에서, 쌈바나 탱고에서도 구애의 춤은 이루어진다. 고도로 문명화된 사회에서도 생물학적 본능의 욕구를 표출하는 행위는 쉽게 찾아볼 수 있다. 카라의 엉덩이춤이나 이효리의 섹시한 춤 등 여가수의 몸동작이나 클럽에서 청춘남녀의 매혹적인 춤도 이성에게 자신의 성적 매력을 보여주려는 인간의 본능에서부터 출발한다.

생존을 위해 춤추다

한국의 기생, 중국의 기녀, 일본의 게이샤 등은 생계를 위해 춤을 추었다. 플라멩코를 추었던 집시나 상모나 버나를 돌렸던 남사당패도 살기 위해 춤을 추었고, 스트립 걸도 고픈 배를 채우기 위해 춤을 추었다. 이들이 춘 춤은 자신의 생존을 위해 춘 춤이다.

현실 도피를 위해 춤추다

인간은 현실 도피를 위해 춤을 었다. 시내의 번화가에서 하루 종일 흘러나오는 유행가에 맞춰 춤을 추는 한 남성은 뭔가에 이끌리듯 즉흥적으로 춤을 추었다. 그는 아프고 장애를 가진 가족들을 돌보다가 마음의 병을 얻었고 힘들게 살고 있는 사람이었다. 우연히 춤을 접한 그는 춤추는 동안 현실의 아픔과 괴로움을 모두 잊게 되었다. 영화 〈쉘위댄스〉 역시

지루하고 무기력한 일상에서 살아가는 주인공들이 춤을 통해 현실을 타파하고 새로운 삶을 살아갈 수 있는 힘을 얻게 된다.

사상, 생각, 감정, 신념을 표현하기 위해 춤추다

인간은 자신의 사상, 생각, 감정, 신념 등을 표현하기 위해 춤을 춘다. 이는 가장 일반적인 춤에 대한 정의이자 주로 인간의 실제 삶에 대한 상징 활동이 주류를 이루며 창조되는 표현적인 춤이 이에 해당된다. 조선시대 창작된 〈춘앵무〉는 효사상을 표현한 춤이었고 이애주의 〈바람맞이춤〉은 독재정치에 대한 자신의 신념을 상징한 춤이다.

정체성을 찾고 전통을 지키기 위해 춤추다

다양한 지역과 시대의 문화를 대표하는 춤들은 반드시 존재한다. 이는 전통이라는 이름으로 역사가 흘러가면서 변화하거나 때로는 사라지기도 한다. 그러나 오대양 육대주에 사는 많은 민족들은 그들의 전통을 유지하고 보존하려는 노력을 하고 있다. 그 전통은 그들의 정체성을 의미하는 것이기 때문이다. 태평양의 키리위나 섬의 소녀들이 부모의 반대에도 불구하고 상반신을 드러내고 춤을 추는 것은 자신들의 문화를 자랑스럽게 여기고 전통을 지키기 위해 취하는 행동이다.

이외에도 인간은 수많은 조건 속에서 춤을 추었다. 이러한 조건들을 찾아가다 보면 "발레는 민족춤인가, 예술춤인가", "타히티의 상어춤은 왜 여인과 관계될까", "페루에서는 왜 가위춤을 추고 있을까", "카라의 엉덩이춤은 무엇을 보여주는가", "사교춤의 정체는 일탈인가, 결속인가" "미디어 상의 춤은 시뮬라크르의 소비인가" 등등 인간의 춤에서부터 나오는 끝없는 질문에 대한 답을 구할 수 있을 것이다. 이것이 인간이 춤을 추는 이유이며, 우리가 잊고 있던 춤의 의미이자 춤의 힘이 되는 것이다.

사진 출처

1. 자연의 춤.
2. Pieter Brueghel, Sr.(1525-1569). Kirmes, Vienna, Kunsthistorisches Museum.; Curt Sachs(1965). *World history of the dance*. Norton. PLATE 22.
3. 〈윤옥의 무당춤〉. 『한국춤 백년.1』. p.226. © 정범태, 눈빛출판사 제공.
4. 〈복희와 여와도〉. 투르판 아스타나 고분출토, 국립중앙박물관 소장.
5. 둔황석굴 〈비천〉 15호굴 001. 화샤문화예술출판사(2007). 『돈황과 실크로드』. 화샤문화예술출판사. p.101.
6. Dancing Siva. Medieval Bronze in the Madras Museum.; Curt Sachs (1965). *World history of the dance*. Norton. PLATE 10.
7. 〈Choreia〉. Anthony Rich(1874). *A Dictionary of Roman and Greek Antiquities*. D. Appleton & Company.
8. Terpsichore. Rome Vatican City, The Second Century, Jastrow(2003).
9. Dancing maenad. Python(330~320 BC) Jastrow(2007).
10. 〈Dance of the Dead〉. From Hartmann Schedel's Weltchronik(1493) Curt Sachs (1965). *World history of the dance*. Norton. PLATE 19.
11. 〈밤의 발레〉. 마리 후랑스와즈 크리수뚜. 『17세기 궁중발레』. 도정임 역. 삼신각. p. 44.
12. The Conclusion or Presenting Arms, Tomlinson, K.(1970). *The Art of Dancing Explained by Reading and Figures*. London: Gregg International. Plate XII.
13. Waltz. Curt Sachs(1965). *World history of the dance*. Norton. PLATE 31.
14. 〈라 실피드(1832)〉. 오, S.(1990). 『서양 춤예술의 역사』. 김채현 역. 이론과 실천. p.49.
15. 〈춘앵전〉. 한국춤문화자료원 소장.
16. 〈노〉. http://www.unesco.org/culture/ich/index.php?lg=en&pg=00011&RL=0

0012#diaporama
17. 〈가부키〉. 『몸』. 2003년 7월 Vol.104. p.31. 무용월간 〈몸〉 제공.
18. 인도의 춤. 『몸』. 2006년 6월 Vol.139. p.74. 무용월간 〈몸〉 제공.
19. 비투르비우스 인간(1487년 경). 레오나르도 다빈치.
20. 〈목신〉(1912). 양선희, 백연옥 공저(1995). 『서양남성무용사』. 삼신각. p.216.
21. 〈녹색 탁자〉. 이덕희(1992). 『발레에의 초대』. 현대미학사. p.142.
22. 〈봉산탈춤〉 미얄과장. http://www.bongsantal.com/bongsantal/bongsantal03.html
23. 〈양주산대놀이〉. 1987년 9월 7일 9면. 경향신문사 제공.
24. 〈처용무〉. 국립국악원.
25. 〈부가쿠〉. http://youtu.be/aszkueAqoTg 영상 캡처.
26. 〈백마의 춤〉. 유네스코 인류무형문화유산 홈페이지. http://www.unesco.org/culture/ich/index.php?lg=en&pg=00011&RL=00275#diaporama
27. 〈새춤〉. 앞의 Url.
28. A Dance in Tahiti on engraving from 1793. Engraved by Heath after a picture by Webber and published in The Geographical Magazine. Photo by Georgios Kollidas.
29. 타히티 댄스. 타히티 관련 포토 블로그. www.fenua-tahiti.com
30. 〈봄의 제전〉. 이덕희 (1989). 『불멸의 무용가들』. 문예출판사. p.191.
31. 〈봄의 제전〉. 이덕희 (1989). 『불멸의 무용가들』. 문예출판사. p.191.
32. 〈Errand into the Maze〉. Great Performance 비디오 캡처.
33. 신윤복의 〈무녀신무〉. 간송미술관 제공 .
34. 〈장희〉. http://youtu.be/kL4UvMMEeUg 영상 캡처.
35. Toba Women in a Hypnotic Dance. Photo Oudheidkundige Dienst; Curt Sachs(1965). World history of the dance. Norton. PLATE 2.
36. 비위티의 춤. KBS 손현철 PD 촬영 및 사진 제공.
37. 피그미족의 〈귀신춤〉. 유네스코 인류무형문화유산 홈페이지. http://www.unesco.org/culture/ich/index.php?lg=en&pg=00011&RL=00082#diaporama
38. 피그미족의 춤. 유네스코 인류무형문화유산 홈페이지. 앞의 Url.
39. 가구라 신사 앞. 와다 요시오(和田義男) 촬영.
40. 다카치오 요가쿠라. 와다 요시오(和田義男) 촬영.
41. 다카치오 요가쿠라. 와다 요시오(和田義男) 촬영.

42. 〈슈퍼스타 예수 그리스도〉. 육완순 제공.
43. 〈영산재〉. 『한국춤 백년 2』. p.222. ⓒ 정범태. 눈빛출판사 제공.
44. 〈참〉. http://youtu.be/3K-yh7Jrnis 영상 캡처.
45. 〈장희〉. http://youtu.be/kL4UvMMEeUg 영상 캡처.
46. 〈헌무다례〉. 김명숙 제공.
47. 〈강강술래〉. 『한국춤 백년 1』. p.298. ⓒ 정범태. 눈빛출판사 제공.
48. 〈사만춤〉. 유네스코 인류무형문화유산 홈페이지. http://www.unesco.org/culture/ich/index.php?lg=en&pg=00011&USL=00509#diaporama
49. 〈아이누춤〉. 유네스코 인류무형문화유산 홈페이지. http://www.unesco.org/culture/ich/index.php?lg=en&pg=00011&RL=00278#diaporama
50. 〈한밝춤〉 영가무도. 이애주 교수 제공.
51. 〈지그댄스〉. http://blog.naver.com/kkgirov52106/10141424270
52. 사당패 놀이. 눈빛출판사 제공.
53. 〈꼭두각시놀이〉. 눈빛출판사 제공.
54. 〈꼭두각시놀이〉. 눈빛출판사 제공.
55. 커뮤니티 댄스
56. 〈일무〉. 국립국악원 소장.
57. 〈태평무〉. 댄스포럼 제공.
58. 〈처용무〉. 한국춤문화자료원 소장.
59. 〈처용랑〉(1959). 한국춤문화자료원 소장.
60. 〈바라춤〉. 한국춤문화자료원 소장.
61. 〈처용랑〉(1959). 재현시연(2012.10.19). 한국춤문화자료원 소장.
62. 집시의 이동 경로. Miguel Czachowski. http://indialucia.com 소개.
63. 인도 집시. www.tribal-bellydance.be
64. 플라멩코. 유네스코 인류무형문화유산 홈페이지. http://www.unesco.org/culture/ich/index.php?lg=en&pg=00011&RL=00363#diaporama
65. 돈황석굴 정경. 판진스 편집(2007). 『돈황예술명품』. 중국진세. p.12.
66. 〈반탄비파〉 당나라 중기 112굴 화샤문화예술출판사(2007). 『돈황과 실크로드』. 화샤문화예술출판사. p.85.
67. 〈카타칼리〉. 미야오 지료(1991). 『아시아 무용의 인류학』. 심우성역. 동문선. p.40.
68. 인도 손춤 〈카타칼리〉. 신상미 제공.
69. 궁중정재. 『고종 신축 진연의궤』(1901).

70. 〈포구락〉. 평양감사 환영도 중 〈부벽루 연회도〉 부분. 19세기 종이에 채색. 국립중앙박물관. 서인화 제공.
71. 〈학 · 연화대 · 처용무합설〉. 국립국악원 소장.
72. 〈노〉. http://youtu.be/lBl6FGVuFQo 영상 캡처.
73. 〈빌바오의 미망인〉. 양선희, 백연옥 공저(1995). 『서양 남성무용사』. 삼신각. p.168.
74. Israhel van Meckenem. Court Dance(c.1500); Curt Sachs(1965). World history of the dance. Norton. PLATE 22.
75. Hand Movements in 16th Century. Curt Sachs(1965). *World history of the dance*. Norton. PLATE 26.
76. 〈Laka Laka〉. Adrienne L. Kaeppler(1993). Poetry in Motion Studies of Tongan Dance. Vava'u Press. p.3.
77. 〈Laka Laka〉. Adrienne L. Kaeppler(1993). Poetry in Motion Studies of Tongan Dance. Vava'u Press. p.56.
78. 〈가위춤〉. 유네스코 인류무형문화유산 홈페이지. http://www.unesco.org/culture/ich/index.php?lg=en&pg=00011&RL=00391#diaporama
79. 〈한풀이 춤〉(1987). 경향신문사 제공.
80. 〈비보이를 사랑한 발레리나〉 비보이를 사랑한 발레리나 제공.
81. 현대무용. 신상미 제공.
82. 캐더린 던햄의 〈컴비아〉(1955). 육완순 편저(1986). 『서양무용인물사』. 금광. p.288.
83. 류취의 기다림. 김순희의 현장조사 비디오 캡처.
84. 월명화상. 앞의 비디오 캡처.
85. 월명과 류취의 만남. 앞의 비디오 캡처.
86. 노승과 류취에 대한 비난. 앞 비디오 캡처.
87. 〈LA PRIMAVERA〉(1899). Photo: Raymond Duncun. London.; Doree Duncun, Carol Pratl and Cynthia Splatt ed.(1993). *Life into Art Isadora Duncan and Her World*. W. W. Norton & Company New York London. p.37.
88. Ruth Saint Denis in Radha(1904). Courtesy of the Dance Collection, New York Public Library at Lincoln Center.
89. 〈Shakers〉. Kraus, Richard & Chapman, Sara(1969). *History of the Dance: In Art & Education*. Prentice Hall. Inc. Englewood Cliff, N. J. p.159.

90. 카와카미 사다 야코(川上貞奴). http://en.wikipedia.org/wiki/Sada_Yacco
91. 최승희. 댄스포럼 제공.
92. 배구자. 댄스포럼 제공.
93. 박외선. 박외선(1977). 『현대무용창작론』. 보진재. p.157.
94. 〈보살춤〉(1937). 댄스포럼 제공.
95. 일패기생. http://blog.naver.com/mi2591?Redirect=Log&logNo=140103681902
96. 이패기생. 앞의 Url.
97. 삼패기생. 앞의 Url.
98. 신윤복, 〈연소답청〉. 간송미술관 소장.
99. 신윤복, 〈주유청강〉. 간송미술관 소장.
100. 〈벚꽃춤〉. 47NEWS 인터넷 기사(2011-03-31일자).
101. 〈녹요무〉. 왕극분(1991).『중국무용사』. 고승길 역. 교보문고. p.114.
102. 조비연. 황군벽 작(1945). http://blog.daum.net/songchen/15712742
103. 〈예상우의무〉. 현대 중국화가 소옥전(蕭玉田)의 〈견회(遣懷)〉. http://blog.naver.com/juniorgy/70095154104
104. 〈피치카〉. 타란텔라 아카이브. www.taranta.it
105. 탱고. 유네스코 인류무형문화유산 홈페이지. http://www.unesco.org/culture/ich/index.php?lg=en&pg=00011&RL=00258#diaporama
106. 〈인상여강쇼〉. 신상미 제공.
107. 〈인상여강쇼〉. 신상미 제공.
108. 〈Wayang Shadow Puppet〉. Agus Sunyoto(2012). Atlas Wali Songo. dan LTN PBNU. p.133.
109. 〈열한번째의 그림자〉. 안애순 제공.
110. 〈춤본 II〉. 김찬복 촬영. 김매자 제공.
111. 〈지금 여기〉. 김영희 제공.
112. 〈피에로〉. 양선희, 백연옥 공저(1995). 『서양남성무용사』. 삼신각. p.168.
113. 〈카페뮬러〉. 문애령 편저(1995). 『서양무용사』. 눈빛출판사. p.157.

참고 문헌

〈단행본〉

강이문(2001). 『한국 무용문화와 전통』. 민족미학연구소엮음. 현대미학사.

『고려사(高麗史)』. 「악지(樂志)」(1451).

구희서(1985). 『한국의 명무』. 한국일보사.

국립국어연구원. 『표준국어대사전』. 두산출판사.

글로벌세계백과사전. 『중국연극』. 위키피디아.

김규현(2008). 『티베트』. 실크로드 문화센터.

김순희(2007). 『중국의 탈놀이 대두화상』. 한국학술정보.

김애령(2006). 『예술-세계 이해를 향한 도전』. 이화여자대학교출판부.

김열규(1971). 『한국민속과 문학연구』. 일조각.

______(1999). 『한국의 문화 코드 열다섯 가지』. 마루.

______(2005). 『한국인의 신화: 저 넘어 저 속 저 심연으로』. 일조각.

김영희(2006). 『개화기 대중예술의 꽃, 기생』. 민속원.

김용숙(1989). 『한국여속사』. 민음사.

김정자 외(2010). 『댄스스포츠』. 블루피쉬.

김태영, 황혜경(2010). 『일본문화이야기』. 도서출판 보고사.

김학주(2002). 『중국의 희곡과 민간연예』. 명문당.

노성환(1987). 『고사기』. 예전사.

노태돈(2000). 『단군과 고조선사』. 사계절.

민병훈(2005). 『일본의 신화와 고대』. 보고사.

민현주, 배수을(2008). 『영화 속 무용찾기』. 레인보우북스.

박정근(2000). 『아폴로 사회와 디오니소스 제의』. 도서출판 동인.

박진태(1999). 『동아시아 샤머니즘 연극과 탈』. 박이정.

______(2006). 『하회별신굿탈놀이』. 도서출판 피아.

변성환, 주소연(2006). 『신나게 배우는 살사댄스』. 시대의 창.

송항룡(2000). 『노 · 장의 자연과 생명관, 동아시아 문화와 사상』. 열화당.
______(2007). 『(시간과 공간 그리고) 지금 바로 여기: 동양철학 이해의 새로운 시도』. 성균관대출판부.
서연호(1991). 『서낭굿탈놀이』. 열화당.
서유원 (2002). 『중국민족의 창세신 이야기』. 아세아문화사.
성태제(1998). 『교육연구방법론의 이해』. 학지사.
신상미(2007). 『몸짓과 문화: 춤이야기』. 대한미디어.
신상미, 김재리(2010). 『몸과 움직임 읽기: 라반움직임분석의 이론과 실제』. 이화여자대학교출판부.
심우성(1974). 『남사당패연구(男寺黨牌硏究)』. 동화출판공사.
______(1975). 『한국(韓國)의 민속극(民俗劇)』. 창작과 비평사.
오인환(2001). 『현대광고론』. 나남.
왕극분 (1991). 『중국무용사』. 고승길 역. 교보문고.
양해림(2000). 『디오니소스와 오디세우스의 변증법 : 예술. 인문학. 과학 기술 그리고 한국사회의 반성적 고찰』. 철학과 현실사.
윤상인 외(2000). 『일본을 강하게 만든 문화 코드 16』. 나무와 숲.
윤택림(2004). 『문화와 역사연구를 위한 질적 연구방법론』. 아르케
이두현(1997).『한국무속과 연희』. 서울대학교출판부.
이규갑, 민재홍, 오제중, 윤창준, 장재웅 공저(2006). 『중국문화산책』. 학고방.
이능화(1992). 『조선해어화사(朝鮮解語花史)』. 이재곤역. 동문선.
이덕희(1992). 『발레에의 초대』. 현대미학사.
______(1989). 『불멸의 무용가들』. 문예출판사.
이두희(2002). 『광고론: 통합적 광고』. 박영사.
이송(2007). 『한국 근대춤의 담론적 이해』. 민속원.
이은식(2010). 『기생, 작품으로 말하다』. 도서출판 타오름.
이수웅(1987). 『중국창기문화사』. 대한교과서주식회사.
이어령(2006). 『문화 코드』. 문학사상사.
이유경(2004). 『원형과 신화』. (주)이끌리오.
이왕별(2005). 『라틴댄스』. 김영사.
이장열(2005). 『한국무형문화재정책』. 관동출판.
이진성(2004). 『그리스 신화의 이해』. 아카넷.
이정호(1995). 『포스트모던 문화읽기』. 서울대학교출판부.
이희승 편저(1981). 『국어대사전』. 민중서림.

임재해(1999). 『하회탈 하회탈춤』. 지식산업사.
전경수(2008). 『문화의 이해』. 일지사.
전경욱(2004). 『한국의 전통 연희』. 학고재.
전인초, 정재서, 김선자, 이인택(2002). 『중국신화의 이해』. 아카넷.
정강자(2010). 『춤을 그리다』. 서문당.
정병호(1999). 『한국의 전통춤』. 집문당.
정은혜(1993). 『정재연구』. 대광문화사.
정재서 역주(1993). 『山海經』. 정재서 역주. 민음사.
정호완(1994). 『우리말로 본 단군신화』. 명문당.
조승연(2005). 『종교와 문화』. 민속원.
천샤오추에(2007). 『쿠바: 잔혹의 역사 매혹의 문화』. 북돋음.
최면호(2008). 『플라멩코』. 살림.
최용수(2005). 『아시아의 무속과 춤 연구』. 민속원.
한상복, 이문웅, 김광억(1997). 『문화인류학 개론』. 서울대학교출판부.
현용준(1992). 『무속신화와 문헌신화』. 집문당.
홍태한(2004). 『서사무가 바리공주 전집』 4. 민속원.
화샤문화예술출판사(2007). 『돈황과 실크로드』. 화샤문화예술출판사.

〈역서〉

가사히 히로시(1989). 『탭댄스』. 전원문화사 편집부 역. 전원문화사.
가타오카 야스코 편저(1993). 『무용학 강의』. 현희정 역, 무용교육연구회.
굿맨, N.(2002). 『예술의 언어들; 기호 이론을 향하여』. 김혜숙, 김혜련 역. 이화여자대학교출판부.
기어츠, C.(1999). 『문화의 해석』. 문옥표 역. 까치.
뉴러브, J. & 댈비, J(2006). 『움직임, 표현, 기하학』. 신상미 역. 대한미디어.
노베르, 장 조르지(1987). 『무용가에 보내는 노베르의 편지』. 육완순 역. 도서출판 금광.
니체, F.(1982). 『비극의 탄생. 바그너의 경우, 니체 대 바그너』. 김대경 역. 청하.
두블러, M.(1994). 『창조적 예술경험으로서의 춤』. 성미숙 역. 현대미학사.
댈비, L.(1999). 『게이샤』. 유용훈 역. 우석출판사.
랑게, R.(1988). 『춤의 본질』. 최동현 역. 도서출판 신아.
라파이유, C.(2007). 『컬처코드』. 김상철 역. 리더스북.
로이스, A. P.(1993). 『춤의 인류학』. 김매자 역. 미리내.
루링(2008). 『중국여성: 전족 한 쌍에 눈물 두 동이』. 이은미 역. 시그마북스.

루트번스타인, R. & M.(2007). 『생각의 탄생』. 박종성 역. 에코의 서재.
랭거, S. K.(1990). 『예술이란 무엇인가』. 이승훈 역. 고려원.
레이놀드, N. & 레이머 톤, S.(1986). 『발레와 현대 무용』. 장정윤 역. 교학연구사.
레이턴, R.(2006). 『인류학이론 입문』. 안호용 역. 일신사.
마틴, J.(1994). 『무용입문』. 장정윤 역. 교학연구사.
맥누언, M.(2002). 『미디어의 이해(인간의 확장)』. 김성기 역. 민음사.
무어, J.(2003). 『인류학의 거장들』. 김우영 역. 한길사.
메이슨, J.(1999). 『질적 연구방법론』, 김두섭 역. 나남신서.
미야오 지료(1991). 『아시아 무용의 인류학』. 심우성 역. 동문선 문예신서 19.
바너드, A.(2003). 『인류학의 역사와 이론』. 김우영 역. 한길사.
발레리, P.(1997). 『신체의 미학』. 심우성 역. 현대미학사.
베네딕트, R.(1993). 『문화의 패턴』. 김열규 역. 까치.
베스트, D.(1995). 『움직임과 예술에 있어서의 표현』. 김말복 역. 현대미학사.
비얼라인, J. F.(2000).『살아 있는 신화』. 배경화 역. 세종서적.
비어슬리, M. C.(1990). 『미학사』. 이성훈, 안원현 역. 이론과 실천.
비코, G.(1997). 『새로운 학문』. 이원두 역. 동문선.
숀, T.(1979). 『프랑소아 델사르트의 예술세계』. 육완순 역. 교육과학사.
스토리, J.(1994). 『문화연구와 문화이론』. 박모 역. 현실문화연구.
스위트먼, D.(2003). 『고갱, 타히티의 관능』. 한기찬 역. 한길아트.
스톨리츠, J.(1991). 『미학과 비평철학』. 오병남 역. 이론과 실천
아야베 쓰네오(1987). 『문화를 보는 열다섯 이론』. 이종원 역. 도서출판 인간사랑.
알터, J. B.((1997). 『무용: 그 실제와 이론』. 김말복 역. 예전사.
오트너, S.(2003). 『문화의 숙명』. 김우영 역. 실천 문학상.
여왜도사신기이위여매, 인양혼인(女媧禱祠神祈而爲女媒, 因量婚姻). 총서집성(叢書集成). 중국서국 985년판 『풍속통의』.
애드쉐드-렌즈데일, J.(1996). 『무용 분석의 이론과 실제』. 신상미 역. 현대미학사.
이와사키 미네코, 브라운, R.(2003). 『게이샤』. 윤철희 역. 서울 : 미다스북스.
볼드윈, E.(2004). 『문화 코드 어떻게 읽을 것인가: 문화연구의 이론과 실제』. 조애리 외 역. 한울아카데미.
윌리엄스, D.(2000). 『인류학과 인간의 움직임: 무용연구』. 신상미 역. 대한미디어.
자코비, J.(1982). 『칼 융의 심리학』. 이태동 역. 성문각.
작스, K.(1992). 『춤의 세계사』. 김매자 역. 박영사.
제니아 자리나(1997). 『동양의 전통무용』. 김인숙 역. 현대미학사.

젠크스, C.(1996). 『문화란 무엇인가』. 김윤용 역. 현대미학사.
쿠퍼, A.(2005). 『인류학과 인류학자들』. 박자영역, 박순영 역. 한길사.
캐멀링, E.(1997). 『도상학과 도상해석학』. 이한순, 노성우, 박지형, 송혜영, 홍진경 역. 사계절출판사.
크리언. K.(2004). 『그람시 문화인류학』. 박우영 역. 길.
크리스뚜, M. F.(1990). 『17세기의 궁중발레』. 도정임 역. 삼신각.
파노프스키, E.(1997). 『도상해석학 연구』. 이한순 역. 시공사.
피셔, E.(1996). 『예술이란 무엇인가』. 한철희 역. 돌베개.
프래리, S. H., 헨스타인, P.(2001). 『무용연구법』. 허영일, 양정수 역. 대한미디어.
홀, E.(2000). 『문화를 넘어서』, 최효선 역, 한길사.
홀스트, L. & 러셀, C.(1994). 『현대춤 형태론』. 김태원, 윤영희 역. 현대미학사.
화이트, L. A.(1990). 『문화의 개념』. 이문웅 역. 일지사.
히메노 미도리(2004). 『예능의 인류학』. 신명숙 역. 문화가족.

〈학술 및 학위논문〉

강인숙(2002). 다카치호 요카구라의 구조와 성격. 『무용예술학연구』. 9집 봄.
구자룡(2011). 영화 〈블랙 스완〉에 나타난 대타자의 파괴적 욕망: 라캉의 'Object a' 개념 욕망의 불가능성을 중심으로. 『영어권문화연구』 4권 1호.
김동욱(1996). 조선기생사서설. 『아세아여성연구』 5. 숙명여자대학교 아세아여성문제연구소.
김수진(2006). 신여성현상의 세계적 차원과 사회적 차이 – 영국, 일본, 그리고 인도와 중국을 중심으로. 『한국여성학』. 제 22권.
김순호(2011). 중요무형문화재 분류체계의 개선방안연구: 예능계열을 중심으로. 석사학위 논문. 고려대학교 대학원.
김양혜(2005). 한일 중요무형문화재 보존 및 전승에 관한 비교연구. 석사학위 논문. 숙명여자대학교 대학원.
김재리(2011). 루돌프 라반(Rudolf Laban)의 '움직임 공간' 특성에 근거한 안무학적 분석 모형 개발: 공간조화(Space Harmony) 이론을 중심으로. 박사학위 논문. 이화여자대학교 대학원.
김지견(1990). 해방춤의 뿌리. 『정신문화연구』 13권 2호.
박성호(2011). 한국 전통춤의 근대성 발현양상 연구 – 조선후기를 중심으로. 박사학위 논문. 성균관대학교 대학원.
박연호(2007). 문화 코드 읽기와 문학교육. 『문학교육학』 22호.

박정오(2005). 집시의 기원과 유럽 이주 그리고 루마니아. 『동유럽 발칸학』. 제 7권 2호.
박지은(2006). 관기제도를 중심으로 한 기생(춤)의 기원 및 변천에 관한 고찰. 『한국 무용사학』. 5호.
백현일(2008). 한 · 중 · 일 신화에 나타난 문화적 특성비교연구. 석사학위 논문. 한국 외국어대학교 대학원.
서연호(1998). 탈놀이의 사상연구. 『한국학 연구』. 10호.
신상미(1997). 무용학적 관점에서의 한국춤 움직임 분석 및 방법론 탐색. 박사학위 논문. 단국대학교 대학원.
_____(2000). 무용인류학의 이론과 방법에 관한 연구.『무용학회논문집』 제27권 1호. 대한무용학회.
_____(2003). 봉산탈춤 미얄과장에 등장하는 인물들의 신체 표현과 공간관계. 『한국 무용기록학회지』. 제5호.
_____(2006). 도상학적 해석을 통한 최승희 〈보살춤〉의 창작기법 연구.『한국무용기록학회지』. 10권.
_____(2007). 동북아시아 춤 문화 찾기 I — 한 · 중 · 일 창세신화의 해석을 통한 춤의 원형과 문화패턴 연구. 『무용학회논문집』. 52호.
_____(2008). 동북아시아 춤 문화 찾기 II — 한 · 중 · 일 탈춤놀이극의 텍스트 해석을 통한 춤문화 창조론. 『무용학회논문집』. 54호
_____(2009). 바슬라브 니진스키의 몸짓유형과 그 의미 — 〈목신의 오후〉와 〈봄의 제전〉을 중심으로. 『무용학회논문집』 58호.
_____(2012). 김천흥 창작무용극 《처용랑》의 복원 및 재현을 위한 사료분석. 『한국 무용기록학회지』. 24호.
_____(2013). 이애주 〈한밝춤〉의 치유성 연구. 『민족미학』. 제12권 1호. 미족미학회지.
신상미, 최해리(2002). 무용인류학의 세계. 『무용과학지침서』. 도서출판 홍경.
심재민(2002). 그리스 비극과 신화에 대한 니체의 해석. 『연극교육연구』 7호.
안나용(2008). 매튜 본 〈백조의 호수〉의 문화 코드 연구. 석사학위 논문. 이화여자대학교 대학원.
윤지현(2011). 파비스(P. Pavis)의 '문화의 모래시계'를 적용한 무용공연의 문화상호성 연구: 「수퍼스타 예수 그리스도」와 「비보이를 사랑한 발레리나」를 중심으로. 박사학위 논문. 이화여자대학교 대학원.
이경엽(1998). 오구굿 — 무가의 구조와 기능, 『한국언어문학』 40집.
이봉상(2008). 당대 기녀와 백시 속의 기녀. 『중국문학연구』. 37집.
이민숙(2009). 우초신지(虞初新志)〉에 나타난 강남기녀문화. 『중국소설논집』. 29집.

이순양(2009). 한국기생과 일본 게이샤의 예술활동 비교연구. 석사학위 논문. 한양대학교 교육대학원 .
이애순(1993). 최승희 무용 특징에 대한 고찰. 『예술세계』. 예술문화총연합회.
이애주(1999). 한국의 춤과 소리. 『민주시민교육논총』. 4권.
______(2006). 한국의 몸짓, 한밝춤. 『한국정신과학회 학술대회 논문집』. 25권.
______(2007). 전통과 현대를 아우르는 우리춤 ― 나라의 몸짓은 있는가. 전통예술토론회.
이용미(2006). 무장과 '노(能). 『일본문화연구』. 제 18집.
이용식(2004). 중국 나희의 음악 연구 『동양음악』 제 26집.
이윤선(2004). 강강술래의 디지털 콘텐츠화에 대한 민속학적 연구. 『인문콘텐츠』 4호.
전경욱(2011). 티베트 가면극의 역사와 연희양상. 『남도민속연구』. 23호.
조경아(2008). 조선, 춤추는 시대에서 춤추지 않는 시대로. 『한국음악사학보』. 제10집.
최낙원(2001). 동 · 서양의 巫女와 魔女의 비교연구: 세르반테스의 「개들의 대화」와 동리의「巫女圖」를 중심으로. 『세계문학비교연구』 5집.
최양부(2003). 니체의 디오니소스적 아폴로적 예술의 해석. 『인문과학논집』 26집.
최용수, 이용식(2004). 일본 카구라 현지연구: 큐우슈우 카구라에 기하여. 『음악과 문화』 10집.
최해리(1999). 무용인류학 연구의 발달과정. 『무용예술학연구』제4집, 한국무용예술학회.
최혜정(1990). 인도의 전통무용에 관한 연구 : Kathakali를 중심으로. 석사학위 논문. 이화여자대학교 대학원.
한국춤문화자료원 엮음(2012). 『기억 속 김천흥의 예술, 오늘의 예술이 되다』. 심소 김천흥 선생 5주기 추모문화제. 디프넷.
홍희연(2001). 재즈와 힙합이 우리나라 현대 무용에 미친 영향. 석사학위 논문. 동덕여자대학교 대학원.

〈국외 문헌〉

Adshead-Lansdale, J.(1999). *Dancing Texts: Intertextuality in Interpretation*. et. Dance Books, Cecil Court London.
Agger, B.(1992). *Cultural Studies as Critical Theory*. London: Falmer Press.
Agnes de Mille(1963). *The Book of the Dance*. New York: Golden Press.
Aristotle(1443). *Poetics*. London: Dent.
Banes, S.(1994). *Writing Dancing in the Age of Postmodernism*. Wesleyan

University Press.

Bartenieff, I.(1980). *Body Movement: Coping with Environment.* Routledge, New York London.

Berg, S. C.(1993). "Sada Yacco: The American Tour, 1899-1900" *Dance Chronicle* 16.2

Blacking, J.(1977). *The Anthropology of the Body*. et. Academic Press.

______(1983). Movement and Meaning: Dance in Social Anthropological Perspective. *Dance Research* 1(1): 89~99.

Boas, F.(1955). *Primitive Arts*. New York: Dover Publications.

Buckland, T. J.(1999). *Dance in the Field: Theory, Methods and Issues in Dance Ethnography*. St. Martin's Press, Inc.

Campbell, P.(1996). *Analysing Performance: A Critical Reader.* et. Manchester University Press.

Cohen, B. B.(1993). Sensing, Feeling, and Action. The Experiential Anatomy of Body-Mind Centering. The collected articles from *Contact Quarterly Dance Journal* 1980-1992. Contact Editions, Northampton, MA.

Copeland. R. & Cohen, M.(1970). *What is Dance?* (edited). Oxford, England: Oxford University Press.

Desmond, J. C.(1997). *Meaning in Motion: New Cultural Studies of Dance.* Duke University.

Diva, Casta. (1977). Martha Graham. *Prime Move.* Princeton Book Company Publishers, N.J. pp. 153~196.

Dowden, K.(1992). *The uses of greek mythology.* Routledge.

Dodds, S.(2004). *Dance on Screen: Genres and Media from Hollywood to Experimental Art.* Hampshire: Palgrave MacMillan.

Dunlop, V. P.(1995). *Dance Words.* Harwood Academic Publishers.

______(1998). *Rudolf Laban: An Extraordinary Life*. London: Dance Books.

Edwards, B.(1999). *Drawing on the Right Side of the Brian.* Jeremy P. Tarcher/ Putnam a member of Penguin Putnam Inc. New York.

Eliade, M.(1964). *Ecstasy.* New York.

Farnell, B.(1995). *Human Action Signs in Cultural Context: The Visible and the Invisible in Movement and Dance.* et. The Scarecrow Press, Inc. Metuchen, N.J.

Foster, S. L.(1986). *Reading Dancing: Bodies and Subjects in Contemporary American Dance.* University of California Press. Berkeley, Los Angeles, London.

______(1996). *Corporealities.* et. Routledge. London and New York.

Franko, M.(1995). *Dancing Modernism, Performing Politics.* Indiana University Press. Bloomington and Indianapolis.

Gardner, H.(1983). *Frame of Mind: The Theory of Multiple Intelligences.* New York: Basic Books.

Geertz, C.(1973). *Thick Description: Toward and Interpretive Theory of Culture: In the Interpretation of Culture.* New York: Basic Books.

Goldman, E.(1994). *As Others See Us: Body Movement and the Art of Successful Communication.* Gordon and Breach.

Hall, E. T.(1976). *Beyond Culture.* Anchor Books A Division of Random House. Inc. New York.

Hanna, J. L.(1987). *To Dance is Human: A Theory of Nonverbal Communication.* The University of Chicago Press, Chicago and London.

______(1988). *Dance, Sex and Gender: Signs of Identity, Dominance, Difiance, and Desire.* The University of Chicago Press, Chicago and London.

Hilton, W.(1981). *Dance of Court & Theatre: The French Noble Style 1679~1725.* Princeton Book Company, Publishers.

Horst, L. & Russell C.(1987). *Modern Dance Forms in Relation to the Other Modern Arts.* Princeton Book Company, Publishers.

International Encyclopedia of Dance(1998). Oxford University Press. New York.

James, C.(1997) *Routes: Travel and Translation the Late Twentieth Century.* Cambridge. Harvard University Press.

Kealiinohomoku. J. W.(1976). Theory and Methods for an Anthropological Study of Dance. PhD Dissertation. Indiana University.

______(1976). A Comparative Study of Dance as a Constellation of Motor Behaviors Among African and United States Negroes. *CORD. Dance Research Annual* VII, 17~187.

King, E.(1983). Dionysus in Seoul: Notes from the Field on a Shaman Ritual in Korea. Dance as Cultural Heritage. Vol. 1. *CORD Dance Research Annual* XIV.

Knowles, M.(1998). The Tap Dance Dictionary. Jefferson, N.C.: McFarland.

Kurath, G.(1956). Choreology and Anthropology. *AA* 58: 177~79.

_____(1960). Panorama of Dance Ethnology. *Current Anthropology.* 1: 233~54.

Kraus, R. & Chapman, S.(1969). *History of the Dance: In Art & Education.* Prentice Hall. Inc. Englewood Cliff, N. J.

Laban, R.(1966). *Language of Movement: A Guidebook to Choreutics.* Plays, Inc.

_____(1974). *Effort.* Mcdonald & Evans.

Lacan, J.(2002). *Ecrits a Selection.* Trans. B. Fink, W. W. Norton & Company.

Lamb, W. & Watson E.(1987). *Body Code.* Princeton Book Company, Publishers.

Lomax, A.(1968). *Folk Song Style and Culture.* New Brunswick, N, J.: Transaction Books.

Martin, J.(1939). *The Introduction to the Dance.* New York : W. W. Norton.

Miller, F. P., Vandome, A. F., McBrewster, J.(2010). *Tap Dance.* Alphascript Publishing.

_____, Mcbrewster, J.(2012). *Jazz dance.* United States: Alphascript publishing

Moore, C. L. & Yamamoto, K.(1988). *Beyond Words: Movement Observation and Analysis.* Gordon and Breach Pubishers.

Morris, G.(1996). *Moving Words: Re-writing Dance.* Routledge, London and New York.

Ness, S. N.(1992). *Body, Movement, and Culture: Kinesthetic and Visual Symbolism in a Philippine Community.* University of Pennsylvania Press.

Noverre, J. G.(1966). *Letters on Dancing and Ballet.* trans. Cyril Beaumont Dance Horizons, Inc., New York.

Radcliffe-Brown, A. R.(1922). *The Andaman Islanders.* Cambridge: Cambridge University Press.

Royce, A. P.(1977). *Anthropology of Dance.* Indiana University Press, Bloomington & London.

Sacks, O.(1967). *Awakenings.* New york: E. P. Dutton Reprint, 1983: New York: Summit.

Shin, Sang Mi(1987). Spiritual Enlightenment of Life: A Creative Thesis Using

Dance Movements of Korean Dance and Martha Graham's Modern Dance. M.A. Thesis. Illinois State University.
Sorell, W.(1967). *The Dance Through the Age.* New York: Grosset and Dunlap.
Stodelle, E.(1963). The 20th Century Greek Experience : The Third Decede of Modern Dance: Martha Graham, *Dance Observer,* February pp. 21~23.
Thomas, H.(1993). *Dance, Gender and Culture.* Macmillan Press Ltd.
______(2003). *The Body, Dance and Cultural Theory.* Palgrave Macmillan.
Thomas, H. & Ahmed, J.(2004). *Cultural Bodies.* Blackwell Publishing.
Yone Noguchi, "Sada Yacco" New York Dramatic Mirror. 17 Feb. 1906. p. 11. 인터뷰.

• 신문 및 잡지

이애주(1988). "나의 춤, 나의 칼". 『月刊中央』. 5월호.
『연합뉴스』. 1990년 5월 19일 토요일.
『조선일보』. 2012년 9월 7일 금요일 51판. A2면.

• 프로그램

김명숙(2008). 춤으로 풀어내는 불교의식 〈헌무다례〉, LG 아트홀.
이애주(1987). 한판춤 〈바람맞이〉, 연우소극장.
안애순(2003). 〈열한 번째의 그림자〉, 아르코예술극장대극장 .
김영희(2013). 〈지금 여기에〉, 아르코예술극장대극장.

• 인터뷰

슌스키 오카타(다카치오 박물관 고고학자) 인터뷰, 2007년 8월.
김명숙 인터뷰, 2012년 12월 5일.
김영희 인터뷰, 2013년 7월 24일.
이애주 인터뷰, 2012년 10월 22일.
안애순 인터뷰, 2013년 1월 16일.

• 영상 자료

〈SBS스페셜-최후의 바다 태평양 1부 상어와 여인〉, SBS창사특집다큐멘터리, 2011년 11월13일 방영.
〈걸어서 세계 속으로〉 290회, "시간이 머무는 땅, 이탈리아 살렌토".

〈천 개의 손, '사만춤' 인도네시아〉, EBS 제작 2012.
김순희의 중국의 탈놀이 〈대두화상〉 현장 조사 비디오.
신상미의 다카치오 현장 조사 비디오.
신상미의 돈황석굴 현장 조사 비디오.
신상미의 장족 나시족 방문 현장 비디오.

찾아보기

인간은 왜 춤을 추는가

인류의 춤 문화 코드 읽기

펴낸날 초판 1쇄 2013년 12월 30일
3쇄 2021년 9월 10일
지은이 신상미
펴낸이 이승아
펴낸곳 이화여자대학교출판문화원
주소 서울특별시 서대문구 이화여대길 52(우 03760)
등록 1954년 7월 6일 제9-61호
전화 02) 3277-2965(편집), 02) 362-6076(마케팅)
팩스 02) 312-4312
전자우편 press@ewha.ac.kr
홈페이지 www.ewhapress.com
책임편집 민지영
디자인 신성기획
찍은곳 한영문화사

ISBN 978-89-7300-995-4 93680
값 28,000원

이 도서의 국립중앙도서관 출판시도서목록(CIP)은 서지정보유통지원시스템 홈페이지 (http://seoji.nl.go.kr)와 국가자료공동목록시스템(http://www.nl.go.kr/kolisnet)에서 이용하실 수 있습니다.(CIP제어번호: CIP2013027303)